"로날드 사이더를 비판하는 이들은 이 책을 다시 읽어야 한다. 그리고 우리는 모두 그가 던지는 도전에 직면해야만 한다."

—존 스토트, 「그리스도의 십자가」 저자

"이 책만큼 수많은 그리스도인들에게 가난한 사람들을 위해 성경이 제기하는 명백한 정의의 요구에 대해 깊디 깊은 영향을 끼쳐 온 책은 없다."

— 짐 월리스, 「회심」 저자

"나의 신앙 여정에서 가장 중심이 되어 준 책이다."

—로버트 A. 사이플, 월드비전 전 총재

"로날드 사이더는 우리 시대의 가장 통찰력 있고 적실한 기독 사상가들 중 한 명이다."

—밀러드 풀러, 해비타트 설립자

"우리는 자신을 넘어 하나님이 그처럼 사랑하시는 세상, 특히 가난한 이들과 소외된 이들을 바라보아야 한다. 로날드 사이더는 내가 이런 방향에서 생각하는 데 강한 영향을 끼쳐 왔다. 이 책이 그의 선한 영향력을 더 넓고 깊게 확장하기를 간절히 바란다."

— 브라이언 맥클라렌, 「새로운 그리스도인이 온다」 저자

"로날드 사이더는 25년 전에 잠든 자를 깨우는 소리를 발했고 우리는 오늘날에도 여전히 그 소리에 귀기울일 필요가 있다. 이 책은 그 최종판이 될 것이다."

—존 오트버그, 멘로 파크 장로교회 담임목사

"로날드 사이더의 책은 나 자신을 행동하도록 촉구하기 위해 반드시 필요하다."

—잭 헤이포드, 「지역을 바꾸는 교회」 저자

가난한 시대를 사는 부유한 그리스도인

로날드 사이더

Ivp

Copyright © 2005 by Ronald J. Sider
Originally published in English under the title
Rich Christians in an Age of Hunger: Moving from Affluence to Generosity
by Thomas Nelson, Inc., Nashville, Tennessee, U. S. A.
All rights reserved.

Translated and used by the permission of Thomas Nelson, Inc.
through the arrangement of rMaeng2, Seoul, Republic of Korea.

Korean Edition © 2009 by Korea InterVarsity Press
156-10 Donggyo-ro, Mapo-gu, Seoul 04031, Korea.

Rich Christians in an Age of Hunger

Moving from Affluence to Generosity

Ronald J. Sider

IVP 모던 클래식스를 펴내며

느린 생명의 속도로 가장 먼저 진리에 가 닿다

"참다운 정신으로 참다운 책을 읽는 것은 고귀한 수련"이라고 한 헨리 D. 소로우의 말처럼, 그리스도인에게 독서는 그 어느 수련보다도 평생에 걸쳐 쌓아야 할 영성 훈련이다. 경건한 독서는 성경을 대체하거나 방해하는 것이 아니라 하나님의 말씀을 바르게 사용하도록 하며, 그리스도인의 성품을 영적으로 각성시켜 그분의 나라를 세우도록 도전하기 때문이다.

그러나 '21세기 속도에 발맞춘 생각의 속도'라는 명분으로 독서는 정보 획득의 수단으로 전락해 버리고, 눈과 귀를 자극하며 육감만을 작동시키는 이미지, 온라인 지식 정보로 대체된 읽기 습관, 영상으로 치우쳐 가는 관심은 사고의 획일화와 빈약함, 경박함을 낳고 있다. 거기에다, 새로운 것이라면 더 좋고 진실에 가까울 것이라는 근거 없는 생각이 독서 및 고전에 대한 오해와 무관심은 물론 총체적 지적(知的) 부실이라는 결과를 초래했다.

이러한 상황 가운데 출간하게 된 IVP 모던 클래식스는 복음주의라는 신학적 스펙트럼을 통해 문화, 사회, 정치, 경제, 윤리, 공동체, 세계관, 영성 그리고 신학 등 현대 교회가 직면한 광범위한 주제와 이슈를 다룰 것이다. 이에 대해 단순히 정보를 제공하거나 지적 호기심을 자극하는 데 그치지 않고 주체적이고 적극적인 사고 활동의 기초와 방향을 제시하고자 한다. 이 시리즈는 IVP 모던 클래식스 자문 위원회의 선정 작업을 거쳐 19세기 말에서 20세기까지 출판된 기독교 저작 가운데 선별된다. 고전의 본의를 온전히 담아내면서도 주제, 접근, 기술(記述) 방식 등에 유연성을 부여하여 고전의 대중성 또한 최대한 살리고자 한다. 특별히 독자의 이해를 돕고자 저자와 책 내용에 대한 국내외 전문가의 해설 및 추천 도서를 통해, 분명하고 균형 잡힌 성경적 지혜와 현실 적용 가능한 지식을 한국 교회에 제공하고자 한다.

범람하는 정보들을 무분별하게 채택하고 즉각적인 결과를 기대하는 문화적 흐름 속에서, 거듭난 기독교적 지성과 영성 형성을 위해 생명의 속도에 맞추어 고전 읽기에 헌신하는 반(反)시대적 용기가 더욱 절실하다. IVP 모던 클래식스와 함께하는 느리고 진지한 독서를 통해 오히려 가장 먼저 진리에 가 닿을 수 있게 되기를 간절히 바란다.

―IVP 모던 클래식스 기획편집팀

차례

5판 서문(2005)   11

제1부   가난한 나사로와 부유한 그리스도인들
    1. 십 억의 굶주린 이웃   21
    2. 풍요한 소수   55

제2부   가난한 자와 재물에 대한 성경적 관점
    3. 하나님과 가난한 자   83
    4. 경제적 나눔과 경제 정의   123
    5. 재산과 소유에 대한 성경적 관점   163
    6. 사회악: 사회 구조 속에 심겨진 죄   191

제3부   가난의 원인은 무엇인가?
    7. 빈곤의 복합적인 원인들   215
    8. 오늘날의 구조적 불의   233

제4부   실천적 제안
    9. 더 검소한 삶을 위한 생활 방식   311
    10. 사랑 가운데 서로를 돌보기   345
    11. 공평한 세상을 만들기 위하여   367

후기   445
해설   449

참고 문헌   459
주   473
인명 색인   533
주제 색인   535
저자 연보   540

5판 서문(2005)

세상은 변했다. 그리고 나 역시 변했다. 이 책 초판을 쓴 후 30년 동안 세상은 놀랍게 변했다.

공산주의는 붕괴되었고 확대되는 시장 경제와 새로운 과학 기술로 인해 가난이 줄어들었다. 21세기로 접어들면서 '민주주의적 자본주의'가 20세기의 주요 경제적·정치적 논쟁에서 승리를 거두었다는 사실이 자명해졌다. 공산주의의 국가 소유권과 중앙 계획 경제는 무용지물로 판명되었다. 그 두 가지는 비효과적이며 전체주의적이었다. 다른 한편으로 시장 경제는 엄청난 부를 생산했다. 서구 제국들에서만 그런 것이 아니었다. 아시아의 많은 나라가 시장 경제를 채택했다. 그 결과 세계에서 인구가 가장 많은 대륙에서 빈곤이 격감되었다. 1970년에는 고질적인 영양 부족이 전체 개발도상국 인구의 35퍼센트나 되는 사람들을 괴롭혔다. 그러나 32년이 지난 2002년에는 급속한 인구 성장에도 불구하고 17퍼센트만이 만성적인 영양 부족 상태에 있었다.

그동안 나의 사고 역시 변했다. 나는 경제학에 대해 더 많은 것을 배웠고 성경을 계속해서 연구해 왔다.

공산주의와 민주주의적 자본주의 중에 선택을 해야 한다면 나는 민주주의적 정부 및 시장 경제를 지지한다. 하지만 그것이 곧 성경이 민주주의나 시장 경제를 명령하고 있다는 의미는 아니다. 또한 오늘날의 시장 경제가 지니고 있는 문제와 불의를 무시한다는 의미도 아니다.

내가 처음 이 책을 쓴 이래 일어난 극적인 변화는 공산주의의 붕괴만이 아니다. 슬프게도, 그 중 많은 변화는 부정적이다. 에이즈라는 무서운 질병이 가난한 나라들에 침투해 들어왔다. 이슬람 테러리스트들은 세계 정치를 바꾸었다. 환경 파괴(특히 개발도상국에서)는 위험한 지경에 이르렀다. 물질주의와 소비주의, 성경적 윤리 기준의 붕괴, 가정 파괴 등이 급속도로 증가했다. 날마다 뉴스 첫머리에 등장하는 기업의 인수합병 소식은 세계의 경제력이 훨씬 더 중앙 집중화되었음을 강조한다. 오늘날의 시장 경제가 가동되는 방식을 있는 그대로 평가하는 사람이라면 누구나 점차 늘어나는 이 같은 위험을 무시할 수 없을 것이다. 또한 우리는 대부분의 나라에는 사실상 자본이 전혀 없으며, 따라서 오늘날의 시장 경제가 주는 유익을 누릴 능력이 전혀 없는 대규모의 소수 집단(때로는 다수 집단)이 있다는 사실을 감히 잊어서는 안 된다. 나는 분명히 시장 중심의 경제가 우리가 현재 알고 있는 다른 어떤 체제보다도 더 낫다고 믿는다. 또한 사유 재산은 매우 유익하기 때문에 모든 사람이 어느 정도의 사유 재산을 가져야 한다고 믿는다. 시장 경제가 좋은 틀을 제공한다고 생각한다면, 바로 그 때문에 우리는 시장 경제의 약점을 바로잡으려고 열심히 애써야 한다.

성경에 대한 나의 분석 역시 한 가지 실질적인 측면에서 변화되었다. 나는 성경이 말하는 균등과 공평에 관해 많이 생각해 왔고, 성경의 계시가 수입과 재화의 완전한 균등을 요구한다고는 결코 생각하지 않았다. 물론 서로 다른 집단이 소유한 수입과 부의 비율에 대해 지금보다 더 많은 관심을 갖고 있었지만 말이다.

지금 나는 '경제적 균등' 혹은 공평에 대한 성경적 이해는 적어도 다음과 같은 것을 요구한다고 절대적으로 확신한다. 곧 **하나님은 모든 사람 혹은 가족이 적어도, 품위 있는 삶을 살 만한 돈을 벌고 당당한 지역 사회의 일원으로서 참여하기 위해 필요한 자원들(땅, 돈, 교육)을 접할 수 있을 만큼은 균등한 경제적 기회를 갖기 원하신다**는 것이다. 이러한 균등한 경제적 기회는 이 책 4장에서 주장하듯이, 명백하고도 강력한 성경의 요구다. 이러한 요구가 우리가 사는 세계에서 이행된다면, 여전히 지속되고 있는 지독한 악을 바로잡는 데 도움이 될 것이다.

우리는 여전히 10억이 넘는 매우 가난한 이웃과 함께 살고 있다. 또 다른 20억의 사람들은 품위 있게 살 수 있는 희망을 상실한 채 빈곤에 가까운 삶 속에서 고투하고 있다. 가난한 사람들에 대한 하나님의 특별한 관심은 변하지 않았다. 수많은 성경 본문은, 하나님은 여전히 우리가 가장 가난한 사람들에게 어떻게 행하는지에 따라 우리 사회를 평가하신다고 말한다. 예수님의 말씀은 부유한 사람들이 주린 자를 먹이고 벗은 자를 입히지 않는다면 지옥에 갈 것이라는 점을 그들에게 여전히 상기시킨다.

변화된 것은 가난한 자들을 자립시키는 방법에 대한 우리의 지식이다. 아시아의 많은 나라들은 가장 가난한 사람들의 삶을 향상시키기 위해 견실한 정부 프로그램과 기본적인 시장 틀을 성공적으로 결합시켜 왔다. 그 결과는 어떠한가? 수억의 사람들이 가난에서 벗어났다.

지난 30년 동안 이룩한 가장 위대한 성공 중 하나는 소규모 대부금의 폭발적 증가다. 아주 가난한 수백만의 사람들이 75달러, 200달러 혹은 500달러 등의 소규모 대부금을 받아서 소규모의 사업을 시작하였으며, 그로 인해 그 가족들은 더 나은 삶을 누릴 수 있었다. 우리는 이제 소규모 대부금이 가난한 공동체들을 크게 변화시킨다는 것을 안다.

나는 쿠마르 부인의 즐겁고도 확신에 찬 미소를 결코 잊지 못할 것이다. 부인은 남인도 방갈로르 근처 한 가난한 마을에서 방 한 칸짜리 조그마한 집에 살고 있다. '브리지 재단'(Bridge Foundation: 인도의 복음주의 지도자인 비나이와 콜린 사무엘 부부가 설립한 기독교 소규모 대부 기관)은 쿠마르 부인 가정에 219달러의 소규모 대부를 해주었다. 그들은 조그많고 값싼 음향 시설과 자전거 한 대를 샀다. 쿠마르 부부는 이 장비를 가지고 주변의 몇몇 가난한 마을 사람들에게 결혼식, 장례식 그리고 다른 행사 때 음향 시설을 제공할 수 있었다. 그들은 이제 세 개의 음향 시설을 가지고 있으며, 한 부부를 종업원으로 두고 있다.

쿠마르 부인은 새로운 조명 장치와 세 번째 음향 시설을 실은 자전거를 자랑스럽게 보여 주었다. 그들이 사는 조그마한 방 한 칸짜리 초가에는 실내 배관이 되어 있지는 않았지만, 많은 것이 나아졌다. 가족 소득은 상당히 늘어났고, 무엇보다도 쿠마르 가족은 새로운 존엄성과 희망과 자신감을 가지게 되었다.

가난한 사람들은 대부분 자기 생계비를 벌기 원한다. 그들은 건실한 가족, 일하고자 하는 의욕, 자부심, 성실함 등과 같은 엄청난 사회적 자본을 가지고 있다. 하지만 그들에게는 도움이 필요하다.

점점 더 증가하는 소규모 대부금 제공 기관들은 바로 그런 일을 한다. 그런 기관들 중 내가 가장 잘 아는 것으로는 '어퍼투너티 인터내셔널'(Opportunity International)이 있다. 내 친구인 데이비드 부소(David Bussau)가 그 기관의 설립자이자 수년 동안 핵심 지도자로 있던 사람 중 한 명이다.[1] 데이비드와 그의 아내 캐롤이 오스트레일리아의 부유한 사업가였을 때, 하나님은 그들을 부르셔서 인도네시아의 가장 가난한 마을 중 한 곳으로 가족들과 함께 이사가게 하셨다. 그들은 점차 그 곳에서 아주 가난한 사람들에게 소규모 대부금을 제공하는 법을 배웠다. 2002년에 그 기관은 7,500만 달러쯤을 대부해 주고, 거의 80만 개의 일자리를 제공했다. 2010년까지는 매년 200만 가족을 도울 계획을 세우고 있다. 각 가족에게 주어질 대부금은 평균 500달러 정도다. 훈련을 비롯하여 모든 비용이 포함되어 있으며, 이자를 붙여서 상환하면 된다. 이 대부금은 다섯 식구 한 가족의 생활 수준을 일 년 내에 50퍼센트 정도 향상시킨다.

현재 수많은 그리스도인과 다른 기관들이 소규모 대부금을 통해서 매우 가난한 사람들이 자립하도록 돕고 있다.

때로 우리는 사태가 절망적이며 우리의 힘으로는 아무런 변화도 일으킬 수 없다는 생각에 좌절하거나 냉소주의에 빠지고 싶은 유혹을 받는다. 하지만 우리는 실제로 변화를 일으킨다. 우리 가운데 소수의 사람들(비나이와 콜린 사무엘 그리고 데이비드와 캐롤 부소 같은)은 가난한 사람들 가운데서 살고 있지만, 사실 우리 모두가 가난한 사람들이 일 년 내에 생활 수준을 50퍼센트 향상시키는 것을 돕기 위해 500달러를 지불할 수 있다.

이런 일이 대규모의 세계 빈곤이라는 전체 상황을 정말로 바꿀 수 있을까? 오늘날 그리스도인들은 16조 달러 이상의 연간 총수입을 올린다. 다섯 식구 한 가족을 돕기 위한 대부금은 평균 500달러다. 세계의 그리스도인들이 수입의 1퍼센트를 소규모 대부금으로 준다고 가정해 보자(그리고 대부 기관의 효율이 현재와 같은 상태로 유지된다고 가정해 보자). 세계 그리스도인들의 수입 1퍼센트만을 사용해 가장 가난한 10억의 사람들의 삶을 50퍼센트 개선시키는 데 기간이 얼마나 걸리는지 아는가? **단 일 년이면 된다!**

물론 소규모 대부금 자체만으로 모든 빈곤을 종식시킬 수는 없다. 7장에서 설명하고 있듯이, 어떤 사람들은 잘못된 개인적 선택 때문에 가난하며, 또 어떤 사람들은 공정하지 못한 제도 때문에 가난하다. 반면 그리스도를 개인적으로 믿게 되면 가난이 줄어들 수 있다. 좀더 의로운 법적·경제적 구조를 만들어 내는 지혜로운 정치 활동 역시 가난을 줄여 준다.

우리는 돈을 가지고 있으며, 무엇을 해야 할지 안다. 그런데 우리는 그 일을 할 수 있을 만큼 충분히 자비로운가? 1960년에 세계에서 가장 부유한 20퍼센트의 사람들은 가장 가난한 20퍼센트의 사람들보다 30배 더 많이 소유하고 있었다. 1997년에는 가장 부유한 사람들이 가장 가난한 사람들의 74배나 소유하고 있었다. 하지만 부유한 이들이 헌금을 내는 비율은 극적으로 격감했다.

비극적이게도, 매우 많은 부자 그리스도인들은 예수님이 가르치신 기쁨과 자아 충족에 이르는 길을 놓치고 있다. 우리는 오직 받는 것보다 주는 것이 낫다는 예수님의 역설적인 가르침을 실행할 때 비로소 진정한 기쁨과 지속적인 행복을 누릴 수 있다는 사실을 간과하고 있다.

수많은 북미인들과 서구인들은 더욱더 많은 물질적 풍요로 헛된 행복을 추구하다가 절망에 빠져 있다. 질주하는 경제 체제의 우상 숭배적 물질주의는 알코올 중독과 결혼 생활의 파탄, 심장 발작을 양산한다.

그러나 예수님은 참 기쁨을 제시하시는데, 이는 가지는 것이 아니라 주는 것을 통해 오는 기쁨이다. 행복은 직접적으로 추구함으로써 얻을 수는 없다. 행복은 다른 사람들에게 우리 자신을 줄 때 부산물로서 온다. 나는 이 진리를 개인적으로 증거할 수 있다. 많은 사람들은 내가 책에서 쓰고 실제로 살려고 애써 온 생활 양식이 어렵고 고통스러운 일이라고 생각한다. 하지만 실제로 내 삶은 기쁨과 성취감으로 넘쳐흐른다. 따라서 이 책은 진정으로 기쁨과 자기 성취로 이끄는 안내서다.

당신과 나 같은 부유한 사람들이 '하나님은 가난한 사람들에 대한 반응으로 우리 신앙의 성실함을 측량하신다'는 성경의 분명한 가르침을 무시했기 때문에, 해마다 수많은 사람들이 불필요하게 죽어간다. 따라서 나는 굶주림과 그로 인한 비극적인 죽음의 진상을 알리고 전 세계 인구의 절반을 차지하는 가장 가난한 사람과 자신을 비교해 보도록 요청할 것이다(제1부). 그리고 하나님이 가난하고 약한 사람들을 특별하게 긍휼히 여기신다는 성경의 가르침을 설명하며(제2부), 빈곤을 야기하는 원인들을 보여 주려 한다(제3부).

하지만 이 책은 또한 가난한 사람들이 스스로 일어날 수 있도록 당신과 내가 어떻게 지원할 수 있는지 흥미진진한 소식을 함께 나눈다(제4부). 실제로 기쁨과 행복은 주는 데서 온다. 우리 자신을 위해 덜 소비함으로써, 우리가 돌보지 않으면 죽게 될 이웃의 삶을 변화시킬 수 있다.

우리는 엄청난 부와 만연한 빈곤이 공존하는 시대에 살고 있다. 우리는 가난한 사람들이 자립하도록 돕기 위해 무엇을 해야 하는지 안다. 그렇다면 그대로 행할 것인가? 또한 부유한 그리스도인들(사실상 이 책을 읽는 모든 독자가 포함될 것이다)은 자비를 행할 것인가? 가난한 사람들이 품위 있는 삶을 사는 데 필요한 자본을 나눌 것인가? 부유하고 자비로운 그리스도인들이 하나님의 가난한 사람들과 협력한다면, 앞으로 20년 안에 세계의 가난을 극적으로 줄일 수 있다. 이 5판은 그같이 상쾌하고 변화로 가득한 여정으로 우리를 초대한다.

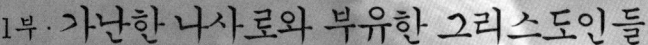

1부 · 가난한 나사로와 부유한 그리스도인들

1 ● 십 억의 굶주린 이웃

> 때때로 '내가 죽으면 지금처럼 내 아이들이 고통당하는 모습을
> 보지 않아도 될 거야'라는 생각을 한다. 어떤 때는
> 자살해 버릴까 하는 생각마저 한다. 나는 아이들이 배고파 우는 것을
> 매우 자주 본다. 하지만 아이들에게 빵을 사 줄 돈이 한 푼도 없다.
> '하나님, 더 이상 견딜 수가 없어요! 죽어 버리겠어요.
> 더 이상 이런 꼴을 보고 싶지 않아요!'[1)]
> ─이라세마 다 실바, 브라질의 한 슬럼가 주민

지나치게 많이 먹고, 고급스러운 옷을 입고, 사치스럽게 집을 장식한 사람들이 가난을 이해할 수 있을까? 우리는 아버지가 교과서를 사 줄 수 없기 때문에 마을의 학교에 가지 못하고 바깥에서 놀고 있는 아홉 살짜리 소년의 마음이 어떠한지 정말로 느낄 수 있는가?(우연히도 그 교과서는, 이 책을 쓰고 있던 어느 날 나와 아내가 하루 저녁을 즐기는 데 쓴 것보다 적은 비용으로 살 수 있는 것이었다) 우리는 가난에 찌든 부모가 자신의 어린 딸이 기본적인 의료 혜택조차 받을 수 없어서 아이들이 잘 걸리는 질병으로 죽어가는 것을 슬퍼하며 속수무책으로 지켜보는 심정을 이해할 수 있는가? 우리는 매일 3만 명의 어린아이들이 굶주림과 예방 가능한 질병으

로 죽어가는 무시무시한 현실을 직시할 수 있는가?[2)]

가난이 의미하는 것을 상상하도록 돕기 위해, 한 저명한 경제학자는 절대 빈곤 가운데 살고 있는 12억 명과 같은 생활 방식을 채택할 경우 포기해야 할 '사치품'을 항목별로 분류했다.

먼저 미국인 가정집에 들어가 그 집의 가구를 없애 버린다고 상상해 보자. 침대, 의자, 탁자, 텔레비전, 램프 등 모든 것을 치워 버려야 한다. 우리는 그 집 식구를 위해 낡은 담요 몇 장과 부엌용 탁자 그리고 나무 의자만 남겨 둘 것이다. 거울 달린 옷장과 옷도 가져갈 것이다. 모든 가족은 '벽장'에 가장 낡은 외출복 한 벌, 셔츠나 블라우스 한 장만을 간직하게 될 것이다. 그 집 가장은 구두 한 켤레를 가질 수 있다. 그러나 아내나 아이들은 신발을 한 켤레도 가질 수 없다.

이제 부엌으로 간다. 가전 제품들은 이미 치워 버렸으므로 찬장을 처리할 차례다.…성냥통과 작은 밀가루 포대, 약간의 설탕과 소금은 그대로 둘 것이다. 이미 쓰레기통에 들어간 곰팡이 난 감자 몇 개는 빨리 꺼집어내야만 한다. 그 감자는 오늘 저녁 주식이기 때문이다. 또 약간의 양파와 말린 콩 한 접시를 남겨 둘 것이다. 나머지는 다 치운다. 고기, 신선한 야채, 깡통에 든 음식, 과자, 사탕.

이제 집을 치운다. 목욕탕을 치우고, 상수도를 끊고, 전깃줄도 제거한다. 다음에는 그 집을 떠난다. 가족들은 공구를 두는 헛간으로 이사 갈 것이다.…

다음은 미디어와 관련된 것들이다. 더 이상 신문과 잡지와 책을 볼 수 없다. 그 가족은 그것을 아쉬워하지도 않는다. 그들의 읽고 쓰는 능력도 함께 제거해야 하기 때문이다. 대신에, 우리는 그 빈민가에 라디오 한 대만 놓아 둘 것이다.…

이제 정부 서비스 차례다. 더 이상 우체부나 소방수는 없다. 학교가 하나 있지만 약 5킬로미터나 떨어져 있고 교실은 두 개뿐이다.…물론 근처에 병원이나 의사는 없다. 가장 가까운 진료소는 16킬로미터나 떨어진 데다가 조산원 한 명이 지키고 있을 뿐이다. 그 가족에게 자전거가 있다면 타고 갈 수 있다. 하지만 자전거를 갖고 있을 가능성은 별로 없다.…

마지막으로 돈이다. 그 가족은 5달러를 가지고 있을 수 있다. 이 집의 가장은 이 돈 덕분에 어떤 이란 농민이 겪은 것과 같은 비극을 경험하지는 않을 것이다. 그 이란 농민은 자신의 병을 고쳐 줄 병원에 입원하려면 4달러가 필요하다고 오해했는데, 그 돈을 마련하지 못해서 실명하고 말았다.[3]

정확한 통계치를 얻기는 어렵지만, 세계 은행에 따르면, 12억의 사람들이 이 같은 극심한 가난 속에 살고 있다. 그들은 하루에 1달러 이하의 돈으로 생계를 꾸려 나간다고 한다.[4] 거의 절대적인 가난 속에서 살고 있는 12억의 사람들 외에도 16억의 사람들이 매우 가난하다. 이들은 하루에 2달러 이하의 돈으로 산다. 이는 세계 인구의 절반(28억) 조금 못 되는 이들이 하루에 2달러 이하의 돈으로 생활한다는 의미다.[5]

굶주림과 아사(餓死)는 이 세상에 만연해 있다. 기근과 질병이 지구상에서 활발하게 활동하고 있다. 매일 3만 명의 어린아이들이 굶주림과 예방 가능한 질병으로 죽는다.[6] 1,300만 명이 해마다 예방 가능한 전염병과 기생충에 의한 질병으로 죽는다.[7]

하지만 온통 나쁜 소식만 있는 것은 아니다. 지난 몇십 년간 몇몇 개발도상국에서는 커다란 진보가 있었다. 1970년 이래, 개발도상국에서는 굶주린 사람들(즉 통상적으로 활발하고 건강한 생활을 하기에는 칼로리가 부족한 사람들)의 숫자와 비율이 모두 상당히 줄었다. 1970년에는 9억 1,800만 명, 즉 개발도상국 국민의 35퍼센트가 만성적인 영양 부족에 시달렸다. 1991년이 되자 그 숫자는 8억 4,100만 명으로 떨어졌다. 개발도상국 국민의 20퍼센트에 해당하는 수치다.[8] 2002년에는 세계 전체 인구가 계속 증가했음에도 영양 부족인 사람의 수는 거의 비슷했다(8억 4천만 명). 그 수치는 개발도상국 국민의 17퍼센트에 해당한다.[9]

이같이 개선된 주된 이유는 가난한 사람들이 많은 아시아 경제가 극적으로 성장했기 때문이다. 아시아에서 만성적인 영양 부족을 겪는 사람들의 수는 1975년의 7억 8,500만 명(그 지역 인구의 36퍼센트)에서 1990년에는 5억 4,000만 명(인구의 20퍼센트)으로 줄었다.[10] 2002년에는 다시 인구 성장에도 불구하고 그 수가 5억 800만 명으로 떨어졌다.[11]

인도네시아는 지난 30년 동안 건전한 경제 성장을 이룬 나라다. 1985년에서 1995년 사이 인도네시아의 경제는 매년 7.1퍼센트의 비율로 성장했다. 1970년에서 1996년까지 최저 생계비 수준 이하로 사는 공식적인 인구 비율은 60퍼센트에서 20퍼센트 이하로 줄어들었다. 이는 가난을 줄이려는 정부의 강력한 의지가 반영된 것이다.[12] 1990년대 후반 아시아에 경제 위기가 닥쳐왔을 때 인도네시아의 빈곤율은 일시적으로 상승했지만, 경제 성장이 회복되면서 위기 이전 수준으로 낮아졌다.[13]

불행히도 아프리카와 남미와 남아시아의 상황은 그리 좋지 않다. 남미와 카리브해 지역의 굶주린 사람의 수는 1980년의 4,590만 명에서 1991년에는 5,880만 명으로 늘었다. 그 후 2001년까지 5,340만 명으로 조금 줄었다.[14]

사하라 사막 이남의 아프리카에서는 굶주린 사람들의 수와 비율이 모두 늘었다. 1970년에 그 수는 1억 300만 명(인구의 38퍼센트)이었다. 그리고 1980년까지 그 수는 1억 2,540만으로 늘었으며, 2001년에는 1억 9,840만 명에 이르렀다.[15]

남아시아의 경우 인도에만 2억 1,400만 명의 굶주린 사람이 있으며, 최근 몇 년간 그 곳에서 굶주린 사람의 수는 엄청나게 증가했다. 1997년에서 2001년 사이에 1,900만 명 이상의 사람이 기아 상태가 되었다.[16]

여기에 또 다른 특별히 불안한 사실이 있다. UN 식량농업기구에서 2004년 후반에 제출한 가장 최근의 보고에 따르면, 세계 전역에서 기아로 고생하는 인구가 오랫동안 천천히 그러나 꾸준히 줄어들고 있던 것이 최근 4년간 역전되었다는 것이다. 2000년부터 2004년까지 만성적인 기아 인구의 수는 1,800만까지 증가했다.[17]

최소한의 의식주가 부족한 사람들이 얼마나 되는지는 정확히 알 수 없다. 또 그 수는 수확량, 전쟁 및 자연 재해에 따라 다르다. 몇 가지가 크게 개선되기는 했지만 전반적인 상황은 여전히 비극적이다. 10억이 넘는 이웃들이 절대 가난 속에서 절망에 빠져 살고 있다. 그리고 또 다른 20억의 사람들이 가난하다.

세계 경제의 새로운 구분

극도로 가난한 12억의 사람들은 거의 모두 제3세계라고 불리는 곳에 살고 있다. 오랫동안, 선진국에 속하지 않는 모든 국가(자본주의건 사회주의건)를 총괄해서 '제3세계' 국가라고 불렀다. 그러나 지난 30년 동안의 변화를 고려할 때 새로운 기준으로 국가들을 나눌 필요가 있다. 세계 은행은 각 나라를 저소득 국가, 중저소득 국가, 중상소득 국가, 고소득 국가로 나눈다. 세계 은행에 따르면 "경제 규모는 2002년 일인당 GNI(Gross National Income: 국민총소득)에 따라 나누어진다. 이는 세계 은행의 방식으로 측정된 것이다. 그 기준은 다음과 같다. 저소득 국가는 735달러 이하, 중저소득 국가는 736-2,935달러, 중상소득 국가는 2,936-9,075달러, 고소득 국가는 9,076달러 이상이다."[18]

저소득 국가(25억 명). 인도, 인도네시아, 방글라데시, 파키스탄, 에티오피아, 브룬디, 차드, 탄자니아, 나이지리아를 포함한 많은 아프리카 나라들, 또한 그루지야와 아르메니아 같은 구소련에 속해 있던 일부 나라들은 저소득 국가에 속한다. 저소득 국가의 일인당 GNI[19]는 735달러 이하다.[20] 세계 은행의 "세계 개발 보고서"에 따르면 2002년 저소득 국가의 유아 사망률은 1,000명 당 80.5명이었다. 같은 해 미국의 경우는 1,000명당 6.9명이었다.[21]

2002년 8월 "세계 개발 보고서"의 자료에 따르면, 저소득 국가 15세 이상 인구의 37퍼센트가 글을 읽을 수 없다. 그 중 일부 저소득 국가의 문맹률은 극도로 심각하다. 부르키나파소의 경우 82퍼센트가 글을 읽을 수 없다.[22]

이러한 저소득 국가의 숫자는 크게 줄어들었다. 여기에는 중국의 극적인 변화가 포함된다. 중국은 이 최저 범주에 속했지만, 다음 범주로 옮겨 갔다.

중저소득 국가(24억 명). 이 범주에는 볼리비아(890달러)와 같은 남미의 많은 나라들, 나미비아(1,870달러) 같은 아프리카에서 가장 부유한 몇몇 나라들, 우크라이나(970달러)와 러시아(2,610달러) 같은 구소련권에 속해 있던 많은 나라들, 최저 필리핀(2003년에 1,080달러)과 중국(2003년에 1,100달러)에서 최고 태국(2003년에 2,190달러)에 이르는 일부 아시아 국가들이 포함된다. 이 국가들의 연간 일인당 GNI는 736달러에서 2,935달러까지다.[23)] 여전히 많은 수의 사람들이 매우 가난하지만, 이 나라들의 미래는 다소 밝다.

중상소득 국가(3억 2,900만 명). 이 범주에는 남미에서 가장 부유한 나라들(예를 들면 아르헨티나와 멕시코)이 포함된다. 일인당 GNI는 베네수엘라의 4,090달러에서 바베이도스의 9,270달러까지 다양하다.[24)]

고소득 국가(9억 6,600만 명). 이 선진국들의 일인당 GNI는 뉴질랜드의 15,870달러에서 스위스의 39,880달러까지다. 미국은 37,610달러, 영국은 28,350달러 그리고 일본은 34,510달러다.[25)]

불균등한 분배

지난 수십 년 동안 개발도상국들의 경제 성장은 지역에 따라 달랐다(표 1을 보라). 우리는 1965-1973년에 대부분의 지역에서 건전한 성장이 일어나는 것을 보았다. 하지만 1970년 초기에 지역마다 상황이 달라지기 시작했다. 80년대에 사하라 사막 이남 아프리카의 GDP(국내 총생산) 연간 성장률은 실제로는 1퍼센트였다. 하지만 인구가 너무나 급속하게 성장한 나머지 일인당 GDP는 사실상 1980-1993년까지 해마다 평균 0.8퍼센트씩 감소했다.[26] 그러나 비교적 최근에는 진보가 있어서, 2002년 사하라 이남 아프리카의 일인당 GDP 성장률은 2.8퍼센트에 이른다.[27] 남미의 일인당 GDP는 70년대 말에 둔화되었으며, 80년대와 90년대 들어서는 약간 줄어들다가 조금씩 성장하고 있다. 이것은 동아시아와 남아시아의 상황과 뚜렷한 대조를 이룬다. 중국, 한국, 대만을 포함한 동아시아는 20년 넘는 기간에 약 6퍼센트의 일인당 GDP 성장을 기록했다. 인도와 파키스탄을 포함한 남아시아는 1980년대와 1990년대 중반까지 3퍼센트 성장을 기록하며 이제 더 빠른 성장을 누리고 있다.

표 1. 지역별 연간 일인당 GDP 성장률(1965-2002)

단위: %

지 역	1965-1973	1973-1980	1980-1993	1998	2001	2002
사하라 이남 아프리카	3.2	0.1	-0.8	2.2	3.3	2.8
동아시아와 태평양	5.1	4.7	6.4	0.7	5.5	6.7
남아시아	1.2	1.7	3.0	5.4	4.7	4.3
중동, 북아프리카	5.5	2.1	-2.4	3.7	3.3	3.0
남미와 카리브해	3.7	2.6	-0.1	2.1	0.3	-0.8

출처: 세계 은행, "세계 개발 보고서 2003"[28]

하지만 경제 성장만으로는 충분하지 않다. 나라 안의 모든 사람, 특히 가장 가난한 사람들이 유익을 누려야 한다. 하지만 대개 전반적인 경제 성장은 가장 부유한 사람들에게만 유익을 준다. 미국의 막강한 지지를 받는 브라질의 군사 독재 정권은 1968-1974년까지 해마다 10퍼센트의 비율로 실질 경제 성장을 이루었다. 약 9퍼센트의 성장이 1980년까지 계속되었으며, 1980-1993년까지는 0.3퍼센트로 성장이 둔화되다가 2002년에는 1.5퍼센트까지 성장했다.[29]

누가 이익을 보았는가? 브라질의 재무 장관까지도 1972년에 국민의 5퍼센트만이 자국의 엄청난 경제 성장으로 이익을 보았다는 사실을 인정했다. 브라질 정부는, 국민 가운데 가장 가난한 3분의 2에 속하는 사람들의 실질 구매력이 지난 10년 사이에 절반 이상 하락했음을 지적하는 1974년 연구서에 이의를 제기하지 않았다. 1989년에는 브라질 가정의 3분의 2가 500달러 이하로 한 달간 생활해야 했다.[30]

1980년에는 전 인구의 40퍼센트가 영양 실조를 겪었다.[31] 1980-1993년에는 다섯 살 이하의 전체 아동 중 16퍼센트가 영양 실조로 인해 발육 부진을 겪었다.[32] 심지어 2002년에도 다섯 살 이하의 전체 아동 중 11퍼센트가 여전히 영양 실조로 인해 경미하거나 혹은 심한 발육 부진 상태에 있었다.[33]

오늘날 5,400만 명의 브라질 사람들은 극도의 가난 속에 살고[34] 인구의 15.6퍼센트가 영양 부족 상태에 있다.[35] 브라질의 1억 7,300만 인구의 가장 가난한 5분의 1은 국민 소득의 2퍼센트만을 소유하고, 9.9퍼센트가 하루에 1달러 이하의 돈으로 살아간다.[36] 1989년에는 가장 부유한 인구의 10퍼센트가 국가 소득의 51.3퍼센트를 소유한 반면, 가장 가난한 60퍼센트는 15.9퍼센트를 소유했다.[37] 비극적이게도, 브라질의 경제 성장은 그 성장을 가장 필요로 하는 사람들을 돕는 데 아무런 기여도 하지 못했다.

반면 인도네시아는 그와 대조적이다. 브라질과 마찬가지로 막대한 천연 자원과 높은 인구를 가진 커다란 나라 인도네시아는 1960-1970년까지 3.5퍼센트의 연간 경제 성장을, 그리고 1970-1981년까지 7.8퍼센트의 경제 성장을 이룩했다. 2001년과 2002년의 성장률은 약 3.5퍼센트였다.[38] 그리고 가난한 사람들은 이 기간에 형편이 훨씬 나아졌다. 1976년에 인도네시아에서 가장 가난한 40퍼센트의 사람들은 국민 소득의 14.4퍼센트를 가졌다. 1987년이 되자 그들의 몫은 21.2퍼센트로 늘어났다. 2003년 인도네시아 인구의 가장 가난한 5분의 1이 누린 국민 소득의 몫은 8.4퍼센트였다. 그러나 브라질의 경우에는 그것이 2퍼센트에 불과했다.[39]

가난한 필리핀 사람인 알라린 씨는 얼음 행상으로 장사가 잘 되는 날이면 70센트를 벌었다. 그의 부인은 거리에 나가 팔 코코넛 사탕을 만들기 위해 한 달에도 여러 번 밤을 꼬박 새웠다. 그녀가 한밤중에 땀흘려 일해 번 총수입은 40센트였다. 요리 기구가 그 가족의 유일한 세간이었다. 월드 비전(World Vision) 회장이 그들을 방문해서 다음 이야기를 썼을 당시, 그 가족은 한 달 동안 고기라곤 입에 대 보지도 못한 상태였다.

알라린 부인은 검고 움푹 들어간 눈에서 눈물을 흘리면서 이렇게 말했다. "먹을 음식이 없어서 아이들이 밤중에 울 때 너무 슬퍼요. 저는 제 인생이 결코 변화되지 않는다는 것을 알아요. 제 문제를 해결하기 위해 할 수 있는 것이 뭐가 있겠어요? 아이들의 미래가 정말 걱정이에요. 아이들을 학교에 보내고 싶지만 우리 형편에 어떻게 학비를 낼 수 있겠어요? 저는 몸이 아프지만 의사에게 갈 수가 없어요. 갈 때마다 2페소

(28센트)를 내야 하고 약값은 따로 계산해야 하니까요. 제가 할 수 있는 일이라곤 아무것도 없어요." 그녀는 주저앉으면서 조용히 흐느끼기 시작했다. 나도 그녀와 함께 울었다는 것을 부끄럼 없이 고백한다.[40]

알라린 부인의 말에는 세계의 가난한 사람들의 눈물과 고뇌가 나타나 있다. 수억의 어머니들은 가난 때문에, 알라린 부인처럼 자녀에게 먹일 것이 없어 울고 있다.

기근의 재정의

오늘날 부자들은 기근을 무시할 수 있다. 기근이 과거와는 다른 모습으로 나타나기 때문이다. "이전 시대에는…나라 전체가…광범위한 기아와 죽음을 경험했다. 오늘날 국내 및 국제 유통 체제가 개선되면서, 식량 부족은 전 세계의 가난한 사람들에게 집중적으로 영향을 끼친다."[41]

돈을 가지고 있는 사람은 언제나 음식을 살 수 있다. 기근은 가난한 자들에게만 영향을 끼친다. 1972년과 1974년 사이에 그랬던 것처럼, 식량 부족으로 수입 곡물가가 세 배로 올라도, 개발도상국의 중상류층 사람들은 계속 음식을 먹을 수 있다. 그러나 이미 수입의 60-80퍼센트를 식량 구입에 쓰고 있는 사람들은 적게 먹고 일찍 죽을 수밖에 없다. 그들은 보통 영양이 부족하기 때문에 질병에 대항하지 못하고 죽어 버린다.[42]

슬프게도 어린아이들이 가장 먼저 피해를 입는다. 1996년 저소득 국가의 유아 사망률은 고소득 국가보다 아홉 배나 높다. 영양 실조 때문에 많은 어린아이들이 죽는다. 2000년에 유니세프(UNICEF: 국제 연합 아동 기금. 국제 연합의 전문 기관 중 하나로, 개발도상국 아동의 구제, 복지, 건강 개선을 목적으로 식품, 의복, 약품 등을 아동과 임산부에게 공급하고 있음)는 개발도상국 어린아이 중 1억 4,900만 명이 만성적인 영양 부족 상태였다고 보고했다.[43]

하지만 희망은 있다. 1990년대 탄자니아의 영양 프로그램은 3년 만에 심각한 영양 실조의 비율을 반 이상 줄였다. 오늘날 탄자니아의 전국적 프로그램에 드는 비용은 어린아이 한 명당 2.5달러다.[44] 우리는 개발도상국 어린아이들의 높은 사망률을 과감하게 줄일 수 있다. 그들의 사망률은 시장 경제가 확립된 나라에 살고 있는 어린아이들의 사망률보다 아홉 배나 더 높다. 1993년 세계 은행에 따르면, "가난한 나라의 사망률을 부유한 나라와 같은 수준으로 줄인다면, 해마다 1,100만의 어린아이들이 목숨을 구할 수 있을 것이다."[45]

그렇다면 부유한 그리스도인들은 이들의 목숨을 구해 줄 만큼 자비로운가?

캐롤리나 마리아 드 헤수스(Carolina Maria de Jesus)는 음식이 남아도는 땅에서 가난한 사람들이 경험하는 공포와 분노를 느낄 수 있게 해준다. 그녀는 학교를 다니지는 못했지만 똑똑했으며, 브라질에서 두 번째로 큰 도시인 상파울로의 빈민가에서 살아남기 위해 몸부림쳤다. 그녀는 자신의 감정을 매일 종이 조각에 기록했는데, 이것이 후에 「어둠의 자식」(*Child of the Dark*)이라는 감명 깊은 책으로 출판되었다.

오늘 나는 슬프다. 신경질이 난다. 울어야 할지 아니면 의식을 잃을 때까지 달리기라도 해야 할지 모르겠다. 새벽에 비가 왔다. 나는 돈을 벌러 나갈 수가 없었다(캐롤리나는 음식을 살 돈을 벌기 위해 매일 폐품을 수집했다).…나에게는 세뇨르 마누엘에게 팔 깡통과 폐품이 조금 남아 있을 뿐이다. 주앙이 학교에서 돌아오자, 나는 폐품을 팔아 오라고 그를 내보냈다. 주앙은 13크루제이루를 받아서 2크루제이루로 탄산수 한 병을 사 왔다. 나는 그에게 화를 냈다.…

아이들은 빵을 많이 먹는다. 아이들은 부드러운 빵을 좋아하지만 부드러운 빵이 없을 때는 딱딱한 빵을 먹는다.

오, 상파울로여! 거만하게 금면류관과도 같은 고층 건물들을 자랑하는 여왕. 벨벳과 실크로 온통 휘감았지만 다리에는 싸구려 스타킹(빈민가를 말함)을 신었다.

고기를 살 만한 돈이 없어 당근을 넣고 마카로니 국수를 만들었다. 기름이 없었기 때문에 맛이 형편없었다. 베라만이 불평을 하면서도 국수를 더 달라고 했다.

"엄마, 저를 도나 줄리타에게 파세요. 도나네는 맛있는 음식이 있거든요."[46]

월드 비전의 전 대표는 가난한 브라질 부부인 세바스찬과 마리아 나시멘토의 집을 방문했다. 초가 지붕에 모래 바닥으로 된 단칸방이었다. 걸상 하나, 숯풍로 하나 그리고 짚을 조금 넣은 마대 자루로 덮인 네 개의 간이 침대가 가구의 전부였다. 그는 자신이 목격한 비참한 상황을 다음과 같이 썼다.

나의 감정은 내가 보고 들은 것을 도저히 수용할 수 없었다. 세 살 난

쌍둥이가 작은 침대에 벌거벗은 채로 미동도 않고 누워서 인생의 마지막 순간을 맞이하고 있었다. 자비롭게도, 짧았던 그들의 인생에 막이 내리고 있었다. 영양 실조가 원인이었다. 두 살짜리 아이가 조용히 옆에 있었다. 그 아이도 심한 영양 부족 증상인 소모증으로 인해 이미 식물 인간이 되어 있었다.

아이들의 아버지는 직업이 없다. 그와 마리아는 자신들의 상황에 대해 괴로워하지만, 자존심이 강해 도움을 청하지 않는다. 그는 구두를 닦으려고 한다. 마리아는 자신들의 형편에 대해 말할 수 없다. 말하려고 하지만 말이 입 밖에 나오지 않는 것이다. 아이들의 어머니는 아이들을 깊이 사랑하며 매우 다정하다. 따라서 그녀는 아이들의 건강이 매일 악화되는 것을 도저히 견딜 수 없다. 고뇌에 찬 마음의 표현으로 그저 하염없이 눈물을 흘릴 뿐이다.[47]

캐롤리나의 어린 딸은 자신을 부자 이웃에게 팔아 달라고 요청할 필요가 없었다. 그리고 세바스찬과 마리아의 두 쌍둥이가 죽어갈 때, 세상에는 음식이 많이 있었다. 그러나 음식이 공평하게 분배되지 않았다. 브라질의 잘사는 사람들은 먹을 것을 많이 가지고 있었다. 2억이 넘는 미국 시민들은 가난한 나라에 살고 있는 10억이 넘는 사람들을 충분히 먹일 수 있는 음식을 소비하고 있었다(곡물을 먹는 가축들이 많은 식량을 소비하는 것도 부분적인 이유다). 옥스퍼드 대학의 경제학자 도널드 헤이(Donald Hay)는 최근 세계 곡물 수확의 단 2퍼센트만 제대로 나누어도 세계의 기아와 영양 실조 문제를 해결할 수 있을 것이라고 지적했다![48]

이것이 바로 기아의 재정의, 혹은 재분배다! 기아는 돈 많고 힘

있는 사람들에게는 더 이상 불편을 주지 않는다. 기아는 가난하고 힘없는 자들에게만 영향을 끼친다. 가난한 사람들은 보통 세상에 알려지지 않은 채 조용하게 죽기 때문에, 모든 나라의 부자들은 이 같은 기아를 마음 편하게 무시한다. 그러나 재정의되고 재분배된 기아는 여전히 만연해 있다. 형편이 좋은 때조차도 수많은 사람들이 굶주린 채로 잠자리에 들며, 가난한 아이들의 뇌는 식물 상태가 되고 몸은 질병에 걸려 일찍 죽기 쉽다.

가난의 자식들

가난은 문맹, 열악한 의료 혜택 및 질병, 뇌손상을 야기한다.

문맹

2002년 인도에 사는 10억 5,000만 명 중 59퍼센트만이 글을 읽을 수 있다.[49]

1999-2002년까지, 인도의 경우 글을 읽을 수 있는 이들의 비율은 48퍼센트에서 59퍼센트까지 증가했다. 그러나 아직도 4억 1,000만 명이 글을 읽을 수 없다. 파키스탄의 1억 4,400만 명 중 문맹률은 55.1퍼센트다.[50] 다행히 주요한 진보가 있었다. 1960년에는 개발도상국 인구의 40퍼센트만이 글을 읽을 수 있었지만 2002년에는 그 비율이 84퍼센트로 증가했다.[51] 하지만 불행히도 2003년에도 9억 4,800만 명이 여전히 글을 읽을 수 없었다.[52]

문자 해독률 역시 지역별로 고루 분포되어 있지 않다. 아프리카의 경우 41퍼센트만이 글을 읽을 수 있다.[53]

열악한 의료 혜택 및 질병

산업화된 북반구의 사람들은 매우 오랫동안 현대 의학이 제공하는 의료 혜택을 향유해 왔기 때문에, 지금은 누구나 다 그런 혜택을 누리고 있을 것이라고 생각한다. 실제로 상황은 더 나아졌다. 세계 은행은 전 세계의 보건 상황이 지난 40년간 그 이전의 어떤 때보다 더 나아졌다고 한다.[54] 1950년에 개발도상국 사람들의 평균 수명은 40세였고 1990년에는 평균 수명이 63세가 되었다. 2003년에는 64.4세가 되었다.[55] (이는 더 높아지고 있지만, 34개국의 경우 에이즈 위기가 평균 수명을 떨어뜨리고 있다.)[56]

5세 이하 유아 사망률은 1950년에는 1,000명당 280명이었지만 2000년에는 1,000명당 83명으로 줄었다.[57]

표 2. 출생 유아 1,000명당 사망자 수(2002)

국가	사망자 수
일본	3
핀란드	4
독일	4
영국	5
오스트레일리아	6
쿠바	7
미국	7
칠레	10
우크라이나	16
러시아	18
중국	31
이집트	35
과테말라	36
말라위	114
앙골라	154

니제르	156
시에라리온	165

출처: 유니세프 58)

　이러한 개선에도 불구하고, 세계 은행은 10억의 사람들이 안전하게 마실 물을 얻을 수 없으며, 25억의 사람들이 개선된 하수구 설비가 없는 곳에서 산다고 보고했다.59) 세계 보건 기구(WHO)는 개발도상국에서 매일 6천 명의 어린이가 깨끗한 물과 하수구 시설이 부족해서 사망한다고 추산했다.60) 깨끗한 물과 하수구 시설을 갖춘 집에 사는 아이들은 그런 시설이 없는 집에 사는 아이들보다 사망할 가능성이 60퍼센트나 더 적다.61) 게다가 해마다 1,300만 명의 사람들이 설사, 말라리아, 결핵 등과 같은 전염병과 기생충에 의한 질병으로 죽는다.62)

　가난한 나라에는 음식과 의료 시설이 모두 부족하기 때문에 선진국보다 유아 사망률이 훨씬 높다. 좀더 깨끗한 물과 더 나은 하수구 설비에 드는 비용은 그리 비싸지 않다. 1996년 세계 보건 기구는 제3세계에 사는 사람 한 명당 예방 의학에 드는 비용을 일 년에 75센트씩 늘리면, 매년 5백만 명의 생명을 구할 수 있다고 보고했다. 그 비용은 30억 달러 이하일 것이며, 분명 좀더 부유한 나라에 사는 사람들은 5백만 명의 사람들을 구하기 위해 30억 달러 정도는 마련할 수 있다. 전국 보건 통계 센터(The National Center for Health Statistics)는 미국 사람들이 해마다 다이어트 및 칼로리 섭취를 줄이는 것과 관련된 비용으로 300억 달러에서 500억 달러 사이의 돈을 지출한다고 보고한다.63)

뇌손상

얼마나 많은 가난한 아이들이 어린 시절에 단백질을 충분히 섭취하지 못해 돌이킬 수 없는 뇌손상을 입었는지는 아무도 모른다. 하지만 그런 아이들이 수백만 명이나 있다. 1999년에 다섯 살 이하의 어린아이 중 1억 4,900만 명이 영양 실조에 걸렸다.[64]

리우데자네이루 출신의 여섯 살 난 소녀 말리는 이와 같은 아이들 중 한 명이다. 말리는 모든 점에서 정상적인 것처럼 보였고, 건강하고 행복했다. 말리에게 잘못된 것은 단 한 가지뿐이었다. 말리는 학습 능력이 없었던 것이다. 처음에 선생님들은 말리가 겪는 어려움을, 집에 열한 명이나 되는 아이들이 있기 때문에 소홀한 대우를 받다 보니 생긴 심리적인 문제라고 생각했다. 말리의 어린 여동생도 똑같은 문제를 갖고 있었던 것이다. 그러나 주의 깊게 관찰하고 검사해 본 결과, 브라질의 가난하고 비참한 빈민가 출신의 말리는 유아 시절 몸에 영양이 부족한 관계로 건강한 뇌를 만들어 낼 수 없었기 때문에 학습 능력이 없다는 사실이 밝혀졌다.[65]

단백질 결핍으로 인한 영구적 뇌손상은 세계 가난의 가장 파괴적 양상 가운데 하나다. 전체 뇌 발달의 80퍼센트는 수태 시점부터 두 살 사이에 일어난다. 뇌가 제대로 발달하려면 적절한 단백질 섭취(개발도상국의 다섯 살 이하의 전체 어린아이 중 3분의 1이 넘는 아이들이 갖고 있지 못한 것)가 필요하다.[66] 1980년대 초에 멕시코에서 실시된 한 연구는 영양이 매우 부족한 어린아이들이 적절하게 음식을 섭취한 아이들보다 지능지수가 13점 더 낮다는 것을 발견했다.[67] 의학은 심각한 영양 실조가 돌이킬 수 없는 뇌손상을 야기한다는 것을 보여 주었다.

가난한 가정에 음식이 떨어질 때 가장 고통당하는 것은 어린아이들이다. 하루하루 근근이 생활해 나가는 사람들은 대부분, 어린아이가 활동하지 않는 것을 가장이 활동을 하지 않는 것만큼 심각한 문젯거리로 여기지 않는다. 하지만 영양 실조는 수많은 지진아들을 양산하고, 그것은 미래에 심각한 문제가 된다.

에이즈

에이즈는 가난한 이들을 죽이는 가장 치명적인 요인 중 하나다. 특히 아프리카에서 그렇다. 전 세계적으로 약 4,800만 명이 이 바이러스에 감염되었거나 에이즈에 걸렸는데,[68] 이 가운데 2,500만 명이 아프리카에 있다.

오늘날 부유한 국가들에 사는 에이즈 환자들은, 수년 동안 생명을 연장하고 거의 정상적인 삶을 살 수 있게 해주는 값비싼(RNA 종양 바이러스를 차단하는) 약을 얻을 수 있다. 하지만 가난한 나라에 사는 환자들은 그냥 죽는다.

아프리카에서는 매일 6천 명이 에이즈로 죽는다. 1,700만 명이 이미 죽었고 그로 인해 가족들은 도움을 받을 수 없는 절대 빈곤에 처하게 된다. 1,200만 명의 아프리카 어린이들이 어머니나 아버지 혹은 부모를 모두 잃었다. 우리가 무엇인가를 더 하지 않는다면 에이즈는 2010년까지 2천만 명 이상의 고아를 양산할 것이다. 부모, 농부, 교사, 지도자들이 죽어간다. 지역 사회 전체가 초토화된다.

개인적인 이야기들을 들으면 가슴이 찢어진다. 열심히 일하던 아버지가 에이즈에 걸리기 전까지는 염소젖을 팔아 아내와 가족을 부양했다. 그러나 아프기 시작하면서 민간요법으로 치료를 하는데 아이들의 등록금이 들어갔다. 결국은 염소 두 마리를 팔아 병원에 갔고, 그제야 그의 병이 그 자신뿐 아니라 아내와 이제 막 걸음마를 시작한 아이도 파멸시킬 에이즈라는 것을 알게 되었다. 그의 아내는 남편의 장례식을 위해 염소 한 마리를 더 팔았고, 아내가 죽을 때쯤에는 염소를 전부 팔았다.

아홉 살, 열 살 된 두 딸만이 남아, 죽어가는 남동생을 보살피게 되었다. 이 딸들은 할머니를 찾아갔지만, 할머니는 아이들끼리 알아서 살아야 한다고 말했다. 할머니는 이미 에이즈로 고아가 된 손자 손녀 5명을 돌보고 있었기 때문이다. 할머니가 줄 수 있는 것이라곤 나무 상자 하나뿐이었다. 그것은 죽어가는 남동생을 위한 관이었다.[69]

수백만의 아프리카 어린이들 앞에 이런 두려운 미래가 놓여 있다.

국제 연합 에이즈 프로그램의 추산에 따르면, 에이즈와 싸우는데 2007년까지 최소한 매년 200억 달러가 필요하다고 한다. 그러나 2003년 통계를 보면 부유한 나라들이 전 세계적인 에이즈와의 전투에 지불한 돈은 50억 달러가 안 되었다.

가난한 나라들의 경우 에이즈 환자들을 위한 약값은 2001년에서 2003년까지 볼 때 1만 800달러에서 매년 140달러 정도씩 떨어졌다. 급박하게 이 약들이 필요한 400만 아프리카인들 중 3퍼센트만이 그 약을 구할 수 있다. 그들이 하루에 50센트나 1달러 정도도 쓸 여유가 없기 때문이고, 다른 한편으로는 숙련된 의료인들이 충분하지 않기 때문이다.[70]

우리는 이제 아프리카에서 일어나고 있는 에이즈와의 전투에 대해 많은 것을 알고 있다. 아프리카인들이 미국인이나 유럽인보다 구조용 약들을 훨씬 더 주의 깊고 책임 있게 다룬다는 증거도 있다. 성공률은 거의 80퍼센트다. 우간다의 성공적인 공공 교육 프로그램은 1990년대 초반 성인의 14퍼센트이던 에이즈 감염률을 2001년 5퍼센트까지 급격하게 줄였다. 부시 대통령은 에이즈와의 전투를 위해 5년여 동안 150억 달러를 원조하기로 약속했다. 여러 민간 기독교 단체들도 프로그램들을 확장하고 있다. 보노(Bono)가 주도하는 단체인 DATA에 따르면 "미국, 캐나다, 유럽, 일본에서 소비하는 10달러당 여분의 1센트만으로도 매년 800만의 아프리카인들을 살릴 수 있다"고 한다.[71] 런던 열대의학과 위생 연구소 학자들의 추산에 따르면, 8년여 동안 소비하는 270억 달러(매년 부유한 나라가 골프에 소비하는 돈보다도 훨씬 적은)만으로도 3천만의 사람이 HIV 바이러스와 에이즈에 감염되는 것을 예방할 수 있다고 한다.[72]

굶주림, 문맹, 질병, 뇌손상, 죽음. 이것이 바로 극심한 가난이 의미하는 것이다. 세계의 약 10억에 달하는 곤궁한 사람들이 이러한 고통을 일상적으로 경험한다. 부유한 나라들이 조금만 더 도와주면 많은 사람들의 생명을 구할 수 있다.

개발도상국 역시 우선 순위를 바꿔야 한다. 1994년 국제 연합에 따르면 개발도상국들이 매년 군사비에 소비하는 1,250억 달러의 12퍼센트만 있으면 모든 어린아이에게 예방 접종을 해주고, 심각한 영양 실조를 없애며, 가벼운 영양 실조를 반으로 줄이고, 안전한 식수 공급 등을 포함해 모든 국민을 위한 보건 관리를 할 수 있다고 한다.[73] 1995년 유니세프에 따르면, 개발도상국 정부들은 해마다 약 4,400억 달러에 달하는 돈을 쓴다. 하지만 그 중 단지 약 500억 달러(10퍼센트를 약간 상회하는 금액)만이 영양, 기본적 의료, 초등 교육, 가족 계획, 깨끗한 물, 안전한 하수구 시설 등에 쓰인다. 그 비율을 20퍼센트로 올린다면, 해마다 약 500억 달러를 더 확보할 수 있다. 그렇게 되면 대부분의 나라에서 기본적인 사회적 안전망을 구축하기에 충분할 것이다.[74]

진보를 이룸

우리가 적절한 노력만 한다면 극적인 결과를 이룰 수 있다. 1980년대와 1990년대에 이루어진, 비용이 들지 않은 몇 가지 활동이 수많은 어린아이들의 생명을 구했다. 그 기간에 개발도상국의 예방 접종률은 20퍼센트에서 80퍼센트까지 상승했다.[75] 1980년대 초반만 해도 해마다 7,500만의 어린아이들이 홍역에 걸렸으며 250만 명 이상의 어린아이들이 죽었다. 하지만 1999년에는 전 세계적으로 80만 건의 홍역만 보고되었다.[76] 홍역 백신으로 지금은 해마다 적어도 300만 명의 어린아이들이 생명을 구한다. 백신은 평균 한 아이당 17달러밖에 들지 않는다.[77]

불행히도 1990년대에는 조금 나빠졌다. 세계 보건 기구는 다음과 같이 말한다.

1999년 5세 이하 어린아이의 세계 평균 접종률은 74퍼센트로 떨어졌다(1990년에는 80퍼센트였다). 전 세계적으로 4명당 1명의 어린이가 여섯 가지 주요 질병에 대한 예방 접종을 받지 못했다(홍역, 소아마비,

백일해, 디프테리아, 파상풍, 결핵).…

전 세계 보건 기구 총재였던 그로 할렘 브룬틀랜드(Gro Harlem Brundtland) 박사는 이렇게 말한다. "아직도 매년, 전 세계적으로 거의 200만의 어린아이들이 예방 접종으로 막을 수 있는 질병에 걸려 죽는다. 미국에서만 한 아이당 17달러로 여섯 가지 역사적인 전염병을 평생 예방할 수 있다.…그리고 그 정도만으로 우리는 B형 간염, 황열병, 헤모필루스 인플루엔자 B유형까지 예방할 수 있다."[78]

강변 실명(river blindness)에 대한 성공담은 약간의 비용으로 얼마나 많은 일을 할 수 있는지 보여 준다. 세계 은행과 세계 보건 기구를 포함한 몇몇 국제 기구는 연합하여 1974년에 아프리카 11개국에서 강변 실명과의 전쟁을 시작했다. 이 질병은 아주 작은 곤충이 일으켜 기생충에 의해 퍼지는 것으로 가려움증, 쇠약함 등을 유발하고 결국에 가서는 실명하게 만든다. 처음에는 환경에 무해한 생물 분해성 살충제를 뿌렸다. 그 프로그램은 놀라운 성공을 거두었고, 6천만 에이커에 이르는 최고의 경작지로 농부들을 돌려보냈다.[79] 그 프로그램에 드는 비용은 5억 7천만 달러로서, 대략 매년 일인당 1달러로 실명을 예방할 수 있다.[80]

좀더 최근에는 머크(Merck) 사에서 기증한 약품 멕티잔(Mectizan)이 아프리카의 여러 국가들에서 사용되고 있다. 카터 대통령 센터의 맥티잔 컨트롤 프로그램을 통해 매년 약 3천만 개의 치료약이 나누어지고 있다. 이 프로그램은 치료와 억제를 모두 해주고 있어, 결국 공중 보건 문제였던 강변 실명을 제거하는 일을 주도하고 있다.[81]

요오드 결핍 역시 심각하지만 쉽게 해결할 수 있는 문제다. 요오드 결핍 때문에 갑상선이 부어오르는 갑상선종은 지능 저하를 가져오며 7억 4천만 명이 이 병을 앓고 있다.[82] 이 중에서 5천만 명이 뇌손상을 입게 되며, 570만 명이 크레틴병 환자(신체와 뇌의 발육이 저해되고 불구가 된 사람들)가 될 것이다.[83] 해결책은 무엇인가? 각 나라에 공급되는 소금에 요오드를 함유한다. 이렇게 하는데는 일 년에 일인당 5센트밖에 들지 않는다.[84] 그러한 프로그램에 드는 총 비용은 약 1억 달러(현대식 전투기 두 대 값보다 적은)다.[85]

좋은 소식은 주요한 진보가 있었다는 것이다. 1990년 이래로 여러 정부에서 소금에 요오드를 함유하기 위해 열심히 애쓴 결과, 2004년에는 요오드를 함유한 소금을 사용하는 가정이 20퍼센트에서 60퍼센트로 늘어났다. 이 비율은 쉽게 100퍼센트가 될 수 있을 것이다! 국제 연합의 추산에 따르면, 오늘날까지도 2천만 명의 어린아이들이 엄마의 뱃속에서 충분한 요오드를 섭취하지 못해 정신지체아로 태어난다고 한다.[86]

경구 재수화 요법(Oral Rehydration Therapy)은 비용이 별로 들지 않으면서 어린아이들이 설사로 탈수되지 않도록 해주는 보건조치의 하나다. 1980년에는 설사로 인한 탈수 때문에 매일 거의 1만 명에 달하는 어린아이들이 생명을 잃었다. 1993년에 이르자 그 숫자는 5천 명으로 줄어들었다. 1999년에는 전 세계적으로 하루에 4,100명 이하로 낮아졌다.[87] 하지만 여전히 약 150만 명의 죽지 않아도 될 아이들이 죽어간다.[88] 경구 재수화 요법용 소금은 한 자루 가격이 약 50센트다.[89] 부모들이 그 소금을 직접 사용해도 좋다.[90] 조금만 더 도와주면 수백만 명이 생명을 구할 수 있을 것이다.

1990년에 유니세프에서 주최한 "어린이들을 위한 세계 정상 회의"에서 100개 이상의 개발도상국들은 2000년을 위한 목표로 세계에서 소아마비를 없애고자 했다. 1991년까지 우리는 서반구에서 소아마비를 성공적으로 제거했다.[91] 1996년까지는 145개국에서 그러한 성공을 이루었다.[92] 2004년 세계는 소아마비 병원체인 폴리오바이러스의 전파를 멈추게 하는 대단한 행운을 얻었다. 그것은 6개국 내의 소아마비 '위험 지대'에서만 제한적으로 나타났다.[93]

우리는 진보를 이루고 있다. 적절한 비용으로 영양 실조가 줄어들었으며, 예방 접종률은 크게 증가했다. 몇 년 전 유니세프는 개발도상국에서 보건, 교육, 가족 계획, 깨끗한 물 등을 포함한 기본적인 사회 복지 사업을 제공하는 데 들어가는 총 비용이 매년 300억 달러에서 400억 달러가 될 것이라고 추산했다.[94] 전 세계의 부자들은 해마다 골프를 치는 일에 이보다 더 많은 돈을 들인다.[95]

물론 가난을 줄이는 일이 단지 가난한 사람들을 위해 보건을 개선함으로써만 이루어지는 것은 아니다. 시장 경제의 확장으로 아시아에서 가난이 상당히 줄어들었으며(8장을 보라) 가난한 사람들의 고통을 줄이기 위해 우리가 개인적 혹은 구조적으로 일으킬 수 있는 변화들은 매우 다양하다(9-11장을 보라).

인구

인구 폭발은 또 다른 근본적인 문제다. 1830년까지만 해도 세계 인구는 10억이 넘지 않았다. 그 다음 10억이 늘어나는 데는 겨우

100년이 걸렸고, 단 삼십 년 만에 또 10억의 인구가 늘어났다. 40억에 이르는 데는 1975년까지 겨우 15년이 걸렸다.[96] 2004년 세계에는 64억의 사람이 산다. 이 숫자는 다음 50년 내에 107억을 넘을 수도 있다(표 3을 보라).

하지만 좋은 소식이 있다. 전체 출산율(한 여성이 낳는 평균 자녀수)이 1970년대 여성당 5.9명에서 1990년대 3.9명으로 떨어진 것이다. 후진국의 출산율은 아직도 5명을 넘어서고 있다. 하지만 이 비율은 "약 20개의 개발도상국들에서는 더 낮은 수준이다."[97] 우리는 전 세계적으로 부부당 2.1명의 출산율에 점점 더 가까워지고 있다. 이 비율이면 인구가 동일하게 유지된다. 하지만 오늘날도 여전히 많은 젊은이들이 가임기에 들어서고 있다. 오늘날 대부분의 부부가 이전 세대보다 더 적은 수의 자녀를 갖는다 해도(실제로 그들은 그렇게 하고 있다), 전체 인구는 여전히 성장할 것이다.[98]

1억의 인구가 해마다 1.5퍼센트의 비율로 성장하면 25년 뒤에는 1억 4,500만으로 늘어나며, 100년 뒤에는 4억 4,300만으로 늘어난다. 그리고 1억의 인구가 3퍼센트의 비율(이는 6억 2,800만의 인구를 가지고 있는 사하라 사막 이남 아프리카의 인구 성장률이다)[99]로 늘어나면 50년 후에는 4억 3,800만 그리고 100년 후에는 19억 2,200만으로 늘어난다.

2050년이나 2100년에 얼마나 많은 사람이 살고 있을지 정확하게 예측하기란 불가능하다. 국제 연합은 세 가지 시나리오를 제안한다(표 3을 보라).

표 3. 세계 인구 성장의 미래

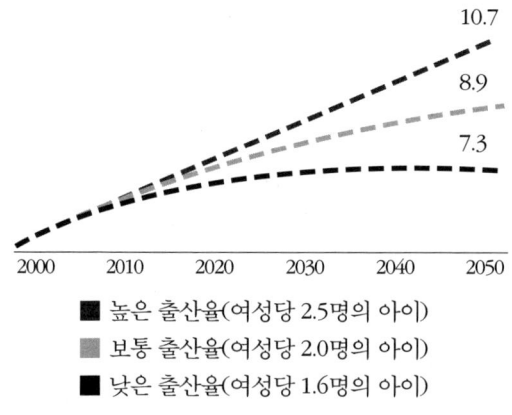

2000년에서 2050년까지 세 가지 시나리오

■ 높은 출산율(여성당 2.5명의 아이)
■ 보통 출산율(여성당 2.0명의 아이)
■ 낮은 출산율(여성당 1.6명의 아이)

출처: 국제 연합, "세계 인구 전망 1998" [100]

중간의 시나리오는 전체 인구가 2025년까지 78억으로 증가하고 2050년에 89억에 이르리라고 예상한다. 그리고 시간이 지나면서 성장률은 떨어질 것이고 2100년에는 110억에 이를 것이다.[101] 결과는 아시아, 유럽, 북미와 같은 큰 대륙들이 어떻게 달라지느냐에 달려 있다. 표 4는 현재 이 주요 지역의 성장률을 보여 준다.

인구 폭발로 인해 일부 사람들은 묵시론적인 병적 흥분 상태에 빠졌다. 어떤 집단은 1976년에 "뉴욕 타임즈"와 "월 스트리트 저널"을 포함한 여러 신문에 광고를 게재했다. 그 중에서도 특히 윌리엄 패독(William Paddock)과 가레트 하딘(Garret Hardin)이 문안을 작성한 광고는 이렇게 단언한다. "우리가 아는 세상은 2000년이 오기 전에 멸망할 가능성이 높다.…현 시점에서 비극을 향해 가는 힘이 너무나 크기 때문에 그 여세를 멈추게 할 방도가 없는 것 같다."[103]

1. 십 억의 굶주린 이웃 47

표 4. 주요 지역의 2050년 인구 규모에 대한 세 가지 시나리오

단위: 백만

지역/국가	2004	2050 높은 출산율	2050 보통 출산율	2050 낮은 출산율
세계	6,378	10,633	8,919	7,409
선진국	1,206	1,370	1,219	1,084
후진국	5,172	9,263	7,699	6,325
아프리카	869	2,122	1,803	1,516
사하라 이남 아프리카	716	1,825	1,557	1,315
아시아	3871	6,318	5,222	4,274
중국	1313	1,710	1,395	1,129
일본	128	120	110	100
라틴 아메리카/카리브해 지역	551	924	768	623
북미	329	512	448	390
유럽	725	705	632	565
오세아니아	33	52	46	40

출처: 국제 연합 인구 분과, "세계 인구 전망: 2002 개정(2003)" [102]

물론 그러한 견해들은, (2005년의 조망에 따르면) 경각심을 불러일으키고, 비관적이며, 사실무근이다.[104] 지난 40년간의 인구 동향은 모종의 소망을 제공한다. 인구 조사국에 따르면 1960년 세계의 전반적인 인구 성장률은 약 2퍼센트였던 반면 2000년에는 1.4퍼센트로 떨어졌다.[105] 우리는 이에 대해 감사해야 할 것이다. 하지만 현재의 인구 성장률은 여전히 높다. 이런 비율로 가면, 인구는 2054년에는 거의 90억까지 증가할 것이다.[106] 우리는 이미 현재 있는 63억의 인구를 먹여 살리기 위해 환경을 파괴하고 있으며, 그렇다고 모든 인구가 충분한 식량을 먹는 것도 아니다.

인구 성장 문제를 고찰할 때, 현재 개발도상국들보다 인구 성장

률이 훨씬 낮은 북반구의 선진국들은(표 4를 보라), 19세기 후반만 해도 한 가정당 자녀 수가 현재보다 훨씬 많았음을 기억하는 것이 중요하다. 유아 사망률이 지금보다 높았음에도 그 당시 산업화 도상에 있던 국가들의 가족 규모와 인구 성장률은 제2차 세계대전 이래 많은 개발도상국들의 가족 규모 및 인구 성장률과 아주 비슷했다. 장기적으로 볼 때 풍요와 인구 성장률의 하락은 병행하는 것 같다.

다행히도, 가난한 사람들을 자립시키는 일은 인구 폭발을 줄이는 지름길이다(2장과 11장을 보라). 가난한 사람들이 적절한 음식과 보건과 교육을 받을 때(특히 여성), 인구 성장은 극적으로 줄어든다.

성장의 한계?

만연된 가난 및 인구 폭발과 함께, 복합적이며 서로 얽힌 세 번째 문제가 우리의 딜레마를 훨씬 더 어렵게 만든다. 지구는 얼마나 오랫동안 현재의 산업화율을 유지시킬 수 있는가? 산업화로 말미암아 발생하는 공해의 결과는 어떠한가?

1992년에, 미국 국립 과학 협회(U.S. National Academy of Science) 및 런던 왕립 학술원(Royal Society of London)은 다음과 같은 말로 시작되는 합동 보고서를 발행했다. "인구 성장에 대한 현재의 예측이 정확한 것으로 판명되고, 지구상의 인간 활동 유형이 앞으로도 변화되지 않는다면, 과학과 과학 기술로는 돌이킬 수 없는 환경 파괴나 세계의 많은 사람들의 지속적인 가난을 예방할

수 없을 것이다."[107] 1993년에 세계 58개국의 과학원도 이와 비슷한 경고를 했다.[108]

1980년대에, 일인당 경작할 수 있는 땅 면적은 연간 1.9퍼센트씩 줄어들었다. 전 세계적으로 매년 500만에서 700만 헥타르로 추정되는 농경지가 사라지고 있다.[109] 유니세프는 해마다 약 1,600만 헥타르(오클라호마 주와 같은 면적)의 열대림이 파괴되며, 약 600만 헥타르(웨스트 버지니아와 같은 면적)의 건조한 땅이 사막으로 변한다고 전한다.[110] 국제 연합의 보고에 따르면, 사막화는 2억 5,000만의 사람과 지구 표면적의 3분의 1, 즉 40억 헥타르보다 넓은 면적에 직접적인 영향을 미치는 전 세계적인 문제라고 한다.[111]

사막화란 것이 아프리카, 곧 대륙의 3분의 2가 사막이나 건조한 땅인 아프리카에 영향을 미치는 것이 사실이지만 다른 지역 역시 문제가 된다. 1950년대 이래 중국의 경우, 유사(流砂) 현상과 사막이 넓어지는 현상은 경작지 중에서 거의 70만 헥타르, 방목장 중에서 235만 헥타르, 숲과 삼림 지역 중 640만 헥타르를 넘어서는 지역에 나타나고 있다. 전 세계적으로 볼 때 농경지로 사용되던 건조지역 52억 헥타르의 약 70퍼센트가 이미 사막화가 진행되었거나 위협을 받고 있다.[112] 8장에서 우리는 성장의 한계에 대해 여러 의문들을 제기하는 다른 환경 문제들에 대해 살펴볼 것이다.

미래와 우리의 반응

만연된 기아, 인구 팽창, 환경 파괴, 산업화 속도를 늦추어야 할 필요가 있을지도 모른다는 사실(적어도 부유한 나라에서) 등으로 인해 세계의 자원을 좀더 정의롭게 나누려는 노력은 더욱 어려워진다. 지구 최후의 날에 대한 예언이 난무하는 것도 놀라운 일이 아니다. 우리의 미래는 어떻게 될 것인가?

마크 해트필드(Mark Hatfield) 상원 의원(저명한 복음주의 지도자이며 공화당 4선 의원)은 이렇게 경고했다. "이 나라(미국)와 전 세계의 안정을 가장 크게 위협하는 것은 기아다. 그것은 열강이 소유한 모든 원자 무기보다 더 폭발적이다. 절망에 빠진 사람들은 무모한 일을 벌인다. 그리고 지금은 심지어 개발도상국마저도 핵무기를 보유하고 있다는 사실을 기억하라."[113]

미국 대통령 산하 세계 기아 위원회(민주당원과 공화당원, 보수주의자들과 자유주의자들로 구성된)도 이러한 경고를 반복했다.

> 오늘날 세계에서 가장 폭발 가능성이 많은 힘은 버젓한 생활을 해 보려고 애쓰는 가난한 사람들의 좌절된 바람이다.…세계 기아 위원회는 일반적으로 경제 개발을 촉진하고, 특별히 기아 문제를 해결하는 것이, 대부분의 정책 결정자들이 인정하거나 믿고 있는 것 이상으로 미국 국가 안보에 더 중요하다고 믿는다. 핵무기가 출현한 이래로, 대부분의 미국인들은 국가 안보를 전략적인 군사력의 강도와 동일시하는 경향이 있다. 세계 기아 위원회는 널리 펴져 있는 이 같은 믿음을 단순한 환상으로 간주한다.[114]

전 유엔 사무총장 부트로스 부트로스 갈리(Boutros Boutros-Ghali)는 군사 충돌의 가장 심오한 원인은 "경제적 절망, 사회적 불의 그리고 정치적 억압이다. 민주적으로 인권을 보호하는 사회에서만 장기적인 안정을 제공할 수 있다"[115]고 진술했다. 기아와 불의를 줄이기 위한 전 세계의 협력은 평화를 유지하기 위해 필수적이다.

이 같은 부익부 빈익빈 시대에 그리스도인들은 무엇을 할 것인가? 우리가 예배하는 하나님이 "가난한 자를 불쌍히 여기는 것은 여호와께 꾸어 드리는 것이니"(잠 19:17)라고 말씀하시는 것을 우리는 과연 기억하는가? 그리스도인들은 가난한 자들을 위한 정의(그것이 부유한 이웃들로부터 비난을 불러온다 할지라도)를 추구할 만한 용기를 가지고 있는가?

당신과 나는 어느 편에 설 것인가? 굶주린 자들의 편인가 아니면 과식한 자들의 편인가? 가난한 나사로 편인가 아니면 어리석은 부자 편인가? 부유한 나라들의 대부분은 적어도 명목상으로는 기독교 국가들이다. 수많은 사람들이 기아선상에서 맴돌고 있는데 세계에서 소수에 불과한 풍요한 '그리스도인'이 계속해서 부를 축적하고 있다는 것은 얼마나 기이한 비극인가!

한 대중적인 근본주의 회보는 그리스도인들에게 새로 말린 음식을 비축해 두라고 지시했다. 묵시적 경건함과 교묘한 상술이 아주 교묘하게 결합된 이 회보는 여러 '성경 학자들'의 말을 인용해 일부 그리스도인들이 대환난을 헤쳐 나가게 될 것이라는 사실을 증명했다. 그러면 그 결론은 무엇이었을까? 우리는 대환난 동안 어디에 있게 될지 확실히 알 수 없기 때문에, 2천 달러 상당의 돈을 들여 7년치의 예비 음식을 구입해 두어야 한다는 것이었다![116]

기아 시대에, 대부분의 그리스도인들은(그들의 신학적 입장과 상관 없이) 성경의 진리보다는 현재의 문화적·사회적 가치관을 따르는 이단에 굴복하라는 유혹을 받는다. 각종 광고는 우리가 풍요함을 누리고 수십 억의 가난한 이웃들을 무시하는 것을 마귀적일 정도로 확신 있게 정당화한다.

세계 그리스도인들의 4분의 1이 진정으로 자비로워진다면 무엇을 할 수 있을지 상상해 보자. 우리 중 몇몇 사람들은 데이비드와 캐롤 부소처럼(9장을 보라) 아주 가난한 지역으로 이사갈 수 있다. 나머지 사람들은 주변의 물질주의에 도전할 수 있다. 우리는 풍요한 세상이 우리를 쥐어짜 소비주의적 틀에 끼워 맞추려 하는 것을 거절할 수 있다. 그 대신에 우리는 재산보다 예수님을 더 사랑하는, 시대에 순응하지 않는 자비로운 사람이 되어야 할 것이다. 우리는 주님께 순종하여 소규모 대부금, 지역 사회 개발, 더 나은 사회 제도를 통해 가난한 사람들이 자립하도록 도울 수 있다. 그리고 그러한 과정에서, 참된 행복은 관대히 주는 데서 나온다는 예수님의 역설적인 진리를 다시 한 번 배우게 될 것이다.

연구 문제

❶ 당신은 이 장을 읽으면서 무엇을 가장 강하게 느꼈는가?
❷ 당신에게 가장 놀라운 사실은 어떤 것인가? 또한 가장 마음을 불편하게 한 사실은 무엇인가
❸ 기근은 어떻게 재정의되었는가?
❹ 가난은 일상 생활에서 구체적으로 무엇을 의미하는가?
❺ 당신이 아는 그리스도인들이 세계 기아의 문제를 진정으로 이해한다면, 어떻게 반응할 것이라고 생각하는가?

2 ● 풍요한 소수

> 어렸을 때는 그리스도께서 부의 위험에 대해 경고하신 말씀이
> 너무 심한 과장이라고 생각하곤 했다. 오늘날 나는 좀더 분별력이 있다.
> 이제는 부자가 되어서도 여전히 따뜻한 애정을 간직한다는 것이
> 얼마나 힘든지 안다. 돈은 사람의 눈을 멀게 하고,
> 손과 눈과 입술과 마음을 얼어붙게 하는 위험한 실체다.[1]
> ─돔 헬더 카마라

"뉴욕 타임즈"에 실린 솔직한 광고의 표제는 "더 많은 욕구를 창조하라"고 부르짖었다. 그리고 그것은 이렇게 이어진다. "항상 그랬듯이, 지금도 이익과 성장은 바로 더 많은 욕구를 창조하는 판매능력에서 생겨난다."[2]

우리를 교묘히 조종하려는, 값비싼 광고들이 도처에서 우리를 공격한다. 광고의 일차적인 목적은 정보를 제공하는 것이 아니라 욕구를 창출하는 것이다. "더 좋은 집과 정원"(*Better Homes and Gardens*)에 나오는 호화로운 집들을 보면, 우리가 살고 있는 적당한 집은 즉각 개조해야 하는 형편없고 초라한 오막살이가 되어 버린다. 새로운 패션에 대한 광고들은 우리가 가지고 있는 깨끗한 옷

들을 초라한 누더기로 만들어 버린다.

  미국인들은 공립 고등 교육에 쓰는 것보다 더 많은 돈을 광고에 쓴다.[3] 1996년에는 1,740억 달러를 썼으며,[4] 2002년에는 그 수치가 2,370억 달러로 치솟았다.[5] 2000년에 전 세계에서 광고에 들어간 비용은 4,639억 달러였으며,[6] 슬프게도 그 중 많은 부분이 "예수님이 소유의 풍성함에 대해 말씀하신 것은 잘못되었음을 우리에게 확신시키는 데"[7] 사용되었다.

  풍요한 소수에 대해 가장 아연실색할 만한 일은, 우리가 약간 안락하게 목숨을 부지할 만큼만 가지고 있다고 믿는다는 것이다. 끊임없이 유혹하는 광고는 이처럼 파괴적으로 우리를 기만하는 데 일조한다. 광고주들은 통상 한 가지 사치품에 이어 또 다른 사치품이 정말로 필요하다고 생각하도록 우리를 속인다. 우리는 자신이 다른 이웃들과 경쟁 관계에 있다고 확신한다. 그래서 우리는 또 다른 옷이나 또 다른 차를 구입함으로써 생활 수준을 높인다.

  계속해서 더욱더 풍요로운 생활 방식을 추구하는 것은 21세기 북미의 신이며, 광고업자는 예언자다.

  광고는 사치품을 필수품으로 재분류한다. 한번은 우편 배달부가 매우 값비싼 집들을 찍은 번쩍이는 사진으로 가득 찬 세련된 팸플릿을 우리 집에 배달한 적이 있다. 그 팸플릿에는 "건축 다이제스트"(*Architectural Digest*)가 "아름다움과 **사치**에 대한 인간의 열정적인 **필요**"(저자 강조)를 해소하는 데 도움이 될 것이라고 유혹하는 거짓말이 나와 있었다. 도대체 우리는 얼마나 많은 사치품을 **필요**로 하는가?

  미국 아이들(2-17세)은 평균적으로 매일 2.8시간 동안 텔레비전을 시청하고, 성인은 하루에 네 시간 이상 시청한다. 이는 매년 30,769개의 광고를 본다는 의미이며 65년 동안 평균 약 200만 개의 광고를 본다는 의미다. 한 사람의 일생 중 2년이 광고를 보는 데 들어간다.⁸⁾

때로 과장된 광고는 재미있다. 한 복음주의 서적 할인점에서는 다음과 같은 판촉용 문구를 만들었다. "여러분의 유익을 위해 이번 달에 하나님의 섭리로 제공된 떨이 상품들을 보고 즐길 때, 당신의 입에서는 군침이 돌고, 당신의 영혼은 빛날 것입니다"(나는 이 광고를 본 즉시 24달러치 책을 주문했다).

수많은 거짓 약속들

광고의 가장 악한 면은 물질적 소유물이 기쁨과 성취를 가져다 준다고 우리를 설득한다는 것이다. "인간에게 알려진 모든 종교와 철학은 끝없는 물질 획득을 통해 행복을 얻을 수 있다는 사실을 부인하고 있지만, 모든 미국의 텔레비전은 끊임없이 그것을 선포한다."⁹⁾

광고업자들은 자신들의 제품이 사랑, 용납, 안전 및 성적 만족과 같은 우리의 가장 깊은 필요와 내적 소원을 만족시켜 준다고 약속한다. 광고업자들은 제대로 된 향수를 쓰면 상대방에게 받아들여지고 우정이 싹틀 것이라고 약속한다. 신제품 치약이나 샴푸가 사람을 매혹적으로 만들어 줄 것이다. 뉴욕의 보석 디자이너인 배리 키젤스타인(Barry Kieselstein)이 한 말은 사람들이 얼마나 물질에서 의미와 우정을 찾고 있는지 보여 준다. "**멋진 보석 한 점**

을 구입하는 것은 항상 당신 곁에 있는 **친구를 갖는 것과 같다**"(저자 강조).[10]

워싱턴에 있는 한 은행은 다음과 같은 질문으로 새로운 저축 상품을 광고했다. "당신이 늙어 백발이 성성할 때 누가 당신을 사랑하겠습니까?"

내가 이용하는 은행은 10년 동안 특별히 유혹적인 광고 문안을 사용했다. "약간의 사랑을 떼어 놓으세요. 모든 사람은 어려운 때를 대비해 동전 한 푼이 필요합니다. 약간의 사랑을 떼어 놓으세요." 책임 있는 저축은 청지기직을 잘 수행하는 것이다. 하지만 은행 구좌가 사랑을 보장한다고 약속하는 것은 비성경적이고, 이단적이며, 악한 것이다. 이러한 광고는 우리가 살고 있는 세속적이고 물질주의적인 사회의 새빨간 거짓말이다. 그러나 이러한 말과 음악은 매우 매력적이기 때문에 내 머릿속에서 수없이 맴돌았다.

만일 아무도 그 같은 거짓말에 주의를 기울이지 않는다면, 그것들은 아무런 해도 끼치지 않을 것이다. 그러나 광고는 우리 모두에게 강력한 영향을 끼친다. 광고는 우리 자녀들의 가치관을 형성한다.

어떤 점에서 우리는 광고에 너무 주의를 기울이지 않는다. 우리는 대부분 우리가 광고를 무시한다고 생각한다. 하지만 실제로는 광고가 우리의 무의식에 침투한다. 우리는 광고를 분석하는 대신에 광고를 경험한다. 존 테일러(John V. Taylor)는, 그리스도인 가정이 "당신 누구에게 농담하는 거요?"라는 표어를 채택해서 상업 광고가 화면에 나올 때마다 그 말을 외치자고 제안했다.[11]

그 모든 것은 어디에서 시작되었는가?

신학자 패트릭 케란스(Patrick Kerans)는 우리 사회가 무한 성장과 계속해서 증가하는 물질주의적 '생활 수준'에 몰두하는 것은 사실상 계몽주의에 팔린 것이나 다름없다고 주장했다. 18세기 내내 많은 서양 사상가들은 과학이야말로 지식을 발견하는 유일한 길이라고 생각했다. 이러한 생각으로 인해 양으로 잴 수 있는 것은 모두 높여지고, 양으로 잴 수 없는 것은 모두 평가절하되었다. 그래서 공동체, 신뢰, 우정, 창조의 아름다움과 같은 무형의 가치들은 덜 중요하게 되었다. 우정, 보존된 자연, 정의 등의 가치를 측정하기는 어렵다. 하지만 GNI는 측정하기 쉽다. 그 결과 많은 사람들이 경제적 성공과 물질적인 것을 극히 중요시하는, 경쟁적인 성장 경제가 생겨났다.[12]

만일 기독교가 참되며 케란스의 말이 옳다면, 우리가 사는 사회는 궁극적으로 붕괴될 것이다. 과학적 방법이야말로 진리와 가치에 이르는 유일한 길이며 물질적인 것들이 극히 중요하다는 이교적 개념에 근거해서 세워진 사회 구조는 궁극적으로 자멸할 것이다.

많은(하지만 모두는 아니다) 광고는 근본적으로 내적인 모순을 담고 있다.[13] 광고주들은 우리 모두가 가장 깊은 필요를 충족해 주는 삶의 요소들을 갈망한다는 것을 안다. 우리는 의미, 사랑, 기쁨을 갈망한다. 마케팅은 이러한 필요를 인식하며 거기에 매달린다. 하지만 그러고 나서 그것은 우리에게 더 많은 장치들을 팔기 위해 새빨간 거짓말을 조장한다. 그것은 사랑과 성취는 더욱더 많은 물질적 풍요에서 온다고 말한다.

물론 그리스도인들은 물질적 풍요가 사랑과 아름다움, 용납, 기쁨을 보장해 주지 않는다는 것을 안다. 우리의 가장 깊은 기쁨은 하나님, 이웃, 지구와의 올바른 관계에서 온다. 하지만 우리의 타고난 우상 숭배적 성향은 광고주들로 하여금 더 많은 장치와 더 큰 은행 구좌를 가지면 우리의 필요를 손쉽게 채울 수 있다고 우리를 설득하도록 내버려둔다. 그 결과 사람들은 계속해서 더 많은 것을 소유함으로써 인생의 의미와 성취에 대한 갈증을 채우려는 무익한 노력을 고집한다.

그 결과 개인은 괴로운 비탄과 막연한 불만을 느낀다. 사회적으로는 환경이 오염되고 가난한 사람들은 방치된다. 풍요는 우리의 들떠 있는 마음을 만족시키지 못하며, 우리가 10억 이상의 굶주린 이웃들과 식량을 나누고 그들에게 도움을 베풀지 못하도록 막는다. 풍요한 그리스도인들은 사회의 유혹적인 광고에 순응하기를 거부하는 관대함과 신실함을 가질 것인가?

우리는 얼마나 풍요로운가?

어떠한 객관적인 기준으로 보더라도, 미국에 살고 있는 세계 인구의 5퍼센트에 해당하는 사람들은, 수십 억의 극도로 가난한 사람들과 함께 조그만 지구에 살고 있다고 믿을 수 없을 만큼 부유한 귀족들이다. 북미의 나머지 나라, 유럽, 일본 등과 함께 우리 미국은 풍요한 북반구의 귀족층을 이룬다. 우리의 생활 수준은 2달러 이하로 하루를 사는 28억 이상의 매우 가난한 이웃들과 비교할 때, 적어도 노예들과 비교한 중세 귀족들의 생활 방식만큼이나 사치스럽다.

몇몇 예외를 제외하고, 부유한 나라는 대부분 북반구에 자리하고 있다. 가난한 나라들은 남반구에 더 많다. 북반구와 남반구의 경계는 오늘날 세계에서 가장 위험한 단층선이다.

그리고 그 간격은 해마다 더 벌어진다. 1960년대에 세계에서 가장 부유한 5분의 1의 나라가 버는 수입은 가장 가난한 5분의 1 나라의 30배였다. 1990년에 이르러 부자는 60배나 더 부유해졌고, 1997년에는 74배나 더 부유해졌다![14]

국제 연합의 "인간 개발 보고서"(Human Development Report, 2003)에 따르면, 세계 인구의 5퍼센트에 해당하는 가장 부유한 사람의 수입은 가장 가난한 5퍼센트의 114배나 된다. 사실 "가장 부유한 1퍼센트의 수입은 가장 가난한 57퍼센트의 수입과 비슷하다!" 겨우 2,500만의 미국인(가장 부유한)이 세계의 가장 가난한 20억 명의 수입을 누리고 있다.[15]

GNI(국민총소득) 혹은 GDP(국내총생산)는 부유한 나라와 가난한 나라를 비교하는 하나의 기준이다.[16] (그러나 이 수치는 한 국가 내에서 수입이 평등한가에 대해서는 아무것도 말해 주지 않는다.) 한 국가의 GNI를 그 나라의 인구로 나누면 일인당 GNI가 나온다. 표 5가 보여 주듯이, 2003년 미국의 연간 일인당 GNI는 37,610달러였고, 인도는 530달러였다.[17]

표 5. 2003년의 일인당 GNP

단위: US 달러

스위스	39,880
미국	37,610
일본	34,510
영국	28,350

멕시코	6,230
이집트	1,390
인도	530
케냐	390
방글라데시	400
에티오피아	90

출처: 세계 은행, "세계 개발 보고서 2004"[18]

사실상 모든 관계 당국은 다음 10년간 빈부 소득의 간격이 더욱 벌어질 것이라는 점에 동의한다. 1995년에 세계 은행은 2010년까지 세계 도처에 있는 여러 지역의 성장에 대해 몇 가지를 예측했다. 낙관적인 예측에 따르면, 개발도상국에서 일인당 GNI가 1달러 증가할 때마다 선진국에서는 13달러의 증가가 예측된다.[19] 1980년부터 2004년까지, 저소득 국가들은 사실상 고소득 국가들보다 해마다 더 빠르게 성장했다.[20]

가난한 나라가 더 높은 비율로 성장한다 할지라도 절대 소득은 여전히 그 간격이 벌어진다! 한 가난한 나라의 일인당 소득 300달러가 3.7퍼센트 증가한다는 것은 각 사람이 평균 11.10달러를 더 가지게 된다는 의미다. 하지만 부유한 나라의 일인당 소득 15,000달러가 2.2퍼센트 증가한다는 것은 한 사람당 330달러를 더 가지게 된다는 것을 의미한다! 이것이 바로 가장 부유한 5분의 1 국가의 수입과 가장 가난한 5분의 1 국가의 수입 간의 비율이 1960년의 30:1에서 1997년에는 74:1로 벌어지게 된 이유다.

하지만 단순히 일인당 GNI만 비교하면 판단을 그르치게 된다. 1996년 뉴욕에서 머리를 자르는 비용은 25달러지만 방글라데시에서는 65센트에 불과하다. 하지만 뉴욕의 컷트가 38배 더 가치 있는 것은 아니다.[21] 개발 전문가들은 GNI 비교를 개선하려고 노력해 왔다.

한 가지 새로운 방법은 PPP(Purchasing Power Parity: 구매력평가)라는 것이다. 그것이 왜 더 나은 방법인지 이해하기 위해서는 GNI 산출 방법을 알아야 한다. 일인당 GNI(그리고 GDP와 GNP)[22]는 보통 미 달러로 표시된다. 경제학자들은 한 나라의 일인당 GNI에 시장 외환율을 적용해서 미 달러로 환산한다. 예를 들어, 방글라데시에서 일인당 GNP는 20,856타카(그 지역 화폐 단위)로, 달러로 환산하면 351달러가 된다. 하지만 방글라데시에서 20,856타카를 가지면 미국에서 351달러를 가지고 있는 것보다 훨씬 더 많은 것을 살 수 있다. 임금이 더 낮기 때문이다.[23]

PPP는 이러한 왜곡을 수정한다. 각 나라의 화폐를 가지고 실제로 얼마만큼을 구매할 수 있는지 보기 위해 양쪽 나라에서 비슷한 상품 꾸러미에 가격을 매긴다. 그 다음에 일인당 GNI를 각 나라 간에 동일하게 비교할 수 있는 PPP 달러로 조정한다. 표 6은 방글라데시의 일인당 GNP가 PPP 달러로는 사실상 1,700달러에 해당한다는 것을 보여 준다. 이것은 방글라데시 화폐 20,856타카를 가지고 외환 시장에서는 351달러밖에 얻을 수 없지만, 방글라데시에 가면 미국에서 1,700달러에 상당하는 물건을 살 수 있음을 의미한다. PPP 달러로 측정하면 가난한 나라들은 그렇게 가난한 것처럼 보이지는 않는다.[24]

그것은 가난한 나라에 사는 사람들이 정말로 그다지 가난하지 않다는 의미인가? 그렇다. 하지만 약간만 그렇다. 그들은 여전히

2. 풍요한 소수 63

매우 가난하다. 다음에 나오는 표 6은 방글라데시(거기에는 1억 4,100만의 인구가 산다)에 사는 보통 사람이 1,700달러의 PPP 달러를 가지고 있음을 보여 준다. 그것은 마치 미국에서 한 달에 140달러 이하를 가지고 살려는 것과 같다! 4인 가족이 미국이나 캐나다에서 560달러를 가지고 살아남으려 애쓰는 모습을 상상해 보라. 대부분의 지역에서는 아파트 월세도 낼 수 없을 것이다.

표 6. 재화 측정 단위 비교(2002)

국가	일인당 GNP(US 달러)	일인당 PPP(US 달러)	HDI
미국	36,006	35,750	.939
스위스	36,687	30,010	.936
일본	31,407	26,940	.938
영국	26,444	26,150	.936
캐나다	22,777	9,480	.943
사우디아라비아	8,612	12,650	.768
에콰도르	1,897	3,580	.735
인도	487	2,670	.595
파키스탄	408	1,940	.497
케냐	393	1,020	.488
방글라데시	351	1,700	.509

출처: 세계 은행과 국제 연합, "인간 개발 보고서 2003"[25]

나라의 복지 상태를 측량하는 또 한 가지 방법은 HDI(Human Development Index: 인간 개발 지표)이다. 1990년에 국제 연합 개발 프로그램에 의해 만들어진 이 지수는 소유한 돈의 액수가 아니라 더 광범위한 복지를 측정하려 애쓴다. 그것은 세 가지 수단을 사용한다. 바로 평균 수명과 교육(성인 문자 해독률과 평균적인 학교 교육 연수가 결합된 것), 수입(일인당 PPP 달러)이다. 이 세 가지는 HDI를 산출하는 데 똑같이 중요하다. HDI는 0에서 1까지 등급이 매겨져 있는데, 숫자가 높을수록 그 나라가 세 영역에서 괜찮은 상태에 있다는 것을 의미한다. HDI는 한 나라가 수입과 함께 기본 교육과 삶을 즐길 수 있느냐의 견지에서 인간의 복지를 측량한다. 단지 구매력뿐만 아니라 교육과 의료의 이용도를 고려할 때 나라별 순위는 달라진다.

에너지 사용에 대한 비교는 우리의 풍요함을 강조한다. 기나긴 사치품 목록(수많은 전자 장치와 장난감, 대형 에어컨을 장착한 자동차, 고층 건물 등등) 때문에 북미인들은 남미인들보다 일인당 훨씬 많은 에너지를 소비한다. 사실 북미와 남미의 인구가 거의 같음에도 불구하고 아메리카 대륙 전체에서 에너지의 86퍼센트를 북미가 사용한다.[26]

의료 연구에 사용된 돈의 경우도 마찬가지다. 부유한 나라들은 **당연히** 의료 문제들을 해결하기 위해 필요한 거의 모든 돈을 소유하고 있다. 그리고 **당연히** 그들은 부유한 나라의 건강 문제에 이 돈을 사용한다. 가난한 나라에서 건강 문제가 훨씬 심각함에도 말이다. 의료 연구에 들어가는 돈의 90퍼센트는 세계 질병의 10퍼센트를 연구하는 데 들어간다.[27]

각 나라에서 소득 중 식비 비율은 또 다른 뚜렷한 대비를 보여준다(표 7을 보라). 미국에서 식비는 전체 소득의 9.73퍼센트에 불과하며, 영국에서는 16.37퍼센트다. 그러나 필리핀에서는 그 비율이 48.35퍼센트다.[28]

표 7의 간단한 통계 수치에는 괴로움과 고뇌가 감춰져 있다. 자

신이 자유롭게 쓸 수 있는 수입의 9.73퍼센트를 식비로 쓰는 사람들에게 50퍼센트의 식비 상승은 약간 짜증나는 일일 뿐 절망스럽지는 않다. 하지만 이미 수입의 60퍼센트를 식비에 쓰고 있는 사람에게 50퍼센트의 증가는 굶주림, 영양 실조 그리고 기아를 의미한다.

표 7. 식비 지출 현황(개인 소득에 대한 비율, 1996)   단위: %

미국	9.73
캐나다	11.68
오스트레일리아	15.07
프랑스	15.34
영국	16.37
이탈리아	16.59
태국	28.56
에콰도르	29.90
필리핀	48.35
스리랑카	63.55

출처: 미 농무부 경제 조사국[29]

칼로리 소비 역시 같은 내용을 말해 준다. 많은 가난한 나라 사람들은 매일 최저 칼로리 권장량보다 더 적게 소비하는 반면, 북미와 서구의 사람들은 자신에게 필요한 양보다 더 많이 섭취한다. 가난한 나라에서는 식량 부족이 수많은 사람들의 목숨을 빼앗는 반면, 부유한 나라에서는 지나친 음식 섭취가 수많은 사람들을 파멸로 몰아넣고 있다. 미국의 전국 보건 통계 센터에 따르면, 2001-2002년 미국 성인 중 비만 인구는 65.7퍼센트다.[30]

미국 인구는 앞으로 40년간 약 5천만 명이 더 늘어날 것이며, 그 5천만의 사람들은 자원 소비라는 관점에서 볼 때 인도에서 20억의 사람들이 더 늘어난 것과 거의 비슷한 영향을 전 세계에 끼칠 것이다. 소수의 부유한 사람들은 과소비로 인해 많은 수의 가난한 사람들보다 지구의 제한된 자원을 훨씬 더 많이 사용한다.[31]

서로 다른 척도와 비교도 모두 같은 사실을 말해 준다. 부유한 5분의 1에 해당하는 사람들은 믿을 수 없을 만큼 부유하며, 가장 가난한 5분의 1은 절망적일 정도로 가난하다. 선진국에 사는 사람들은 세계 인구의 5분의 1밖에 되지 않는다. 하지만 우리는 지구 자원의 3분의 2를 소비한다.[32]

표 8. 지역별 일인당 칼로리 소비(1997년과 2020년)

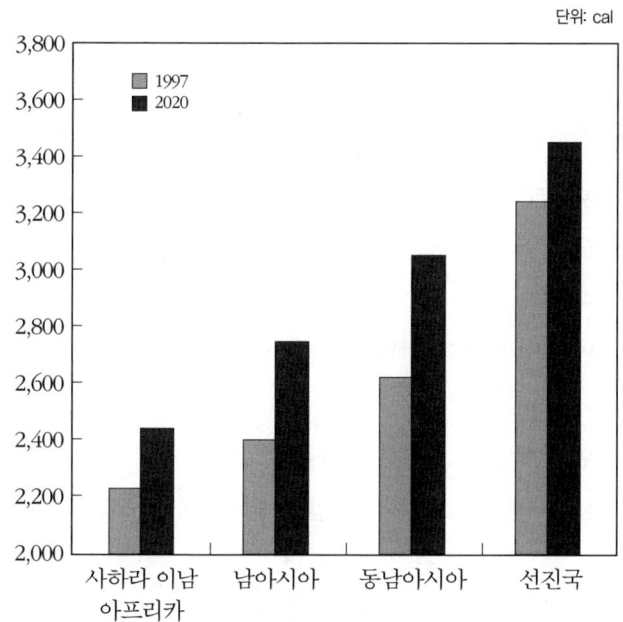

출처: 국제 식량정책 연구소 [33]

미국은 세계 인구의 5퍼센트밖에 되지 않지만, 신 아메리칸 드림 센터(New American Dream Center)에 따르면,

보통의 미국인은 중국인보다 53배나 많은 재화와 서비스를 소비한다. 미국은 세계 인구의 5퍼센트로 이루어져 있지만, 화석 연료 소비는 22퍼센트, 이산화탄소 배출량은 24퍼센트, 종이와 플라스틱은 33퍼센트를 소비한다. 미국에서 태어난 아이는 동시대에 브라질에서 태어난 아이보다 일생 동안 생태계 파괴에 13배나 더 기여한다. 그 아이는 인도에서 태어난 아이보다 35배나 많은 자원을 소비할 것이다.[34]

분명한 사실은, 북미, 유럽, 일본 사람들은 전 세계의 이용 가능한 자원을 믿을 수 없을 만큼 불평등하게 삼켜 버린다는 것이다. GNP건 PPP건, 에너지와 식량 소비의 관점에서 측정하건, 우리는 가난한 대다수의 형제자매들보다 훨씬 부유하다. 그리고 그 간격은 해마다 더 벌어진다.

일 년에 5만 달러를 벌면서 가난하다고?

1974년 말이었다. 수많은 사람들이 굶주려 죽어가고 있었다. 하지만 "나이트"(Knight) 신문의 연합 칼럼니스트인 주드 아네트(Judd Anett)는 그런 사실에 관심이 없었다. 수많은 북미인들이 읽는 (그리고 아마도 깊이 신뢰하는) 한 칼럼에서, 아네트는 1년에 15,000달러(2004년 달러로 환산하면 5만 달러)를 버는 사람이 가난의 위기에 처해 있다는 사실을 탄식했다.[35] "나에게 인생의 가장 크나큰

신비 중 하나는 세금을 포함하여 5만 달러, 심지어 6만 달러를 버는 가구가 어떻게 모든 생활의 필요를 다 채우고도 자녀들을 교육까지 시킬 수 있는가 하는 것이다."[36]

몇 년 후 "뉴스위크"는 "중산층의 가난한 사람들"이라는 제목의 글에서, 1년에 38,200달러, 46,300달러 혹은 63,700달러를 버는 미국 시민들까지도 자신은 가난의 위기에 처해 있다고 느끼고 있음을 침착하게 보도한 바 있다.[37] 한 뉴욕 시민은 "이 도시에서 1년에 10만 달러를 가지고는 도저히 살 수가 없다"고 투덜거렸다.[38] 1995년 가을, 미국의 한 국회의원은 자신이 연봉 163,000달러를 받기 때문에 중하류층으로 떨어졌다고 말했다.[39]

세계의 대다수 사람들에게 그러한 진술은 이해하기 어려운(혹은 솔직하지 못한) 말이다. 분명 우리가 차를 두 대 굴리고, 값비싼 가구로 장식한 교외의 집을 소유하고, 백만 달러짜리 생명 보험에 들고, 유행이 바뀔 때마다 새 옷을 사 입고, 가정과 정원용 최신형 '노동 절약 장치들'을 사고, 해마다 3주씩 휴가를 내어 여행가는 것 등을 고집한다면, 실제로 우리에게는 5만 달러, 7만 달러 혹은 심지어 그 이상의 돈이 필요할 것이다. 많은 북미인들은 바로 그 같은 삶을 기대하게 되었다. 하지만 그 같은 삶은 절대로 가난의 위기에 처한 삶이 아니다.

우리는 얼마나 관대한가?

미국은 세계에서 가장 부유한 나라 중 하나다. 하지만 표 9가 보여 주듯이 미국 정부는 서구의 주요 대외 원조 제공국 중 제일 꼴찌를 차지했다(GNP 비례). 미국은 겨우 GNP의 0.14퍼센트(즉 1퍼센트의 7분의 1보다 적은)만 대외 지원금으로 보냈다. 영국은 끝에서 일곱 번째로 미국보다 약간 높을 뿐이다.

표 9. GNP 백분율로 나타낸 선진국들의 공식 개발 지원금 추산액(2003/1993)

	2003	1993		2003	1993
덴마크	.84	1.03	오스트레일리아	.25	.35
노르웨이	.92	1.01	스위스	.38	.33
스웨덴	.70	.98	영국	.34	.31
네덜란드	.81	.82	이탈리아	.16	.31
프랑스	.41	.63	오스트리아	.20	.30
핀란드	.34	.46	일본	.20	.26
캐나다	.26	.45	뉴질랜드	.23	.25
벨기에	.61	.39	아일랜드	.41	.20
독일	.28	.37	미국	.14	.15

출처: 경제 협력 개발 기구[40]

표 9는 또한 거의 모든 나라가 10년 전보다 더 부유해졌음에도 대외 지원은 줄어들었음을 보여 준다.

대중들은 우리가 이보다는 훨씬 관대하다고 생각한다. 몇몇 설문 조사에 따르면, 보통의 미국인들은 미국 정부가 대외 지원금으로 소비하는 돈이 실제보다 20배에서 50배는 될 거라고 생각한다고 한다.[41]

미국은 제2차 세계대전이 끝날 때쯤에 실제로 국가적인 관대함을 보였다. 마샬 플랜(Marshall Plan: 전쟁으로 황폐화된 유럽을 재건하기 위해 1947년에 시작된)이 절정에 이르렀을 때 미국은 해마다 총 GNP의 2.79퍼센트를 지원했다.[42] 하지만 1960년이 되자 대외 원조 수치는 GNP의 0.53퍼센트로 떨어졌으며, 2003년에는 0.14퍼센트로 급락했다(표 9를 보라). 그 금액은 일인당 겨우 37.7달러에 해당하는 것이었다. 우리는 더 부유해질수록, 다른 사람들과 더 적게 나눈다.

다른 부유한 나라들도 대부분 마찬가지다. 1961년과 1962년, 부유한 나라들 전체는 GNP의 0.52퍼센트를 대외 원조금으로 주었다. 1965년이 되자, 그 비율은 0.48퍼센트로 줄어들었다. 1970년이 되자 0.34퍼센트가 되었다. 1993년이 되자 그 수치는 0.30퍼센트로 떨어졌고 2003년에는 평균 0.23퍼센트로 떨어졌다.[43] 역설적이게도, 1965년과 1980년 사이에 부유한 나라들의 경제는 연간 3.6퍼센트의 비율로 성장했으며, 1980년과 1993년 사이에는 연간 2.2퍼센트의 비율, 1993년과 2003년 사이에는 연간 2.5퍼센트의 비율로 성장했다.[44] 우리는 엄청나게 더 부자가 되었지만, 더 적은 비율만을 나누었다.

서구의 대외 원조와 군사비 지출을 비교해 보면 놀랄 정도다. 1991년, 주요 원조 제공국들은 모두 GNP의 3.55퍼센트를 군사비에 썼으나, 경제 원조에는 GNP의 0.34퍼센트만을 썼다. 1992년에, 세계 군사비 지출은 8,150억 달러에 달했는데, 그것은 세계 인구 49퍼센트의 수입을 합친 것과 같은 금액이었다.[45] 2003년 군사비 지출 수준은 개발도상국 지원금의 14배나 되었다.[46]

우리는 우리의 풍성함을 그런 식으로 사용하고자 하는가?

소련의 붕괴 이후로 세계의 군사비 지출은 줄어들었다. 1987년과 1994년 사이에, 전 세계 군사비는 연간 약 3.6퍼센트 줄어들었다. 그로 인해 9,350억 달러의 누적 평화 배당금(선진국에서는 8,100억 달러, 개발도상국에서는 1,250억 달러)이 생기게 되었다.[47] 비극적이게도, 우리는 그 평화 배당금을 가난한 사람들을 위한 대외 원조를 늘리는 일에 쓸 마음이 없었다. 그리고 특히 2001년 9월 11일 이후로 미국에서는 군사비 지출이 급속하게 늘어났다.

우리의 풍요에 대한 합리화

소수의 부유한 사람들은 그럴듯한 구실을 고안해 내지 않으면 도저히 자신을 받아들일 수 없다. 이러한 합리화는 여러 가지 형태로 나타난다. 가장 공통적인 몇 개를 분석해 보면, 해마다 나오는 새로운 모델들을 분별하는 데 도움이 될 것이다.

구명 보트의 윤리

산타바바라에 있는 캘리포니아 대학의 뛰어난 생물학자인 가레트 하딘은, '구명 보트의 윤리'(Lifeboat Ethics)라는 용어를 대중화시켰고, 그 주제에 대한 자극적인 글을 발표함으로써 열렬하고 광범위한 논의를 불러일으켰다.[48] 그는 우리가 식량이나 원조의 형태로 가난한 사람들을 도와서는 안 된다고 주장한다. 그의 이론에 따르면 각각의 부유한 나라는 하나의 구명 보트다. 그들이 살아남으려면 주변의 물에서 헤엄치고 있는 굶주린 다수의 사람들을 위해 제한된 자원을 낭비하지 않아야 한다. 오늘 다같이 먹으면, 내일은 다같이 굶주릴 것이다. 게다가 가난한 국가들은 '무책임하게' 무제한의 인구 성장을 방임했으므로, 기아는 계속해서 늘어나기만 하는 굶주린 사람의 숫자를 억제하는 유일한 방법이다. 가난한 사람들은 기아로 인해 숫자가 줄어들 때까지 언제나 토끼처럼 번식할 것이다. 따라서 원조를 늘리는 것은 최후의 심판일을 연기시키는 일일 뿐이다. 원조를 해주면 결국에는 더 많은 사람들이 굶어 죽게 될 뿐이다. 그러므로 지금 그들을 좀 혹독한 방식으로 돕는 것(그들이 그대로 굶주리게 놔 두는 것)이 윤리적으로 옳다.

하딘은, 가난한 국가들이 가난한 대중의 운명을 개선하는 일에 집중하면 인구 성장을 아주 급속하게 줄일 수 있으며 또 줄여 왔다는 것을 나타내는 자료를 무시한다. 가난한 대중이 식량을 확실히 공급받고, (비교적 값싼) 의료 혜택과 적당한 교육을 받을 수만 있다면, 인구 성장은 급속하게 줄어드는 경향이 있다. 레스터 브라운(Lester Brown)은 이 같은 조사 결과를 다음과 같이 요약한다.

> 점점 더 많은 가난한 나라들에서…상대적으로 낮은 일인당 소득에도 불구하고 출산율이 크게 떨어지고 있다는 뚜렷한 증거가 있다.…중국, 바베이도스, 스리랑카, 우루과이, 대만, 인도 펀자브, 쿠바, 한국과 같은 여러 사회들을 검토해 보면, 한 가지 공통 요인을 찾아볼 수 있다. 이 모든 국가에서는 많은 사람이 교육, 고용 및 신용 제도와 같은 현대적인 사회·경제적 서비스를 받을 수가 있다.…전체 인구의 복지를 크게 개선시킨 전략이 인구 성장을 줄이는 데도 가장 큰 영향을 끼친다는 것을 나타내는 증거가 늘어나고 있다.[49]

하버드의 경제학자인 아마르티아 센(Amartya Sen) 또한 1994년에 인구에 대해 쓴 중요한 논문에서 위와 똑같은 점을 지적한다.[50]

2. 풍요한 소수 73

여성을 위한 교육이 특히 중요하다. BFW(Bread for the World)는 "교육, 특히 여자 아이들에 대한 교육은…낮은 출산율과 매우 밀접한 상호 연관을 가지고 있다.…방글라데시에서 여자 아이들의 학교 등록률을 증가시키기 위해 마련된 점심식사 프로그램은 지난 6년간 출산율을 25퍼센트 낮추는 결과를 가져왔다."[51] 교육은 여성들이 결혼하고 아이를 낳는 시기를 늦추어 주고, 그들이 남편과 더불어 자녀 출산 결정을 내릴 때 좀더 자신감을 갖도록 해준다.

올바른 원조(특별히 가난한 자들을 자립시키고 여성을 교육시키는 데 초점을 맞춘 원조)를 하면 인구 성장을 억제하는 데 도움이 될 것이다.[52] 하딘은 올바른 행동을 취하면 극적인 개선을 낳을 수 있는데도 아무것도 하지 말라고 제안하고 있다.

하딘의 논제에서 빠진 점이 또 하나 있는데, 그것은 더 놀라운 내용이다. 하딘은 공평하게 분배하기만 하면 모든 사람을 먹일 수 있을 만큼 충분한 음식이 있다는 사실을 완전히 무시했다. 국제 연합 개발 프로그램은 이 지구상에는 모든 사람에게 매일 2,500칼로리(최소 필요량보다 200칼로리가 더 많은 양)를 제공할 수 있을 만큼 충분한 음식이 있다고 말한다.[53] 부자들이 타고 항해하는 배는 간소한 장비를 갖춘 구명 보트가 아니다. 그 배는 사치스러운 시설을 갖춘 고급 정기선이다.

또한 하딘의 제안은 비현실적이다. 헐벗은 국가들을 굶주리게 놓아두면 그들이 아무 말 없이 그대로 사라지지는 않을 것이다. 인도는 이 같은 명예롭지 못한 일로 자주 거론되는 나라 중 하나다. 핵무기를 보유하고 있는 국가라면 분명히 그와 같은 결정을 수용하지는 않을 것이다.[54]

부자를 복음화함

두 번째 합리화는 신앙적으로 그럴듯하게 들린다. 어떤 복음주의 그리스도인들은 부유한 사람들에게 복음을 전하기 위하여 자신들이 풍요한 생활 양식을 채택해야 한다고 주장한다. 합리화하기는 매우 쉽다. 캘리포니아 주의 가든 그로브 커뮤니티 교회(Garden Grove Community Church)는 목사가 강단에서 단추를 누르면 물을 뿜는 여러 개의 분수로 장식된, 사치스러운 수백만 달러짜리 건물을 갖고 있다. 담임 목사인 로버트 슐러(Robert Schuller)는 사치스러운 시설에 대해 다음과 같이 변호한다.

> 우리는 교회 곁의 번화한 고속도로를 달리는, 풍요하고 비종교적인 미국인들에게, 아름답고 강한 인상을 주려고 노력하고 있다. 우리는 그리스도인들에게 감명을 주려는 것이 아니다.…시 복지부에서 일하는 사회 복지 사업가들에게 감명을 주려는 것도 아니다. 사회 복지 사업가들은 우리가 오렌지 드라이브 인 극장에 머물러 있는 것으로 만족하고 가난한 자들에게 음식을 나누어 주는 일에 돈을 써야 한다고 말할 것이다. 그러나 우리가 이 돈을 가난한 자들을 먹이는 데 썼다고 가정해 보라. 오늘날 우리는 무엇을 가지고 있겠는가? 여전히 굶주리고 가난한 사람들이 있을 것이며, 하나님은 사람들이 더 성공적이고, 더 풍요하고, 더 관대해지고, 더 이타적이 되도록 고무하기 위해 지금 사용하고 계시는 이 엄청난 작전 기지를 갖지 못하셨을 것이다.[55]

아름다운 교회를 건축하는 일이 때로는 타당하다. 하지만 하루에 1달러로 생활하는 10억 이상의 사람들의 필요를 먼저 돌아볼 때, 우리는 얼마나 더 많은 유리 성전을 건축할 것인가?

트리클 다운 재화

수년 전 한 부유한 친구와 나누었던 활기찬 대화는 널리 퍼져 있는 합리화의 세 번째 예를 보여 준다. 이 저명한 실업계 지도자는 가난한 사람들을 위해 할 수 있는 최선의 일은 자신을 위해 더 많은 것을 사는 일이라고 주장했다. 자신이 더 많은 고급 승용차를 사면, 경기가 성장할 것이고 가난한 사람들은 더 많은 일거리를 갖게 되리라는 것이었다. 이와 같은 논지의 트리클 다운 재화 이론은 위험한 반진리(half truth)다. 다행히 적어도 어느 정도는, 경제 성장이 주는 몇 가지 유익이 실제로 가난한 사람들에게까지 조금씩 전달된다. 하지만 그 친구의 말에 대한 나의 반응은, 그가 고급 승용차를 사는 데 쓸 10만 달러를 가난한 사람들이 경제적으로 자립하도록 돕는 일에 직접적으로 사용한다면(예를 들어 9장에 나오는 데이비드 부소의 소규모 대부를 통해), 가난한 사람들은 훨씬 더 빨리 그리고 실질적으로 유익을 얻게 되리라는 것이었다. 그렇게 하면, 10만 달러로 경제에 동일한 자극을 제공하고 즉시 가난도 줄일 수 있을 것이다. 물론 내 친구는 고급 승용차를 사는 것도 똑같은 효과를 가져올 것이라고 주장했다.

* * *

타당한 정당화와 합리화의 분기점은 어디인가?

우리는 물론 단순화된 율법주의를 피해야 한다. 그리스도인들은 분명 도심의 빈민가뿐 아니라 교외의 부유한 지역에도 살아야 한다. 하지만 자신이 부유한 사람들에게 복음을 증거하라는 부르심을 받았다는 것을 근거로 해서 풍요한 생활 방식을 변호하는 사람은 스스로 다음과 같은 어려운 질문들을 던져 보아야 한다.

- 나의 풍요한 생활 방식은 부유한 이웃을 향한 나의 복음 증거와 얼마나 직접적으로 관련되어 있는가?
- 나는 그리스도의 가난한 사람들을 위해 얼마나 많은 것을 버릴 수 있고, 여전히 효과적으로 증거할 수 있는가?
- 실로 가난한 자들을 먹이지 않으면 영원한 멸망에 빠질 것이라고 가르치신(마 25:45-46) 그리스도의 주장을 신실하게 선포하기 위해, 나는 얼마나 많은 것을 버려야만 하는가?

앞으로 수십 년간 풍요에 대한 합리화는 매우 만연할 것이다. 그러한 말들이 인기와 설득력을 얻을 것이다. "내가 진실로 너희에게 이르노니 부자는 천국에 들어가기가 어려우니라"(마 19:23). 하지만 하나님은 모든 일이 가능하다. 우리가 하나님의 말씀을 듣고 순종한다면 말이다. 우리 부유한 그리스도인들이 성경에서 이르는 대로 10억에 이르는 가난한 나사로의 자녀들과 관계를 형성하기만 한다면, 세상의 미래는 좀더 희망적일 것이며 우리의 개인적 삶은 좀더 진정한 기쁨과 성취로 채워질 것이다. 과연 부유한 그리스도인들은 관대해질 것인가?

연구 문제

❶ 빈부의 격차는 당신이 생각해 왔던 것과 어떻게 다른가?
❷ 빈부의 격차를 측정하는 가장 좋은 방법은 무엇인가?
❸ 광고는 우리의 문제에 어떻게 기여하는가? 광고에 의해 제기된 몇 가지 신학적 질문은 무엇인가?
❹ 가난을 해결하는 것이 어떻게 인구 과잉을 줄이도록 돕는가?
❺ 당신에게는 풍요를 합리화하는 논거들 가운데 어떤 것이 가장 설득력이 있는가? 또한 당신의 친구들에게는 어떠한가?
❻ 이 책이 기쁨과 자기 성취에 대한 책이라는 말에 납득이 되는가? 어떤 점에서 그런가?

2부 · 가난한 자와 재물에 대한 성경적 관점

당신이, 특별히 당신이 살고 있는 시대의 문제들을 제외한 다른 모든 측면에서
복음을 전한다면, 당신은 결코 복음을 전하는 것이 아니다.[1]

사회과학자들은 가난한 국가의 발전과 관련하여 미국인의 물질관을 형성하는 요인을 조사했다. 그들은 종교가 중요한 역할을 전혀 하지 못한다는 것을 발견했다. 깊은 종교적 확신을 갖고 있는 이들과 신앙을 거의 혹은 전혀 갖고 있지 않은 사람들을 비교해 볼 때 가난한 이들을 지원하는 일에 대한 관심도는 마찬가지였다.[2]

대부분의 부유한 그리스도인들은 수십 억의 가난한 이웃들의 처지(이 문제는 우리 시대가 당면한 가장 긴급한 문제 가운데 하나임에 틀림없다)에 대한 하나님의 관점을 깨닫지 못했다.

그러나 나는 이 같은 실패가 계속될 수밖에 없다고 생각하지 않는다. 나는 세상에 있는 다른 어떤 것보다 예수님에 대해 더 관심을 갖고 있는 수백만의 부유한 그리스도인들이 풍요한 나라에 살고 있음을 믿는다. 수많은 그리스도인들이 하나님의 말씀이 요구하고 있는 내용을 분명히 깨닫기만 한다면, 어떤 위험도 무릅쓰고 어떤 희

생도 불사하며 어떤 보물도 내어 버릴 것이다. 그것이 제2부가 이 책에서 가장 중요한 이유다.

제2부는 성경 구절로 가득하다. 그러나 그것조차도 방대한 성경 자료의 일부분에 지나지 않는다. 나의 책 「하나님이 그들을 먹이실 것이므로」(*For They Shall Be Fed*)는 이 부분의 네 장과 직접 관련이 있는 거의 200면에 달하는 성경 본문을 수록하고 있다.[3)]

3 ● 하나님과 가난한 자

> 가난한 자를 불쌍히 여기는 것은 여호와께 꾸이는 것이니
> 그 선행을 갚아 주시리라(잠 19:17).

> 내가 알거니와 여호와는 고난당하는 자를 신원하시며 궁핍한 자에게
> 공의를 베푸시리이다(시 140:12).

하나님은 가난한 자를 편애하시는가? 하나님은 부자의 편에 서지 않는 것과 같은 방법으로 가난한 자의 편이 되시는가? 일부 신학자들은 그렇다고 생각한다.[1] 그러나 그 질문의 의미를 명확히 하기 전에는 정확하게 대답할 수 없다. 그것은 하나님이 부자들의 구원보다 가난한 자들의 구원을 더 바라신다는 의미인가? 하나님과 그의 백성들이, 하나님을 경외하지 않는 자들과는 매우 다른 방식으로 가난한 자들을 대한다는 사실은 하나님이 가난한 자와 억눌린 자에 대한 특별한 관심을 가지고 계신다는 것을 의미하는가? 게다가 성경에서 말하는 '가난한 자'는 누구인가?

가난한 자를 의미하는 히브리어는 '아니'(ānî), '아노'(ānāw),

'에비욘'(ebyon), '달'(dal) 그리고 '라스'(rush)이다. '아니'(와 본래 거의 같은 의미를 지녔던 '아노')는 '부당한 일을 당해 가난해지거나 재산을 잃어버린' 사람을 의미한다.[2] '에비욘'은 자비를 애원하는 거지를 말한다. '달'은 가난하고 수탈당하는 소작농과 같이 힘없고 약한 사람을 의미한다.[3] 이에 비해 '라스'는 본질적으로 중립적인 용어다. 가난한 자들에 대한 억압을 집요하게 비판한 예언자들은 '에비욘', '아니' 그리고 '달'이라는 용어를 사용했다. 신약에서 가난한 자들을 일컫는 기본적인 단어는 '프토코스'(ptochos)인데, 거지와 같이 매우 궁핍하거나 다른 사람으로부터 도움을 구해야 하는 사람을 의미한다. 이것은 '아니', '달'과 동일한 의미다.[4] 그러므로 성경에서 '가난한 자'라는 말이 함축하고 있는 일차적 의미는 흔히 재난이나 어떤 형태의 억압에 기인하는 빈곤한 경제 상태와 관련이 있다.

성경은 또한 어떤 사람들은 게으르고 나태하기 때문에 가난하다고 가르친다(예를 들어, 잠 6:6-11; 19:15; 20:13; 21:25; 24:30-34). 물론 성경은 하나님 나라를 위해 자발적으로 가난을 선택하는 일에 대해서도 말하고 있다.

하지만, 성경에서 '가난한 자'에 대해 가장 보편적으로 사용되는 의미는, 재난 또는 착취로 말미암아 경제적으로 가난해진 자다.[5] 이 장에서는 마지막 의미를 사용하기로 한다.

우리는 다음과 같은 다섯 가지 관련 문제에 대한 성경적 대답을 발견한 다음에야 하나님이 가난한 자를 편애하신다는 문제에 대답할 수 있다. (1) 하나님은 자신을 계시하기 위해 역사 안에서 행동하셨던 중요한 순간(특히 출애굽, 이스라엘과 유다의 멸망 그리고 성육신)에, 가난한 자에 대해 어떤 관심을 나타내셨는가? (2) 하나님은 어떤 점에서 가난한 자와 자신을 동일시하는가? (3) 하나님이 자주 가난한 자와 억눌린 자를 통해 일하기로 결정하신다는 사실은 얼마나 중요한가? (4) 성경은 하나님이 부자를 낮추고 가난한 자를 높이신다는 반복되는 가르침을 통해 무엇을 말하고자 하는가? (5) 하나님은 가난한 자에 대해 특별한 관심을 갖도록 그의 백성에게 명하시는가?

계시 역사의 중요한 순간들

성경은 우리가 종종 간과하는 한 가지 기본 요점을 분명하게 반복해서 가르친다. 하나님은 그분의 성품과 뜻을 계시하기 위해 역사상 전능한 행위를 나타내신 중요한 순간마다 항상 가난한 자들과 억눌린 자들을 해방하기 위하여 간섭하셨다.

출애굽

하나님은 억눌린 노예들을 자유롭게 하기 위하여 출애굽 시에 그분의 권능을 나타내셨다. 불타는 숲에서 모세를 부르셨을 때, 하나님은 고통과 불의를 종식하려는 의도 또한 갖고 계셨다. "내가 애굽에 있는 내 백성의 고통을 분명히 보고, 그들이 그들의 감독자로 말미암아 부르짖음을 듣고 그 근심을 알고, 내가 내려가서 그들을 애굽인의 손에서 건져내고"(출 3:7-8).

이와 같이 출애굽을 해석하는 성경 본문은 이 외에도 많이 있다. 매년 맥추절에 이스라엘 사람들은 하나님이 가난하고 억눌린 백성을 자유롭게 해주신 것을 축하하면서 다음과 같이 기도했다.

> 내 조상은 방랑하는 아람 사람으로서 애굽에 내려가서 거기에서 소수로 거류하였더니…애굽 사람이 우리를 학대하며 우리를 괴롭히며 우리에게 중노동을 시키므로 우리가 우리 조상의 하나님 여호와께 부르짖었더니, 여호와께서 우리 음성을 들으시고 우리의 고통과 신고와 압제를 보시고, 여호와께서 강한 손과 편 팔과 큰 위엄과 이적과 기사로 우리를 애굽에서 인도하여 내시고(신 26:5-8).

성경의 하나님은 사람들이 다른 사람들을 노예로 삼고 억압할 때 관심을 가지신다. 출애굽 때에 하나님은 경제적 억압을 종식하고 노예들을 자유롭게 하기 위하여 역사하셨다.

물론 억눌린 노예들을 해방하는 것이 출애굽에 대한 하나님의 유일한 목적은 아니었다. 하나님은 또한 아브라함과 이삭과 야곱과 맺은 언약 때문에 역사하셨다. 게다가 하나님은 자신을 계시할 수 있는 특별한 백성을 만들기를 원하셨다.[6] 이 같은 관심은 출애굽 시에 모두 하나님 역사의 중심을 이루었다. 하지만 가난하고 억눌린 백성을 해방시키는 것 역시 하나님이 품으셨던 의도의 핵심이었던 것이 사실이다. 다음 구절은 하나님이 의도하셨던 여러 가지 목적을 잘 나타낸다.

> 이제 애굽 사람이 종으로 삼은 이스라엘 자손의 신음 소리를 내가 듣고 [아브라함과 이삭과 야곱과 맺은] 나의 언약을 기억하노라.…내가 애굽 사람의 무거운 짐 밑에서 너희를 빼내며 그들의 노역에서 너희를

건지며 편 팔과 여러 큰 심판들로써 너희를 속량하여 너희를 내 백성
으로 삼고 나는 너희 하나님이 되리니 나는 애굽 사람의 무거운 짐 밑
에서 너희를 빼낸 너희 하나님 여호와인 줄 너희가 알지라(출 6:5-7).

여호와는 그분의 백성이 자신을 노예 상태와 억압에서 자유롭
게 해주신 하나님으로 알기를 원하셨다.

이스라엘에게 주신 율법 전체에서 아마도 가장 중요한 부분인
십계명의 서언은 이 같은 혁명적인 진리로 시작된다. 율법을 새긴
두 돌판을 주시기 전에 여호와는 다음과 같이 자기를 밝히신다.
"나는 너를 애굽 땅, 종 되었던 집에서 인도하여 낸 네 하나님 여호
와라"(신 5:6; 출 20:2). 여호와는 속박으로부터 자유케 하시는 분
이다. 성경의 하나님은 억눌린 자들의 해방자로 인식되기를 원하
신다.

출애굽은 분명히 선택받은 백성이 탄생하는 결정적인 사건이었
다. 이 중요한 순간에, 여호와 하나님이 억압을 바로잡고 가난한
자들을 해방하는 일을 하셨음을 보지 못한다면 우리는 이 역사적
인 사건을 잘못 해석하는 우를 범하게 된다.

멸망과 유배

약속의 땅에 정착했을 때, 이스라엘 백성은 정의에 대한 여호와
의 열정이 양날을 가진 검과 같음을 곧 알게 되었다. 그들이 억압
당할 때, 정의에 대한 여호와의 열정 덕분에 그들은 자유를 얻었다.
그러나 그들이 억압자가 되었을 때, 정의에 대한 여호와의 열정 때
문에 그들은 멸망했다.

하나님이 이스라엘을 애굽에서 불러내어 그들과 언약을 맺으셨을 때, 하나님은 그들이 평화와 정의 가운데 함께 살 수 있도록 율법을 주셨다. 그러나 이스라엘은 언약의 율법에 순종하지 못했다. 그러자 하나님은 이스라엘을 멸망시키고 선택받은 백성을 포로로 잡혀가게 하셨다.

그 이유는 무엇이었는가?

예언자들의 메시지는 이스라엘이 가난한 자들을 학대했기 때문에 하나님이 그들을 멸망시키셨음을 보여 준다. 물론 우상 숭배도 마찬가지로 중요한 이유였다. 하지만 우리는 매우 자주 우상 숭배라는 이스라엘의 '영적' 문제는 기억하는 반면, 경제적 착취로 말미암아 이스라엘이 포로로 잡혀가게 되었다는 성경의 가르침은 간과한다.

주전 8세기 중엽은 솔로몬 시대 이래로 유례 없는 정치적 성공과 경제적 번영을 누리던 시대였다.[7] 그러나 하나님은 바로 이 시대에 예언자 아모스를 보내어 북왕국 이스라엘이 멸망당할 것이라는 반갑지 않은 소식을 선포하게 하셨다. 아모스는 현재의 번영과 엄청난 경제 성장 이면에서 가난한 자들이 억압당하는 것을 보았다. 아모스는 부자들이 "힘없는 자의 머리를 티끌 먼지 속에 발로 밟는"(암 2:7) 것을 보았다. 또한 부자들이 가난한 자들을 억압하여 부유하게 살고 있음을 알게 되었다(6:1-7). 법정에서조차 부자들이 재판관을 매수했기 때문에 가난한 자들에게는 희망이 없었다(5:10-15).

고고학자들은 아모스가 묘사한 빈부의 극심한 격차를 확인했다.[8] 가나안 정착 초기에는 각 가족과 지파에게 비교적 평등하게 땅이 분배되었다. 모든 이스라엘 사람이 비슷한 생활 수준을 누렸다. 실제로 고고학자들은 주전 10세기경까지는 집들의 크기가 거의 비슷했음을 발견했다. 그러나 2세기 후인 아모스 시대에는 모든 것이 달라졌다. 고고학자들은 어떤 지역에서는 더 크고 더 잘 지은 집들을 그리고 다른 지역에서는 더 가난한 집들을 발굴했다.[9] 아모스가 부자들에게 다음과 같이 경고한 것은 그리 놀라운 일이 아니다. "너희가 비록 다듬은 돌로 집을 건축하였으나 거기 거주하지 못할 것이요"(5:11).

하나님은 아모스를 통해 북왕국이 멸망당하고 사람들은 포로로 잡혀갈 것임을 말씀하셨다(7:11, 17). "상아 상에 누우며 침상에서 기지개 켜며 양떼에서 어린양과 우리에서 송아지를 잡아서 먹고…그러므로 그들이 이제는 사로잡히는 자 중에 앞서 사로잡히리니 기지개 켜는 자의 떠드는 소리가 그치리라"(6:4, 7).

그 후 몇 년이 지나지 않아서 하나님의 말씀이 이루어졌다. 앗수르 사람들이 북왕국을 정복하고 수많은 사람들을 포로로 잡아갔다. 이스라엘 사람들이 가난한 자들을 학대했기 때문에 하나님은 북왕국을 영원히 멸망시키셨다.

하나님은 다른 예언자들을 보내어 남왕국 유다를 향해서도 똑같은 운명을 선포하셨다. 이사야는 유다가 가난한 자들을 학대했기 때문에 멀리서부터 다가오는 멸망이 유다에게 임할 것이라고 경고했다. "불의한 법령을 만들며…가난한 자를 불공평하게 판결하여 가난한 내 백성의 권리를 박탈하며…벌하시는 날에와 멀리서 오는 환난 때에 너희가 어떻게 하려느냐?"(사 10:1-3)

미가는 "밭들을 탐하여 빼앗고 집들을 탐하여 차지하고", "남자

3. 하나님과 가난한 자 89

와 그의 집과 사람과 그의 산업을 강탈하는" 유다 사람들을 비난했다(2:2). 그 결과 미가는 어느 날 예루살렘이 "무더기"가 될 것이라고 경고했다(3:12).

다행히 유다는 예언자의 말에 귀를 기울였으므로 국가를 조금 더 유지해 나갈 수 있었다. 그러나 가난한 자들을 억압하는 일은 계속되었다. 이사야 시대 이후 100년이 지나서 예레미야가 다시 가난한 자들을 억압해 부를 축적한 부자들을 꾸짖었다.

> 내 백성 가운데 악인이 있어서 새 사냥꾼이 매복함같이 지키며 덫을 놓아 사람을 잡으며 새장에 새들이 가득함같이 너희 집들에 속임이 가득하도다. 그러므로 너희가 번창하고 거부가 되어 살찌고 윤택하며, 또 행위가 심히 악하여 자기 이익을 얻으려고 송사 곧 고아의 송사를 공정하게 하지 아니하며 빈민의 재판을 공정하게 판결하지 아니하니, 내가 이 일들에 대하여 벌하지 아니하겠으며 내 마음이 이 같은 나라에 보복하지 아니하겠느냐. 여호와의 말씀이니라(렘 5:26-29).

상당한 시간이 흐른 후에 예레미야는 사람들이 불의와 우상 숭배를 멈춘다면 희망이 있다고 선포했다. "네가…이웃들 사이에 정의를 행하며 이방인과 고아와 과부를 압제하지 아니하며…다른 신들 뒤를 따라 화를 자초하지 아니하면 내가 너희를 이 곳에 살게 하리니 곧 너희 조상에게 영원 무궁토록 준 땅에니라"(렘 7:5-7).

그러나 유다 사람들은 가난한 자들과 힘없는 자들을 계속해서 억압했고(렘 34:3-17) 예레미야는 거듭해서 하나님이 바벨론 사람들을 사용해서 유다를 멸망시킬 것이라고 말했다. 결국 주전 587년에 예루살렘은 멸망했으며 바벨론 포로 생활이 시작되었다.

하지만 이스라엘과 유다의 멸망은 단순한 형벌이 아니었다. 하나님은 앗수르 사람과 바벨론 사람을 사용해서 억압과 불의를 행하는 그분의 백성을 정화하고자 했다. 이사야는 하나님이 어떻게 그분의 대적과 원수(즉 그분이 선택하신 백성)들을 공격해 그들을 순화하고 정의를 회복하실 것인지 다음과 같은 놀라운 구절로 설명했다.

신실하던 성읍(예루살렘)이 어찌하여 창기가 되었는고. 정의가 거기 충만하였고 공의가 그 가운데에 거하였더니 이제는 살인자들뿐이로다. 네 은은 찌꺼기가 되었고 네 포도주에는 물이 섞였도다.…다 뇌물을 사랑하며 예물을 구하며 고아를 위하여 신원하지 아니하며 과부의 송사를 수리하지 아니하는도다. 그러므로 주 만군의 여호와 이스라엘의 전능자가 말씀하시되 슬프다, 내가 장차 내 대적에게 보응하여 내 마음을 편하게 하겠고 내 원수에게 보복하리라. 내가 또 내 손을 네게 돌려 너의 찌꺼기를 잿물로 씻듯이 녹여 정결하게 하며 네 혼잡물을 다 제하여 버리고, 내가 네 재판관들을 처음과 같이, 너의 모사들을 본래와 같이 회복할 것이라. 그리한 후에야 네가 의의 성읍이라, 신실한 고을이라 불리리라 하셨나니(사 1:21-26).

국가의 멸망 그리고 포로로 잡혀가는 재앙은 출애굽의 하나님이 여전히 가난한 자들에 대한 억압을 바로잡는 일을 하고 계심을 나타낸다.

성육신

그리스도인들은 하나님이 나사렛 예수 안에서 자신을 가장 완전하게 계시하셨음을 믿는다. 따라서 하나님의 지상 사역을 이해하기 위해서는 성육신하신 예수님이 자신의 임무를 어떻게 정의하셨는지 이해하는 것이 중요하다.

예수님이 공생애를 시작한 직후 나사렛 회당에서 하신 말씀은 가난한 자들에게 소망을 준다. 예수님은 예언자 이사야의 말씀을 읽으셨다. "주의 성령이 내게 임하셨으니 이는 가난한 자에게 복음을 전하게 하시려고 내게 기름을 부으시고 나를 보내사 포로 된 자에게 자유를, 눈먼 자에게 다시 보게 함을 전파하며 눌린 자를 자유롭게 하고 주의 은혜의 해를 전파하게 하려 하심이라"(눅 4:18-19).

이 말씀을 읽으신 후에 예수님은 청중에게 이 성경 말씀이 지금 자신 안에서 성취되었다고 선포하셨다. 성육신하신 예수님의 사명은 억눌린 자를 자유하게 하고 눈먼 자를 치유하는 것이었다(또한 예수님의 선교는 복음을 선포하는 것이기도 했다. 그것도 동일하게 중요하지만 이 책의 성격상 더 이상 논의하지 않기로 한다)[10]. 가난한 자들은 복음의 수혜자로서 특별히 선발된 유일한 집단이다. 예수님이 선포하신 복음은 분명히 모든 사람을 위한 것이다. 하지만 예수님은 특별히 가난한 자들이, 복음은 바로 그들을 위한 것임을 깨닫기를 원하셨다.

어떤 사람들은 예수님의 이 말씀을 영해(靈解)함으로써 그 말씀의 분명한 의미를 회피하려고 한다. 분명히 다른 성경 본문들이 나타내는 것처럼 예수님은 우리들의 가리워진 마음을 열고, 우리의 죄를 위해 죽고, 우리를 죄책의 억압으로부터 자유롭게 하기 위해 오셨다. 그러나 예수님이 여기에서 하신 말씀은 그런 의미가 아니다. 포로들을 자유롭게 하고 억눌린 자들을 해방시킨다는 말은 이사야서에 나온다. 구약의 배경에서 이 말씀은 의심할 나위 없이 물리적 억압과 포로 상태를 언급했다. 누가복음 4:18-19과 비슷한 내용을 담고 있는 누가복음 7:18-23에서 예수님은 물질적·육체적 문제를 언급하고 계심이 분명하다.[1]

예수님의 실제 사역은 누가복음 4장의 말씀과 정확하게 일치했다. 그분은 나병환자와 멸시받는 여인들 그리고 소외된 사람들을 섬기는 데 대부분의 시간을 보내셨다. 예수님은 병든 자와 눈먼 자를 고치시고 굶주린 자들을 먹이셨다. 그리고 자기를 따르는 자들에게, 굶주린 자를 먹이지 않고 헐벗은 자를 입히지 않고 감옥에 갇힌 자들을 돌보지 않는 이들은 영원한 저주를 받게 될 것이라고 강력하게 경고하셨다(마 25:31-46).

하나님이 인간의 육신을 취하신 역사상 최고 순간에도 그분은 여전히 가난하고 억눌린 자들을 해방시키셨으며 자기 백성들이 그와 같은 일을 하도록 부르셨다. 이것이 바로 그리스도인들이 가난한 자들에게 관심을 가져야 하는 주된 이유다.

가난한 자들, 힘이 없는 자들 그리고 억눌린 자들에 대한 하나님의 관심을 단지 출애굽, 포로 상태와 성육신을 통해서만 알게 되는 것은 아니다. 성경에는 이에 대해 말하는 구절이 매우 많으며, 시편 10편과 146편이 그 대표적인 예다.

시편 10편은 절망으로 시작한다. 악한 자들이 가난한 자들을 억압하면서 번영하는 동안 하나님은 자신을 멀리 감추고 계신 것처럼 보인다(2, 9절). 그러나 시편 기자는 희망에 찬 결론을 내린다. "외로운 자가 주를 의지하나이다. 주는 벌써부터 고아를 도우시는 이시니이다.…여호와여, 주는 겸손한 자의 소원을 들으셨사오니…귀를 기울여 들으시고 고아와 압제당하는 자를 위하여 심판하사 세상에 속한 자가 다시는 위협하지 못하게 하시리이다"(14, 17-18절).

시편 146편은 가난한 자를 돌보는 것이 하나님의 중요한 본성이라고 선언한다. 시편 기자는 야곱의 하나님이 우주의 창조자이자 억눌린 자들의 옹호자이심을 인해 크게 기뻐한다.

> 할렐루야. 내 영혼아, 여호와를 찬양하라.…야곱의 하나님을 자기의 도움을 삼으며 여호와 자기 하나님에게 자기의 소망을 두는 자는 복이 있도다. 여호와는 천지와 바다와 그 중의 만물을 지으시며 영원히 진실함을 지키시며 억눌린 사람들을 위해 정의로 심판하시며 주린 자들에게 먹을 것을 주시는 이시로다. 여호와께서는 갇힌 자들에게 자유를 주시는도다. 여호와께서 맹인들의 눈을 여시며 여호와께서 비굴한 자들을 일으키시며 여호와께서 의인들을 사랑하시며 여호와께서 나그네들을 보호하시며 고아와 과부를 붙드시고 악인들의 길은 굽게 하시는도다(1, 5-9절).

성경에 따르면 힘이 없는 자, 이방인 그리고 억눌린 자를 옹호하는 것은 우주를 창조하는 것과 마찬가지로 하나님의 본질에 대한 표현이다. 여호와는 그분의 본성 때문에 학대받는 사람들을 높이신다.[12] 그리스도인들이 굶주리고 억눌린 자들에게 관심을 가져야 하는 이유는 하나님이 그들에게 특별한 관심을 가지시기 때문이다.

하나님은 스스로를 가난한 자들과 동일시하신다

하나님은 가난한 자들을 해방시키기 위해 역사 안에서뿐만 아니라 우리가 부분적으로밖에 헤아릴 수 없는 신비한 방법으로 행하신다. 그리고 우주의 주권자이신 자신을 힘이 없고 가난한 자들과 동일시하신다. 잠언의 두 구절이 이처럼 아름다운 진리를 서술하고 있다. 잠언 14:31은 그 진리를 소극적으로 표현하고 있다. "가난한 사람을 학대하는 자는 그를 지으신 이를 멸시하는 자요." 다음과 같은 적극적인 말씀은 더욱 감동적이다. "가난한 자를 불쌍히 여기는 것은 여호와께 꾸어 드리는 것이니"(19:17). 이 얼마나 놀라운 진술인가! 가난한 사람을 돕는 것은 만물을 지으신 창조주에게 돈을 빌려 드리는 것과도 같다.

우리는 오로지 성육신 안에서만 하나님이 힘이 없고 억눌리고 가난한 자들과 동일화된다는 의미를 이해할 수 있다. 바울은 우리 주 예수님에 대해 이렇게 말한다. "부요하신 이로서 너희를 위하여 가난하게 되심은"(고후 8:9).

예수님은 로마 제국의 작고 보잘것없는 지방에서 태어나셨다. 맨 처음 예수님을 찾아온 목동들은 유대 사회에서 도둑 취급을 받는 사람들이었다. 예수님의 부모는 너무 가난해서 정결 예식을 위해 일반적으로 드리는 제물을 가져올 수 없었다. 그들은 어린양 대신에 비둘기 두 마리를 성전에 가져왔다(눅 2:24; 참고. 레 12:6-8). 예수님은 피난민이었다(마 2:13-15). 유대 랍비들은 수업료를 받지 않았기 때문에 예수님은 공생애 동안 정기적인 수입이 없었다(학자들은 유대인들 중 더 가난한 계층에 속했다).[13] 예수님께서는 집도 없었다. 예수님은 그분을 따라 어디든지 가겠다고 약속하는 열렬한 추종자에게 "여우도 굴이 있고 공중의 새도 거처가 있으되 인자는 머리 둘 곳이 없다"(마 8:20)고 경고하셨다. 예수님은 제자들을 생계 유지 수단이 거의 없는 상태에서 파송하셨다(눅 9:3; 10:4).

하나님은 부유한 귀족의 몸을 입지 않으셨다. 그러나 예수님의 가족이 가장 가난한 계층 출신은 아니었을 것이다. 물론 예수님이 탄생하실 때 요셉과 마리아는(그들의 제물이 보여 주듯이) 꽤 가난했다. 그리고 애굽으로 피난을 갔을 때는 재산이 거의 없었을 것이다. 그러나 예수님은 생의 대부분을 나사렛의 목수 집안에서 보냈다. 그 당시 갈릴리 지방의 목수들은 보통 적당한 수입이 있었다. 그래서 우리는 예수님이 자라난 가정이 가난했다고 생각하지 않는다.[14]

그러나 예수님은 중요한 방법으로 가난한 자들과 자신을 동일시하셨다. 예수님은 가난한 자들에게 말씀을 전하는 것이 자신이 메시아임을 알리는 표적이라고 주장하셨다. 세례 요한이 사자들을 보내 예수님께 당신이 오랫동안 사람들이 기다리던 메시아냐고 물었을 때, 그분은 그냥 자신의 행위를 가리키셨다. 예수님은 병자를 고치고 가난한 자들에게 복음을 선포하고 계셨던 것이다(마 11:2-6). 예수님은 부자들에게도 복음을 선포하셨다. 그러나 예수님이 메시아라는 주장을 확인해 준 것은, 분명 예수님이 가난한 자들에게 복음을 선포하는 일에 특별한 관심을 갖고 있었다는 사실이다. 예수님이 가난하고 불우한 자들에게 우선적으로 관심을 가지신 것은 당시 사람들과는 매우 대조되는 모습이었다. 그 때문에 예수님이 요한에게 가서 다음과 같은 말씀을 덧붙여 전하라고 하시지 않았을까? "누구든지 나로 말미암아 실족하지 아니하는 자는 복이 있도다"(마 11:6).

예수님이 스스로를 가난한 자들과 동일시하신 것에 대한 명백한 진술은 마태복음 25장에 나와 있다. "내가 주릴 때에 너희가 먹을 것을 주었고 목마를 때에 마시게 하였고…헐벗었을 때에 옷을 입혔고…내가 진실로 너희에게 이르노니 너희가 여기 내 형제 중에 지극히 작은 자 하나에게 한 것이 곧 내게 한 것이니라"(마 25:35-36, 40).

만물의 창조주 하나님을 먹이고 입힌다는 것은 무엇을 의미하는가? 우리는 알 수 없다. 다만 가난하고 억눌린 자들을 새로운 눈으로 보고 그들의 상처를 치유하고 그들이 받는 억압을 종식시키고자 노력하겠다고 결심할 수 있을 뿐이다.

마태복음 25:40에 나오는 예수님의 말씀이 두려운 정도라면, 그 병행 구절은 간담이 서늘하다. "내가 진실로 너희에게 이르노니 이 지극히 작은 자 하나에게 하지 아니한 것이 곧 내게 하지 아니한 것이니라"(45절). 부유한 그리스도인들이 풍요 속에서 살고 있는 반면 매년 수많은 사람들은 죽어가는 세상에서, 그 말씀은 무엇을 의미하는가?

길가에 누워 굶어 죽어가는 만유의 주님을 건너편에서 걸어가며 바라보는 것은 무엇을 의미하는가? 우리는 알 수 없다. 다만 두렵고 떨리는 마음으로 주님을 다시 죽이지 않겠다고 맹세할 수 있을 뿐이다.

하나님의 특별한 도구

하나님은 선민을 택하실 때, 애굽의 가난한 노예들을 뽑으셨다. 하나님이 초대교회를 세우셨을 때, 대부분의 교인은 가난한 사람들이었다. 인간의 육신을 취하셨을 때, 우리를 위해 가난을 택하셨다(고후 8:9). 이 같은 사실들은 서로 관련이 없는 현상들인가 아니면 의미 있고 일정한 경향성을 보이는가?

하나님은 부유하고 강한 국가를 그분의 백성으로 선택하실 수도 있었다. 하지만 그분은 억압당하는 노예들을 뽑으셨다. 하나님은 노예 상태에 처한 가난한 백성을 골라서 모든 사람을 위한 계시와 구원의 특별한 도구로 삼으셨다(삿 6:15-16; 7:2의 기드온을 보라).

초대교회 교인들은 대부분 가난했다. 초대 기독교 사회사를 개관한 책에서, 마르틴 헹겔(Martin Hengel)은 초대 이방인 그리스도인 공동체들이 "현저하게 가난했다"는 점을 지적한다.[15] 바울은 하나님이 교회로 불러 모으신 사람들의 면면에 감탄했다.

> 육체를 따라 지혜로운 자가 많지 아니하며 능한 자가 많지 아니하며 문벌 좋은 자가 많지 아니하도다. 그러나 하나님께서 세상의 미련한 것들을 택하사 지혜 있는 자들을 부끄럽게 하려 하시고 세상의 약한 것들을 택하사 강한 것들을 부끄럽게 하려 하시며, 하나님께서 세상의 천한 것들과 멸시받는 것들과 없는 것들을 택하사 있는 것들을 폐하려 하시나니, 이는 아무 육체도 하나님 앞에서 자랑하지 못하게 하려 하심이라(고전 1:26-29).

야고보도 마찬가지로 말한다.

내 형제들아, 영광의 주 곧 우리 주 예수 그리스도에 대한 믿음을 너희가 가졌으니 사람을 차별하여 대하지 말라. 만일 너희 회당에 금가락지를 끼고 아름다운 옷을 입은 사람이 들어오고 또 남루한 옷을 입은 가난한 사람이 들어올 때에 너희가 아름다운 옷을 입은 자를 눈여겨 보고 말하되 여기 좋은 자리에 앉으소서 하고, 또 가난한 자에게 말하되 너는 거기 서 있든지 내 발등상 아래에 앉으라 하면 너희끼리 서로 차별하며 악한 생각으로 판단하는 자가 되는 것이 아니냐. 내 사랑하는 형제들아, 들을지어다. 하나님이 **세상에서 가난한 자를 택하사 믿음에 부요하게 하시고 또 자기를 사랑하는 자들에게 약속하신 나라를 상속으로 받게 하지 아니하셨느냐.** 너희는 도리어 가난한 자를 업신여겼도다. 부자는 너희를 억압하며 법정으로 끌고 가지 아니하느냐. 그들은 너희에게 대하여 일컫는 바 그 아름다운 이름을 비방하지 아니하느냐(약 2:1-7).

5절의 수사적인 질문은 예루살렘 교회도 부와는 거리가 멀었음을 보여 준다. 그러나 전체 구절은 어떤 식으로 교회가 빈번하게 하나님의 방법을 잊어버리고 세상의 길을 선택했는지 설명한다. 출애굽 때나 초대교회가 출현했을 때 하나님은 가난한 자들을 그분의 특별한 도구로 선택하셨다.

그러나 이 점을 지나치게 강조해서는 안 된다. 아브라함은 부자였고 모세는 40년 동안 바로의 궁전에서 살았다. 초대교회의 교인들 모두가 가난하지는 않았다. 바울과 누가는 교육받은 사람이었고 적당하게 부유하였다. 이렇듯 하나님이 가난하고 억눌린 사람을 통해서만 일하시는 것은 아니다. 그럼에도 하나님의 절차와 우리의 절차 사이에는 현저한 차이가 있다. 변화를 꾀하려고 할 때, 우리는 항상 영향력과 명성과 권력을 갖고 있는 사람과 접촉한다. 하지만 하나님이 세상을 구원하고자 하셨을 때 그분은 종종 노예, 매춘부 그리고 다른 불우한 사람들을 선택하셨다. 하나님은 우리가 보지 못하는 잠재력을 보신다. 그리고 하나님의 과제가 성취될 때, 가난하고 힘없는 자들은 그것이 자기의 공로라고 자랑할 가능성이 적다. 하나님이 종종 세상에 대한 구원의 특별한 전령으로 비천한 자들을 선택하시는 것은, 그들에게 특별한 관심을 갖고 계심을 나타내시는 확실한 증거다.

이 점에서 성육신은 다시 중요해진다. 하나님은 그 당시 가장 강력한 제국의 중앙에서 사치를 누리며 사는 힘있는 로마 황제로서 역사에 들어오실 수 있었다. 아니면 예루살렘의 거룩한 도시 안에 있는 산헤드린 의회에서 월등한 위치를 가진 영향력 있는 사두개인으로 나타나실 수도 있었다. 하지만 그 대신 하나님은 작은 마을인 나사렛의 목수로 세상에 오셨다. 그 곳은 매우 하찮은 장소였기 때문에 구약이나 1세기 유대 역사가인 요세푸스의 저작에서 언급조차 되지 않았다.[16] 하지만 이것이 하나님이 우리를 구원하기 위해 선택하신 방법이다.

하나님은 왜 부유한 자들을 멸하시는가?

부자와 나사로에 대한 예수님의 이야기는 성경 전체에 걸쳐 두드러지게 나타나는 네 번째 가르침을 설명한다. 실제로 하나님은 일부 부유하고 힘있는 사람들을 멸하신다. 너무 엄청난 소리인가? 성경 본문을 보도록 하자.

마리아의 송가는 이 점을 다음과 같이 간단하고 솔직하게 나타낸다. "내 영혼이 주를 찬양하며…권세 있는 자를 그 위에서 내리치셨으며 비천한 자를 높이셨고 주리는 자를 좋은 것으로 배불리셨으며 부자는 빈손으로 보내셨도다"(눅 1:46, 52-53). 그보다 오래 전에 한나도 똑같은 진리를 노래한 바 있다.

> 여호와와 같이 거룩하신 이가 없으니 이는 주밖에 다른 이가 없고…심히 교만한 말을 다시 하지 말 것이며 오만한 말을 너희의 입에서 내지 말지어다.…용사의 활은 꺾이고 넘어진 자는 힘으로 띠를 띠도다. 풍족하던 자들은 양식을 위하여 품을 팔고 주리던 자들은 다시 주리지 아니하도다.…여호와는 가난하게도 하시고 부하게도 하시며…가난한 자를 진토에서 일으키시며 빈궁한 자를 거름더미에서 올리사(삼상 2:2-8).

예수님은 가난한 자들에게 복을 그리고 부자들에게 저주를 선언하셨다. "가난한 자는 복이 있나니 하나님의 나라가 너희 것임이요. 지금 주린 자는 복이 있나니 너희가 배부름을 얻을 것임이요.…화 있을진저. 너희 부요한 자여, 너희는 너희의 위로를 이미 받았도다. 화 있을진저. 너희 지금 배부른 자여, 너희는 주리리로다"(눅 6:20-25).[17]

"들으라. 부한 자들아, 너희에게 임할 고생으로 말미암아 울고 통곡하라"(약 5:1)는 말씀은 성경에서 끊임없이 나타나는 주제다.

왜 성경은 하나님이 때때로 부자들의 행운을 뒤집어엎으신다고 선언하는가? 부를 창조하는 것이 악하기 때문인가? 아니다. 성경은 명확하게 그 반대를 말하고 있다. 하나님이 계급 투쟁을 하시는가? 전혀 아니다. 성경은 결코 하나님이 부유한 자보다 가난한 자를 사랑한다고 말하지 않는다. 그러나 성경은 하나님이 가난하고 불우한 자들을 높이신다고 주장한다. 그리고 하나님이 두 가지 특별한 경우에 부유하고 힘있는 자들을 멸하신다고 가르친다. 첫째는 가난한 자를 억압함으로써 부유하게 되는 경우이고 둘째는 그들이 가난한 자들과 나누지 않는 경우다.

부유한 억압자들을 멸하심

야고보는 왜 부자들에게 곧 다가올 불행 때문에 울고 부르짖으라고 경고했는가? 부자들이 일꾼들을 속였기 때문이다. "너희가 말세에 재물을 쌓았도다. 보라, 너희 밭에서 추수한 품꾼에게 주지 아니한 삯이 소리 지르며 그 추수한 자의 우는 소리가 만군의 주의 귀에 들렸느니라. 너희가 땅에서 사치하고 방종하여 살륙의 날에 너희 마음을 살찌게 하였도다"(약 5:3-5).

하나님께는 계급상의 적이 없다. 그러나 그분은 억압과 가난한 자들을 소홀히 하는 것을 미워하시며 벌하신다. 그리고 성경에서 반복하는 경고에 의하면 부자들은 종종 한두 가지 잘못을 저지른다.[18]

야고보의 시대보다 오래 전에 시편 기자는 부자들이 종종 다른 사람들을 억압해서 부유해졌음을 알았다. 그는 하나님이 그 같은 악인들을 벌하실 것이라는 믿음으로 위로를 받았다.

악한 자가 교만하여 가련한 자를 심히 압박하오니…그의 길은 언제든지 견고하고…그의 마음에 이르기를 나는 흔들리지 아니하며 대대로 환난을 당하지 아니하리라 하나이다.…사자가 자기의 굴에 엎드림같이 그가 은밀한 곳에 엎드려 가련한 자를 잡으려고 기다리며 자기 그물을 끌어당겨 가련한 자를 잡나이다.…여호와여 일어나옵소서. 하나님이여 손을 드옵소서. 가난한 자를 잊지 마옵소서.…악인의 팔을 꺾으소서.…여호와여, 주는 겸손한 자의 소원을 들으셨사오니 그들의 마음을 준비하시며 귀를 기울여 들으시고 고아와 압제당하는 자를 위하여 심판하사(시 10:2-18).

하나님은 예레미야를 통해서도 동일한 메시지를 선포하셨다.

내 백성 가운데 악인이 있어서 새 사냥꾼이 매복함같이 지키며 덫을 놓아 사람을 잡으며 새장에 새들이 가득함같이 너희 집들에 속임이 가득하도다. 그러므로 너희가 번창하고 거부가 되어 살찌고 윤택하며 또 행위가 심히 악하여 자기 이익을 얻으려고 송사 곧 고아의 송사를 공정하게 하지 아니하며 빈민의 재판을 공정하게 판결하지 아니하니 내가 이 일들에 대하여 벌하지 아니하겠으며 내 마음이 이 같은 나라에 보복하지 아니하겠느냐. 여호와의 말씀이니라(렘 5:26-29).

예레미야와 시편 기자의 믿음은 단순한 희망에 근거한 생각이 아니었다. 예언자들을 통하여 하나님은 가난한 자들을 억압했던 부자들과 부유한 국가들에게 황폐와 멸망을 선포하셨다. 그리고 예언자들의 예언은 그대로 실현되었다.

예레미야는 불의한 유다의 여호야김 왕에게 성경 전체에서 가장 신랄하고 풍자적인 비난을 가했다.

불의로 그 집을 세우며 부정하게 그 다락방을 지으며 자기의 이웃을 고용하고 그의 품삯을 주지 아니하는 자에게 화 있을진저. 그가 이르기를 내가 나를 위하여 큰 집과 넓은 다락방을 지으리라 하고 자기를 위하여 창문을 만들고 그것에 백향목으로 입히고 붉은 빛으로 칠하도다. 네가 백향목을 많이 사용하여 왕이 될 수 있겠느냐. 네 아버지가 먹거나 마시지 아니하였으며 정의와 공의를 행하지 아니하였느냐. 그 때에 그가 형통하였었느니라. 그는 가난한 자와 궁핍한 자를 변호하고 형통하였나니 이것이 나를 앎이 아니냐. 여호와의 말씀이니라. 그러나 네 눈과 마음은 탐욕과 무죄한 피를 흘림과 압박과 포악을 행하려 할 뿐이니라. 그러므로 여호와께서 유다 왕 요시야의 아들 여호야김에게 대하여 이와 같이 말씀하시니라.…그가 끌려 예루살렘 문밖에 던져지고 나귀같이 매장함을 당하리라(렘 22:13-19).

역사가들에 따르면 여호야김은 암살당했다.[19]

하나님은 가난한 자들을 억압한 부자들은 물론이요 그러한 국가 전체를 멸하신다. 우리는 이미 이와 관련된 몇 구절을 검토했다.[20] 중요한 것이 하나 더 있다. 이사야를 통해 하나님은 유다의 통치자들이 가난한 자들을 속였기 때문에 부자가 되었다고 선언하셨다. 풍요해져 지나치게 먹은 부유한 여인들은 이기적인 방탕에 빠졌으며 억눌린 자들은 안중에도 없었다. 하나님은 그 결과로 유다가 멸망할 것이라고 말씀하셨다.

여호와께서 자기 백성의 장로들과 고관들을 심문하러 오시리니 포도원을 삼킨 자는 너희이며 가난한 자에게서 탈취한 물건이 너희의 집에 있도다. 어찌하여 너희가 내 백성을 짓밟으며 가난한 자의 얼굴에 맷돌질하느냐. 주 만군의 여호와 내가 말하였느니라 하시도다. 여호와께서 또 말씀하시되 시온의 딸들이 교만하여 늘인 목, 정을 통하는 눈으로 다니며 아기작거려 걸으며 발로는 쟁쟁한 소리를 낸다 하시도다. 그러므로 주께서 시온의 딸들의 정수리에 딱지가 생기게 하시며…주께서 그 날에 그들이 장식한 발목 고리와 머리의 망사와 반달 장식…을 제하시리니 그 때에 썩은 냄새가 향기를 대신하고 노끈이 띠를 대신하고 대머리가 숱한 머리털을 대신하고 굵은 베옷이 화려한 옷을 대신하고 수치스러운 흔적이 아름다움을 대신할 것이며 너희의 장정은 칼에, 너희의 용사는 전란에 망할 것이며(사 3:14-25).

부자들이 가난하고 힘없는 자들을 억압할 때 역사의 주님은 그들의 집과 왕국을 무너뜨리신다.

가난한 자들을 소홀히 여김
때때로 성경은 부자들이 그들의 재물을 가난한 자들과 나누지 않았음을 비난한다. 그리고 부당한 방법으로 부를 획득한 일에 대해서는 언급하지 않는다. 그러나 결과는 똑같다.
부자와 나사로의 이야기에서 예수님은 그 부자가 나사로를 착취했다고 말씀하지 않으신다(눅 16장). 예수님은 단지 그 부자가 문밖에 누워 있는 병든 거지를 돌보지 않았음을 지적하신다. "한 부자가 있어 자색 옷과 고운 베옷을 입고 날마다 호화롭게 즐기더라"(눅 16:19). 반면에 나사로는 "부자의 상에서 떨어지는 것으로 배불리려 했다"(눅 16:21). 그 부자는 가난한 나사로에게 먹다 남은 음식조차 주지 않았단 말인가? 그렇지는 않았을 것이다. 그러나 분명히 그 부자는 나사로에게 진정한 관심이 없었다.

가난한 자가 무시당할 때 가난한 자들의 하나님은 격노하신다. 나사로가 죽었을 때 하나님은 아브라함의 품에 안긴 그를 위로하셨다. 하지만 부자가 죽었을 때는 고통이 기다리고 있었다.[21] 나사로라는 이름에 '하나님이 돕는 자'라는 의미가 있다는 사실은 그 같은 요점을 강조한다.[22] 하나님은 가난한 자들을 도우신다. 하지만 가난한 이웃에게 무관심한 부자들은 지옥에 가게 된다.

클라크 피녹(Clark Pinnock)이 "제3세계가 바깥에 서 있는 동안 우리는 잘 차려진 식탁에 앉아 부자와 나사로 이야기를 읽고 있다면, 그것은 우리의 손 안에서 폭발해야 한다"[23]고 지적한 것은 분명히 맞는 말이다. 율법과 예언자들만이, 하나님이 가난한 자를 돕지 않는 부자들을 멸하신다는 무시무시한 말씀을 선언하지는 않는다. 우리 주님도 친히 그렇게 말씀하신다.

성경에 기록된 소돔성 이야기는 이 무시무시한 진리의 또 다른 예를 보여 준다. 소돔이 멸망한 이유를 묻는다면 모든 그리스도인은 소돔성이 성적으로 엄청나게 타락했기 때문이라고 대답할 것이다. 그러나 그것은 성경의 실제 가르침 가운데 일부에 지나지 않는다. 에스겔은 하나님이 소돔을 멸하신 한 가지 중요한 이유는, 소돔이 재물을 가난한 자들과 함께 나누어 갖기를 완강히 거부했기 때문이라고 설명한다. "네 아우 소돔의 죄악은 이러하니 그와 그의 딸들에게 교만함과 식물의 풍족함과 태평함이 있음이며, 또 그가 가난하고 궁핍한 자를 도와주지 아니하며 거만하여 가증한 일을 내 앞에서 행하였음이라. 그러므로 내가 보고 곧 그들을 없이 하였느니라"(겔 16:49-50; 또한 사 1:10-17을 보라).

이 성경 말씀은 소돔성 사람들이 가난한 자들을 억압했다고 말하지는 않는다. 아마도 그랬겠지만 말이다. 이 말씀은 단지 그들이 가난한 자들을 돕지 않았음을 비난하고 있다.

풍요한 그리스도인들은 소돔성 사람들이 저지른 성적 범죄는 기억하면서 그들이 가난한 자들을 돌보지 않은 잘못은 잊어버린다. 성적 범죄가 마음을 덜 괴롭히기 때문인가? 우리가 경제적 이해 때문에 성경을 왜곡되게 해석한 것은 아닌가? 분명히 우리는 그랬다. 그러나 우리가 성경의 권위를 신실하게 믿는다면, 받아들이기 힘든 성경 본문이라 할지라도 그대로 받아들여 우리의 생각을 바로잡아야 한다. 그렇게 할 때 우리는 성경의 하나님이 부자들을 무시무시한 엄벌에 처할 것이라는 사실을 두렵고 떨리는 마음으로 고백하게 될 것이다. 그것은 하나님이 부자들을 사랑하지 않기 때문이 아니다(하나님은 모든 사람을 동일하게 사랑하신다). 다만 많은 부자들이 일상적으로 가난한 자들을 억압하거나 무시하기 때문이다.

하나님의 관심과 우리의 관심

하나님이 가난한 자들에게 매우 많은 관심을 갖고 계시기 때문에 자기 백성들도 그들에게 똑같은 관심을 갖기 원하신다는 사실은 조금도 놀랄 일이 아니다.

성경은 법정에서 가난한 자들에게도 동등한 정의를 보장할 것을 계속해서 강조한다. 율법은 그 같은 정의를 명령했다(출 23:6). 시편 기자는 왕이 정의를 시행할 수 있도록 하나님께 도움을 간청했다(시 72:1-4). 또 예언자들은 통치자들이 철저하게 정의를 파괴했기 때문에 그들에게 멸망을 선포했다(암 5:10-15).

과부와 고아와 나그네 또한 자주 주목을 받는다. "너는 이방 나그네를 압제하지 말며 그들을 학대하지 말라. 너희도 애굽 땅에서 나그네였음이라. 너는 과부나 고아를 해롭게 하지 말라. 네가 만일 그들을 해롭게 하므로 그들이 내게 부르짖으면 내가 반드시 그 부르짖음을 들을지라. 나의 노가 맹렬하므로 내가 칼로 너희를 죽이리니 너희의 아내는 과부가 되고 너희 자녀는 고아가 되리라"(출 22:21-24).

존 알렉산더(John F. Alexander)는 다음과 같이 논평한다. "성경에는 고아와 과부와 나그네들을 위한 정의를 명령하는 구절이 각각 40여 개 정도 있다. 하나님은 특별한 의미에서 자신이 이같이 힘없는 자들의 보호자가 되신다는 점을 매우 분명하게 밝히고자 하신다. 나그네를 유대인과 마찬가지로 대접해야 하며, 고아나 과부를 이용해 부당한 이익을 보는 자에게는 화가 미친다."[24]

저녁식사에 가난한 자들을 초대하라는 예수님의 명령에 주목하는 그리스도인은 정말 드물다. "네가 점심이나 저녁이나 베풀거든 벗이나 형제나 친척이나 부한 이웃을 청하지 말라.…잔치를 베풀거든 차라리 가난한 자들과 몸 불편한 자들과 저는 자들과 맹인들을 청하라. 그리하면 그들이 갚을 것이 없으므로 네게 복이 되리니"(눅 14:12-14; 또한 히 13:1-3을 보라).

여기서 예수님은 말씀하시는 바를 강조하기 위해 히브리 문학의 전형적 기법인 과장법을 사용하신다. 예수님이 친구들이나 친지들과 어울리는 잔치를 금지한다고 말씀하신 것은 아니다. 예수님은 자주(그리고 친구들과 친지들과 '성공한' 사람들을 대접하는 것보다 훨씬 많이) 보답할 수 없는 가난하고 불우한 자들을 대접해야 한다는 의미로 그런 말씀을 하셨다. 당신은 예수님의 이 말씀을 이 정도로 심각하게 받아들이는 그리스도인을 본 적이 있는가?

성경은 신자들에게 가난하고 억눌린 자들에 대한 하나님의 특별한 관심을 본받으라고 명령한다. 구약에서 여호와는 이스라엘 백성에게 가난한 자들을 돌보라고 명령하시면서, 그들이 이전에 애굽에서 억압당했던 사실을 자주 상기시키신다. 애굽에 억압되어 있던 히브리 노예에 대한 하나님의 지대한 관심은 우리가 본받아야 할 모델이다(출 22:21-24; 신 15:13-15).

예수님은 그분을 따르는 자들에게 돈을 빌려 줄 때도 하나님의 자비하심을 본받으라고 가르치셨다.

> 너희가 만일 선대하는 자만을 선대하면 칭찬받을 것이 무엇이냐…너희가 받기를 바라고 사람들에게 꾸어 주면 칭찬받을 것이 무엇이냐…아무것도 바라지 말고 꾸어 주라. 그리하면 너희 상이 클 것이요 또 지극히 높으신 이의 아들이 되리니 그는 은혜를 모르는 자와 악한 자에게도 인자하시니라. 너희 아버지의 자비로우심같이 너희도 자비로운 자가 되라(눅 6:33-36).

돌려받기를 바라지 말고 빌려 주어야 하는 이유는 무엇인가? 그것이 우리 아버지의 방법이기 때문이다. 예수님을 따르는 자들은 하나님의 아들딸이며 하나님의 성품을 닮기 바라기 때문에 일반 사람들과는 반대로 행동해야 한다.

바울은 예루살렘의 가난한 자들을 위해 헌금을 모을 때, 고린도 교인들에게 그들이 부유한 자가 되도록 하기 위해 주 예수님이 몸소 가난한 자가 되셨다는 사실을 분명하게 상기시켰다(고후 8:9). 사도 요한은 그리스도인들에게 가난한 자들과 재물을 나누어 가지라고 말하면서 먼저 그리스도의 예를 언급했다. "그가 우리를 위하여 목숨을 버리셨으니 우리가 이로써 사랑을 알고 우리도 형제들을 위하여 목숨을 버리는 것이 마땅하니라"(요일 3:16). 그리고 나서 바로 다음 절에서 그는 그리스도인들을 향해 가난한 자들에게 관대하게 베풀라고 권고했다. 그리스도인들이 가난하고 억눌린 자들과 관계를 맺을 때 본받아야 하는 것은 바로 이같이 놀라운 그리스도의 자기 희생이다.

우리는 하나님의 말씀이 신자들에게 가난한 자들을 돌보라고 명령한다는 것을 살펴보았다. 실제로 성경은 하나님의 백성이 가난한 자들을 돌볼 때 하나님 자신을 본받는 것이라고 가르침으로써 그 명령을 강조한다. 그러나 이것이 전부가 아니다.

하나님의 말씀은 가난하고 억눌린 자들을 무시하는 자들은 그들이 행하는 종교적 의식이나 신앙 고백에 상관없이, 실제로 하나님의 백성이 아니라고 가르친다.

하나님은 예언자들을 통해 '가난하고 불우한 자들을 부당하게 대하면서 예배를 드리는 것은 불법 행위'라고 거듭해서 호통치셨다. 이사야는 이스라엘이 여호와를 예배하면서 힘없는 자들을 억압했기 때문에 이스라엘을 비난했다.(이사야는 이스라엘을 소돔과 고모라라고 불렀다!)

너희 소돔의 관원들아, 여호와의 말씀을 들을지어다. 너희 고모라의 백성아, 우리 하나님의 법에 귀를 기울일지어다. 여호와께서 말씀하시되 너희의 무수한 제물이 내게 무엇이 유익하뇨.…헛된 제물을 다시 가져오지 말라. 분향은 내가 가증히 여기는 바요 월삭과 안식일과 대회로 모이는 것도 그러하니 성회와 아울러 악을 행하는 것을 내가 견디지 못하겠노라. 내 마음이 너희의 월삭과 정한 절기를 싫어하나니…너희가 많이 기도할지라도 내가 듣지 아니하리니 이는 너희의 손에 피가 가득함이라(사 1:10-15).

하나님은 무엇을 원하시는가? 바로 다음 절에서 말해 준다. "너희 악한 행실을 버리며 행악을 그치고 선행을 배우며 정의를 구하며 학대받는 자를 도와주며 고아를 위하여 신원하며 과부를 위하여 변호하라"(사 1:16-17).

이사야는 금식하면서 부정한 일을 하는 것에 대해서도 강력하게 반대한다.

우리가 금식하되 어찌하여 주께서 보지 아니하시오며 우리가 마음을 괴롭게 하되 어찌하여 주께서 알아주지 아니하시나이까. 보라, 너희가 금식하는 날에 오락을 구하며 온갖 일을 시키는도다.…내가 기뻐하는 금식은 흉악의 결박을 풀어 주며 멍에의 줄을 끌러 주며 압제당하는 자를 자유하게 하며 모든 멍에를 꺾는 것이 아니겠느냐. 또 주린 자에게 네 양식을 나누어 주며 유리하는 빈민을 집에 들이며(사 58:3-7).

또 하나님은 아모스를 통해서도 호되게 말씀하신다. "내가 너희 절기들을 미워하여 멸시하며 너희 성회들을 기뻐하지 아니하나니 너희가 내게 번제나 소제를 드릴지라도 내가 받지 아니할 것이요…오직 정의를 물같이, 공의를 마르지 않는 강같이 흐르게 할지어다"(암 5:21-24).[25]

앞 부분에서 아모스는 가난한 자들을 억압한 돈 많고 힘있는 자들을 비난한 바 있다. 그들은 재판관을 매수해 법정에서 불의가 교정되지 못하게 했다. 하나님은 그 같은 사람들에게 단순한 종교적 의식이 아니라 정의를 원하신다.[26] 그들의 예배는 가난한 자들의 하나님을 우롱하는 것이며 하나님은 그 같은 것을 몹시 싫어하신다.

하나님은 변하지 않으셨다. 예수님도 동일한 주제를 되풀이하여 말씀하셨다. 예수님은 사람들에게 "과부의 가산을 삼키며 외식으로 길게 기도하는" 서기관들에 대해 경고하셨다(막 12:40). 서기관들의 경건하게 보이는 의복과 잦은 회당 방문은 겉만 번드레한 것이었다. 예수님은 아모스와 이사야의 전통을 이어받은 히브리 예언자이셨다. 아모스와 이사야처럼, 예수님은 경건한 행동을 하면서 가난한 자들을 부당하게 대하는 자들에 대한 하나님의 분노를 선언하셨다.

종교적 위선자들을 비난하는 예언자의 말은 다음과 같은 어려운 문제를 제기한다. 가난한 자들을 억압하는 이들이 진정 하나님의 백성인가? 교회가 억압받는 자들을 자유롭게 하기 위해 일하지 않는다면 그 교회는 진정한 교회인가?

우리는 앞에서 하나님이 이스라엘 백성을 하나님의 백성이 아니라 실제로는 소돔과 고모라라고 선언하신 것을 살펴보았다(사 1:10). 하나님은 이스라엘 백성이 가난하고 불우한 자들을 착취하는 것을 더 이상 참으실 수 없었다. 호세아는 이스라엘이 지은 죄 때문에 그들이 더 이상 하나님의 백성이 아니며 하나님 역시 더 이상 이스라엘의 하나님이 아니라고 엄숙하게 선언했다(호 1:8-9). 실제로 하나님은 이스라엘 백성을 멸하셨다.

예수님은 더 솔직하고 날카로우셨다. 가난한 자들을 먹이지 않고, 헐벗은 자를 입히지 않으며, 감옥에 갇힌 자들을 돌보지 않는 자들에게 예수님은 마지막 심판 때에 무시무시한 말씀을 하실 것이다. "저주를 받은 자들아, 나를 떠나 마귀와 그 사자들을 위하여 예비된 영영한 불에 들어가라"(마 25:41). 이 말씀의 의미는 명백하다. 예수님은 제자들이 가난한 자들에 대한 자신의 특별한 관심을 본받기 원하신다. 불순종하는 자는 영원한 벌을 받게 될 것이다.

그러나 우리는 그 동안 마태복음 25장을 잘못 해석했다. 어떤 사람들은 "이 지극히 작은 자"(45절)와 "여기 내 형제 중에 지극히 작은 자"(40절)가 그리스도인만을 언급하는 것이라고 생각한다. 이 구절의 해석은 분명하지 않다. 그러나 이 말이 일차적으로는 가난한 신자들을 언급하는 것이라 할지라도, 예수님의 가르침의 다른 측면들을 고려해 본다면 우리는 마태복음 25장의 의미를 가난하고 억눌린 신자들과 불신자들을 모두 포함하는 것으로 확대할 수 있을 뿐만 아니라 그렇게 해야만 한다. 선한 사마리아인의 비유는 도움이 필요한 사람은 누구나 우리의 이웃이라고 가르친다(눅

10:29-37). 마태복음 5:43-45은 더욱 분명하게 말한다. "또 네 이웃을 사랑하고 네 원수를 미워하라 하였다는 것을 너희가 들었으나 나는 너희에게 이르노니 너희 원수를 사랑하며 너희를 박해하는 자를 위하여 기도하라. 이같이 한즉 하늘에 계신 너희 아버지의 아들이 되리니 이는 하나님이 그 해를 악인과 선인에게 비추시며 비를 의로운 자와 불의한 자에게 내려 주심이라."

(사해 사본을 통해 알려진) 쿰란 공동체의 이상은 사실상 "빛의 아들 모두를 사랑하고 어둠의 자식 모두를 미워하는" 것이었다(1 QS 1:9-10, 에센파의 공동체 규칙). 심지어 구약에서도 이스라엘 사람들은 동족의 자손들인 이웃을 사랑하라는 명령을 받았으며 또 아모리인과 모압인들의 번영을 구하지 말라는 지시를 받았다(레 19:17-18; 신 23:3-6). 그러나 예수님은 그분을 따르는 추종자들이 자신과 같은 인종이나 종교 집단에 속한 사람들에게만 사랑을 베풀지 않도록 분명히 명령하셨다. 그리고 어느 곳의 어느 사람에게나 자비하신 하나님을 본받기를 명하셨다.

조지 래드(George Ladd)가 말했듯이 "예수님은 이웃 사랑의 의미를 재정의하신다. 즉 이웃 사랑이란 도움이 필요한 사람은 누구나 사랑하는 것이다."[27] 선한 사마리아인의 비유와 마태복음 5:43-48의 분명한 가르침에 비추어 볼 때, 마태복음 25장 전체 가르침의 일부는 가난한 자들과 억눌린 자들(그들이 신자이든 아니든 간에)을 돕지 않는 자는 하나님의 백성이 아니라는 것임을 부인할 수 없다.

요한일서 3:17-18에서 우리는 똑같은 메시지를 발견한다. "누가 이 세상 재물을 가지고 형제의 궁핍함을 보고도 도와줄 마음을 막으면 하나님의 사랑이 어찌 그 속에 거할까 보냐. 자녀들아, 우리가 말과 혀로만 사랑하지 말고 오직 행함과 진실함으로 하자"(또한 약 2:14-17을 보라).

거듭되는 이 말씀의 의미는 분명하다. 개발도상국에 사는 가난한 그리스도인들이 영양 실조, 신체 및 뇌 손상 그리고 심지어는 아사로 고통을 겪고 있는 동안에도 더 많은 부를 요구하는 부유한 그리스도인들에게 이 말씀은 무엇을 의미하는가? 이 본문은 가난한 자를 돕지 않는다면 무엇이라고 변명하든지 간에, 우리에게 하나님의 사랑이 없는 것이라고 분명하게 말한다. 중요한 것은 경건한 구절과 거룩한 말이 아니라 행동이다. 주일 아침 11시에 하는 말이나 행동에 상관없이, 가난한 자들을 무시하는 부유한 그리스도인들은 하나님의 백성이 아니다.

그러나 문제는 여전히 남아 있다. 신앙을 고백하는 신자들이 계속 죄를 짓는다고 해서 더 이상 그리스도인이 아니란 말인가? 분명 그렇지는 않다. 우리는 아주 거룩한 성도라도 죄된 이기심으로 계속해서 괴로움을 겪는다는 것을 안다. 구원은 행위로 말미암은 의가 아니라 오직 은혜로 이루어진다. 우리는 자신의 의 때문이 아니라, 순전히 그리스도께서 우리를 위해 죽으셨기 때문에 하나님의 백성이 된 것이다.

그 같은 대답은 옳다. 그러나 그것만으로는 불완전하다. 분명 마태복음 25장과 요한일서 3장에서 하나님의 백성이 가난한 자들을 무시하는 것은 하나님께 불순종하는 것(하지만 여전히 정당화되는) 이상을 의미한다. 이 구절들은 어떤 사람들은 경건한 신앙 고백에도 불구하고 하나님께 불순종하기 때문에 하나님의 백성일 수 없다고 말한다. 성경에서는 가난한 자들을 무시하는 것은 불순종을 나타내는 표적이라고 거듭 말하고 있다. 분명히 그 누구도 마태복음 25장을 완전히 지켜 행한다고 말할 수는 없다. 그리고 우리는 죄사함에 대한 소망에 의지할 수 있다. 그러나 가난한 자들을 무시하는 것이 용서받지 못할 때가 올 것이다(그리고 감사하게도 하나님만이 그 순간을 아신다). 가난한 자들을 무시하면 영벌을 받는다.

많은 부유한 '그리스도인들'이 위험 수위까지 도달했다고 말할 수 있지 않을까? 북미인들과 유럽인들은 가난한 나라의 사람들보다 75배나 많은 돈을 벌지만 적은 돈을 교회에 헌금한다. 대부분의 교회들은 많은 헌금을 교회 자체의 일에 쓴다. 우리는 가난한 자들에게 특별한 관심을 가지라는 성경의 명령에 순종하고 있다고 주장할 수 있는가? 우리는 가난하고 억눌린 자들에 대한 하나님의 관심을 본받고 있다고 말할 수 있는가? 성경이 진리라면, 우리는 가난한 자들의 하나님으로부터 영원히 분리되는 것이 아니라 오히려 그 하나님의 영원한 사랑을 경험하게 될 것이라고 진지하게 소망할 수 있는가?

여호와께서 가난하고 억눌린 자들에게 특별한 관심을 가지고 계신다는 성경의 가르침은 분명하다. 그러나 그것은 오늘날 어떤 사람들이 주장하듯이 하나님이 가난한 자들을 편애하신다는 의미인가? 그렇지는 않다. 성경은 분명히 한쪽에 치우치는 것을 금한다. "너희는 재판할 때에 불의를 행하지 말며 가난한 자의 편을 들지 말며 세력 있는 자라고 두둔하지 말고 공의로 사람을 재판할지며"(레 19:15; 또한 신 1:17을 보라). 출애굽기 23:3도 매우 동일한 명령을 하고 있다. "가난한 자의 송사라고 해서 편벽되이 두둔하지 말지니라."

가장 중요한 것은, 하나님의 공평하심 때문이 아니라 하나님이 편견에 사로잡히는 일이 없으시기 때문에 나타나는 결과이다. 성경 본문은 여호와의 공평하심을 선언한 다음에 곧 이어서 하나님이 약하고 불우한 자들을 자상하게 돌보시는 것을 묘사한다. "너희의 하나님 여호와는 신 가운데 신이시며 주 가운데 주시요 크고 능하시며 두려우신 하나님이시라. 사람을 외모로 보지 아니하시며 뇌물을 받지 아니하시고 고아와 과부를 위하여 정의를 행하시며 나그네를 사랑하여 그에게 떡과 옷을 주시나니"(신 10:17-18).

하나님은 편애하지 않으신다. 그분은 창조하신 각 사람에게 똑같은 사랑의 관심을 갖고 계신다.²⁹⁾ 바로 그 이유로 인해 하나님은 힘있고 복 받은 사람들을 돌보시는 것만큼 힘없고 불우한 사람들을 돌보신다. 모든 시대와 사회의 돈 많고 힘있는 자들과 우리가 가난한 자들을 대하는 자세와는 대조적으로, 하나님은 가난한 자들을 엄청나게 편애하시는 것 같다. 그러나 그것은 우리의 죄악에 찬 무관심과 대비했을 때에만 그렇다. 우리가 부유한 데다 성공한 자들을 더 좋아하는 부당한 태도를 당연하고 표준적인 것으로 여길 때에, 하나님의 관심사가 한쪽으로 치우친 듯 보이는 것이다.

하나님은 가난한 자들의 편이신가?

하나님이 가난한 자들의 편이신지 아니신지에 대해 대답하기 전에, 하나님은 가난한 자들의 편이라는 말의 의미를 오해하지 않으려면 몇 가지 중요한 사항을 기억해야 한다. 첫째, 앞서 언급했듯이 하나님은 불공평하지 않으시다. 둘째, 성경은 물질적 가난을 이상적이라고 말하지 않는다. 셋째, 가난하고 억눌린 자들은 단지 그들이 가난하고 억눌리기 때문에 교회의 일원이 되는 것은 아니다(중산층의 죄인들이 하나님께 불순종하는 것처럼 가난한 자들 역시 죄를 짓고 하나님께 불순종한다. 따라서 그들도 회개하고 하나님의 의롭다 하시는 은혜로 구원받을 필요가 있다). 넷째, 하나님이 부자들의 구원보다 가난한 자들의 구원에 더 관심을 가지시는 것은 아니다. 다섯째, 어떤 이념에 근거해 억압의 상황을 해석하고(예를 들면, 마르크스주의적 분석) 이것을 토대로 한 이념적 틀로 성경을 재해석하지 않는다. 여섯째, 하나님은 게으름이나 알코올 중독 때문에 가난해진 자들의 죄를 보아 넘기지 않으신다. 하나님은 그 같은 죄인들을 벌하신다.

하지만 하나님은 중립적이지 않다. 하나님이 편견에 사로잡히지 않는다는 사실이 하나님이 정의를 위한 투쟁에서 중립을 견지하신다는 의미는 아니다. 성경은 부자들이 가난한 자들을 억압하고 그들을 돕는 일에 소홀하기 때문에, 하나님이 그러한 부자들을 내버리고 가난한 자들을 높이기 위해 역사 가운데 일하신다는 사실을 분명하게 반복해서 가르치고 있다. 이런 의미에서 하나님은 가난한 자들 편에 서신다. 하나님은 그들의 연약함 때문에 그들에게 특별한 관심을 보이신다.

하나님은 모든 사람이 적당한 생활 수준을 누릴 만한 돈을 벌 기회를 갖기 원하신다. 그렇기 때문에 가난한 자들에게 권능을 부여하신다. 이러한 의미로 볼 때, 성경의 하나님이 가난한 자들 편에 서시는 이유는 편애 때문이 아니라 그분이 모든 사람에게 동일한 관심을 보이시는 공평한 정의의 하나님이시기 때문이다.

부자들은 정의가 억압을 중지시키고 가난한 자들과 재물을 나누어 가질 것을 요구하기 때문에 그것을 무시하거나 반대한다. 그러므로 하나님은 부유한 사람이나 사회를 적극적으로 반대하신다. 그러나 하나님이 부자들을 가난한 자들보다 덜 사랑하신다는 의미는 결코 아니다. 하나님은 가난한 자들의 구원만큼이나 부자들의 구원을 바라신다. 하나님은 그분이 창조하신 모든 피조물의 완성과 기쁨과 행복을 원하신다. 그리고 억압하는 자들이나 억압받는 자 모두가 그런 것들을 발견할 수 없음을 아신다.

그러나 하나님이 모든 사람에게 동일한 관심을 보이신다는 것은 그분이 무관심과 억압의 상황에서도 중립을 지키신다는 의미는 아니다. 성경에서 말하는 진정한 회개와 회심을 할 때 사람들은 경제적 억압을 포함한 모든 죄로부터 돌아서게 된다.[29] 부자들을 위한 구원은 그들이 부정한 죄로부터 해방되는 것을 포함한다. 그러므로 하나님이 부자들의 구원과 성취를 바라신다는 사실은, 그분이 억눌리고 무시당하는 사람들을 위해 적극적으로 정의를 찾으신다는 특별한 의미에서 가난한 자들의 편에 서신다는 성경적 가르침과 완전히 조화를 이룬다(사실 하나님은 억압하는 자를 넘어뜨리시고 억압당하는 자를 높이심으로써 두 부류의 사람들 모두에게 선을 베푸시는 것이다).

이같이 분명한 성경의 가르침에 비추어 볼 때 우리의 신학은 얼마나 성경적인가? 부유한 그리스도인들은 대체로 가난한 자들보다는 부유한 자들의 편에 서 있음을 고백해야 할 것이다. 모든 교회 기관들(청소년 단체, 출판사, 대학과 신학교, 회중과 교단 본부)이 용감하게 이 문제에 대답하기 위하여 그들의 프로그램과 활동

전체를 2년에 걸쳐 포괄적으로 검토한다면 무슨 일이 일어날 것인가 상상해 보라. 우리가 운영하는 프로그램들은 성경에서 강조하는 것처럼 가난하고 억눌린 자들에 대한 정의를 균형 있게 강조하고 있는가? 가난하고 억눌린 자들에 대한 하나님의 특별한 관심을 기록하고 있는 성경 말씀에 일치하지 않는 것은 무엇이나 고치겠다는 분명한 각오로 그러한 검토 작업을 시도한다면, 세상을 변화시킬 새로운 성경적 사회 참여 운동에 착수하게 될 것이라고 자신 있게 말할 수 있다.

다음 10년간 수많은 그리스도인들이 하나님은 가난하고 억눌린 자들의 편이시라는 성경의 가르침을 근거로 해서, 세속 문화의 영향을 크게 받은 우리의 신학과 한쪽으로 치우친 우리의 프로그램과 기관들을 근본적으로 재형성하기를 희망하며, 또 그렇게 되리라고 나는 믿는다. 그 같은 일이 일어나면 우리는 현대사의 진로를 변화시킬 새롭고 진정한 성경적 해방의 신학을 만들어 낼 것이다.

연구 문제

❶ 하나님이 가난한 자들의 편이시라는 명제를 뒷받침하는 다섯 가지 주요한 근거는 무엇인가? 당신은 이 가운데 어떤 것이 가장 설득력이 있다고 생각하는가? 가장 설득력이 없는 것은 어떤 것인가? 그 이유는?

❷ 저자는 왜 하나님이 편견을 품고 계시다고 결론을 내리는가? 하나님이 가난한 자들을 편애하는 것처럼 생각되는 이유는 무엇인가? 어떠한 점에서 그분은 항상 공평하신가?

❸ 당신이 들어 본 기독교의 설교와 가르침은 가난한 자들에 대한 하나님의

관심을 성경에서 강조한 것만큼 강조했는가? 그렇지 않다면 그 이유는 무엇이라고 생각하는가?

❹ 우리가 가난한 자들에 대한 하나님의 관심을 무시한다면 하나님에 대한 우리의 믿음은 무엇이라 말할 수 있는가?

❺ 마태복음 25:31-46이 진정으로 의미하는 바는 무엇인가?

4 ● 경제적 나눔과 경제 정의

> 이는 다른 사람들은 평안하게 하고 너희는 곤고하게 하려는 것이 아니요 균등하게 하려 함이니, 이제 너희의 넉넉한 것으로 그들의 부족한 것을 보충함은 후에 그들의 넉넉한 것으로 너희의 부족한 것을 보충하여 균등하게 하려 함이라. 기록된 것같이 많이 거둔 자도 남지 아니하였고 적게 거둔 자도 모자라지 아니하였느니라(고후 8:13-15).

하나님은 자기 백성에게 근본적으로 변화된 경제 관계를 요구하신다. 죄가 하나님과 다른 사람에게서 우리를 소외시키기 때문이다. 그 결과 개인적 이기심, 구조적 불의 그리고 경제적 억압이 발생했다. 하지만 하나님의 백성 가운데서는 죄의 권세가 깨어졌다. 구속받은 자들의 새로운 공동체는 전적으로 새로운 개인적, 사회적, 경제적 관계를 드러내기 시작한다. 하나님의 백성 사이에 나타나는 삶은, 주님이 재림하여 이 세상이 최종적으로 완전하게 주님의 나라가 될 때 임할 완전함과 정의를 가리키는 표적이 되어야 한다.

하나님은 일할 수 있는 사람들이 생활비를 벌기 위해 생산 자원을 소유하고, 일할 수 없는 사람들이 충분히 보살핌 받는 구조를 원하신다. 경제 관계가 그리스도의 몸 안에서 구속되면 다가오는 하나님 나라를 효과적으로 증거할 수 있다. 또 경제적인 나눔만으로는 충분하지 않다. 그리스도인 사이에 가시적인 사랑과 연합이 이루어져서 예수님이 하나님 아버지로부터 오셨음을 세상에 확신시킬 수 있어야 한다(요 17:20-23).

이 말은 이번 장이 교회에만 적용된다는 의미인가? 결코 그렇지 않다.

물론 신정 체제의 이스라엘이나 자발적인 그리스도인 공동체는 현대의 세속적이고 다원적인 사회와는 차이가 있다. 경제와 관련된 성경의 가르침은 일차적으로 교회에 적용되어야 한다고 믿는다. 또한 교회가 하나님의 뜻을 행하는 수단으로서 사회의 다른 부분보다 앞서 나갈 것을 기대한다. 그러나 나는 또한 성경적인 사회의 비전은 이차적으로 세속 사회에도 적용된다고 믿는다. 온전하고 정의로운 사회를 건설하는 방법에 관해 하나님이 이스라엘에게 주신 계시는 아무렇게나 된 것이 아니었다. 오히려 그것은 백성들이 어떻게 사회적인 조화 속에서 함께 살아갈 수 있을지에 대한 창조주의 선언이다. 현대 사회가 어떤 영역에서든(예를 들어, 경제 정의) 성경적인 이상에 근접하는 동안에는 그 근접하는 정도까지만 온전함을 경험할 것이다. 그러므로 이번 장은 또한 성경적 관점으로 전체 사회를 위한 경제 정의를 어떻게 바라보아야 할지에 대해 중요한 실마리를 제공할 것이다.

이 장에서 핵심이 되는 부분은 이스라엘과 그 땅을 언급하는 성경 본문이다.[1)]

농경 사회에서의 자본

초기 이스라엘과 주변 사회의 모습은 놀랄 만큼 대조적이다.[2] 애굽 땅은 대부분 바로나 사원 소유였다. 다른 근동 지역에도 봉건적 토지 소유 제도가 널리 퍼져 있었다. 왕은 넓은 면적의 땅을 소수의 특권 영주들에게 주고, 땅이 없는 노동자들로 하여금 경작하게 했다. 초기 이스라엘에서는 신학적인 수준에서만 이러한 체제가 존재했다. 왕이신 여호와께서 모든 땅을 소유하시고, 그 땅을 받아 사용하게 될 사람들이 지켜야 할 중요한 요구 사항들을 만드셨다. 그러나 각각의 가정은 여호와의 다스림 아래 자신의 땅을 소유하였다. 이스라엘의 이상은 땅의 '소유권'을 가족 단위로 분산시키고 여호와의 절대적인 소유권 아래 청지기직으로 이해하는 것이었다. 한 학자에 따르면 사사 시대 이스라엘의 토지 소유 형태는 '자유로운 소작농이 족속들로부터 동일한 크기의 작은 땅을 할당받아 소유하는 것'[3]이었다.

초기 이스라엘의 농업 경제에서 땅은 기본적인 자본이었다. 그리고 각각의 확대 가족이 어느 정도의 삶을 영위하는 데 필요한 물품을 생산해 낼 수 있는 자원이 되도록 땅이 분배된 것 같다.

여호수아 18장과 민수기 26장에 나오는 땅의 분배에 대한 기사는 땅과 관련된 이스라엘의 사회적 이상을 표현한다. 여호수아 18:1-10을 보면 백성이 예배를 위해 여호와 앞으로 나아온다. 그러고 나서 땅을 측량하여 여러 족속들 가운데서 (제비 뽑기를 통해) 그것을 나누어 가진다. 민수기 26:52-56은 각 족속의 크기에 따라 땅이 할당되었음을 언급한다. 땅의 소유가 거의 평등했다는 의미다. 유명한 구약학자인 알브레히트 알트(Albrecht Alt)는 한걸음 더 나아가 다음과 같이 말한다. 예언자들은 여호와께서 정하신 소유에 대한 고대의 규범을 '한 사람-한 집-한 번의 땅 할당'[4]이라고 이해했다는 것이다. 사사 시대에 확대 가족들에게 분산된 땅 소유권은 작은 땅의 소유자들과 포도나무 재배자들로 이루어진 비교적 평등한 사회의 경제적 기초가 되었다.[5]

나봇의 포도원 이야기(왕상 21장)는 조상 때부터 각 가계에 내려오는 땅의 중요성을 예증해 준다. 구약 성경에서 고대의 경계표를 옮기지 말라는 구절이 자주 나오는 것도(예를 들어, 신 19:14; 27:17; 욥 24:2; 잠 22:28; 호 5:10), 이스라엘의 사회적 이상은 각각의 가정이 생활 필수품을 얻기 위해 필요한 땅을 이용할 수 있도록 해주어야 한다는 개념임을 지지한다.

'필수품'이란 말이, 굶지 않기 위해 필요한 최소한의 것으로 이해되어서는 안 된다. 계급이 없는, 앞에서 언급한 소작농들로 이루어진 비교적 평등한 사회에서, 가족들은 난처한 정도의 최소한이 아닌 이성적이고 받아들일 만하다고 여겨지는 만큼의 생계를 꾸려 나갈 수 있는 자원을 소유했다. 모든 가족에게 정확히 동일한 수입이 있었다는 것이 아니다. 그러나 모든 가족이, 최소한의 의식주 욕구를 충족할 수 있을 뿐 아니라, 공동체에서 존경받는 참여자가 될 수 있을 만큼의 생계를 꾸려 나갈 자원을 소유하는 경제적 기회의 평등을 누렸다. 각각의 확대 가족은 자기 땅을 소유함으로써 책임 있는 노동을 통하여 어느 정도의 삶을 위한 필수품을 얻을 수 있었다.

희년

성경의 놀라운 두 본문인 레위기 25장과 신명기 15장은 기본적인 기회의 균등이 하나님께 얼마나 중요한지를 보여 준다. 레위기의 희년에 관한 본문은 50년마다 땅을 원래의 소유주에게 돌려주라고 요구한다. 그리고 신명기 15장에서는 7년마다 빚을 탕감해 주라고 말한다.

레위기 25장은 성경 전체에서 가장 급진적인 본문 가운데 하나다.[6] 적어도 자유로운 자본주의 경제나 공산주의 경제 체제를 고수하고 있는 사람들에게는 그런 것 같다. 하나님은 50년마다 모든 땅을 원래의 소유주에게 돌려주라고 말씀하셨다. 어떤 사람은 신체장애, 가장의 죽음 또는 타고난 재능의 부족으로 말미암아 다른 사람들보다 더 가난해질 수 있다. 그러나 하나님은 그 같은 불리한 조건들로 말미암아 생계를 꾸려 갈 기본적인 자원이 부족해져서 빈부 격차가 더 크게 벌어지기를 원하지 않으신다. 그러므로 하나님은 자신의 백성 가운데 어떤 가정도 그 땅을 영원히 잃는 일이 없도록 보장하는 법을 주셨다. 즉 50년마다 땅을 원소유주에게 돌려주어, 모든 가족이 공동체의 존귀한 일원으로서 직분을 다할 수 있는 충분한 생산 자원을 가질 수 있도록 하셨다(레 25:10-24).

농경 사회에서 토지는 자본이다. 이스라엘에서 토지는 부를 생산하는 기본 수단이었다. 물론, 처음에 토지는 각 지파와 가정에 평등하게 배분되었다.[7] 분명히 하나님은 그 같은 기본적인 경제적 평등이 계속되기를 원하셨다. 그래서 하나님은 50년마다 모든 토지를 원소유주에게 돌려주라고 명령하신 것이다. 사유 재산은 폐

4. 경제적 나눔과 경제 정의 127

지되지 않았다. 그러나 부의 생산 수단을 소유하는 일은, 모든 가정이 어느 정도의 생계를 꾸릴 수 있는 자원을 갖는 정도까지 평등하게 되어야 했다.

이 놀라운 명령의 신학적 기초는 무엇인가? 바로 여호와가 모든 만물의 주인이라는 사실이다. 여호와가 토지의 주인이시기 때문에 토지를 영원히 팔 수 없다. "토지를 영구히 팔지 말 것은 토지는 다 내 것임이니라. 너희는 거류민이요 동거하는 자로서 나와 함께 있느니라"(레 25:23).

토지는 하나님의 것이다. 하나님은 그분의 백성들이 좋은 땅 위에 살며, 그 땅을 경작하고, 소산물을 먹으며, 아름다움을 즐기도록 허락하셨다. 우리는 청지기일 뿐이다. 청지기직은 토지와 일반 경제 자원과 우리의 관계에 대한 모든 성경적 이해의 중심이 되는 신학적 범주 가운데 하나다.[8]

희년 전후에는 토지를 사고팔 수 있었다. 그러나 토지를 사는 자는 사실상 그 땅 자체가 아니라, 몇 년간의 수확물을 사는 것이었다(레 25:16). 그리고 구입한 날부터 다음 희년 전까지 산출될 수확물에 대한 공정 가격을 무시하고 더 얻으려고 한 사람에게는 재앙이 닥친다. "연수가 많으면 너는 그것의 값을 많이 매기고 연수가 적으면 너는 그것의 값을 적게 매길지니, 곧 그가 소출의 다소를 따라서 네게 팔 것이라. 너희 각 사람은 자기 이웃을 속이지 말고 네 하나님을 경외하라. 나는 너희의 하나님 여호와이니라"(레 25:16-17).

여호와는 경제를 포함한 모든 것의 주님이시다. 여기에 성경적 윤리 및 여호와의 주권과 관계없는 어떤 성스러운 공급과 수요의 법칙이 있다는 암시는 없다. 하나님의 백성은 하나님께 순종해야 하며, 하나님은 그분의 백성 사이에서 경제 정의를 요구하신다.

사람들이 잘못된 선택의 결과를 견디어 내야 한다는, 이 본문의 가정 또한 충격적이다. 세대 전체가 조상의 땅을 잃어버린 것 때문에 고통당해야 했다. 그러나 50년마다 부의 기본 자원은 되돌려지고 각 가정은 기본적으로 필요한 물품을 생산할 기회를 다시 갖게 된다.

25-28절은 이러한 기회의 균등이 절대적인 재산에 대한 권리보다 가치 있다는 내용을 담고 있다. 만일 한 사람이 가난해져 자신의 땅을 더 부유한 이웃에게 팔았는데 희년 전에 그 땅을 다시 살 만큼 부유해졌다 하더라도, 새 주인은 희년이 돌아오면 그 땅을 값없이 돌려주어야 한다. 생활을 꾸려 나가기 위해 조상의 땅을 갖는 원래 주인의 권리는 두 번째 주인이 최대한의 이익을 얻을 권리보다 크다.

이 구절이 부유한 박애가들에게 무성의한 자선보다는 정의를 요구하고 있다는 점에서 매우 중요하다. 희년은 모든 이스라엘 사람에게 자동적으로 영향을 끼치는 제도적 구조였다. 희년에 자신의 유업을 돌려받는 것은 가난한 사람들의 권리였다. 토지를 돌려주는 것은 부자들이 기분 내키면 시행하는 자선 사업이 아니었다.⁹⁾

희년 원리가 자유로운 자본주의와 공산주의 양자에 똑같이 근본적으로 도전하고 있다는 것은 놀라운 사실이다. 하나님만이 절대적인 소유주이시다. 게다가 각 사람이 자신의 생활을 꾸려 나갈 수단을 가질 권리가, 구매자의 '재산권'이나 전적으로 자유로운 시장 경제보다 우선한다. 동시에 희년은 그 같은 권리뿐만 아니라,

각 구성원이 하나님의 청지기라는 사실을 바르게 이해하는 가정이 관리하는 사유 재산의 중요성도 분명하게 확언한다. 이 본문이 국가가 모든 땅을 소유하는 공산주의의 모델을 제시하는 것은 **아니다**. 하나님은 각 가정이 자신들의 생활을 꾸려 나갈 수 있는 자원을 소유하기 원하신다. 그 이유는 무엇인가? 가정을 강하게 하기 위해서다!(이는 아주 중요한 '가정 옹호' 본문이다) 사람들에게 역사를 함께 만들어 나갈 수 있는 자유를 주기 위해서다. 그리고 많은 경우 '국가나 소수의 엘리트들이 토지와 자본을 집중 소유'하는 권력의 집중화와 전체주의를 예방하기 위해서다.

마지막으로 살펴볼 레위기 25장의 한 측면은 매우 인상적이다. 희년을 알리는 나팔 소리가 속죄의 날에 울렸다는 것은 분명히 우연의 일치가 아니다(레 25:9). 하나님과의 화해가 형제자매들과의 화해의 전제 조건이다.[10] 또한 하나님과 진정한 화해가 이루어질 때, 다른 모든 관계는 반드시 변화된다. 속죄일에 드리는 제사를 통해 하나님과 화해한 이상, 재산이 더 많은 사람은 모든 토지를 원소유주에게 돌려줄 뿐만 아니라, 히브리 노예들을 해방함으로써 가난한 자들을 자유롭게 해야 했다.[11]

유감스럽게도, 우리는 이스라엘 백성이 희년을 실행한 적이 있는지 알지 못한다. 역사서에 희년에 대한 언급이 없다는 사실에 비추어 볼 때, 희년은 실행된 적이 없는 것으로 추측된다.[12] 그러나 그것이 오래 된 유물이라거나 시행 여부를 알 수 없다는 점과는 상관없이, 레위기 25장은 하나님의 권위 있는 말씀으로 여전히 남아 있다.

땅과 관련한 예언자들의 가르침은 레위기 25장의 원리를 분명하게 보여 준다.

주전 10세기에서 8세기까지 토지 소유의 집중 현상이 생겨났다. 가난한 농부는 자기 땅을 잃고 소작농이나 노예가 되어 갔다. 예언자들은 앞에서 묘사한 초기의 분산된 경제 체제를 파괴하는 경제적 억압과 정치적 암살, 뇌물을 받는 일 등을 철저히 비난했다. 엘리야는 아합이 나봇의 포도원을 갈취한 것에 대해 책망했다(왕상 21장). 이사야는 한 지방에서 혼자 살게 될 때까지 땅을 계속 넓히는 부유한 토지 소유자들을 공격했다. 작은 땅을 가진 농부들은 망해 가고 있었기 때문이다(사 15:5-8).

그러나 예언자들은 책망만 하지 않았다. 그들은 또한 모든 땅이 다시 각 사람의 소유가 될 미래의 정의의 날에 관한 강력한 종말론적 소망을 표현했다. 다가올 정의와 완전의 날, '끝날'에는 "각 사람이 자기 포도나무 아래와 자기 무화과나무 아래에 앉을 것"(미 4:4; 참고. 슥 3:10)이다. 지도자들은 더 이상 백성을 압제하지 못할 것이다. 오히려 그들은 모든 백성이 다시 자신들의 조상의 땅을 회복하도록 보장해 줄 것이다(겔 45:1-9, 특히 8-9절).

가난한 자의 땅을 갈취한 압제자를 탄핵하고 모든 백성이 다시 한 번 자신들의 땅의 열매로 인해 즐거워할 새 날에 대한 비전에서, 우리는 각 가족이 생계를 꾸려 나갈 경제적 수단을 소유한다는 사회적 이상을 발견한다. 핵심 규범은 모든 백성이 최소한 책임 있게 일함으로써 자신의 기본적인 욕구를 충족할 수 있는 데까지 기본적인 경제적 기회의 평등이 이루어지는 것이다. 물론 무책임한 행동으로 인한 경제적 결과에 대해서는 평등을 이야기할 수 없다. 그리고 좀더 성실히 노력해서 더 많은 보상을 받을 가능성도 있다.

그러나 중요한 것은, 각각의 가정이 경제적으로 안정된 삶을 위해 책임 있는 청지기직을 수행하도록 필수적인 자본(토지)을 가져야 한다는 것이다.[13)]

안식년

율법은 또한 7년마다 토양과 노예와 채무자들을 해방시킬 것을 요구한다. 여기의 관심사 역시 부유한 자들뿐 아니라 가난하고 불우한 자들을 위한 정의다.

7년마다 토지를 그대로 놓아두어 안식하게 한다(출 23:10-11; 레 25:2-7).[14)] 그 목적은 분명히 생태학적인 측면과 인도주의적인 측면 모두를 포함한다. 7년에 한 번씩 토지를 묵히면 분명히 토양의 산출력이 보존된다. 또한 그것은 하나님이 특별히 가난한 자들에게 관심을 표현하시는 방식이다. "너는 여섯 해 동안은 너의 땅에 파종하여 그 소산을 거두고 일곱째 해에는 갈지 말고 묵혀 두어서 네 백성의 가난한 자들이 먹게 하라"(출 23:10-11). 7년째에 가난한 자들은 들과 포도원에서 자생적으로 자라는 것을 자유롭게 모을 수 있다.

히브리 노예들 또한 안식년에 자유를 되찾게 된다(신 15:12-18). 가난으로 말미암아 이스라엘 사람들은 때때로 더 잘사는 이웃 사람들에게 노예로 팔려 갈 수밖에 없었다(레 25:39-40).[15)] 그러나 하나님은 이 같은 불평등과 가난이 영원히 지속되어서는 안 된다고 하신다. 6년이 지나면 주인들은 히브리 노예들을 자유롭게 놓아주어야 한다. 그리고 함께 수고해 얻은 수익을 남자 노예들에게 나누어 주어야 한다. "그를 놓아 자유하게 할 때에는 빈손으로 가게 하지 말고 네 양무리 중에서와 타작 마당에서와 포도주 틀에서 그에게 후히 줄지니, 곧 네 하나님 여호와께서 네게 복을 주신 대로 그에게 줄지니라"(신 15:13-14; 또한 출 21:2-6을 보라).

자유인이 된 노예는 그로 인해 자신의 생활을 꾸려 나갈 수단을 가지게 되었다.[16]

만일 어떤 학자들이 생각하는 것처럼 본문이 7년마다 부채를 탕감할 것을 요구한다면, 부채에 대한 안식년 조항은 더욱 놀랍다(신 15:1-6).[17] 여호와께서는 빠져나갈 궁리를 하는 자들을 향해 다음과 같이 한마디 덧붙이신다. 돈을 빌려 주는 해가 6년째라 열두 달이 지나면 빌려 준 돈을 돌려받을 수 없다는 이유로 가난한 사람에게 돈 빌려 주기를 거절하는 것은 죄악된 행동이다.

삼가 너는 마음에 악한 생각을 품지 말라. 곧 이르기를 일곱째 해 면제년이 가까이 왔다 하고 네 궁핍한 형제를 악한 눈으로 바라보며 아무 것도 주지 아니하면, 그가 너를 여호와께 호소하리니 그것이 네게 죄가 되리라. 너는 반드시 그에게 줄 것이요, 줄 때에는 아끼는 마음을 품지 말 것이니라. 이로 말미암아 네 하나님 여호와께서 네가 하는 모든 일과 네 손이 닿는 모든 일에 네게 복을 주시리라(신 15:9-10).

희년에서와 마찬가지로, 본문이 단순한 자선보다는 정의를 명하고 있음을 주목해야 한다. 안식년에 빚을 면제해 주는 것은, 모든 재산을 소유한 소수의 사람과 생산 자원을 가지지 못한 사람들 사이의 간격이 계속 벌어지는 것을 방지하기 위한 제도적 장치였다.

신명기 15장은 하나님의 요구에 대한 이상적인 진술이요 이스라엘의 악한 행동에 대한 실제적인 언급이다. 4절은 이스라엘 백성이 하나님이 제정하신 모든 명령에 **순종한다면** 더 이상 가난한 자들이 없을 것이라고 약속한다. 그러나 하나님은 이스라엘 백성이 그 기준을 준수하지 못할 것을 아셨다. 그렇기 때문에 11절에서 가난한 사람들이 이스라엘에 항상 있을 것이라고 인정한 것이다. 그렇다고 해서 나눠 줄 수 있는 자원보다 극빈자들이 언제나 훨씬 더 많을 것이기 때문에, 가난한 자들을 무시할 수 있다는 결론은 아니다. 오히려 그와는 정반대다. "땅에는 언제든지 가난한 자가 그치지 아니하겠으므로 내가 네게 명령하여 이르노니, 너는 반드시 네 땅 안에 네 형제 중 곤란한 자와 궁핍한 자에게 네 손을 펼지니라"(11절).

신명기가 암시하는 내용은, 예수님이 알고 계셨던 대로 죄악된 사람들과 사회는 항상 가난한 사람들을 만들어 낸다는 것이다(마 26:11). 하지만 하나님은 무관심을 정당화하기보다, 이러한 지식이 가난한 자들에 대해 관심을 보이고 새로운 정의를 촉진하는 구조적 장치를 창출하는 데 사용되도록 하신다.

유감스럽게도, 안식년은 이따금씩만 실행되었다. 어떤 성경 본문은 이 법에 순종하지 않은 것이 이스라엘 백성이 바벨론 포로로 잡혀간 이유 가운데 하나임을 암시한다(대하 36:20-21; 레 26:34-36).[18] 하지만 이스라엘이 불순종했다고 해서 하나님의 명령이 약화되지는 않는다. 가난을 줄이는 제도화된 구조는 그의 백성을 향한 하나님의 뜻이다.

십일조와 이삭 줍기에 대한 율법

이스라엘의 십일조와 이삭 줍기에 대한 법률은 일시적으로 생산 자본이 부족한 사람들을 위해 하나님이 정하신 규정의 일부다. 그 율법은 모든 생산물의 십 분의 일을 떼어 놓을 것을 요구한다. "매 삼 년 끝에 그해 소산의 십 분의 일을 다 내어…너희 중에 분깃이나 기업이 없는 레위인과 네 성중에 거류하는 객과 및 고아와 과부들로 와서 먹고 배부르게 하라. 그리하면 네 하나님 여호와께서 네 손으로 하는 범사에 네게 복을 주시리라"(신 14:28-29; 또한 레 27:30-32; 신 26:12-15; 민 18:21-32을 보라).[19]

가난한 과부 룻은 이 법 덕분에 살아남을 수 있었다. 나오미와 함께 동전 한 푼 없이 베들레헴에 돌아온 룻은, 추수 때에 들에 나가 이삭 줍는 사람들이 떨어뜨린 낟알들을 모았다(룻 2장). 하나님의 율법이 곡식밭의 구석구석을 포함해 수확물 가운데 얼마를 가난한 자들을 위해 남겨 두라고 농부들에게 명했기 때문에 그러한 일이 가능했다. 우연히 떨어진 포도도 그대로 남겨 두어야 했다. "가난한 사람과 거류민을 위하여 버려 두라. 나는 너희의 하나님 여호와이니라"(레 19:10).

애굽에 있을 때 겪은 가난과 억압을 기억하면서, 이스라엘 백성들은 가난한 타국인과 고아와 과부들을 위해 넉넉하게 이삭을 남겨야 했다. "너는 애굽 땅에서 종 되었던 것을 기억하라. 이러므로 내가 네게 이 일을 행하라 명령하노라"(신 24:22).

이삭 줍기는 동냥하는 것과는 거리가 멀었다. 룻은 곡식을 얻기 위해 열심히 일해야 했다. 중요한 것은 가난한 사람들이 기본적인

필요를 채울 수 있는 기회를 보장해 주었다는 점이다.[20]

따라야 할 모델과 피해야 할 모델

우리는 오늘날 희년, 안식년, 십일조, 이삭 줍기에 대한 성경의 계시를 어떻게 적용할 것인가? 우리는 현대 사회에 이 같은 제도적 장치들을 시행하도록 노력해야 하는가? 이 같은 법들은 물론이거니와 심지어 그 기본 원리조차 교회에 적용될 수 있겠는가?

하나님은 그분의 백성이 평화와 정의 가운데 공동 생활을 하는 방법을 알도록 하기 위해 이스라엘에게 율법을 주셨다. 교회는 이제 하나님의 새로운 백성이다(갈 3:6-9; 6:16; 벧전 2:9-10). 분명히 바울과 다른 신약 저자들이 지적하는 것처럼, 모세 율법의 일부는(예를 들면, 의식법) 더 이상 신약 시대의 신자들(다시 말해, 교회)에게 적용되지 않는다. 그러나 하나님의 도덕법이 그리스도인들에게 더 이상 규범이 되지 않는다는 암시는 없다(마 5:17-20; 롬 8:4).[21] 그리고 구약의 법에 깊이 간직된 원칙은 교회를 이끌어 주고 우리가 사회의 경제적 정의를 이해하도록 돕는다.

그렇다면 이제까지 논의한 실제 법을 어떻게 적용해야 하는가? 레위기 25장과 신명기 15장에서 제안한 특별한 제도적 장치를 부활시켜야 하는가?

분명히 그렇지는 않다. 희년의 특별한 규정들은 오늘날 구속력이 없다. 현대 기술 사회는 팔레스틴 농촌과는 매우 다르다. 미국 캔사스 주의 농부가 그들이 경작하는 밭 구석에 낟알을 놓아둔다 해도, 뉴욕의 도심지나 인도의 시골에서 살고 있는 굶주린 자들에게 도움이 되지 못한다. 우리에게는 현대 문명에 맞는 적절한 방법이 필요하다. 오늘날 그리스도인들에게 중요하고 규범이 되는 것은 기본 원리이지 특별한 세부 항목이 아니다.

이자 금지의 역사는 이 점에서 교훈이 된다. 고대 근동에서 연 이자율은 엄청나게 높았다. 보통 25퍼센트 또는 그 이상이었다.[22] 그러므로 이스라엘 동포들에게 이자를 부과하는 것을 반대하는 금지 조항이 율법에 포함된 이유를 가늠하기란 어렵지 않다(출 22:25; 신 23:19-20; 레 25:35-38).[23] 「국제 비평 주석」(*The International Critical Commentary*)에 따르면 이 법은 대부분의 대여가 상업적인 것이 아니라 자선의 성격을 띤 대여였던 시절을 반영한다고 한다. 사업을 시작하거나 확장하기 위해 빌려 주는 대여는 흔하지 않았다. 대부분은 가난한 사람이나 일시적으로 위급한 상황에 직면한 사람의 필요를 채워 주는 자선 성격의 대여였다.[24] 이자에 관한 성경 본문이 중점적으로 관심을 가졌던 것은 가난한 자들의 복지가 분명하다. "네가 만일 너와 함께한 내 백성 중에서 가난한 자에게 돈을 꾸어 주면 너는 그에게 채권자같이 하지 말며 이자를 받지 말 것이며"(출 22:25). 이자에 관한 법률은 가난한 자들을 보호하고 생산적인 자원을 갖지 못한 가난한 백성 계층이 생기는 것을 예방하기 위해 제정된 광범위한 율법의 일부다.

이 점을 이해하지 못한 교회는 이 본문을 율법주의적인 방법으로 적용하려 했고 여러 회의들에서 이 문제를 갖고 씨름했다. 결국, 1179년 '제3차 라테란 회의'에서는 대여에 대한 모든 이자를 금지하였다. 그러나 이것은 비극적인 결과를 초래했다. 중세 군주들은 교회의 가르침에 구속받지 않는 유대인들을 불러들여 대금업자가 되도록 했다. 그래서 생겨난 한 가지 악한 결과는 반유대주의였다. 그리고 신학자들은 그러한 금지 사항을 교묘하게 회피하기 위한 궤변적 획책을 만들어 냈다.[25]

슬프게도, 율법의 자구 중심적 해석과 적용은, 가난한 자의 하나님은 경제학의 하나님(심지어 이자율의 하나님)이라는 중요한 성경의 가르침에 의혹을 품게 하거나 적어도 그 가르침을 모호하게 하는 데 일조했다. 이처럼 이자에 대한 본문을 율법적으로 적용함으로써 대부와 은행 거래, 실로 경제학 분야 전체를 완전히 독자적이고 자율적인 것으로 보는 현대의 사고방식이 생겨났다. 물론 계시된 진리의 관점에서 본다면, 그런 견해는 이단적이다. 그것은 성경이 아니라 현대의 세속주의에서 유래한 것이다.[26]

이러한 역사는 우리에게 하나님의 살아 있는 말씀을 융통성 없이 적용하는 것의 위험성에 대해 경고한다. 그러나 그렇다고 해서 소심하게 침묵해서는 안 된다. 이 같은 본문들은, 돈을 빌려 주는 그리스도인에게는 꼼꼼하게 계산한 잠재 이익보다는 돈을 빌리는 사람의 필요가 결정적인 요인이 되어야 함을 분명히 가르친다.

따라서 희년과 안식년과 이삭 줍기와 십일조에 대한 성경의 가르침을 적용할 때, 우리는 근저에 깔려 있는 원리들을 먼저 발견해야만 한다. 그리고 나서 비로소 그 같은 기본 원리들을 구체화할 수 있는 현대적 전략을 찾을 수 있다.

이제까지 검토한 성경 본문들은 하나님이 단순한 자선이 아니라 정의를 원하신다는 점을 분명히 보여 준다. 그러므로 그리스도인들은 신자들 안에 있는 빈곤을 제거할 수 있도록 일해야 한다. 동시에 그리스도인은 경제 정의에 대한 성경적 이해를 통해 사회에서 모든 가정이 생활을 꾸리는 데 기본적으로 필요한 재산을 가질 수 있는 효과적인 구조를 찾아야 한다. 여기에는 모든 사람이 가지는 어느 정도의 사유 재산은 하나님이 허락하신다는, 즉 사유 재산은 하나님 안에서 선하다는 의미가 함축되어 있다.

예수님의 새로운 공동체

1세기 그리스도인들은 구약의 가르침을 재확인하였다. 예수님은 갈릴리를 걸으시면서 평화와 의의 하나님 나라가 가까이 왔다는 놀라운 소식을 선포하셨다. 예수님을 따르는 추종자들의 새로운 공동체 안에 나타난 경제적 관계는 이 놀라운 선언을 확증하는 강력한 표적이었다.

히브리 예언자들이 예언한 것은, 이스라엘 백성이 우상을 숭배하고 가난한 자들을 억압한 일 때문에 멸망당하리라는 것뿐만이 아니다. 예언자들은 또한 희망의 메시지(미래에 오실 메시아 왕국의 희망)를 선포했다. 예언자들은 하나님이 다윗의 계열에서 의로운 어떤 일을 일으키실 날이 올 것이라고 약속했다. 그 때에 새롭게 구속받은 사회에 평화와 의와 정의가 넘칠 것이다. 이사야는 이 새의 줄기에서 한 싹이 나올 때, 가난하고 겸손한 자들이 마침내 공정한 대우를 받게 될 것이라고 예언했다. "공의로 가난한 자를 심판하며 정직으로 세상의 겸손한 자를 판단할 것이며"(사 11:4; 또한, 사 9:6-7; 61:1; 렘 23:5; 호 2:18-20을 보라).

예수님이 선포하신 복음의 핵심은 기다리던 메시아 왕국이 도래했다는 것이다.[27] 분명히 예수님이 선포하신 하나님 나라는 일반적인 유대인들의 기대에 어긋난 것이었다. 예수님은 로마인들을 몰아내기 위해 군대를 모집하지 않으셨다. 예수님은 자유 유대국을 세우려고 시도하지 않으셨다. 그러나 예수님은 홀로 고립된 개인주의적인 예언자로 계시지도 않았다. 예수님은 제자들을 부르시고 훈련시키셨다. 예수님은 그분을 주님으로 모시고 순종하기로 결의한 제자들로 이루어진 가시적인 공동체를 세우셨다. 예수님의 새로운 공동체는 약속된 하나님 나라의 가치대로 살기 시작했다. 그 결과, 예수님을 따르는 추종자들로 이루어진 공동체 안에서 경제적인 관계를 포함한 모든 관계가 변화되었다.

예수님의 제자들은 돈주머니를 공유했다(요 12:6).[28] 유다가 그 돈주머니를 관리하면서, 필요한 물건들을 사거나 예수님이 지시하시는 대로 가난한 자들에게 나누어 주었다(요 13:29). 서로 나누어 갖는 이 새로운 공동체는 예수님과 열두 제자로 끝나지 않았다. 그 공동체에는 예수님이 치유하신 수많은 여성들도 포함되었다. 그 여성들은 예수님과 제자들과 함께 여행하면서, 그들과 더불어 재정적인 자원들을 나누어 썼다(눅 8:1-3; 또한, 막 15:40-41을 보라).[29]

이 같은 관점에서 볼 때, 예수님이 하신 몇몇 말씀은 새로운 의미와 권능을 갖는다. 예수님이 부자 청년에게 하신 충고를 생각해 보라.

예수님이 부자 청년에게 재산을 팔아 가난한 자들에게 줄 것을 요청하셨을 때, 예수님은 "궁핍해지고 친지도 없는 외로운 사람이 되라"고 말씀하지 않으셨다. 오히려 예수님은 "와서 나를 따르라"고 말씀하셨다(마 19:21). 다시 말해, 예수님은 부자 청년을 나눔과 사랑의 공동체에 초대하셨다. 그 공동체에서 부자 청년은 자신이 가진 재산에 근거해 안전을 누리는 것이 아니라, 성령님에 대해 열린 마음과 새로 만난 형제자매들의 사랑의 돌봄에 근거해 안전을 누리게 될 것이었다.[30]

예수님은 부자 청년을 예수님이 선포하신 새로운 나라의 기쁨에 찬 공동 생활에 참여하도록 초대하셨다.

마가복음 10:29-30에 기록되어 있는 예수님의 말씀은 오랫동안 나를 당황케 했다. "내가 진실로 너희에게 이르노니, 나와 복음을 위하여 집이나 형제나 자매나 어머니나 아버지나 자식이나 전토를 버린 자는 현세에 있어 집과 형제와 자매와 어머니와 자식과 전토를 백 배나 받되 박해를 겸하여 받고 내세에 영생을 받지 못할 자가 없느니라." 예수님은 어떻게 다음과 같이 믿을 수 없을 만큼 좋은 약속으로 그 조언을 마무리하실 수 있었을까? "너희는 먼저 그의 나라와 그의 의를 구하라. 그리하면 이 모든 것[즉 먹을 것과 입을 것 등]을 너희에게 더하시리라." 이 같은 다소 순진하게 보이는 약속들이 어떤 의미인지 나는 몰랐다.

그러나 예수님을 따르는 추종자들로 이루어진 새로운 공동체 안에서 그 말씀을 읽었을 때, 말씀의 의미는 살아서 다가왔다. 예수님은 새로운 공동체와 새로운 사회 질서, 자신의 것을 서로 나누는 신실한 추종자들로 이루어진 새로운 나라를 시작하셨다.

예수님의 제자들이 공유했던 돈주머니는 서로에 대한 거의 무제한적인 책임을 상징했다. 그러한 공동체는 진정 경제적으로 안정되어 있었을 것이다. 각자는 실로 이전보다 더 많이 사랑하는 형제와 자매들을 가졌을 것이다. 어려운 때 이용할 수 있는 경제적 자원은 실제로 백 배 이상 증가했을 것이다. 필요한 사람들은 누구나 순종하는 제자들의 공동체가 가진 자원을 이용할 수 있었다. 이같이 이타적이고, 서로 나누어 갖는 생활 양식은 주변 사회에 크나큰 도전이 되어 많은 사람들이 공동체에 참여하기 원했을 것이다. 반면에 또 다른 사람들은 질투를 넘어 박해로써 그 공동체를 무너뜨리기 원했을 것이다. 그러나 가장 절망적인 때에도, 예수님의 약속은 공허한 말로 끝나지 않았을 것이다. 박해로 말미암아 죽게 된다 하더라도, 순교한 부모의 자녀들은 신자들의 공동체에서 새로운 부모를 만나게 되었을 것이다.

구속받은 자들의 공동체에서 모든 관계가 변화되고 있었다. 예수님과 그분을 맨 처음 따른 추종자들의 모습은, 옛 언약 시대에 하나님의 백성들 사이에 규정된 경제적 관계가 지속되며 심화된다는 점을 생생하게 보여 준다.

예루살렘의 모델

초기의 교회가 경제적으로 많은 것을 나누었다는 사실은 논란의 여지가 없다. "믿는 무리가 한마음과 한뜻이 되어 모든 물건을 서로 통용하고 자기 재물을 조금이라도 자기 것이라 하는 이가 하나도 없더라"(행 4:32).

사도행전 앞 부분의 장들 도처에는 그 증거가 부인할 수 없을 정도로 많이 나와 있다(행 2:43-47; 4:32-37; 5:1-11; 6:1-7). 초대교회는 예수님이 시행하신 경제적 나눔의 생활을 계속했다. 사도행전은 오순절에 3,000명이 회심한 직후, "믿는 사람이 다 함께 있어 모든 물건을 서로 통용했다"고 증언한다(2:44). 어떤 사람에게 필요가 있을 때마다 예루살렘 교회의 교인들은 재물을 나누었다. 가난한 형제자매들에게 자신의 소득 중 쓰고 남는 여유분을 주는 것으로는 충분하지 않았다. 예루살렘 교회 교인들은 자본을 비축해 놓고 필요한 사람들이 사용하도록 했으며, 가난한 자들을 돕기 위해 재산을 팔았다. 바나바는 자신이 소유한 밭을 팔았다(4:36-37). 아나니아와 삽비라도 그 값을 속이긴 했지만 재산을 팔았다(5:3-4).

하나님은 오래 전에, 신실하게 순종할 때 그분의 백성 사이에 가난한 자들이 없을 것이라고 이스라엘에게 약속하셨다(신 15:4). 그 약속은 초대교회에서 이루어졌다. "그 중에 가난한 사람이 없으니 이는 밭과 집 있는 자는 팔아…그들이 각 사람의 필요를 따라 나눠 줌이라"(행 4:34-35).

2천 년 후인 지금도 이 성경 본문은 여전히 초기 공동체가 느꼈던 기쁨과 흥분을 전달해 준다. 초대교회 교인들은 "기쁨과 순전한 마음으로"(행 2:46) 함께 식사를 했다. 초대교회 교인들은 "한마음과 한뜻이 되어"(4:32) 감동적인 연합을 경험했다. 초대교회 교인들은 예수님을 따르려고 홀로 분투하는 고립된 개인들이 아니었다. (경제를 포함한) 삶의 모든 영역이 변화되고 있는 새로운 공동체가 즐거운 현실로 나타났다.

초대교회 교인들이 보여 준 일치가 전도에 끼친 영향은 놀라울 정도다. 성경 본문은 예루살렘 교회의 변화된 경제적 관계와 경이적인 전도 활동을 반복해서 관련시킨다. "날마다 마음을 같이하여 성전에 모이기를 힘쓰고 집에서 떡을 떼며 기쁨과 순전한 마음으로 음식을 먹고 하나님을 찬미하며 또 온 백성에게 칭송을 받으니 주께서 구원받는 사람을 날마다 더하게 하시니라"(행 2:46-47). 초대교회 교인들의 공동 생활에 나타난 기쁨과 사랑은 다른 사람들에게 큰 영향을 끼쳤다.

사도행전 4장은 변화된 경제 관계가 지니는 복음적 요소를 강조한다. 32절은 그들의 전면적인 경제적 나눔을 말하고 있으며, 바로 다음 구절에서 저자는 "사도들이 큰 권능으로 주 예수의 부활을 증언하니 무리가 큰 은혜를 받았다"(33절)고 덧붙인다. 예수님을 따르는 추종자들이 사랑으로 하나 될 때 예수님이 하나님으로부터 오신 것을 세상이 알게 되리라는 예수님의 기도가 응답되었다. (적어도 한 번은 말이다.) 예루살렘 교회에서 그 일이 일어났다. 초대교회 교인들의 남다른 공동 생활로 말미암아 사도들은 강력하게 복음을 선포할 수 있었다.

사도행전 6장은 새로운 체제가 어떻게 운영되었는지에 관해 놀라운 예를 들고 있다. 예루살렘 교회에는 소수의 눈에 띄는 헬라파 사람들이 있었다(헬라파 사람들은 헬라어를 말하는 유대인들로 아마도 유대교로 개종한 헬라인들이었을 것이다). 히브리어를 말하는 다수가 헬라파 과부들의 필요를 간과했다는 불의가 지적되었을 때 교회가 보인 반응은 놀랍기만 하다. 이 문제를 담당하도록 선정된 일곱 사람은 모두 소수 집단인 헬라파에 속한 사람들이었다. 그들의 이름은 모두 헬라 이름이다.[31] 예루살렘 교회는 가난한 과부들을 위한 기금을 그 동안 차별당했던 소수 집단인 헬라파에게 인계했다. 이 같은 새로운 재정적 지원의 결과는 무엇이었는가? "하나님의 말씀이 점점 왕성하여 예루살렘에 있는 제자의 수가 더 심히 많아지고"(행 6:7).

초대교회의 구속된 경제적 관계로 말미암아 하나님의 말씀이 흥왕했다. 이 얼마나 우리를 엄숙하게 만드는 사실인가! 오늘날에도 그럴 것인가? 오늘날에도 비슷한 경제적 변화가 이루어지면 신자가 극적으로 증가할 것인가? 아마도 그럴 것이다. 전도의 중요성을 이야기하는 자들은 그 대가를 지불할 준비가 되어 있는가?

초대교회는 절대적인 경제적 평등을 주장하지는 않았다. 초대교회는 사유 재산을 폐지하지도 않았다. 베드로는 아나니아에게 그가 재산을 팔거나 교회에 수익을 바쳐야 할 의무가 없었음을 상기시켰다(행 5:4). 나눔은 강제적이 아니라 자발적으로 이루어지는 것이었다.[32] 그러나 형제와 자매들에 대한 사랑이 너무나 충만하여서 많은 사람이 기꺼이 개인 재산에 대한 적법한 권리를 포기했다. 하지만 모든 사람이 모든 것을 기증했다는 의미는 아니다. 사도행전 뒷부분은 요한의 어머니 마리아가 여전히 자신의 집을 소유하고 있음을 보여 준다(12:12). 다른 사람들도 약간의 사유 재산을 소유하고 있었다.

헬라어의 시제가 이 해석을 확증한다. 사도행전 2:45과 4:34의 동사들은 반복되는 행동을 나타낸다. 따라서 그 의미는 "그들이 자주 소유물을 팔았다" 또는 "그들은 물건을 팔아서 수익을 정기적으로 가져오는 습관이 있었다"는 것이다.[33] 이 본문은 예루살렘 교회가 모든 사유 재산을 폐지하기로 결정했다거나 모든 사람이 즉시로 모든 것을 팔았다고 말하지 않는다. 오히려 이 본문은 일정 기간에 걸쳐, 필요가 있을 때마다 신자들이 가난한 자들을 돕기 위하여 땅과 집을 팔았음을 암시한다.

그렇다면 예루살렘 교회에서 변화된 경제 관계의 핵심은 무엇인가? 예루살렘 교회의 관례를 가장 잘 나타내는 말은 그들이 거의 무제한적으로 서로에 대해 책임을 졌으며 전적으로 자신의 소유를 나누었다는 것이다. 예루살렘 교회의 나눔은 피상적이거나 가끔 일어난 것이 아니었다. 정기적으로 그리고 반복적으로 "재산과 소유를 팔아 각 사람의 필요를 따라 나눠 주었다"(행 2:45). 현재 보유하고 있는 현금보다 필요가 더 클 경우에 그들은 재산을 팔았다. 예루살렘 교회는 필요가 채워질 때까지 주었다. 법적 재산권이나 미래의 재정적 안전이 아니라 형제자매들의 필요가 결정적인 요인이었다. 초대교회 그리스도인 공동체에서, 그리스도 안에서 하나 되었다는 것은 그리스도의 몸을 이루는 다른 지체들에 대한 무제한적인 경제적 책임과 광범위한 경제적 나눔을 의미했다.

유감스럽게도 대부분의 그리스도인들은 예루살렘 교회의 예를 무시한다. 아마도 부유한 그리스도인들의 경제적인 사리사욕 때문에 그럴 것이다. 어쨌든 우리는 예루살렘 교회의 본보기를 부적절하고 사소한 구닥다리 역사 기록으로 분류해 버리는 편리한 이론적 근거를 개발해 냈다. 바울은 왜 몇 십 년 후에 예루살렘 교회를 위한 헌금을 거두어야 했는가? 최근에 나온 어떤 책은 우리가 잘 알고 있는 반응을 다음과 같이 소개한다.

예루살렘 교회의 문제는 그들이 자본을 수입으로 바꾸어 버려서 어려운 때를 대비한 예비비가 없었기 때문에 이방인 출신의 그리스도인들이 그들을 도와주어야 했다는 것이다. 빵만을 위해 살지 않고 물질주의적인 가치관에 압도되지 않는 동시에 책임 있게 행동하는 것이 가능하다. 그리고 이 때문에 교회는 공동 생활체 운동의 주장에 감사하면서도 여전히 그것이 답은 아니라고 생각하는 것이다.[34]

그러나 예루살렘 그리스도인들이 존경할 만하지만 본받아서는 안 되는, 정말로 무책임하며 순진한 공산주의자들이었는가? 거의 무제한적인 경제적 책임과 광범위한 재정적 나눔이라는 예루살렘 원리가 꼭 공산주의적 생활을 요구하는 것은 아니라는 사실이 매우 중요하다. 예루살렘에서도 공산주의적 생활은 하지 않았다. 그리스도인 공동 생활체는 많은 신실한 모델 가운데 하나일 뿐이다. 공동 생활체라는 요물이 예루살렘 모델에 대한 우리의 논의를 왜곡시키지 않도록 해야 한다.

그러나 예루살렘 교회는 왜 재정적인 곤란에 직면했는가? 예루살렘 교회가 경제적으로 나누어 가진 일이 잘못인 것 같지는 않다. 그것은 독특한 역사적 상황으로 말미암은 것이었다. 예루살렘에는 가난한 자들이 대단히 많이 모여들었다. 유대인들은 예루살렘에서 베푸는 자선을 특히 가치 있게 생각했기 때문에 그 곳을 방문하는 많은 순례자들은 특별히 관대했다. 그 결과, 수많은 곤궁한 거지들이 예루살렘 도시로 몰려들었다. 더구나 상당히 많은 노인들이 죽거나 메시아를 기다리기 위해 거룩한 도시인 예루살렘으로 몰려왔다(눅 2:25, 36을 보라). 또한 예루살렘은 유대교 신앙의 중심지였기 때문에 랍비들이 매우 많이 살고 있었다. 하지만 랍비들은 가르침의 대가를 받지 않았기 때문에 자선에 의존했다. 랍비들에게서 배우는 학생들도 마찬가지로 가난한 경우가 많았다. 그런 까닭에 예루살렘에 거하는 수많은 종교 학자들이 가난한 자들의 대열에

속했다.[35]

그뿐이 아니었다. 1세기 중엽에는 자연재해가 닥쳤다. 로마 역사가인 수에토니우스와 타키투스는 클라우디우스 황제의 통치 기간(주후 41-54년) 동안 식량 부족과 기아가 반복되었다고 기록하고 있다. 요세푸스는 주후 44년과 48년 사이에 그 같은 식량 부족 사태가 발생한 것으로 추정한다.[36] 팔레스틴의 기아 상태는 한때 매우 심각한 지경에 이르러서 안디옥 교회가 급히 원조 물품을 보내기도 했다(행 11:27-30).

또 초대교회의 특별한 사정으로 인해 유별난 가난이 발생했다. 가난한 사람들은 가난하고 억눌린 자들에 대한 예수님의 특별한 관심을 의지해 초대교회로 많이 들어왔다. 사도행전은 상당히 공개적인 박해를 기록하고 있다(8:1-3; 9:29; 12:1-5; 23:12-15). 그리스도인들은 고용의 영역에서 차별을 경험했을 것이고 그로 인해 보통의 수입을 유지하기 어려웠다.[37] 끝으로, 열두 제자들이 고향 갈릴리를 떠나 예루살렘으로 이주했을 때 그들은 생계 수단을 포기했음에 틀림없다. 따라서 열두 제자를 후원하는 일로 인해 예루살렘 교회의 자원에 대한 수요가 늘어났다.

이런 것들이 최초의 그리스도인 공동체가 1세기 중엽에 재정적 곤란에 직면했던 많은 이유들 가운데 일부다. 그러나 잘못된 자선은 결코 중요한 원인이 아니었다. 사실상 그들이 서로 나누지 않을 수 없었던 것은 바로 그들 가운데 가난한 자들이 매우 많았기 때문일 것이다. 그들 가운데 있는 부자들이 그리스도의 몸의 절실한 필요를 채우기 위해 넘쳐흐르는 관대한 마음으로 재물을 나누었다는 사실은 순진한 이상주의가 아니라 무조건적인 제자도를 가리킨다.

초대교회의 희생적 나눔은 모든 시대의 그리스도인들에게 도전이 된다. 초대교회는 신자들의 하나됨을 구체적이고 가시적으로 표현했다. 최초로 예수님을 따르던 추종자들로 이루어진 새로운 메시아 공동체에서 하나님은 모든 관계를 구속하셨다.

하지만 그 아름답던 비전은 금방 사라져 버리지 않았던가? 대부분의 사람은 그렇다고 생각한다. 그러나 초대교회의 실천은 그것이 정반대임을 증명한다.

경제적 코이노니아

바울은 이 경제적인 나눔의 비전을 극적으로 확대시켰다. 바울은 그리스의 이방인 그리스도인들에게서 예루살렘의 유대인 그리스도인들을 위한 헌금을 모으는 일에 상당한 시간을 들였다. 모금을 하는 과정에서 바울은 (한 지역 교회에서 이루어지는) 교회 내 후원을, 흩어져 있는 모든 신자의 교회가 서로 나누는 교회 사이의 후원으로 발전시켰다. 바울은 아시아와 유럽 교회 간의 대륙을 잇는 경제적 나눔을 개척한 것이다.

출애굽 때부터 하나님은 그분이 선택하신 백성에게 변화된 경제 관계를 가르치셨다. 하지만 베드로와 바울로 인해 기독교는 한 인종 집단을 초월해 보편적인 다인종 신앙이 되었다. 바울의 모금 활동은 신자들의 하나됨이 인종과 지역을 초월한 경제적 나눔을 수반한다는 것을 보여 준다.

그리스도의 몸 안에서 경제적으로 나누는 것에 대한 바울의 관심은 일찍 시작되었다. 주후 46년 팔레스틴에 기아가 닥쳤을 때 그에 대한 반응으로 안디옥 신자들은 "**각각 그 힘대로** 유대에 사는 형제들에게 부조를 보냈다"(행 11:29). 바울은 바나바가 이 후원금을 안디옥에서 예루살렘으로 가져오도록 도왔다.[38]

그 여행은 바울이 경제적 나눔에 대해 가졌던 관심의 시작일 뿐이었다. 여러 해 동안 바울은 헌금을 모으는 일에 많은 시간과 노력을 바쳤다. 바울은 여러 서신에서 자신의 관심을 토로한다. 이미 갈라디아서에서 바울은 가난한 예루살렘 그리스도인들을 돕고자 하는 열심을 표현한다(2:10). 바울은 로마서에서도 그 같은 관심을 언급하고(15:22-28), 고린도전서에서 간단하게 말한다(16:1-4). 모금 활동은 고린도후서 8-9장에서 주요한 주제로 다루어진다. 바울은 또한 마게도냐, 갈라디아, 고린도, 에베소 교회에서 모금 활동을 했으며 다른 곳에 있는 교회에서도 모금 활동을 펼쳤던 것 같다.[39]

바울은 자신이 예루살렘의 성난 유대인들 때문에 특별한 위험, 여차하면 죽음까지도 직면하게 될 것을 알았다. 그러나 바울은 여전히 자신이 그 헌금을 가지고 가겠다고 주장했다. 실제로 바울은 바로 이 지원금을 전달하다가 마지막으로 체포되었다. 바울이 쓴 로마서는 그가 그 위험을 알고 있었음을 보여 준다(롬 15:31). 바울과 헌금에 참여한 교회의 대표들이 예루살렘을 향해 여행할 때 친구들과 예언자들은 바울에게 거듭 경고했다(행 21:4, 10-14). 그러나 바울은 재정적으로 그리스도인의 연합을 나타내는 일이 자신의 생명보다 훨씬 더 중요하다는 깊은 확신을 갖고 있었다. 그는 "어찌하여 울어 내 마음을 상하게 하느냐"고 말하면서 예루살렘에 가지 말라고 애원하는 친구들을 꾸짖었다. "나는 주 예수의 이름을 위하여 결박당할 뿐 아니라 예루살렘에서 죽을 것도 각오하였노라"(행 21:13). 그리고 바울은 여행을 계속했다. 형제자매들과 경제적으로 나누는 일에 열렬히 헌신했기 때문에 바울은 마침내 체포되고 순교를 당하게 되었다(행 24:17). 이것은 어떤 경제적인 이상이 그리스도에 대한 바울의 헌신을 대신하였다는 말이 아니다. 그것은 그리스도를 받아들이는 것은 그리스도의 몸을 받아들이는 것을 의미하며, 바울이 그리스도의 몸이 하나 되어 생활하기 위해서는 경제적 나눔이 필요하다는 것을 이해했다는 의미다.

왜 바울은 예루살렘 교회의 재정적 문제에 큰 관심을 가졌는가? 그것은 그리스도인의 교제에 대한 이해 때문이었다. 바울 신학에서 '코이노니아'는 매우 중요한 위치를 차지한다. 또 '코이노니아'는 모금 활동에 대한 바울의 논의에서도 중심이 된다.

'코이노니아'는 어떤 사람과 교제를 나누는 것 또는 어떤 일에 참여하는 것을 의미한다. 신자들은 주 예수님과 교제를 누린다(고전 1:9).[40] 예수님과 '코이노니아'를 경험하는 것은 우리에게 전가된 예수님의 의를 소유하는 것을 의미한다. 또 예수님과 '코이노니아'를 경험한다는 것은 예수님처럼 자기를 희생하며 십자가를 지는 삶에 동참하는 것을 수반한다(빌 3:8-10). 그리스도인들은 성찬식에서 그리스도와의 교제를 가장 강력하게 경험한다. 성찬에 참여할 때 신자들은 십자가의 신비에 참여('코이노니아')하게 된다. "우리가 축복하는 바 축복의 잔은 그리스도의 피에 참여['코이노니아']함이 아니며 우리가 떼는 떡은 그리스도의 몸에 참여['코이노니아']함이 아니냐"(고전 10:16).

그리고 나서 바울은 곧바로 그리스도와의 '코이노니아'는 반드시 그리스도의 몸을 이루는 모든 지체와의 '코이노니아'를 수반한다고 말한다. "떡이 하나요 많은 우리가 한 몸이니, 이는 우리가 다 한 떡에 참예함이라"(고전 10:17; 또한, 요일 1:3-4을 보라).

에베소서 2장에 나오는 것처럼 유대인과 이방인, 남자와 여자를 위해 죽으신 예수님의 죽음은 모든 인종적, 성적, 문화적 장벽을 무너뜨렸다. 그리스도 안에 새로운 한 사람, 새로운 신자들의 한 몸이 있다. 형제와 자매들이 성찬에서 한 떡과 한 잔을 함께 나눌 때 그것은 그리스도의 한 몸에 참여함을 상징하는 것이다.

이것이 고린도에서 교인들이 계층으로 나누어진 일에 대해 바울이 큰 반감을 표시한 이유다. 부유한 그리스도인들은 성찬식에서 진수성찬을 먹고 즐긴 반면에 가난한 신자들은 허기진 채 집에 돌아갔다. 이에 대해 바울은 화를 내며 그들은 결코 주의 성찬을 먹은 것이 아니라고 주장했다(고전 11:20-22). 사실상 그들은 주님의 몸을 분별하지 못했기 때문에 주님의 몸과 피를 모독한 것이었다(고전 11:27-29). "주의 몸을 분변하지 못하고 먹고 마시는 자는 자기의 죄를 먹고 마시는 것이니라"(29절).

그런데 바울이 고린도 교인들이 주님의 몸을 분별하지 못했다고 비난한 것은 무슨 의미일까? 주님의 몸을 분별한다는 것은 곧 그리스도와의 교제와 그리스도의 몸(거기에서는 그리스도 안에서 우리가 하나 되었다는 것이 인종이나 계층의 차이를 초월한다) 안에 속하는 것을 분리할 수 없다는 진리를 이해하고 실현하는 것이다. 신자들이 한 몸임을 깨닫는다는 것은 다른 형제자매들과 서로 나누며 책임을 진다는 것이다. 한 몸임을 깨닫게 될 때 우리는 우는 자와 함께 울고 즐거워하는 자와 함께 즐거워하게 된다. 한 몸임을 깨닫는 것은, 몸의 다른 지체가 굶고 있을 때 진수성찬을 먹으며 즐거워하는 것과는 전적으로 반대다. 바울은 그리스도 안에서 이루어진 일치와 교제를 실제로 부인하는 자들은 주님의 성찬에 나아갈 때 스스로 심판의 잔을 마시는 것이라고 주장한다. 그들은 결코 주님의 성찬에 참여하는 것이 아니다.

주님의 성찬에서 몸을 분별한다는 바울의 가르침의 의미를 이해한 이상, 우리는 굶주리는 그리스도인이 존재한다는 수치스러운 사실이 없어질 때까지 결코 만족할 수 없다. 세계 어떤 곳의 그리스도인이라도 굶주리고 있는 한, 세계 모든 곳에 있는 모든 그리스도인의 성찬식은 불완전하다.

바울에게 그리스도의 몸 안에서의 친밀한 교제는 구체적인 경제적 의미를 갖는다. 신자들 사이의 경제적 나눔을 지칭할 때 그는 '코이노니아'라는 똑같은 단어를 사용한다. 바울의 사역 초기에 예루살렘 지도자들은 극적인 토론 후 이방인들에 대한 바울의 사명을 승인했다. 예루살렘 지도자들이 '교제의 악수'('코이노니아')를 나누었을 때 그들은 그 교제의 조건으로 단 한 가지 실제적인 표현을 요구했다. 그리고 바울은 예루살렘에 있는 동료 그리스도인들에 대한 재정적 지원을 약속했다(갈 2:9-10).[41]

바울은 자주 '코이노니아'라는 단어를 '모금'이라는 말의 실제적인 동의어로 사용한다. 바울은 고린도인들의 관대한 헌금이 보여 준 '교제의 너그러움'('코이노니아')에 대해 말한다(고후 9:13; 또한 8:4을 보라).[42] 바울은 마게도냐 그리스도인들이 예루살렘을 위해 헌금한 것을 보고할 때도 똑같은 단어를 사용했다. 마게도냐인들은 "예루살렘의 성도들 가운데 있는 가난한 자들과 교제('코이노니아')하는 것을 좋게 생각했다"(롬 15:25, 저자 사역). 진실로 이 재정적 나눔은 전체 교제의 일부일 뿐이었다. 이방인 그리스도인들은 유대인들의 영적인 축복을 나누게(바울은 '코이노니아'의 동사형을 사용한다) 되었다. 그러므로 이방인들이 그들이 갖고 있는 물질적 자원들을 나누는 것이 합당하다. 바울에게 경제적 나눔은 그리스도인의 교제에서 명백하고 중요한 부분이었다.[43]

신자들의 나눔에 대한 바울의 첫 번째 지침은 일반적인 것이었다. 즉 네가 줄 수 있는 모든 것을 주라는 것이다. 각 사람은 "수입에 따라" 주어야 한다(고전 16:2). 그러나 그것은 아무런 희생도 치르지 않은 약간의 증여를 의미하는 것이 아니다. 바울은 마게도냐인들이 "힘대로 할 뿐 아니라 힘에 지나도록" 준 것에 대해 칭찬했다(고후 8:3). 마게도냐인들은 매우 가난했다. 분명히 그들은 바울이 관대한 헌금을 요청했을 때 심각한 재정적 곤란에 직면해 있었다(고후 8:2). 그러나 마게도냐인들은 관대했다. 여기에 극빈자나 백만장자나 구별 없이 기계적으로 10퍼센트를 주었다는 암시는 없다. 줄 수 있는 만큼 많이 주는 것이 바울의 방식이다.

두 번째로, 자발적으로 주어야 한다는 것이다(고후 8:3). 바울은 그가 고린도인들에게 명령하는 것이 아님을 특별히 언급했다(고후 8:8). 율법주의는 해답이 아니다.

바울의 세 번째 지침이 가장 놀랍다. 고린도인들에게 나눔에 대해 충고하면서 바울은 평등이라는 단어를 사용한다. "이는 다른 사람들은 평안하게 하고 너희는 곤고하게 하려는 것이 아니요 균등하게 하려 함이니, 이제 너희의 넉넉한 것으로 그들의 부족한 것을 보충함은 후에 그들의 넉넉한 것으로 너희의 부족한 것을 보충하여 균등하게 하려 함이라." 바울은 자신의 원리를 뒷받침하기 위하여 성경에 나오는 만나의 이야기를 인용한다. "기록한 것같이 많이 거둔 자도 남지 아니하였고 적게 거둔 자도 모자라지 아니하였느니라"(고후 8:13-15).

출애굽기에 따르면, 모세는 이스라엘 백성에게 하루에 필요한 만큼만 주워 모으라고 명령했다(출 16:13-21). 모세는 일인당 한 오멜(약 2리터)로 충분할 것이라고 말했다. 하지만 몇몇 욕심 많은 사람들은 필요량보다 더 많이 모으려고 노력했다. 그러나 모은 것을 재어 보았을 때 그들은 모두 일인당 한 오멜씩만을 거두었음을 알게 되었다. "많이 거둔 자도 남음이 없고 적게 거둔 자도 부족함이 없이 각 사람은 먹을 만큼만 거두었더라"(16:18).

바울은 성경에 나오는 만나의 이야기를 인용해서 경제적 나눔에 대한 자신의 지침을 뒷받침한다. 하나님이 광야에서 똑같은 양의 만나가 모든 백성에게 돌아가야 한다고 주장하신 것처럼 이제 고린도인들은 그리스도의 몸 안에서 '균등하게 하기 위하여' 나누어 주어야 한다.

이것은 경제적 관계에 대한 하나님의 기준이 (교회에서든 사회에서든) 경제적 자원과 소비의 절대적인 평등을 의미한다는 뜻인가? 그렇지 않은 것 같다. 다른 성경 본문들은 개인적인 선택에 따라 다른 경제적 형태가 나올 수 있음을 전제하고 있다.[44]

그러나 최소한, 스스로 기본적인 필요를 채우지 못하는 사람들을 돌보기 위해 경제적인 나눔이 요구된다. 적어도 성경 본문은 스스로 기본적인 필요를 채우지 못하는 사람들이 다른 사람들로부터 관대한 지원을 받는 정도까지의 평등을 요구한다.

하나님의 백성 사이의 변화된 경제 관계에 대한 성경의 가르침이 어떻게 가난한 자들에 대한 초대교회의 관심(이는 매우 독특한 것이었다)을 일으켰는지 살펴보는 것은 흥미진진하다. 주후 125년경, 기독교 철학자 아리스티데스는 당시 교회에서 이루어진 경제적 나눔을 다음과 같이 묘사했다.

그들은 매우 겸손하고 친절하게 행동한다. 그들에게서는 거짓을 찾아볼 수 없다. 그들은 서로 사랑한다. 그들은 과부를 무시하지 않으며 고아를 서럽게 하지 않는다. 가진 자는 가지지 못한 자에게 관대하게 나누어 준다. 그들은 나그네를 보면 집으로 맞아들여서 마치 친형제인 것처럼 환대한다. 그들은 육신을 좇는 것이 아니라 성령을 좇으며 하나님 안에서 서로를 형제라고 부르기 때문이다. 가난한 자 중 하나가 세상을 떠나는 것을 누군가 봤다면, 그는 힘닿는 대로 그 사람의 장례를 치러준다. 또 누군가가 그들이 섬기는 메시아의 이름 때문에 감옥에 갇히거나 억압을 당한다는 소식을 들으면, 모두가 나서서 그 사람의 필요를 채운다. 또 그 사람을 구출하는 것이 가능하다면 그를 구출한다. 그리고 그들 가운데 가난하고 빈핍한 사람이 필요한 것을 얻지 못한 경우에 그들은 2-3일 금식을 해서 빈핍한 사람에게 필요한 음식을 마련해 준다.[45]

주후 250년까지 로마에 있는 교회는 1,500명의 궁핍한 사람들을 지원해 주었다. 독일 학자 마르틴 헹겔에 따르면, 후기 로마 제국에서 이 같은 종류의 경제적 나눔은 독특한 것이었다.[46]

이같이 변화된 생활 양식이 외부 사람들에게 강력한 인상을 주었다는 사실은 한 이교도 황제의 불평에서 명백하게 나타난다. 얼마 안 되는 통치 기간 동안(주후 361-363) 배교자 율리아누스 황제는 기독교를 박멸하려고 노력했다. 그러나 율리아누스 황제는 동료 이방인에게 다음과 같은 사실을 털어놓지 않을 수 없었다. "불경한 갈릴리 사람들(그리스도인들)은 그들의 가난한 자들뿐만 아니라 우리의 가난한 자들도 먹인단 말이야." 그는 유감스러운 마음으로 그가 부활시키려고 노력했던 이방 종교가 가난한 자들을 돕는 일에 비참하게 실패했음을 인정했다.[47]

거듭해서 하나님은 그분의 백성에게 모든 가정이 최소한의 생계를 유지하기 위한 자원을 가지고 스스로를 돌보지 못하는 자들이 관대한 보살핌을 받는 공동체를 세워 함께 생활하라고 특별히 명령하셨다. 그것이 구약의 희년과 안식년, 십일조와 이삭 줍기와 대여에 관한 법 제정의 요점이기도 하다. 거듭해서 예수님은 제자들에게 궁핍한 자들과 재물을 나누라고 가르치셨다. 어떠한 그리스도인들이 가난해서 기본적인 필요를 채우지 못하게 되면 다른 사람들이 관대하게 나누어 주었다.

예루살렘 교회의 경제적 나눔이 전도에 강력한 영향을 끼쳤다는 사실은 하나님이 예루살렘 교회의 실천을 승인하시고 복 주셨음을 가리킨다. 어떤 성경 본문은 하나님의 백성 가운데 변화된 경제 관계를 명령하고 있고, 다른 본문은 하나님의 백성이 이러한 명령을 실행할 때 그 백성에게 하나님이 복 주심을 묘사하고 있다. 그러므로 우리는 오늘날의 교회에 규범이 되는 양식을 발견했다고 확신할 수 있다.

실제로, 인상적인 것은 이 점에서 성경의 가르침과 실천 사이에 근본적인 연속성이 있다는 것이다. 성경은 반복해서 그리고 명백하게 하나님이 그분의 백성 가운데에서 경제 관계가 변화되기를 원하신다는 것을 나타낸다. 바울의 모금 활동은 기본 원리를 그대로 적용한 것이다. 바울의 수단은 레위기 25장과는 달랐지만(바울이 살았을 당시 하나님의 백성은 다른 지역에 사는 여러 인종으로 구성된 집단이었기 때문이다) 원리는 똑같았다. 고린도의 헬라인들은 이제 하나님의 백성이 되었기 때문에 예루살렘의 가난한 유대인 그리스도인들과 재물을 나누어야 했다. 하나님의 백성 사이에서 경제적 관계가 구속되도록 하기 위해서다.

그러면 우리는 어떻게 살아야 하는가?

분명히 오늘날 교회는 사도행전에 묘사된 초대교회의 생활을 고지식하게 그대로 모방할 필요는 없다. 오늘날 우리에게 규범이 되는 것은 예루살렘 교회의 활동이 아니라 성경의 가르침이다. 그렇다고 해서 우리가 사도행전과 바울 서신에 묘사된 경제적 나눔을 무시해도 된다는 말은 아니다.

성경은 하나님이 요구하신 경제 정의의 본질에 대한 두 가지 중요한 실마리를 제공한다. 첫째는 하나님은 모든 백성이 최소한의 생계를 유지하기 위한 생산 자원을 갖고, 공동체에서 존귀한 구성원이 되기 원하신다는 것이다. 우리는 오늘날 지구촌 경제에서 일할 수 있는 모든 사람들이 최소한의 생계를 유지할 만한 자원을 소유할 수 있는 사회를 건설하기 위해 일해야 한다. 둘째는, 하나님은 우리가 일할 수 없는 사람들의 생활의 필요를 채우기 위해 관대하게 나누기를 원하신다는 것이다.

성경의 가르침의 적용은 우선적으로 교회를 향하고 있다. 그리스도의 세계적인 몸 안에서 현재 나타나고 있는 경제적 관계는 성경에 어긋난 잘못된 것이며 전도에 방해가 되고 예수 그리스도의 몸과 피를 모독하는 것이다. 북미인들이 매년 쓰레기통에 내버리는 음식을 금전 가치로 환산하면, 아프리카에 살고 있는 그리스도인들 전체가 매년 벌어들이는 총수입의 약 5분의 1에 해당한다.[48] 우리 형제자매들이 최소한의 보건 의료와 교육을 받지 못하며, 심지어 어떤 경우에는 기아를 면할 음식조차 없어 아픔과 고통을 겪고 있는 데 반해 어느 곳에 사는 그리스도인들의 일부가 매년 더욱더 부유해지는 것은 죄악이며 가증한 것이다.

우리는 교회의 가난한 교인들과 나누지 않고 혼자만 잔치를 즐겼던 고린도의 부자 그리스도인들과 같다(고전 11:20-29). 고린도 교회의 부자들처럼 우리는 오늘날 전 세계에 걸친 그리스도의 한 몸이 처한 현실을 분별하지 못하고 있다. 그 결과, 우리는 슬프게도 우리가 예배하는 주 예수님의 몸과 피를 모독하고 있다. 미국의 그리스도인들은 1984년부터 1989년까지 6년 동안 새로운 교회를 짓는 일에 157억 달러를 사용했다.[49] 우리 교회 교인들이 굶어 죽어가고 있는데도 사치스럽게 장식된 비싼 교회를 계속 짓겠는가? 그리스도의 몸인 아프리카인 지체나 라틴 아메리카인 지체가 우리 교회의 지체보다 덜 귀한 몸인 것처럼 여기고 산다면 우리는 바울과 완전히 모순되지 않는가?[50]

그리스도의 몸이 **가진 자**와 **가지지 못한 자**로 나누어진 현실은 세계 복음화에 큰 장애가 된다. 제3세계에 살고 있는 굶주린 사람들은 언제나 세상에서 가장 부유한 사회를 상징하는(그리고 종종 물질주의를 변호하는) 사람들이 선포하는 그리스도를 받아들이기가 어렵다고 생각한다.

하지만 기회를 놓쳤다고 해서, 또 과거와 현재에 죄를 지었다고 해서 우리가 갖고 있는 잠재력을 보지 못해서는 안 된다. 우리는 위험하게도 부자와 가난한 자로 나누어진 세상에 살고 있다. 부유한 그리스도인들이 경제적 나눔에 대한 성경의 원리를 적용하기 시작한다면, 세상은 아주 놀랄 것이다. 오늘날 그같이 강력하게 전도에 영향을 끼칠 수 있는 다른 수단은 아마도 없을 것이다. 그리스도의 몸 안에서의 상호적인 사랑과 일치를 통해, 세상은 예수님이 진실로 하나님으로부터 왔다는 사실을 확신하게 될 것이다(요 17:20-23).

교회는 오늘날 가장 세계적인 단체다. 교회는 세계 역사의 중요한 순간에 나눔의 새로운 모델을 따라 살 수 있는 기회를 갖고 있다. 과거의 교회는 가난한 자들에 대한 관심 때문에 학교와 병원을 세우는 일에 앞장섰다. 후대에 가서, 세속 정부들이 교회가 보여준 새로운 모델을 제도화했다. 20세기 후반에 이른 지금, 위험하게 나누어진 세계는 새로운 경제적 나눔의 모델을 기다리고 있다. 관대하면서 충분히 부유한 그리스도인이 존재하겠는가?

연구 문제

❶ 대부분의 그리스도인들은, 그들의 신앙이 그리스도의 몸 안에 있는 다른 사람들과의 경제적 관계와 관련 있다고 생각하는가? 성경은 그들의 생각

에 어떻게 도전하는가?

❷ 희년과 안식년에 부채를 탕감해 주는 조치가 오늘날 우리에게 주는 기본적인 의미는 무엇인가?

❸ 초대 예루살렘 교회에서 일어난 경제적 나눔을 가장 잘 묘사할 수 있는 말은 무엇이겠는가?

❹ 바울이 이방인 출신 교회에서 헌금을 모아 예루살렘 교회를 도운 일은 오늘날 세계 교회에 어떤 의미를 갖는가?

❺ 성경은 사회의 경제 정의에 대해 무엇이라고 말하는가?

5 ● 재산과 소유에 대한 성경적 관점

의인의 집에는 많은 보물이 있어도(잠 15:6).

부자 되기에 애쓰지 말고 네 사사로운 지혜를 버릴지어다(잠 23:4).

빌리 그레이엄(Billy Graham)은 이렇게 말했다. "돈에 대해 어떻게 생각하는지 말해 보시오. 그러면 나는 당신이 하나님에 대해 어떻게 생각하는지 말해 주겠소."[1] 돈에 대한 태도는 하나님에 관한 믿음에 대해서 무엇을 말해 주는가? 우리는 돈이라는 주제에 대해 하나님의 생각에 동의하는가? 그것에 대해 하나님이 무엇이라고 말씀하시는지 알고 있는가? 하나님은 부동산에 대해 무엇이라고 말씀하시는가? 가난한 자들은? 부유한 자들은? 돈이 하나님께 중요한가?

사유 재산

십계명은 사유 재산을 암시적이고 명시적인 방식으로 인정한다.²) 하나님은 이웃의 집이나 땅, 가축을 훔치는 것을(실상 탐내는 것조차) 금하신다(출 20:15, 17; 신 5:19, 21; 또한, 신 27:17; 잠 22:28을 보라). 예수님은 추종자들에게 돌려받을 가능성이 별로 없을 때에도 가난한 자들에게 돈을 빌려 주고 또한 나누어 주라고 명하셨다(마 6:2-4; 5:42; 눅 6:34-35). 재산과 돈을 소유하고 있어야 돈을 빌려 줄 수 있으므로 분명히 예수님도 사유 재산의 적법성을 인정하신 것이다. 예수님의 제자 시몬 베드로는 집을 가지고 있었으므로 예수님이 종종 방문하셨다(막 1:29). 사실, 집을 소유한 사람들은 하나님의 종들을 대접할 기회를 가졌다(눅 10:5-7).

초대 예루살렘 교회에서 극적으로 경제적인 나눔이 이루어졌을 때조차도 개인의 소유를 부인하지는 않았다(4장을 보라). 성경 전체에서도 계속해서 사유 재산의 적법성을 긍정한다.³)

절대적인 권리

그러나 사유 재산권은 절대적인 것이 아니다. 성경적 관점에서 볼 때 이웃의 필요를 돌보지 않고 마음대로 자신의 이익만을 추구해서는 안 된다.

일부 현대인들은 이에 동의하지 않는다. 그들은 소유자의 권리는 절대적이며 아담 스미스(Adam Smith)가 그것을 입증했다고 주장한다.

스미스는 1776년에, 지난 2세기 동안 서구 사회를 근본적으로 형성해 온 한 권의 책을 출판했다.⁴) 스미스는 각 사람이 경쟁 사회에서 자신의 경제적 이익을 추구하면 보이지 않는 손으로 인해 만인의 선이 이루어질 것이라고 주장했다. 재화와 용역에 대한 공급과 수요가 가격과 임금을 결정하는 유일한 요소 혹은 적어도 일차적인 요소가 되어야 한다. 공급과 수요의 법칙이 지배하는 경쟁적이고 비독점적인 경제 안에서 모든 사람이 자신의 이익을 추구하면 사회의 선이 이루어질 것이다. 아담 스미스가 여기에 완전히 동의한 것은 아니었다. 그러나 현대의 자유방임 경제 주창자들은 토지와 자본의 소유자들이 가능한 한 많은 이익을 추구할 권리는 물론 의무도 갖고 있다고 말한다. 그리고 그들은 정부가 경제적으로 개입하는 것을 사유 재산의 절대적 권리를 침해한다는 이유로 거부한다.

그 같은 태도는 경제적으로 성공하고자 하는 사람들에게 매우 매력적이다. 실제로 어떤 사람들은 자유방임 경제를 유일한 기독교적 경제로 신봉했다.[5] 하지만 사실상 자유방임 경제는 계몽주의의 산물이다.[6] 자유방임 경제는 하나님이 경제 영역까지도 주관하신다는 성경적 진리보다는 현대의 세속적인 태도를 반영한다. 이는 시장 경제보다 사회주의의 경제 체제가 낫다는 말이 아니다. 오늘날 최선의 대안으로 인식되는 체제는 기본적인 시장 체제에 개인 차원과 정부 차원에서 가난한 자들을 돕는 적절한 구조를 더하는 형태다(8장과 11장을 보라). 실제로 이 형태는 거의 모든 정부의 경제적 개입을 거부하는 자유방임주의나 자유주의자들의 접근과는 차이가 있다.

자유방임주의자들과 로마의 이교도들의 사유 재산에 관한 태도는 유사하다. "크리스채너티 투데이"(*Christianity Today*)의 이전 편집인으로 활동했던 칼 헨리(Carl F. H. Henry)는 성경적 견해와 대조하여 로마의 견해를 다음과 같이 훌륭하게 정리하고 있다. "로마 혹은 유스티니아누스의 견해는 자연권에서 소유권을 찾는다. 그 견해는 소유권을 재산에 대한 개인의 무조건적이고 배타적인 권세로 정의한다. 그 견해는 다른 사람들의 뜻에 상관없이…소유자가 원하는 대로 재산을 사용할 권리가 있음을 암시한다." 헨리는 이 같은 이방 견해가 "오늘날 자유 세계의 수많은 일반 관례의 근저에 무언의 가정으로 여전히 깔려 있다"고 인정한다."

절대적인 소유주

성경적인 신앙에 따르면 여호와는 만유의 주님이시다. 하나님은 역사를 주관하신다. 경제는 하나님의 주권과 독립된 중립적이고 세속적인 영역이 아니다. 인생의 다른 모든 영역과 마찬가지로 경제 활동도 하나님의 뜻과 계시에 종속되어야 한다.

여호와께서 모든 삶의 주님이시라는 성경적 견해는 개인 재산권이 절대적이며 침해할 수 없는 것이라는 보편적인 믿음을 어떻게 수정하도록 요구하는가? 성경은 하나님만이 절대적인 재산권을 가지신다고 주장한다. 게다가 성경은 절대 소유자이신 하나님은 그분의 백성이 하나님의 재산을 획득하고 사용하는 방법에 대해 상당한 규제를 가하신다고 가르친다.

시편 기자는 여호와의 절대 소유권에 대한 성경적 견해를 다음과 같이 요약했다. "땅과 거기에 충만한 것과 세계와 그 가운데 사는 자가 다 여호와의 것이로다"(시 24:1). 하나님은 "온 천하에 있는 것이 다 내 것"이라고 욥에게 말씀하셨다(욥 41:11; 또한, 시 50:12; 신 26:10; 출 19:5을 보라). 하나님이 50년마다 토지의 반환을 명령하셨던 것은 토지의 절대 소유권이 이스라엘 농부들이 아니라 바로 여호와께 있었기 때문이다. "토지를 영구히 팔지 말 것은 토지는 다 내 것임이니라. 너희는 거류민이요 동거하는 자로서 나와 함께 있느니라"(레 25:23).

백성들에게 주어진 원칙

절대 소유자이신 하나님은 재산의 취득과 사용에 규제를 가하신다. 구약에 따르면 "재산권은 원칙적으로 사회의 약자들을 돌보는 의무보다 하위에 놓였다."[8] 그것이 희년과 안식년과 이삭 줍기와 이자에 대한 법의 분명한 취지다(4장에서 다룬 것처럼). 재산 소유자에게는 밭에 있는 모든 것을 추수할 권리가 없었다. 재산 소유자들은 가난한 자들을 위해 얼마를 남겨 두어야 했다. 이스라엘 농부는 토지를 구입할 때 사실상 희년 전까지 그 토지의 사용권만을 사는 것이었다(레 25:15-17). 그리고 그 동안의 토지 사용권조차도 절대적인 것은 아니었다. 토지를 판매한 사람의 친척이 나타나면 구입자는 그 토지를 신속하게 다시 팔아야 했다. 토지를 판 사람 역시 재정 능력을 회복했을 경우 자신의 토지를 곧바로 다시 살 수 있는 권리를 지녔다(레 25:25-28). 구매자의 소유권은 조상의 토지에 대한 원소유자의 권리에 종속되었다.

하나님은 그분의 백성들이 생계를 유지할 만한 생산 자원을 소유하기 원하셨다. 모든 사람, 특별히 불우한 사람을 위한 정의는 시장 가격을 지불하고 토지를 구입할 수 있는 사람의 재산권보다 더 중요했다. 따라서 가난하고 불우한 사람들이 생활비를 벌기 위한 수단을 소유할 권리는, 잘사는 사람이 이익을 추구할 권리보다 우선한다.

동시에 성경의 원리는 결코 공산주의 경제 체제를 지지하지 않는다. 성경의 원리는 각 가정이 자신들의 경제적 운명을 통제할 수 있게 해주는 분산된 사적 소유권을 지향한다. 각 가정은 토지를 비롯해 궁극적으로 하나님께 속한 모든 경제적 자원의 청지기로서, 나름대로 생계를 꾸리며 다른 사람들과 관대하게 나누어야 할 책임과 특권을 갖고 있다. 이 같은 종류의 분산된 경제 체제는 모든 사람이 하나님과 동역자가 될 수 있도록 해준다. 또 이러한 경제 체제는 (국가가 생산 수단을 소유하거나 소그룹의 엘리트가 거대한 다국적 기업을 통제할 때와 같이) 자유를 위협하며 전체주의를 촉진하는 집중화된 경제력으로부터 모든 사람을 보호한다.

재산에 대한 구약의 태도는 이스라엘이 신봉하는 고상한 인간관에서 비롯된 것이다. 구약 학자들은, 고대의 바벨론과 앗수르, 애굽 등과는 달리 이스라엘은 모든 국민을 법 앞에 평등하게 대했다고 지적한 바 있다. 다른 사회에서는 사회적 지위(궁정 관리, 가난한 사람, 제사장)에 의해 그 사람이 저지른 범죄에 대한 판단과 처벌이 결정되었다. 하지만 이스라엘에서는 모든 시민이 법 앞에 평등했다. 이같이 고상한 인간관 때문에, 재산은 비교적 덜 중요시되었다.

이웃 국가들의 경우 도둑질과 강도 등 재산과 관련된 범죄를 종종 사형으로 처벌한 데 반해 하나님의 율법에서는 그렇지 않았다. 가장 타락한 사람일지라도 그 사람의 생명이 가장 비싼 소유물보다 가치 있게 여겨졌다."

노예의 경우가 이 점을 예증한다. 다른 모든 고대 문명에서 노예는 단지 재산일 뿐이었고, 소유주는 노예를 마음대로 다룰 수 있었다. 그러나 이스라엘의 경우 노예는 재산의 일부가 아니라 인격이었다. 특별법이 노예에게 특정한 권리를 보장해 주었다(출 21:20, 26-28; 신 23:15-16). 월터 아이히로트(Walter Eichrodt)는 이렇게 말한다. "'하나님의 질서에 따르면 모든 개인, 심지어 가장 가난한 사람들의 생명이라도 물질보다 가치 있다'는 사실은 인류를 불행에 빠뜨리면서 소수에게 이익을 가져다주는 모든 경제 발전에 대한 엄청난 장애물이 된다."[10]

부의 위험

풍부한 소유는 하나님이 모든 선한 것의 근원이심을 쉽게 잊도록 만든다. 우리는 전능자보다 자기 자신과 부를 신뢰한다. 자기 자신에게 초점을 맞출 때 우리는 하나님뿐만 아니라 그분이 창조하신 사람들도 잊어버린다. 자아도취 속에서 소유의 즐거움 때문에 어리석음에 빠진다.

북반구에 사는 대부분의 그리스도인들은 소유물의 치명적인 위험에 대한 예수님의 가르침을 전혀 믿지 않는다. 예수님은 소유가 매우 위험하다고, 사실상 부자가 그리스도인이 되는 것 자체가 어려울 정도로 매우 위험하다고 경고하셨다. "낙타가 바늘귀로 들어가는 것이 부자가 하나님의 나라에 들어가는 것보다 쉬우니라"(눅 18:25). 미국의 그리스도인들은 10억의 절대적으로 궁핍한 이웃들과 20억의 가난한 이웃들에 둘러싸인 채, 세계 역사상 가장 부유한 사회 중 한 곳에서 살고 있다. 우리는 가난한 사람들의 복지 향상보다 경제 성장에 더 많은 관심을 갖는다. 우리는 더욱더 많은 것을 고집한다. 예수님이 너무나 미국적이지 않아서 부를 위험하게 생각하셨기에, 우리는 그분의 메시지를 무시하거나 재해석해야만 한다.

하나님을 잊어버림

예수님은 이렇게 말씀하셨다. 마태, 마가, 누가 역시 무시무시한 예수님의 경고를 기록하고 있다. "재물이 있는 자는 하나님의 나라에 들어가기가 얼마나 어려운지"(눅 18:24; 마 19:23; 막 10:23). 이 말씀의 문맥은 왜 소유물이 위험한지를 보여 준다. 부자 청년이 주님을 따르기보다는 자신의 부를 고수하기로 결정한 직후에 예수님은 제자들에게 이렇듯 곤란한 말씀을 하셨다(눅 18:18-23). 부가 위험한 이유는, 그 유혹하는 힘이 우리가 예수님과 그분의 나라를 거부하도록 만드는 경우가 종종 있기 때문이다.

디모데전서 6장은 예수님의 가르침을 강화한다. 그리스도인들은 먹고 입는 것만으로 만족해야 한다(딤전 6:8). 그 이유는 무엇인가? "부하려 하는 자들은 시험과 올무와 여러 가지 어리석고 해로운 욕심에 떨어지나니, 곧 사람으로 파멸과 멸망에 빠지게 하는 것이라. 돈을 사랑함이 일만 악의 뿌리가 되나니 이것을 탐내는 자들이 미혹을 받아 믿음에서 떠나 많은 근심으로써 자기를 찔렀도다"(딤전 6:9-10).

부유해지려는 바람 때문에 사람들은 경제적 성공을 위해서는 무엇이든 하려고 한다. 성경에 따르면 그 결과는 현재의 괴로움과 이후의 파멸이다.

경제적 성공이 사람들로 하여금 하나님을 잊어버리도록 유혹한다는 것은 이미 구약에 나온 주제였다. 이스라엘 백성이 약속의 땅에 들어가기 전에 하나님은 그들에게 부의 위험에 대해 경고하셨다.

네 하나님 여호와를 잊어버리지 않도록 삼갈지어다. 네가 먹어서 배부르고 아름다운 집을 짓고 거주하게 되며 또 네 소와 양이 번성하며 네 은금이 증식되며 네 소유가 다 풍부하게 될 때에 네 마음이 교만하여 네 하나님 여호와를 잊어버릴까 염려하노라.…네가 마음에 이르기를 내 능과 내 손의 힘으로 내가 이 재물을 얻었다 말할 것이라(신 8:11-14, 17).

전쟁을 일으킴

우리는 소유물 때문에 하나님을 잊어버릴 뿐만 아니라 부를 추구하다가 종종 전쟁을 일으키고 가난한 자들을 무시하게 된다. "너희 중에 싸움이 어디로부터, 다툼이 어디로부터 나느냐.…너희가 욕심을 내어도 얻지 못하여 살인하며 시기하여도 능히 취하지 못하므로 너희가 다투고 싸우는도다"(약 4:1-2). 세계사를 대충이라도 읽어 보면 이 슬픈 사실을 확실히 알 수 있다.

가난한 자들을 잊어버림

부는 가난한 자들을 향해 더 많은 동정을 품도록 해주기보다는 부자들의 마음을 강퍅하게 만들어 버리는 경우가 많다. 성경에는 부자들이 문전에 있는 가난한 자들에 대해 무관심한 예가 많다(사 5:8-10; 암 6:4-7; 눅 16:19-31; 약 5:1-5). 가난한 자들을 위한 정의를 추구하는 데 일생을 바친 브라질의 대주교 돔 헬더 카마라

(Dom Helder Câmara)는 다음과 같이 강력하게 말한다. "나는 어렸을 때 그리스도께서 부의 위험을 경고하시는 것에 대해 과장이 심하다고 생각하곤 했다. 오늘날 나는 이것에 대해 좀더 잘 알게 되었다. 이제는 부자가 되고서도 여전히 따뜻한 인정을 간직하기가 얼마나 힘든지 안다. 돈은 사람의 눈을 멀게 하고 손과 눈과 입술과 마음을 얼어붙게 하는 위험한 실체다."[11]

소유는 종종 가난한 자들에 대한 무관심을 조장하기 때문에, 또 사람들을 분쟁과 전쟁으로 이끌기 때문에 그리고 사람들이 하나님을 잊어버리게 만들기 때문에 매우 위험하다. 심지어 그것은 사람들을 결코 빠져나올 수 없는 탐심의 올가미에 걸리게 한다.

끝없는 탐심

탐심이라는 말(신약에 19번 나온다)의 용법은 부의 위험에 대한 성경의 견해를 반영하고 있다. '플레오넥시아'(*pleonexia*: '탐심' 또는 '탐욕'이라고 번역되었다)라는 헬라어는 '물질적 소유물을 얻으려고 애씀'이라는 의미를 갖고 있다.[12]

어리석은 부자에 대한 예수님의 비유는 탐심의 본질을 생생하게 묘사한다. 어떤 사람이 예수님께 달려와 가족의 유산 가운데서 제 몫을 차지할 수 있도록 해 달라고 도움을 청했을 때, 예수님은 그것을 거부하셨다. 그 대신에 예수님은 문제의 핵심을 파악하시고 탐심의 위험성에 대해 경고하셨다. "삼가 모든 탐심['플레오넥시아']을 물리치라. 사람의 생명이 그 소유의 넉넉한 데 있지 아니하니라"(눅 12:15). 그 사람이 물질에 사로잡혀 있음을 아신 예수님은 그에게 어리석은 부자의 이야기를 해주셨다.

한 부자가 그 밭에 소출이 풍성하매 심중에 생각하여 이르되, 내가 곡식 쌓아 둘 곳이 없으니 어찌할까 하고 또 이르되 내가 이렇게 하리라. 내 곳간을 헐고 더 크게 짓고 내 모든 곡식과 물건을 거기 쌓아 두리라. 또 내가 내 영혼에게 이르되 영혼아, 여러 해 쓸 물건을 많이 쌓아 두었으니 평안히 쉬고 먹고 마시고 즐거워하자 하리라 하되. 하나님은 이르시되, 어리석은 자여 오늘 밤에 네 영혼을 도로 찾으리니 그러면 네 준비한 것이 뉘 것이 되겠느냐 하셨으니. 자기를 위하여 재물을 쌓아 두고 하나님께 대하여 부요치 못한 자가 이와 같으니라(눅 12:16-21).

어리석은 부자는 탐심 많은 사람의 전형적인 예다. 그는 탐심에 사로잡혀, 더 이상 필요하지 않은데도 더욱더 많은 소유물을 얻으려고 애쓴다. 그리고 더 많은 재산과 부를 쌓는 데 크게 성공한 부자는 물질적 소유가 자신의 모든 필요를 만족시킬 수 있다는 신성모독적인 결론에 도달한다. 하지만 하나님의 관점에서 볼 때 이 같은 태도는 정말 어리석은 짓이다. 그 부자는 미쳐 날뛰는 바보다.

누구나 어리석은 부자의 비유를 읽으면서 우리 사회를 돌아보지 않을 수 없다. 우리는 미친 듯이 더 정교한 장치, 더 크고 높은 건물 그리고 좀더 큰 차, 화려한 옷들을 늘려 나간다. 각각의 것들이 삶을 참으로 부요하게 만들어 주기 때문이 아니라, 더 많은 것을 얻으려는 생각에 사로잡혀 움직이기 때문이다. 탐심, 즉 더욱더 많은 물질을 소유하려고 애쓰는 것이 현대 문명의 주요한 악이 되어 버렸다.

신약은 탐심에 대해 매우 자주 언급하고 있다. 탐심의 본질은 우상 숭배다. 성경은 탐심이 많은 사람들은 교회에서 추방되어야 한다고 가르친다. 분명히 탐심이 많은 사람은 하나님 나라를 물려받을 수 없다. 탐심은 죄에 대한 하나님의 심판이다. 로마서 1장에서 바울은, 반역하는 죄인들이 점점 더 파괴적으로 변하는 죄의 결과를 경험하도록 하나님이 때때로 방치하심으로써 그들을 벌하신다고 말한다. "또한 그들이 마음에 하나님 두기를 싫어하매 하나님께서 그들을 그 상실한 마음대로 내버려두사 합당하지 못한 일을 하게 하셨으니 곧 모든 불의, 추악, 탐욕…살인, 분쟁, 사기, 악독이 가득한 자요"(롬 1:28-29). 탐심은 하나님이 그 자체로 우리의 반역을 처벌하시는 죄 가운데 하나다. 어리석은 부자의 비유는 그 처벌이 어떻게 이루어지는지 암시한다. 우리는 창조주 하나님과 교제하도록 만들어졌기 때문에, 물질적 소유에서 만족을 구하려고 할 때에는 진정한 만족을 얻을 수 없다. 그렇기 때문에 우리는 필사적으로 더 많은 집과 더 큰 창고를 가지려고 미친 듯이 애쓴다. 결국 우리는 소유물을 숭배한다. 바울이 지적하는 것처럼, 탐심은 우상 숭배가 되어 버린다(엡 5:5; 골 3:5).

오늘날 그리스도인들은 바울이 고린도인들에게 아버지의 아내와 사는 교인을 출교하라고 촉구한 것에 대해서는 전혀 놀라지 않는다(고전 5:1-5). 그러나 연이어 바울이, 그리스도인이라고 주장하지만 물질을 탐하는 잘못을 범하고 있는 사람과는 교제하거나 음식을 같이 먹지 말라고 촉구한 사실은 모르는 척 넘어간다.

매년 수많은 어린이들이 굶어 죽어가는데 우리가 더 높은 생활 수준을 요구한다면, 물질을 탐하는 잘못을 범하고 있는 것은 아닌가? 교회가 이 같은 죄를 범하는 자들에게 치리를 적용할 때는 아닌가?[13] 탐심으로 재산을 모아 '재정적으로 성공한' 사람들을 장로로 선출하기보다는 그들에게 치리를 가하는 것이 더 성경적이지는 않은가?

치리를 가하는 것은, '탐심이 많은 사람들은 하나님 나라를 유업으로 물려받지 못할 것'이라는 성경의 경고를 알리는 마지막 수단이 될 수도 있다. "불의한 자가 하나님의 나라를 유업으로 받지 못할 줄을 알지 못하느냐. 미혹을 받지 말라. 음행하는 자나 우상 숭배하는 자나 간음하는 자나 탐색하는 자나 남색하는 자나 도적이나 탐욕을 부리는 자나 술 취하는 자나 모욕하는 자나 속여 빼앗는 자들은 하나님의 나라를 유업으로 받지 못하리라"(고전 6:9-10). 탐심은 우상 숭배와 간음만큼이나 큰 죄다.

탐심과 탐욕에 대해 똑같이 단호하고 명백한 말씀이 에베소서에도 나온다. "너희도 정녕 이것을 알거니와 음행하는 자나 더러운 자나 탐하는 자 곧 우상 숭배자는 다 그리스도와 하나님의 나라에서 기업을 얻지 못하리니"(엡 5:5). 우리는 이러한 성경 구절들 앞에 무릎을 꿇어야 한다. 나는 반복해서 물질을 탐하는 잘못을 범하고 있는 것은 아닌지 두렵다. 이 책을 읽는 대부분의 그리스도인들도 마찬가지다.

소유는 우상 숭배를 비롯한 수많은 죄로 이끈다. 오늘날 그리스도인들에게는 탐욕스러운 문명의 물질주의적 집착으로부터 돌아서는 것이 절실히 요구된다.

반지와 연인

소유는 위험하다. 그러나 소유가 본래 악한 것은 아니다.[14] 성경의 계시는 창조로부터 시작된다. 하나님은 창조된 것들이 좋다고 말씀하셨다(창 1장).

성경적 신앙은 음식과 소유물 또는 성에 대한 금지를 본질적으로 고결하게 생각하는 금욕주의와는 전혀 거리가 멀다. 성 아우구스티누스가 말한 것처럼 그 같은 피조물들은 사랑의 하나님이 우리에게 주신 반지에 지나지 않는다. 때때로 특정한 환경(긴급한 선교나 가난한 자들의 필요와 같은)으로 인해 그러한 것들을 누리는 것을 자제해야 할지 모르지만, 그것들은 하나님의 선한 피조물의 일부이며, 연인이 준 반지처럼 하나님이 우리에게 베푸시는 사랑의 증표다. 그것들을 연인으로 잘못 생각하는 것이 아니라 하나님의 애정의 표시로 소중히 여긴다면, 그것들은 우리의 삶을 풍요롭게 하는 놀라운 선물이 된다.

이스라엘의 십일조 사용에 대해 하나님이 내리신 규정은 이 같은 성경적 관점을 상징적으로 보여 준다(신 14:22-27). 이스라엘 백성은 3년마다 가난한 자들에게 십일조를 주었다. 하지만 다른 해에는 예배 처소에 가서 굉장한 잔치를 벌였다. 이스라엘 사람들은 매우 성대하고 즐거운 축하연을 열어야 했다. "네 하나님 여호와 앞 곧 여호와께서 그의 이름을 두시려고 택하신 곳에서 네 곡식과 포도주와 기름의 십일조를 먹으며 또 네 소와 양의 처음 난 것을 먹고"(신 14:23). 예배 처소에서 멀리 떨어져 사는 사람들은 소출의 십일조를 팔아서 돈으로 가져올 수도 있었다. 그 잔치에 대한 하나님의 지시에 귀를 기울여 보라. "네 마음에 원하는 모든 것을 그 돈으로 사되 소나 양이나 포도주나 독주 등 네 마음에 원하는 모든 것을 구하고 거기 네 하나님 여호와의 앞에서 너와 네 권속이 함께 먹고 즐거워할 것이며"(신 14:26). 하나님은 그분의 백성이 멋지고 아름다운 하나님의 창조 세계를 경축하기를 원하신다.

예수님의 예는 구약의 견해와 완전히 일치한다. 분명히 예수님은 소유의 위험에 대해 많이 말씀하셨지만, 금욕주의자는 아니었다. 예수님은 즐거운 마음으로 결혼 축하연에 참석하셨으며 술을 기증하기도 하셨다(요 2:1-11). 예수님은 부유한 자들과 함께 식사를 하셨다. 분명히 예수님은 잔치와 축하연을 매우 좋아하셨다. 대적하는 자들이 예수님은 대식가요 술주정뱅이라는 잘못된 소문을 퍼뜨릴 정도였다(마 11:19). 기독교 금욕주의의 역사는 길지만 예수님의 삶은 기독교 금욕주의의 기본 가정을 무너뜨린다.

디모데전서의 짧은 구절은 성경적 견해를 간결하게 요약한다. 말일에 사람들은 결혼과 음식을 금하라고 주장할 것이다. 그러나 이 같은 주장은 잘못된 것이다. "하나님께서 지으신 모든 것이 선하매 감사함으로 받으면 버릴 것이 없기" 때문이다(딤전 4:4).

창조 세계가 선하다는 성경의 가르침은 우리가 살펴본 성경의 다른 주제들과도 상충하지 않는다. 하나님의 백성은 자기를 부인하고 가난한 자들을 돕고 복음을 나누어야 한다. 그러나 우리는 성경적인 균형을 유지해야 한다. 오늘날 그리스도인들이 생활 수준을 낮추어야 하는 이유는 음식과 의복과 재산이 본질적으로 악하기 때문이 아니라 다른 사람들이 굶주리고 있기 때문이다. 창조 세계는 선하다. 그러나 우리에게 애정의 표시로 이 훌륭한 세상을 주신 하나님은 형제자매들과 그것을 나누어 가지라고 요청하셨다.

의와 부

만일 우리가 하나님과 사람을 존중하며 부의 위험을 인지하고 창조 세계의 선함을 기뻐하면 번영이 뒤따라 오는가? 순종하면 반드시 번영하는가? "의인의 집에는 많은 보물이 있다"는 말은 사실인가?(잠 15:6) 그 반대도 역시 맞는 말이 아닌가? 부는 의를 나타내는 분명한 표시인가?

성경적인 균형

성경은 분명히 가난을 낭만적으로 묘사하지 않는다. 가난은 저주다(삼하 3:29; 시 109:8-11). 때때로 가난은 죄의 결과이기도 하다. 하지만 항상 그런 것은 아니다. 욥기의 기본 요점은 모든 가난과 고통이 불순종으로 인한 것은 아니라는 사실이다. 사실상 가난과 고통은 구속적인 효과를 가져올 수 있다(사 53장). 그렇다 할지라도 가난과 고통이 본질적으로 좋은 것은 아니다. 가난과 고통은 하나님의 선한 창조 세계가 비극적으로 왜곡된 결과다.

다른 한편으로 번영과 부는 좋고 바람직하다. 하나님은 이스라엘 백성이 그분께 순종하면 젖과 꿀이 흐르는 땅에서 큰 번영을 누리며 살게 될 것이라고 반복해서 약속하셨다(신 6:1-3). "네가 네 하나님 여호와의 말씀을 청종하면 이 모든 복이 네게 임하며 네게 이르리니…여호와께서 네게 주리라고 네 조상들에게 맹세하신 땅에서 네게 복을 주사 네 몸의 소생과 가축의 새끼와 토지의 소산을 많게 하시며"(신 28:2, 11; 또한 7:12-15을 보라). 하나님이 순종하는 자들에게 종종 물질적으로 넘치도록 보상하신다는 것은 분명한 성경의 가르침이다.

그러나 축복에 대한 약속에는 항상 저주에 대한 경고가 뒤따랐다(신 6:14-15; 8:11-20; 28:15-68). 하나님이 그분의 백성에게 가장 자주 명하시는 것 가운데 하나는 굶주린 자들을 먹이고 가난한 자들을 위해 정의를 실현하라는 것이었다(3-4장을 보라). 이 명령을 계속해서 무시한 이스라엘은 하나님의 저주를 경험했다. 아모스와 이사야 시대에 많은 부자들이 번창했던 것은 하나님이 복을 주셨기 때문이 아니었다. 그 번영은 가난한 자들을 억압함으로 인한 것이었고 그것은 죄였다. 따라서 하나님은 이스라엘을 멸하셨다.

성경에는 물질적 풍요가 하나님께 순종한 결과라고 말하는 본문보다 가난한 자들을 무시하거나 억압하는 이들을 하나님이 심판하신다고 경고하는 본문이 더 많다.[15] 하지만 두 진술은 모순되지 않는다. 둘 다 맞는 말이다. 우리에게 필요한 것은 성경적 균형이다.

성경은 하나님이 그분께 순종하는 자를 물질적 번영으로 복 주신다고 가르치지만, 물질적으로 번영한 자가 모두 순종으로 인해 하나님이 주신 복을 받은 것이라고 가르치지는 않는다. 부와 번영이 언제나 의의 표시라고 생각하는 것은 이단이다. 이 같은 생각은 특히 부유한 나라에서 흔히 찾아볼 수 있다. 부와 번영은 이스라엘의 경우처럼(3장을 보라) 죄와 억압의 결과일 수 있다. 중요한 판단 기준은 번창하는 자들이 '억눌린 자들을 위해 정의를 실현하라'는 하나님의 명령에 순종하고 있는지 여부다.[16] 번창하는 자들이 그 명령에 순종하고 있지 않다면 그들은 가증스럽게 하나님께 불순종하고 있는 것이다. 그러므로 성경적 기준에서 볼 때, 불의 가운데 이루어진 번영은 순종이 아니라 억압의 결과로 생기는 것이며 따라서 그 같은 번영은 의의 표시가 아니라고 확실히 말할 수 있다.

성경은 의와 번영 그리고 가난한 자들에 대한 관심의 관계를 분명하게 가르친다. 잠언 31장에 묘사된 현숙한 아내의 이야기는 아름다운 예다. 이 여자는 밭을 사서 파는 부지런한 사업가이며(14, 16, 18절). 주님을 경외하는 의로운 여성이다(30절). 분명히 그녀는 순종하고 부지런히 일하기 때문에 번창하게 된다. 그러나 많은 물질을 소유했다고 해서 가난한 자들에게 인색하게 굴지 않는다. "그는 곤고한 자에게 손을 펴며 궁핍한 자를 위하여 손을 내밀며"(20절). 시편 112편도 똑같이 명백하다. "여호와를 경외하며 그의 계명을 크게 즐거워하는 자는 복이 있도다.…부와 재물이 그의 집에 있음이여.…그는 자비롭고 긍휼이 많으며 의로운 이로다. 은혜를 베풀며 꾸어 주는 자는 잘 되나니 그 일을 정의로 행하리로다.…그가 재물을 흩어 빈궁한 자들에게 주었으니"(시 112:1, 3-5, 9).

의로운 사람은 기꺼이 자신의 부를 가난한 자들에게 나누어 준다. 그는 억눌린 자들을 위한 정의를 확립하기 위해 일한다. 그와 같은 삶이야말로 그 사람의 재산이 억압이 아닌 순종의 결과로 생긴 것임을 나타내는 표적이다.

하나님은 정의에 기초한 번영을 원하신다. 존 테일러가 매우 멋진 말로 지적했듯이, 물질적 소유에 대한 성경의 기준은 '충분함'이다.[17] 잠언 30:8-9이 그 점을 완벽하게 요약하고 있다. "나로 가난하게도 마옵시고 부하게도 마옵시고 오직 필요한 양식으로 나를 먹이시옵소서. 혹 내가 배불러서 하나님을 모른다 여호와가 누구냐 할까 하오며, 혹 내가 가난하여 도둑질하고 내 하나님의 이름을 욕되게 할까 두려워함이니이다."

부자 그리스도인들은 하나님이 때때로 순종에 대해 물질적 풍요로 보상하신다는 성경의 가르침을 왜곡하지 않도록 주의해야 한다. 부유한 사람이 '크리스마스 선물 바구니'를 만들어 구제했다고 해서 하나님의 요구를 만족시킨 것은 아니다. 하나님은 때때로 베풀어지는 자선이 아니라 가난한 자들을 위한 정의를 원하신다. 그리고 정의란 희년과 안식년에 부채를 면제해 주는 행위와 같은 것들을 의미한다. 정의는 모든 사람이 최소한의 생계를 위한 생산 자원을 갖도록 보장하는 경제 구조를 의미한다. 정의에 대한 그와 같은 성경적 관심이 없는 번영은 명백한 불순종을 의미한다.

경건한 가난한 자들

구약은 물질적 소유가 때때로 하나님이 복을 주신 결과라고 가르친다. 이 견해는 "가난한 자는 복이 있나니 하나님의 나라가 너희 것임이요"(눅 6:20)라는 예수님의 말씀과 양립하는가? 예수님은 가난 자체를 하나의 덕으로 간주하셨는가? 게다가 이 복에 대해 "심령이 가난한 자는 복이 있나니"(마 5:3)라고 기록한 마태와 그냥 "가난한 자는 복이 있나니"라고 기록한 누가를 어떻게 조화시킬 수 있는가?

그리스도께서 오시기 직전까지 수백 년간 발전해 온 '경건한 가난한 자들'이라는 개념이 이러한 문제에 대한 답의 실마리를 제공한다. 이미 시편에서 가난한 자들은 자주 하나님의 특별한 은총과 보호의 대상으로 언급되었다. 가난한 자들이 사악한 부자들에 의해 억압당했기 때문이다(시 9:18; 10:1-2).[18] 그리스와 로마가 팔레스틴을 정복했을 때 그리스 문화와 가치관이 유대인들에게 유입되었고, 여호와께 신실했던 자들은 종종 재정적으로 곤란을 겪었다. 그리하여 '가난한'이라는 용어가 신실한 유대인을 묘사하는 데 쓰이게 되었다.

'가난한'이라는 말은 사실상 '경건한', '하나님을 경외하는', '독실한'이라는 말과 같다. 이는 주로 부자들이 밀려들어 오는 문화에 그대로 동화되었으며 또 자신들의 종교적 헌신이 새로운 풍습에 오염되도록 내버려두었던 상황을 반영한다. 가난한 자들이 경건하고 신실하고 대부분 억눌린 자들이었다면, 부자들은 힘있고 불경하고 세속적이고 또 배교적이기까지 한 자들이었다.[19]

그와 같은 상황에서 의인은 단지 '심령'이 아니라 종종 육체적으로 가난과 굶주림을 겪었다. 마태는 예수님의 말씀을 '영적으로 해석하지' 않았다. 그는 단지 예수님이 원래 말씀하신 의미의 또 다른 측면을 파악했을 뿐이다. 예수님은 의에 목말라서 물질적 번영까지도 희생할 정도로 신실한 사람들에 대해 말씀하신 것이지 가난과 굶주림 자체가 바람직하다는 의미로 말씀하신 것이 아니다. 그러나 종종 하나님의 율법을 어길 때에만 성공하고 번영할 수 있는 죄 많은 세상에서 가난과 굶주림은 진실로 축복이다. 하나님 나라는 바로 그와 같은 사람들을 위한 것이다.

마가복음 10:29-30에 기록된 예수님의 말씀을 살펴보면 더욱 분명히 알 수 있다. 예수님은 하나님 나라를 위해 모든 것을 포기한 자들은 이생에서도 백 배의 보상을 받을 것이라고 약속하셨다.

예수님은 우리가 즐기도록 만들어진 선한 창조 세계의 일부인 집과 땅(전토)까지도 포함해서 말씀하셨다. 하지만 같은 문장에서 예수님은 박해도 약속하셨다. 때때로 (아마도 대부분) 악하고 힘있고 부한 자들이, 타협하지 않고 용감하게 예수님의 가르침을 따르려는 자들을 핍박할 것이다. 그 결과 그들은 종종 굶주림과 가난을 경험하게 된다. 그와 같은 때에 가난하고 굶주린 제자들은 정말로 복을 받는 것이다.

이 시대에 가난한 자들과 소유물에 대한 성경의 가르침을 용감하게 설교하고 그대로 살려고 하는 자들은 심한 박해를 경험했다. 실로 어떤 지역에는 이미 그런 날이 도래했다. 라틴 아메리카의 많은 그리스도인들은 가난한 자들의 편을 들었기 때문에 고문을 당했으며 심지어 어떤 사람들은 목숨을 잃기까지 했다.

염려하지 않는 삶

그러나 우리 대부분은 미묘한 압박에 직면한다. 사회에 만연되어 있는 물질주의는, 소유에 대해 염려하지 않는 예수님의 태도를 따르고자 노력하는 사람들을 비웃는다. 예수님의 말씀이 광고 사업, 심지어 교회 구조까지 이끌어 간다고 주장하는 사람에게 쏟아질 사회의 비난을 상상해 보라.

그러므로 내가 너희에게 이르노니, 너희 목숨을 위하여 무엇을 먹을까 몸을 위하여 무엇을 입을까 염려하지 말라. 목숨이 음식보다 중하고 몸이 의복보다 중하니라. 까마귀를 생각하라. 심지도 아니하고 거두지도 아니하며 골방도 없고 창고도 없으되 하나님이 기르시나니 너희는 새보다 얼마나 더 귀하냐. 또 너희 중에 누가 염려함으로 그 키를 한 자라도 더할 수 있느냐. 그런즉 가장 작은 일도 하지 못하면서 어찌 다른 일들을 염려하느냐. 백합화를 생각하여 보라. 실로 만들지 않고 짜지도 아니하느니라. 그러나 내가 너희에게 말하노니 솔로몬의 모든 영광으로도 입은 것이 이 꽃 하나만큼 훌륭하지 못하였느니라. 오늘 있다가 내일 아궁이에 던져지는 들풀도 하나님이 이렇게 입히시거든 하물며 너희일까 보냐, 믿음이 작은 자들아. 너희는 무엇을 먹을까 무엇을 마실까 하여 구하지 말며 근심하지도 말라. 이 모든 것은 세상 백성들이 구하는 것이라. 너희 아버지께서는 이런 것이 너희에게 있어야 할 것을 아시느니라. 다만 너희는 그의 나라를 구하라. 그리하면 이런 것들을 너희에게 더하시리라(눅 12:22-31; 또한, 고후 9:8-11을 보라).

예수님의 말씀은 마르크스주의자나 자본주의자나 다같이 질색하는 것이다. 마르크스주의자는 경제력이 역사의 궁극적 원인이 되는 요소라고 주장함으로써 맘몬을 숭배하고, 자본주의자는 경제적 효율성과 성공을 최고의 선으로 우상화함으로써 맘몬을 숭배하기 때문이다.[20] 사실상 또 다른 기준에서 볼 때 안락한 생활을 하는 보통 '그리스도인들'도 예수님의 말씀에 질색한다. 실제로 나는 그 말씀을 읽을 때 항상 마음이 불편하다는 것을 고백해야겠다. 누가복음 12:22-31의 아름다움과 호소력은 항상 나를 압도한다. 그러나 또한 그 말씀은, 계속적인 투쟁과 노력에도 불구하고 나 자신이 예수님이 묘사하신 '염려하지 않는 태도'에 도달하지 못했음을 상기시킨다.

비결

염려하지 않는 삶의 비결은 무엇인가? 첫째, 정말로 예수님이 말씀하신 하나님을 믿는다면 우리는 미래에 대해 염려하지 않고 살 수 있다. 예수님은 우리에게 하나님은 우리를 사랑하시는 아버지라고 가르치셨다. 그것이 우리가 아빠라는 말처럼 애정이 깃든 '아바'라는 친밀한 호칭으로 하나님을 부를 수 있는 이유다(막 14:36). 정말로 우주를 창조하고 보존하는 전능하신 하나님이 우리가 사랑하는 아버지임을 믿는다면, 우리는 이 세상의 재물에 대한 염려를 물리칠 수 있다.

둘째, 염려하지 않는 삶은 예수님에 대한 무조건적인 헌신을 전제로 한다. 우리는 진정으로 먼저 하나님 나라를 구해야 한다. 예수님은 솔직하셨다. 우리는 하나님과 재물을 겸하여 섬길 수 없다. "한 사람이 두 주인을 섬기지 못할 것이니 혹 이를 미워하고 저를 사랑하거나, 혹 이를 중히 여기고 저를 경히 여김이라. 너희가 하나님과 재물을 겸하여 섬기지 못하느니라"(마 6:24). 맘몬은 어떤 신비로운 이방신이 아니다. '맘몬'(mammon)이라는 말은 부나 재산을 가리키는 아람어다.[20] 부자 청년이나 삭개오처럼 우리는 예수님과 부 사이에서 하나를 정해야 한다. 예수님의 비유에 나오는 상인처럼 하나님 나라와 풍요한 삶 사이에서 하나를 정해야 한다. "또 천국은 마치 좋은 진주를 구하는 장사와 같으니, 극히 값진 진주 하나를 발견하매 가서 자기의 소유를 다 팔아 그 진주를 사느니라"(마 13:45-46; 또한 44절을 보라). 예수님과 그의 나라는 매우 중요하기 때문에 우리는 소유를 포함한 다른 모든 것을 희생할 각오를 해야 한다. 그렇지 않다면 우리는 예수님을 진지하게 대하고 있는 것이 아니다.

희생

예수님이 참으로 주님이시라면 그리고 우리가 사랑이 많으신 하나님 아버지를 신뢰한다면, 우리는 용감하게 소유에 대한 염려 없이 살 수 있다. 소유에 대해 염려하지 않는 자세는 단순히 내면의 영적 태도만을 말하는 것이 아니다. 거기에는 구체적인 행동이 포함된다. 예수님은 까마귀와 백합화의 예를 들어 염려하지 않는 삶에 대해 감동적으로 진술하신 후에, 다음과 같이 말씀하신다. "너희 소유를 팔아 구제하여 낡아지지 아니하는 배낭을 만들라. 곧 하늘에 둔 바 다함이 없는 보물이니…너희 보물 있는 곳에는 너희 마음도 있으리라"(눅 12:33-34).

도움이 필요한 가난한 사람들이 있을 경우, 염려하지 않는 예수님의 제자들은 소유물을 파는 한이 있더라도 그들을 도울 것이다. 사람이 재물보다 훨씬 더 중요하다. '하늘에 보물을 쌓아 두는 것'은 다른 사람들을 도움으로써 이루어진다. "유대 문학에서 종교인의 선행은 종종 하늘에 쌓아 둔 보물로 묘사된다."[22] 사람은 이 세상에서 의를 행함으로써 하늘에 보물을 쌓는다. 그리고 가난한 자를 돕는 것은 가장 기본적인 의로운 행위 가운데 하나다. 물론 예수님의 말씀은 우리가 가난한 자를 도와줌으로써 구원을 얻는다는 의미는 아니다. 그분의 말씀은 값없이 죄인을 용서해 주시는 하나님의 은혜에 감사하는 마음으로, 재물에 연연하지 말고 그 재물을 팔아서 가난하고 억눌린 자들을 도울 것을 촉구하려는 것이다. 그 같은 활동은 소유에 대해 염려하지 않고 즐겁게 사는 삶의 필수적인 부분이다.

그러나 한 가지 어려운 문제가 남아 있다. **모든** 재물을 팔아야 한다는 예수님의 말씀은 무슨 의미인가? 누가복음 6:30에서 예수님이 하신 말씀을 얼마나 문자적으로 이해해야 하는가? "네게 구하는 자에게 주며 네 것을 가져가는 자에게 다시 달라 하지 말며."

예수님은 때때로 요점을 강조하기 위하여 전형적인 유대식 과장법을 사용하셨다. 누가복음 14:26에서 예수님은 그분의 제자가 되려면 부모를 적극적으로 미워해야 한다는 의미로 말씀하신 것이 결코 아니다. 그러나 우리는 예수님의 말씀에 매우 익숙해지고, 그 말씀이 요청하는 급진적인 제자도와 무조건적인 헌신을 타협시키는 데 익숙해져서, 그분의 참 의도를 약화시켜 버린다. 북미인들의 99퍼센트가 삶의 99퍼센트 시간에 들어야 할 말은 다음 두 가지다. "너희에게 구하는 자에게 주라." "너희의 재물을 팔아라." 예수님을 따르는 추종자들이 계속해서 어느 정도 사유 재산을 소유한 것은 분명한 사실이다. 그러나 예수님은 그분이 바라는 실질적인 나눔에는 소유물을 파는 것이 포함된다고 분명히 말씀하셨다. 예루살렘에 살고 있던 예수님의 첫 제자들은 그분의 말씀을 심각하게 들었다. 오늘날 부유한 그리스도인들이 재산과 소유에 대해 염려하지 않는 예수님의 태도를 경험하고자 한다면, 그들도 그렇게 해야 한다.

신약의 다른 부분들도 같은 주제를 다룬다. 감독들은 돈을 사랑하지 않아야 한다(딤전 3:3; 딛 1:7). 마찬가지로 집사들도 "더러운 이를 탐하지 않아야" 한다(딤전 3:8). 오늘날 많은 교회에서 사업 '성공'은 교회 제직을 선출하는 주요한 기준의 하나다. 그 같은 기준은 소유물의 중요성에 대한 성경의 가르침을 노골적으로 뒤엎는 것이 아닌가? 부유한 사람마저도 '정함이 없는 재물'에 소망을 두지 말아야 한다. 그 대신 부자들은 하나님을 신뢰하고 가진 것을 너그럽게 나누어야 한다(딤전 6:17-18). "돈을 사랑하지 말고 있는 바를 족한 줄로 알라. 그가 친히 말씀하시기를 내가 결코 너희를 버리지 아니하고 너희를 떠나지 아니하리라 하셨느니라"(히 13:5). 우리의 미래는 소유물이 아니라 사랑이 많으신 전지전능한 하나님 아버지의 손에 달려 있기 때문에 안전하다. 정말로 하나님을 신뢰하고 무조건적으로 그분의 주권에 순종한다면, 우리는 재물과 소유물에 대해 예수님이 보여 주셨던 염려하지 않는 태도를 확신 있게 따를 수 있다.

점점 사람의 가치와 중요성을 그 사람의 물질적 소유로 측정하는 소비 사회에서, 성경적 그리스도인은 금욕주의에 빠지지 않으면서도 물질주의를 거부할 것이다. 그들은 물질 세계의 탁월함을 기뻐하면서도 물질은 궁극적인 만족을 주지 못한다는 사실을 잊지 않을 것이다. 그들은 좋은 땅을 즐길 것이고 땅의 풍요를 경축할 때에 가난한 자들과의 헌신적인 나눔을 잊지 않을 것이다. 그들은 필요와 사치를 구별할 것이다. 또한 소유물을 즐길 때에도 그 유혹적인 위험을 잊지 않을 것이다. 예수님과 소유물 중 하나를 선택해야 한다면 기꺼이 사랑하는 예수님을 위해 반지를 버릴 것이다.

연구 문제

❶ 사유 재산에 대한 성경의 가르침은 현대인의 견해에 어떻게 도전하는가?
❷ 소유의 위험은 무엇인가? 현대인들이 특별히 이 부분에 대한 성경적 진리를 파악하기가 어려운 이유는 무엇인가?
❸ 성경에서 의와 부의 실질적인 관계는 무엇이라고 말하는가? 이 진리는 오늘날 어떻게 왜곡되고 있는가?
❹ 당신이 진실로 염려하지 않는 삶에 대한 예수님의 가르침을 실행한다면 삶을 어떻게 바꾸겠는가?
❺ 성 아우구스티누스가 말한 반지와 연인의 비유는 소유물에 대한 적절한 태도를 어떻게 요약하는가?

6 ● 사회악: 사회 구조 속에 심겨진 죄

> 여러분 각자는 반유대주의자가 아닙니다.…여러분은 이웃 유대인들과 저녁식사도 함께했습니다.…그러나 유대인들에게 완장을 차게 하고 그들의 재산을 빼앗고 그들을 죽음의 자리로 쫓아 버리는 (히틀러의) 정책에 반대하지 않는다면, 여러분의 작은 친절은 아무 의미가 없습니다.[1]
> —리처드 와츠

필라델피아에 있는 노스이스트 고등학교는 우수한 학업 성적과 오랫동안 이어져 온 훌륭한 체육 경기 우승 경력으로 유명했다. 필라델피아 시에서 두 번째로 오래 된 이 학교는 탁월한 교사들과 위대한 전통을 지니고 있었다. 그리고 이 학교의 학생은 거의 전부가 백인이었다. 그러다가 1950년대 중반에 학교 주변이 변하기 시작하면서 흑인들이 이사해 들어왔다. 백인들은 필라델피아의 새로운 백인 거주 지역으로 떼를 지어 빠져나가기 시작했다. 따라서 대다수의 주민이 백인인 발전된 그 지역에 새로운 고등학교가 필요하게 된 것은 아주 당연했다.
1957년에 훌륭한 신축 교사를 완공하면서 그 학교는 명성과 전통, 우수한 학업 성적, 체육 경기 우승의 역사와 더불어 노스이스트 고등학교라는 옛 교명도 함께 가지고 갔다. 새로운 학교는 학업과 운동 경기에 관련된 모든 트로피와 상, 교색, 교가, 막강한 동창들 그리고 금고에 보관된 돈을 전부 가지고 갔다. 설상가상으로, 교사들에게도 새로운 고등학교로 전근할 수 있는 기회가 주어졌다. 그리하여 교사들 가운데 3분의 2가 전근해 버렸다.[2]

남겨진 고등학교에는 에디슨 고등학교라는 새로운 교명이 붙여졌으며, 그 학교에 다니게 된 흑인 학생들에게 주어진 것은 급속하게 낡아 가는 건물과 자주 바뀌는 교사들과 전무한 전통이었다. 이후 몇 년 동안에도 에디슨 고등학교에는 좀더 나은 교사들과 적절한 교육 재료들이 공급되지 않았다. 그 결과, 1957년 이후로 학업 성적은 엉망이 되었다. 그러나 에디슨 고등학교는 한 가지 전국 기록을 갖고 있다. 미국의 다른 어떤 고등학교보다, 이 학교 출신의 많은 학생들이 베트남에서 미군으로 복무하다 죽었다.

이 같은 엄청난 악은 누구의 잘못이었는가? 수십 년 동안 주택상의 인종 차별을 촉진했던 지방, 주 그리고 연방 정치가들인가? 학교 이사회인가? 기껏해야 진행되는 일의 일부만을 보았던 학부모들인가? 지역 사회의 그리스도인 지도자들인가? 아니면 에디슨 고등학교에 다니는 흑인 학생들에게 빈약한 시설과 나쁜 교사들을 남겨 주고 온 덕분에 훌륭한 교육과 출세의 가능성을 얻게 된, 새로운 학교의 백인 학생들에게 부분적으로나마 잘못이 있는가?

많은 사람들은 개인의 책임은 조금도 없다고 말할 것이다. "세상 돌아가는 게 다 그렇지 뭐." 그리고 그 말은 정말 맞을 것이다. 오랫동안 지속된 직업과 주거 유형이 에디슨 고등학교를 낳은 제도를 자동적으로 만들어 낸 것이다. 그러나 그런 방식으로 책임 문제가 해결되지는 않는다. 그렇다면 부당하게 어떤 사람들에게는 이익을 주고 다른 사람들에게는 피해를 입히는 악한 사회 제도와 사회 구조에 참여하는 것은 죄인가?

구조적 불의 또는 제도화된 악에 대한 성경의 가르침이야말로 오늘날 많은 교회에서 치명적으로 소홀히 하고 있는 것들 가운데 하나다. 그리스도인들은 종종 윤리의 범위를 '개인적' 죄라는 좁은 부류로 제한한다. 1,500명이 넘는 목사들을 연구한 어느 조사가는 신학적으로 보수적인 목사들이 약물 남용과 간통 같은 죄들을 강조해서 이야기하는 것을 발견했다.[3] 그러나 그러한 목사들은 많은 사람들을 파괴하는 제도화된 인종 차별과 불의한 경제 구조와 같은 죄에 대해서는 설교하지 않았다.

(친구에게 거짓말을 하거나 간음하는 것과 같은) 의도적인 개인적 행위와 악한 사회 구조에 참여하는 것 사이에는 중요한 차이가 있다. 노예 제도가 후자의 한 예다. 열 살 난 어린이에게 하루에 열두 시간에서 열여섯 시간 노동을 시킨 빅토리아 시대의 공장 제도도 그러하다. 노예 제도와 미성년 노동은 모두 합법적이었다. 그러나 이 제도들은 수많은 사람들을 파괴했다. 두 제도 모두 제도화된 또는 구조적인 악이었다.

20세기에 들어와서 복음주의자들은 악한 사회 체계와 거기에 참여하는 행위는 보아 넘기고, 개인적으로 저지르는 잘못된 행위에 대해서는 염려와 도덕적 분노를 표시함으로써 죄에 대해 균형 잡힌 시각을 갖지 못하였다. 그러나 성경은 개인적 죄와 악한 사회 구조에 참여하는 죄 모두를 비난한다.

구약

하나님은 예언자 아모스를 통해 다음과 같이 선언하셨다. "이스라엘의 서너 가지 죄로 말미암아 내가 그 벌을 돌이키지 아니하리니, 이는 그들이 은을 받고 의인을 팔며 신 한 켤레를 받고 가난한 자를 팔며 힘없는 자의 머리를 티끌 먼지 속에 발로 밟고 연약한 자의 길을 굽게 하며 아버지와 아들이 한 젊은 여인에게 다녀서 내 거룩한 이름을 더럽히며"(암 2:6-7).

성경 학자들은 "신 한 켤레를 받고 가난한 자를 팔며"라는 구절의 근저에는 모종의 법적 의제가 놓여 있음을 밝혀 냈다.[4] 이같이 가난한 자들은 **법적으로** 차별을 받았다. 하나님은 간통과 가난한 자들에 대한 법률화된 억압이라는 혐오스러운 행위를 **모두** 비난하신다. 성적 범죄와 경제적 불의는 똑같이 하나님의 분노를 불러일으킨다.

이사야 역시 개인적인 죄와 사회적인 죄를 모두 비난했다.

> 가옥에 가옥을 이으며 전토에 전토를 더하여 빈 틈이 없도록 하고 이 땅 가운데에서 홀로 거주하려 하는 자들은 화 있을진저. 만군의 여호와께서 내 귀에 말씀하시되 정녕히 허다한 가옥이 황폐하리니 크고 아름다울지라도 거주할 자가 없을 것이며…아침에 일찍이 일어나 독주를 마시며 밤이 깊도록 포도주에 취하는 자들은 화 있을진저(사 5:8-9, 11).

이사야 5:22-23에 나오는 간결하고 신랄한 요약도 마찬가지로 강력하다. "포도주를 마시기에 용감하며 독주를 잘 빚는 자들은 화 있을진저. 그들은 뇌물로 말미암아 악인을 의롭다 하고 의인에게서 그 공의를 빼앗는도다." 여기에서 하나님은 가난한 자들을 희생해 가면서 많은 토지를 축적한 자들과 술독에 빠진 자들을 함께 비난하신다. 경제적 부정은 술에 취하는 것만큼이나 하나님께 혐오스러운 것이다.

일부 젊은 사회 운동가들은, 소수자들의 권리를 위해 투쟁하고 군사주의를 반대하는 한, 사회적 도덕성을 위한 투쟁에 함께하는 이성과 자주 성관계를 가져도 자신들이 도덕적으로 의롭다고 생각한다.

다른 한편으로, 일부 나이 든 사람들은 백인들만 모여 사는 지역에 살면서 세상의 가난한 자들을 착취하는 회사들의 주식을 소유하고 있지만, 자신들이 난잡한 성생활을 하지 않기 때문에 도덕적으로 올바르다고 생각한다. 하지만 성경적 관점에서 근로자들에게 공정한 임금을 지불하지 않는 것과 은행을 터는 것은 둘 다 죄다. 인종차별주의자에게 표를 던지는 것과 이웃의 아내와 동침하는 것도 모두 죄다. 부주의하게 환경을 오염시켜서 다른 사람들에게 과중한 비용을 부과하는 회사에 말없이 참여하는 것과 담배를 피워 폐를 망가뜨리는 것도 똑같이 잘못된 것이다.

나는 이 책의 초판에서 사회적 악이 개인적 악보다 더 해롭다고 말한 바 있다. 그런데 개발도상국에서는 그 말이 맞을지도 모르지만 북아메리카와 서유럽에서는 더 이상 그렇지 않다. 산업화된 국가 내에서 깨어진 가정, 난잡한 성생활, 결혼 생활의 파탄, 가정 폭력, 이혼은 구조적 불의와 마찬가지로 고통을 초래한다. 이 말은 구조적 불의를 부정하거나 덜 강조하려는 것이 아니라 단지 오늘날에는 두 종류의 악 모두가 사회를 황폐화한다는 점을 강조하기 위해서다.

하나님은 예언자 아모스를 통하여 악한 **법령**에 대한 불쾌함을 분명하게 나타내신다(이 구절의 의미를 이해하기 위해 우리는 이스라엘의 재판이 성문에서 열렸음을 염두에 둘 필요가 있다). "무리가 성문에서 책망하는 자를 미워하며…너희의 허물이 많고 죄악이 무거움을 내가 아노라. 너희는…뇌물을 받고 성문에서 가난한 자를 억울하게 하는 자로다.…너희는 악을 미워하고 선을 사랑하며 성문에서 정의를 세울지어다"(암 5:10-15).

"오직 정의를 물같이, 공의를 마르지 않는 강같이 흐르게 할지어다"(암 5:24). 이 구절은 추상적인 말이 아니다. 아모스는 법률 제도상의 정의를 요구하고 있는 것이다. 그는 부자들이 돈을 써서 어려운 궁지를 빠져나올 수 있게 하고 가난한 자들은 오랫동안 감옥에 가두는 부패한 법률 제도를 제거하라고 말하고 있다.

법률 제도 내에서 부정하고 부패한 개인들만 비난의 대상이 되는 것은 아니다. 때로는 법 자체가 하나님께 혐오스러운 것이 된다.

율례를 빙자하고 재난을 꾸미는 악한 재판장이 어찌 주와 어울리리이까. 그들이 모여 의인의 영혼을 치려 하며 무죄한 자를 정죄하여 피를 흘리려 하나, 여호와는 나의 요새이시요 나의 하나님은 내가 피할 반석이시라. 그들의 죄악을 그들에게로 되돌리시며 그들의 악으로 말미암아 그들을 끊으시리니 여호와 우리 하나님이 그들을 끊으시리로다 (시 94:20-23).

예루살렘 성경(Jerusalem Bible)은 20절을 다음과 같이 훌륭하게 번역해 놓았다. "너는 법으로 무질서를 강요하는 저 부패한 심판에 결코 동의하지 말라." 하나님은 사악한 정부들이 "재난을 꾸민다"는 사실을 자기 백성이 알기 원하신다. 또한 새영어 성경(New English Bible)에 쓰인 표현대로 사악한 정부들은 "법의 보호 아래" 악을 꾀하기도 한다.

하나님은 예언자 이사야를 통해 동일한 말씀을 선포하신다.

불의한 법령을 만들며 불의한 말을 기록하며 가난한 자를 불공평하게 판결하여 가난한 내 백성의 권리를 박탈하며…고아의 것을 약탈하는 자는 화 있을진저. 벌하시는 날과 멀리서 오는 환난 때에 너희가 어떻게 하려느냐. 누구에게로 도망하여 도움을 구하겠으며 너희의 영화를 어느 곳에 두려느냐. 포로된 자 아래에 구푸리며 죽임을 당한 자 아래에 엎드러질 따름이니라. 그럴지라도 여호와의 진노가 돌아서지 아니하며 그의 손이 여전히 펴져 있으리라(사 10:1-4).

억압을 법률화하는 것은 가능한 일이다. 지금도 그 당시처럼 입법자들이 불의한 법률을 고안하며 관료들(서기관 또는 법률가)이 부정을 저지른다. 그러나 하나님은 공직을 이용해 불의한 법령을 만들고 부당한 법적 결정을 내리는 통치자들에게 거룩한 진노를 발하신다. 법률화된 억압은 우리 하나님이 혐오하시는 것이다. 그러므로 하나님은 그분의 백성들에게 법령으로 악을 고안하는 정치적 구조에 반대하라고 요구하신다.

하나님은 악한 경제 구조와 불의한 법률 제도를 미워하신다. 바로 그것들이 수많은 사람들의 삶을 파괴하기 때문이다. 우리는 의로운 우주의 주님이 사악한 통치자들과 불의한 사회 제도를 멸하실 것을 믿는다(왕상 21장을 보라).

제도화된 악이 특별히 해로운 또 다른 이유가 있다. 그것은 구조악이 매우 교묘해서 우리가 그것을 완전히 이해하지 못한 채 그 올가미에 걸려든다는 사실이다. 하나님은 아모스에게 영감을 주셔서 그 당시 문화적 상류층에 속한 여성들을 향해 성경에 기록된 말 가운데 가장 호된 말을 하게 하셨다. "사마리아 산에 있는 바산의 암소들아, 이 말을 들으라. 너희는 힘 없는 자를 학대하며 가난한 자를 압제하며 가장에게 이르기를 술을 가져다가 우리로 마시게 하라 하는도다. 주 여호와께서 자기의 거룩함을 두고 맹세하시되 때가 너희에게 이를지라. 사람이 갈고리로 너희를 끌어가며 낚시로 너희의 남은 자들도 그리하리라"(암 4:1-2).

그 여성들은 가난해진 소작농들과 직접적으로 접촉하지 않았을지도 모른다. 그 여성들은 호화로운 의상과 신나는 잔치를 즐기는 것이 부분적으로나마 가난한 이들의 땀과 눈물 때문에 가능했다는 사실을 분명하게 깨닫지 못했을 수도 있다. 실제로 그 여성들은 소작농 한 사람 한 사람에게는 가끔씩 친절을 베풀었을지도 모른다(아마도 그들은 소작농들에게 일 년에 한 번 '크리스마스 선물 바구니'를 주었을 것이다). 그러나 하나님은 이 같은 특권층 여성들을 '암소'라고 부르셨다. 그들이 사회악에 참여했기 때문이다. 하나님 앞에서 그 여성들은 인격적이고 개인적으로 죄를 지었다.[9]

우리가 구조악으로부터 이익을 보는 특권 계층에 속한다면, 그리고 그 악의 의미를 어느 정도 이해하고도 그 구조를 변화시키기 위해 하나님이 우리에게 원하시는 일을 하지 않는다면, 우리는 그분 앞에 죄를 짓게 된다. 사회악은 개인적 악만큼이나 하나님을 불쾌하게 만든다. 그리고 사회악은 더 교묘하다.

어떤 사람들은 동의하지 않는다. 존 슈나이더(John Schneider)는 사회적 죄에 대한 나의 견해를 날카롭게 비판한다. 첫째로, 그는 내가 사회적 악은 "개인적 악과 도덕적으로 구분할 수 없다"고 주장한다고 말한다.⁶ 하지만 사실상 나는 그렇게 말하거나 믿지 않는다. 구조는 개인처럼 지성과 의지를 가지고 있지 않다. 악한 제도는 죄된 개인이 하는 것처럼 죄를 회개하고, 그리스도의 속죄를 통해 죄사함을 받으며, 세례를 받고, 영생에 이르지 못한다. 책임은 죄책과는 다르다. 사회 내의 모든 개인들은 개인적인 것이든 공동의 것이든 자신의 주변에 악이 존재한다면 그것을 바로잡아야 할 책임이 어느 정도 있다. 하지만 그렇다고 해서 각각의 개인이 사회에 있는 모든 죄에 대해 죄책이 있다는 의미는 아니다.

오래 전에 나는 "사람은 그의 조상이나 동료 시민들이 저지른 잘못에 대해 그들과 똑같은 의미에서 똑같은 정도로 죄가 있다"는 개념을 거부했다.⁷ 성경에는 자기 조상과 친척의 죄를 고백한 사람들의 예가 분명히 나온다(단 9:4-20; 느 1:4-5; 사 6:1-5). 하지만 에스겔 18:1-20은 '하나님이 죄 있다고 여기시는 사람은 친척이나 이웃이 아니라 그 죄를 범한 개인'이라는 것을 명백하게 가르치고 있다.

악한 제도에 참여할 때 우리는 개인적으로 죄를 짓게 되는가? 그것은 우리가 그 악에 대해 알고 참여했는지의 여부와 그에 대한 우리의 반응에 따라 좌우된다. 그 악에 대해 전혀 몰랐다면 거기 참여했다고 해서 개인적으로 죄를 짓게 되는 것은 아니다. 그 악을 어느 정도 알고 그 불의를 바로잡기 위해 하나님이 우리에게 원하시는 모든 것을 한다면, 우리는 죄를 짓는 것이 아니다. 사람들이 그 제도가 하나님을 기쁘시게 하지 않는다는 것을 어느 정도 알면서도 상황을 변화시키기 위해 책임 있게 행동하지 않을 때, 악한 제도에 참여함으로써 죄를 짓게 된다.

둘째로, 슈나이더는 스스로 죄된 사회 구조에 연관되어 있음을 우리가 종종 모른다고 주장한다. "보통 우리는 그것에 대해 알 도리가 전혀 없다."[8] 따라서 우리는 그러한 제도에 참여하더라도 죄를 짓는 것이 아니다. 여기서 그의 말은 부분적으로 옳다. 내가 방금 주장했듯이, 우리가 참여하고 있는 어떤 제도의 악에 대해 아무것도 모른다면 그 때에는 참여함으로 인해 개인적으로 죄를 짓게 되는 것은 아니다.

하지만 또 다른 세 가지 사항이 매우 중요하다. 첫째로, 내가 어떤 제도가 지닌 악을 모르기 때문에 그 제도에 참여한다 해도 하나님 앞에 개인적으로 죄를 짓는 것이 아니라는 사실이, 그 제도가 악하며 하나님의 정죄 아래 있다는 사실을 바꾸지는 못한다. 하나님은 언제나 구조악을 미워하시며 그 불의를 종식시키기 위해 일하신다. 어떤 제도가 지닌 억압을 조금이라도 알고 있는지 아닌지의 여부는 그것이 거룩하신 하나님께 가증스러운 것이라는 객관적 사실을 변화시키지 않는다.

게다가 대부분의 경우, 불의한 구조 내에 살면서 그로부터 유익을 얻고 있는 사람들은 그 구조가 지닌 악에 대해 어느 정도(전부는 아니라 해도) 알고 있다. 사실상 많은 경우, 우리는 죄책감을 느끼지 않기 위해 더 이상 알지 않기로 결정할 만큼은 알고 있다. 마피아의 아내는 남편의 활동에 대해 많은 질문을 던지지 않을 만큼은 알고 있다. 부유한 그리스도인들은 제3세계 혹은 도시 빈민가의 빈곤에 대한 특집 프로그램을 꺼 버릴 만큼 가난의 참화에 대해 알고 있다. 우리는 서점에 가면 경제적 정의에 대한 코너는 급히 지나쳐 버린다. 왜 그런가? 더 많이 알게 되면 변화를 일으켜야 할 도덕적 의무가 생긴다는 것을 알기 때문이다. 적어도 우리는 우리에게 유익을 주고 다른 이에게 해를 끼치는 악에 대해 더 이상 알지 않기로 결정한 것에 관해서는 어느 정도 죄가 있지 않을까? "악을 행하는 자마다 빛을 미워하여 빛으로 오지 아니하나니, 이는 그 행위가 드러날까 함이요"(요 3:20).

마지막으로, 이해와 의식적 선택의 정도가 다르면 책임 및 죄책의 정도도 다르다. 많이 알지 않으려고 애쓰는 마피아의 아내는 개인적으로 사람을 죽이라고 명령하는 마피아 지도자와 똑같은 죄가 있지는 않다. 하지만 분명 그녀는 어느 정도 알고 있고, 어느 정도 죄가 있으며, 어느 정도 책임이 있다.

셋째로, 슈나이더는 매우 매혹적인 주장을 한다. 예수님은 온갖 종류의 구조적 불의로 가득 찬 로마 제국 내에서 목수로 일하면서 사셨다. 그러므로 "예수님이 매우 커다란 구조적 악으로부터 이득을 얻지 않으신다는 것은 도저히 불가능하다. 그리고 우리가 아는 한 예수님은 그러한 구조악을 변화시키기 위해 직접적으로는 아무 일도 하지 않으셨다."⁹⁹⁾ 간단히 말해 예수님이 죄인이었거나 사회적 죄에 대한 나의 이해가 잘못되었거나 둘 중 하나다.

사실은 그렇지 않다. 나는 악한 제도를 바로잡기 위해 어떤 한 사람이 모든 것을 해야만 한다고 말한 적이 결코 없다. 각 사람은 하나님이 그 사람에게 원하시는 모든 것을 해야 한다. 각 개인의 삶에 대한 하나님의 부르심은 다르다. 악한 사회적 구조에 참여한 자로서 죄를 짓는 때는 우리가 그 제도의 악함을 어느 정도 알고 난 다음에 그 악을 바로잡기 위해 하나님이 우리에게 바라시는 일을 하지 않았을 때뿐이다. 예수님이 불의한 구조를 바로잡기 위해 아무 일도 하지 않으셨다는 것은 결코 사실이 아니다. 예수님은 경제적 억압자를 반대하는 말씀을 하셨다. 예수님은 악한 통치자들을 정죄하셨다.[10] 예수님은 경제적 나눔과 사회에서 소외된 사람들을 돌아본다는 면에서, 새로이 변화된 생활 양식을 영위하는 새로운 공동체를 형성하셨다. 그리고 예수님은 죽은 자 가운데서 살아나셨으며 성령을 보내사 제자들이 모든 형태의 악에 도전할 수 있는 신적 능력을 소유하도록 하셨다.

예수님이 제국주의적인 로마의 독재 정권 아래 사셨다는 사실을 기억하는 것 역시 중요하다. 예수님은 민주주의 사회의 시민으로서 살아갈 정치적 기회를 갖지 않으셨다. 게다가 유대인의 메시아셨던 예수님은 로마에서 복음을 전하거나 로마의 불의를 바로잡기 위해 직접 행동을 취하도록 부르심 받은 것이 아니라 팔레스틴의 유대인들 가운데서 살고 사역하도록 부르심 받으셨다.[11] 예수님은 죄가 없으셨으므로, 우리는 '예수님이 당시의 불의를 바로잡기 위해 하나님이 예수님께 원하신 모든 일을 하셨다'고 추정할 수 있다.

부당한 제도와 억압적인 구조는 하나님께 가증스러운 것이며 '사회적 죄'는 그러한 것들에 대한 정확한 표현이다. 게다가 그 악을 알게 되었을 때, 우리는 그것을 변화시키기 위해 하나님이 우리에게 원하시는 모든 것을 행할 도덕적 의무가 있다. 그렇게 하지 않는다면 우리는 죄를 짓는 것이다. 그것이 바로 당시의 부유한 여인들에 대한 아모스의 가혹한 공격이 분명히 함축하는 의미다. 그것은 야고보서 4:17에도 분명하게 나타나 있다. "이러므로 사람이 선을 행할 줄 알고도 행치 아니하면 죄니라."

신약

신약에서[12] '세상'을 의미하는 '코스모스'(*cosmos*)라는 단어는 종종 구조악이라는 개념을 전달한다.[13] 헬라 사상에서 '코스모스'라는 단어는 문명 생활의 구조 특히 본질적으로 선한 것으로 여겨졌던 헬라 도시 국가의 유형을 가리켰다.[14] 하지만 성경 저자들은 죄가 사회의 구조와 가치관에 침투하여 그것들을 뒤틀리게 만들었음을 알았다.

그러므로 종종 신약에서 '코스모스'라는 단어는 도드(C. H. Dodd)의 말로 하면 "잘못된 원리에 의거해 조직된 인간 사회"를 가리킨다.[15] "바울이 도덕적 의미에서 '세상'에 대해 말할 때 그는 하나님과 그분의 구속적 목적에 대적하는 사람, 사회 제도, 가치관, 전통의 총체를 생각하고 있었다."[16]

그리스도인들은 회심하기 전에는 타락한 사회 질서의 가치관과 유형을 따른다. "그는 허물과 죄로 죽었던 너희를 살리셨도다. 그 때에 너희는 그 가운데서 행하여 이 세상 풍조를 따르고"(엡 2:1-2). 바울은 로마서에서(12:1-2) 그리고 요한은 요한일서에서, 그리스도인들에게 악한 제도와 사상이라는 이 세상 유형을 따르지 말라고 촉구한다.

이 세상이나 세상에 있는 것들을 사랑하지 말라. 누구든지 세상을 사랑하면 아버지의 사랑이 그 안에 있지 아니하니, 이는 세상에 있는 모든 것이 육신의 정욕과 안목의 정욕과 이생의 자랑이니 다 아버지께로부터 온 것이 아니요 세상으로부터 온 것이라. 이 세상도, 그 정욕도 지나가되 오직 하나님의 뜻을 행하는 이는 영원히 거하느니라(요일 2:15-17).

바울은 우리가 사는 세상의 왜곡된 사회 구조의 배후에는 사탄의 지배하에 있는 타락한 초자연적 세력이 존재한다고 말한다. 바울은 회심 전의 에베소인들에게 그들이 "이 세상 풍속을 좇았다"고 말한 후에 "공중의 권세 잡은 자를 따랐으니 곧 지금 불순종의 아들들 가운데서 역사하는 영이라"고 덧붙인다(엡 2:2). 바울은 "우리의 씨름은 혈과 육을 상대하는 것이 아니요 통치자들과 권세들과 이 어둠의 세상 주관자들과 하늘에 있는 악의 영들을 상대함이라"(6:12)라고 경고한다.

바울 시대에 유대인과 헬라인은, 모두 선한 초자연적 존재와 악한 초자연적 존재가 사회적·정치적 구조의 배후에서 영향을 미치고 있다고 생각했다.[17] 현대의 세속적인 사람들은 그러한 견해는 조지 루카스(George Lucas) 혹은 스티븐 킹(Stephen King)이나 갖고 있는 것이라고 생각한다. 하지만 나치즘, 남아공의 인종 차별 정책, 공산주의와 같은 악한 사회 구조 혹은 미국 도시 빈민가의 인종 차별, 실업, 성적 문란, 각종 중독, 경찰의 잔혹 행위의 복잡한 혼합을 바라볼 때, 나는 사탄과 그 일당이 억압적인 구조를 양성하기 위해 열심히 애쓰며 그렇게 해서 하나님의 선한 창조 세계를 망쳐 놓기 위해 최선을 다하고 있음을 믿는 데 조금도 어려움이 없다.

이렇듯 타락한 초자연적 세력은 사회적 존재인 우리들이 온전해지는 데 필요한 사회 제도를 왜곡하고 비틀어 놓는다. 이러한 사탄의 세력은 우리가 악한 제도를 낳는 잘못된 선택을 하도록 유혹함으로써, 억압적인 구조를 극복하려는 시도에 반하는 일을 함으로써, 때로는 정치가들과 다른 지도자들이 술수를 쓰도록 부추김으로써, 우리가 사는 세상을 형성해 나간다. 악은 개개인의 잘못된 선택보다 훨씬 더 복잡하다. 그것은 우리 외부의 억압적인 사회적 제도 안에 있으며, 하나님의 형상을 입은 인간들이 필요로 하는 사회적 제도를 망쳐 버림으로써 하나님께 도전하는 것에서 기쁨을 찾는 사탄의 세력 안에도 존재한다.

교황 요한 바오로 2세는 악한 사회 구조는 "개인의 죄에 뿌리를 두고 있다"고 올바르게 주장했다. 사회적 악은 하나님에 대한 우리의 반역과 그에 따른 이기심에서 기인한 것이다. 하지만 많은 개인적 죄들을 축적하고 집약하면, 억압적이고도 '제거하기 어려운 죄의 구조'가 생겨난다.[18] 악한 사회적 제도에 참여하고 그로부터 유익을 얻기로 할 때 우리는 하나님과 이웃에 대항해서 죄를 짓게 된다.

하나님의 반응

예언자들은 정의의 하나님이 억압적인 사회 구조에 어떻게 반응하시는지 백성들에게 강하게 경고했다. 하나님은 가난한 자들에 대해 매우 많은 관심을 가지고 계시기 때문에 가난을 용인하고 촉진하는 사회 체계를 멸하실 것이다. 하나님은 이스라엘이 우상을 숭배하고 가난한 자들을 부당하게 대한 이 두 가지 일로 인해 이스라엘 왕국을 멸하시겠다고 반복해서 선언하셨다(예를 들어 렘 7:1-15을 보라).

이 두 가지에 주의를 기울이는 것이 중요하다. 우리는 사회적 부정이라는 수평적 문제에 사로잡혀서 우상 숭배와 같은 수직적 악을 무시해서는 안 된다. 현대 그리스도인들은 이런저런 극단에 빠지려는 억누를 수 없는 충동을 갖고 있는 것 같다. 그러나 성경은 두 가지 다 멸망을 초래한 원인이었음을 분명히 하며 우리의 일방적 성향을 바로잡아 준다.[19] 하나님은 이스라엘과 유다가 우상을 숭배하고 사회적 불의를 자행했기 때문에 그들을 멸하셨다.

하지만 여기서 중점적으로 살펴보고자 하는 바는 하나님이 억압적인 사회 구조를 멸하신다는 것이다. 성경의 다른 많은 곳에서도 찾아볼 수 있는 아모스의 말은 이 같은 하나님의 반응을 분명히 보여 준다. "보라, 주 여호와의 눈이 범죄한 나라를 주목하노니 내가 그것을 지면에서 멸하리라"(9:8). 아모스 이후 한 세대도 지나지 않아서 북왕국 이스라엘은 완전히 파괴되었다.

악한 사회 구조를 멸하시는 하나님의 역사를 가장 강력하게 진술한 것은 아마도 신약에 나오는 마리아의 송가일 것이다. 마리아는 "권세 있는 자를 그 위에서 내리치셨으며 비천한 자를 높이셨고 주리는 자를 좋은 것으로 배불리셨으며 부자는 빈손으로 보내신" 주님을 찬양했다(눅 1:52-53).

역사의 주님은, 오늘날 부자들이 가난한 자들의 땀과 수고와 슬품 위에서 살아가는 죄악에 찬 사회를 허물어뜨리고자 수고하고 계신다.

한 인도인 주교는 내게 사회적 죄를 이해하는 것이 얼마나 중요한지를 강조하는 이야기를 해준 적이 있다. 그 나라에 있는 한 정신병원은 환자들이 집으로 돌아갈 수 있을 만큼 회복되었는지 알아보기 위해 재미있는 방법을 사용했다. 그들은 그 사람을 수도꼭지 앞으로 데리고 가서, 그 수도꼭지 아래 큰 양동이를 놓고 물을 채운다. 그러고는 수도꼭지를 그냥 틀어 놓은 채로 그 사람에게 숟가락 하나를 주면서 "양동이의 물을 다 비워 보세요"라고 말한다. 그 사람이 한 번에 한 숟가락씩 물을 떠내기만 하고 수도꼭지를 결코 잠그지 않는다면, 그들은 그 사람이 아직 정신이 온전하지 않다고 판단을 내렸다!

너무나 많은 경우, 그리스도인들은 사회 문제를 해결하고자 노력하면서 인도의 정신병원 환자들처럼 한 번에 한 숟가락씩만 일한다. 그들은 증상을 바로잡기 위해 열광적으로 일하지만 수도꼭지를 잠그기(예를 들어, 사람들에게 해를 끼치는 법적 제도와 경제 정책을 바꾸는 일) 위해서는 아무것도 하지 않는다. 그러면서 그들은 자신들이 그리 큰 진보를 이루지 못한다는 사실로 인해 혼란과 좌절을 겪는다.

사회적 죄에 대한 성경적 개념을 이해하는 것은 공정치 못한 제도의 심각성을 이해하기 위해 꼭 필요하다. 또한 사람들이 죄책감에 빠지거나 지상의 모든 악을 바로잡아야 하는 부담감을 느끼게 하지 않는 것도 중요하다.

죄에 대한 적절한 반응은 회개다. 그리고 진정한 회개는 하나님의 무조건적인 용서로 우리를 이끈다. 불의한 제도에 의식적으로 참여한 것을 알게 될 때마다 우리는 용서를 구해야 한다. 하나님은 우리가 죄책감을 느끼거나 죄 있는 상태로 있기를 원치 않으신다. 하나님은 우리가 용서받기를 원하신다. 하나님은 우리가 은혜 안에서 기뻐하기를(그리고 성령의 능력으로 다르게 살기를) 원하신다.

하지만 다르게 산다는 것(구조적 불의를 변화시키기 위해 하나님이 원하시는 모든 일을 한다는 것)은 결코 모든 것을 하려고 애쓰는 것을 의미하지 않는다. 우리 각자는 나름의 독특한 은사와 부르심을 가지고 있다. 하나님은 우리 중 많은 사람들이 사회적 죄에 대해 금식하고 기도하기를 원하신다. 대부분의 사람들은 연구를 해야 하며 많은 사람들이 글을 쓰고 의견을 개진해야 한다. 어떤 사람들은 사회 정의를 촉진하는 조직에 가입하고 후원해야 한다. 또 어떤 사람들은 정치가로 입후보해야 한다. 우리 모두는 개인의 생활 양식을 어떻게 바꾸어야 더 나은 세상을 만들 수 있는지 질문해야 한다. 하지만 하나님은 어떤 사람이 모든 것을 하지 않았다고 해서(혹은 긴장을 풀고 기분 전환을 하기 위한 시간을 냈다고 해서) 죄책감 느끼기를 원치 않으신다. 모든 사람들은 하나님이 우리들로 하여금 집중하기 원하시는 '제한적이고도 구체적인 일'이 무엇인지 그분께 기도하며 여쭈어야 한다. 결국 우리를 하루 24시간밖에 없는 유한한 존재로 만드신 분은 하나님이시다. 사회적 죄를 바로잡기 위해, 하나님이 우리에게 원하시는 모든 일을 하도록 부르심 받는 것은 무거운 짐이 아니다. 그것은 인생의 기쁨과 의미로의 초대이며, 우리 이웃을 축복할 수 있는 기회이고, 역사의 주님과 동역자가 되는 놀라운 기회다.

연구 문제

❶ 에디슨 고등학교의 상황에서 잘못된 점은 무엇인가? 누구의 책임인가?

❷ 아모스와 이사야는 개인적 죄와 사회적 죄 모두를 어떻게 정죄하는가? 그들이 오늘날 살아 있다면 무엇이라고 말할 것인가?

❸ 개인이나 교회가 개인적 죄에만 혹은 사회적 죄에만 전념하게 될 때 무슨 일이 일어나는가? 여러분이 다니는 교회는 얼마나 균형이 잡혀 있는가?

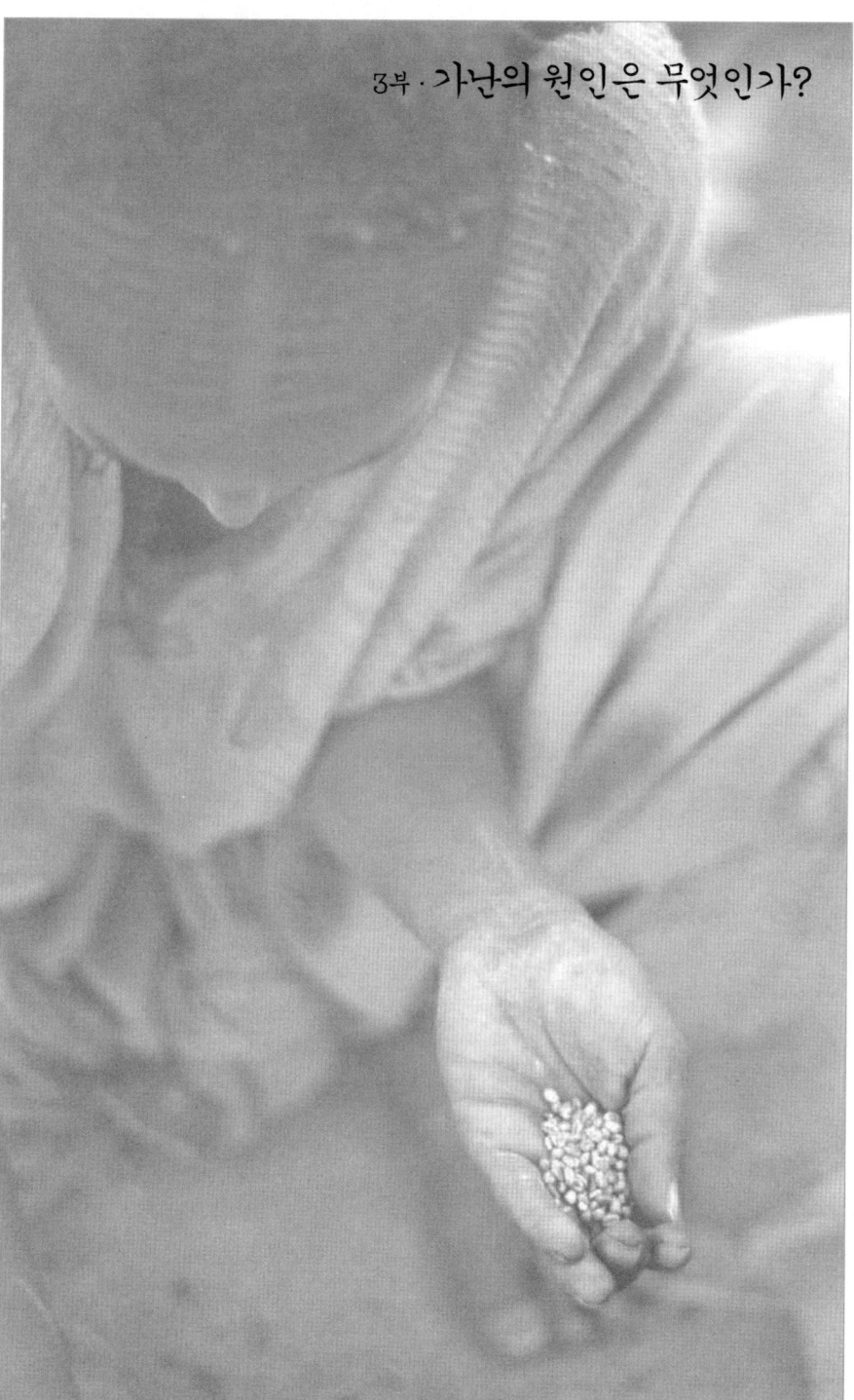

3부 · 가난의 원인은 무엇인가?

보수주의자들은 가난한 사람들이 처한 불행을 가난한 사람들의 탓으로 돌린다. 자유주의자들은 그러한 견해를 거부하고 왜곡된 것으로 치부한다. 자유주의자들은 희생자를 비난하기보다는 가난을 창출해 내는 구조를 정죄해야 한다고 주장한다. 보수주의자들은, 성, 마약, 알코올, 직업에 대한 잘못된 선택이 가난에 얼마나 큰 영향을 미치는지 깨닫지 못하거나 인정하려 들지 않는 지나치게 동정적인 자유주의자들을 비웃는다.

누가 옳고, 누가 그른가? 둘 다이다. 가난에 대한 단 하나의 원인은 없다. 개인적인 죄된 선택과 복잡한 사회 구조가 가난을 유발한다. 오도된 문화적 개념, 자연 재해 및 인재, 적절한 과학 기술의 부족 역시 가난을 가져온다. 미국 도시의 장기적인 가난이나 제3세계 농촌의 가난을 조사해 보면 그 원인은 복합적이다.[1] 7장과 8장에서는 이러한 복합성을 면밀히 조사한다.

이렇게 상호 관련된 많은 복합적 원인들을 탐구할 때, 기본적으로 반드시 기억해야 할 것이 있다. 유한한 인간은 그 누구도 모든 것을 완전히 이해할 수 없다. 나는 감히 이 장들이 최종 결론을 담고 있다고 주장할 생각은 없다. 이 장들은 사려 깊고 책임 있는 학자들의 견해를 최대한 객관적으로 청종하려는 나의 최선의 노력을 드러낸 것에 지나지 않는다. 이러한 노력 중에 잘못한 점이 있다면, 언제든지 다른 사람들이 그것을 교정해 주기 바란다.

    3부와 4부에 나오는 구체적인 분석에 대한 의견의 불일치를 1부와 2부에 대한 의견의 불일치와 혼동하지 않는 것이 매우 중요하다. 나는 이 책의 처음 두 부분에 나온 결론을 그 다음 부분에 나온 것보다 더 강한 확신을 가지고 주장한다. 물론 2부에 나온 성경적 분석도 완전하지는 않다. 하지만 복잡한 경제적 문제에 대한 의견의 불일치는 성경적 원리에 대한 의견의 불일치와는 근본적으로 다르다.

7 ● 빈곤의 복합적인 원인들

> 개미에게 가서 그가 하는 것을 보고 지혜를 얻으라…술 취하고
> 음식을 탐하는 자는 가난하여질 것이요(잠 6:6; 23:21).
>
> 불의한 법령을 만들며…가난한 내 백성의 권리를 박탈하는 자는…
> 화 있을진저(사 10:1-2).

가난한 사람들이 받는 고난을 줄이기 위해서는 빈곤의 원인을 아는 것이 필수적이다. 사실은 부적절한 도구와 공정하지 못한 제도가 주요소인데도 빈곤의 이유가 대부분 게으름이라고 생각한다면, 우리가 최선을 다해 노력한다 해도 실패하고 말 것이다. 한편 개인적 선택 역시 빈곤에 영향을 미치는데도 불의한 구조만이 유일한 원인이라고 생각한다면, 역시 실패할 것이다. 성공하기 위해서는 진실에서 출발해야 한다.

죄된 개인적 선택

일부 사람들은 게을러서 가난하며, 어떤 사람들은 자신의 잘못

된 선택으로 인해 가난하다. 마약, 알코올, 성을 오용하는 것은 빈곤에 중대한 영향을 미친다. 노골적으로 이렇게 말하는 것은, 가난한 사람들을 무시하거나 '희생자를 비난하는' 일부 무정한 보수적인 음모에 동참하는 것이 아니다. 단지 진실을 인정하려는 것뿐이다. 성경은 분명하게 그것을 가르친다(잠 6:6-11; 14:23; 23:21; 24:30-34). 그리고 현실을 보면 비극적일 정도로 잘못된 결정을 내림으로써 고통스러운 가난에 빠지게 된 마약 중독자들, 알코올 중독자들 그리고 성적으로 난잡한 사람들을 흔히 볼 수 있다.

물론 우리는 결코 진공 상태에서 어떤 것을 선택하지는 않는다. 적절한 교육의 부재, 실업, 인종 차별, 아동기에 겪은 부모의 방임 등 이러저러한 복합적 요소가 함께 어우러져서, 좋은 선택보다는 죄된 선택을 내리기 쉬운 환경을 형성한다.

하지만 사람들이 빈곤을 창출하는 데 기여하는 개별적인 선택을 한다는 사실을 부인하는 것은 현실을 부인하는 것이다. 또한 그것은 복음 전도 및 반역적인 죄인들을 변혁시키는 하나님의 일이 몇몇 형태의 빈곤을 해결하는 데 중심이라는 사실을 가려 버리는 것이다. 죄된 개인적 선택이 한 개인의 빈곤에 중대한 기여를 할 때에는, 영적 변혁을 포함하지 않는 어떤 해결책도 소용이 없다.

비성경적인 세계관

오도된 문화적 가치관과 비성경적인 세계관 역시 빈곤을 창출한다. 예를 들어, 힌두교의 복합적인 신학과 카스트 제도는 인도가 가난한 주요한 원인이다. 인도에서 약 2억의 '불가촉천민들'이 괴로운 빈곤 가운데 사는데도 상층 계급에 속한 사람들은 상황을 변화시켜야겠다는 의무감을 거의 느끼지 못한다. 왜 그런가? 힌두교 세계관이, 더 높은 계층에 있는 사람들은 전생에서 좋은 선택을 했고 낮은 계층에 있는 사람들은 전생에 악한 선택을 했기 때문에 현재의 위치에 놓인 것이라고 가르치기 때문이다. 요컨대 천민들이 현재의 운명에 순응한다면 내세에서는 더 나은 삶을 살 수 있다는 것이다. 이러한 세계관은 가난한 사람들 사이에서는 숙명론을, 유력한 사람들 사이에서는 자기 만족을 조성한다.

인도에 필요한 것은 점점 심해지는 불평등이 불의하고 죄된 것임을 지적하고, 모든 사람은 평등한 가치와 존엄성을 지닌 존재임을 선포하는 것이다. 간단히 말해 인도의 불가촉천민들은 복음을 필요로 한다. 그들은 모든 사람이 하나님의 형상으로 창조되었다는(역사의 하나님은 억압받는 사람들의 편이며 모든 사람을 위한 의로운 사회를 형성하는 일에 동역자가 되도록 그들을 초대하신다는) 성경 진리를 들을 필요가 있다.

문화적 가치관은 빈곤을 촉진하는 일과 부를 창출하는 일 모두에서 중심적인 역할을 한다. 정령 숭배자들이 생각하는 것처럼 강과 나무가 살아 있는 영이라고 생각하는 사람들은 수력 발전을 위해 강을 둑으로 막지도 않을 것이며 종이를 제조하기 위해 나무를 베지도 않을 것이다. 일부 동방 일원론자들처럼 물질 세계는 피해야 할 환상이라고 생각하는 사람들은 물질적 풍요를 창조하기 위해 많은 시간을 낭비하지 않을 것이다. 현대 물질주의자들처럼 물질 세계 외에는 아무것도 존재하지 않는다고 생각하는 사람들은 계속해서 증가하는 물질적 소유 안에서 더욱더 미친 듯이 의미와 기쁨을 추구할 것이다. 비록 그 결과가 환경 파괴 및 가난한 자들에 대한 방치라 해도 말이다.

따라서 우리에게 필요한 것은 성경적 세계관 즉 인간, 역사, 물질 세계에 대한 진정한 성경적 견해다. 그렇게 되면 우리는 물질적 소유를 숭배하지 않고도 소중히 여길 수 있다. 그리고 모든 사람이 하나님의 형상을 지니고 있음을 믿기에 모든 사람을 위한 정의를 추구할 것이다. 또한 우리는 하나님이 우리에게 주신 청지기직을 수행하면서 하나님의 창조 세계를 존중할 것이다. 그래서 건전한 풍성함이라고 승인받을 수 있는 문명을 창출하기 위해 강과 삼림을 사용할 것이다.

문화적 가치관과 기저에 있는 세계관이 변화를 이루어 낸다. 매사추세츠 공과대학 경제학자인 레스터 서로우(Lester Thurow)는 유럽에 산업혁명이 일어나기 수세기 전에 이미 중국이 산업혁명을 일으키고 세계를 정복할 수 있는 과학 기술을 가지고 있었음을 지적한다.

유럽보다 적어도 800년 전에 중국은 강철을 만들기 위해 용광로와 피스톤 풀무, 군사 정복을 위한 화약과 기관포, 세계 탐험을 위한 나침반과 배의 키, 지식을 보급하기 위한 종이, 이동식 활자와 인쇄기, 현수교, 도자기, 바퀴 달린 금속제 쟁기, 말의 가슴걸이, 농작물 수확을 증대시키기 위한 회전식 탈곡기와 기계 파종기, 천연 가스에서 에너지를 얻을 수 있게 해주는 착암기, 분석을 용이하게 하는 십진법과 음수 그리고 영(零)의 개념 등을 발명했다. 심지어 간소한 외바퀴 손수레와 성냥까지도 중국에서 수세기 앞서 사용되었다.[1]

하지만 유교 문화는 혁신과 과학 기술을 기회가 아닌 위험으로 인식했다. 유교적 세계관보다 서구의 문화적 가치관이 산업혁명과 놀라운 부의 창출을 이루었다. 그 결과 가운데 어떤 것은 선했고 어떤 것은 악했다. 그것들은 모두 기저에 있는 서구의 문화적 가치관(역사적 기독교와 계몽주의적 자연주의의 이상한 혼합)과 관련되어 있었다.

재난

자연에 의한 것이든 인간에 의한 것이든 재난은 빈곤을 유발한다. 맹렬한 태풍은 수십만의 사람들을 즉시 빈곤에 빠뜨리는 광범위한 참화를 가져온다. 홍수, 지진, 기근 또한 굶주림과 아사를 낳는다. 때로 인간의 어리석음이 부분적 원인이 되어 발생한 환경 파괴로 인해 그런 일이 일어난다. 하지만 때로는 태풍이란 단순히 바람과 물의 신비한 작용일 뿐이다. 어느 누구에게도 책임이 없다. 어느 누구도 회개할 필요가 없다. 단지 기아를 예방하기 위해 최대한 신속히 구제 연계망을 작동시킬 필요가 있을 뿐이다.

그러나 인재(人災)는 다르다. 오늘날 인종 간 갈등, 종교전, 부족 간의 적대감은 집과 생계의 터전을 갑작스럽게 빼앗긴 수천만 명의 난민들을 양산한다. 그 결과는 굶주림과 기아다. 인재와 그로 말미암은 빈곤에 대해서는 즉각적인 구제 활동과 해묵은 전쟁을 극복하려는 인내심 있는 노력이 병행되어야만 한다.

과학 기술의 부족

어떤 사람들은 일하기를 간절히 원하지만 적절한 도구와 지식이 없다. 그들은 종자나 도구가 없기 때문에 건강한 삶을 위해 충분한 식량을 공급하기에는 농업 생산량이 너무 적다. 식량과 맞바꿀 다른 물품을 생산할 수 있는 지식과 기술이 없으면 그들은 영양실조로 고생하거나 때로는 죽는다.

여기에서 일차적으로 필요한 것은 장기적인 지역 사회 개발[2]이다. 즉 관개를 위해 우물을 파는 것을 돕고, 좀더 생산성이 높은 품종을 재배하는 법을 가르쳐 주며, 사람들이 더 나은 쟁기나 저장 창고를 만들 수 있도록 돕는 것이다.

경제학자들은 경제학이 제로섬 게임이 아니라고 주장하는데 이는 옳은 주장이다. 즉 재화란 모든 사람이 한 조각씩 먹으려면 더 작은 조각으로 다시 잘라야 하는, 제한된 파이와 같다는 생각은 잘못이다. 만일 그렇다면 가난한 사람이 얻는 이득은 모두 부자들에게는 손실을 의미할 것이다.

그와 반대로 재화는 창출될 수 있다. 궁극적으로 세계는 유한한 것이기는 하지만, 지난 20세기 동안 보여 주었듯이, 사람들이 물질적 풍요를 누리는 데 필요한 것을 더 많이 생산해 낼 수 있는 가능성은 매우 높다. 지식을 자연에 적용하면 놀랄 만한 새로운 산물이 생겨난다. 우리가 원유라고 알고 있는 검고 끈적거리는 물질은 누군가가 그것을 차와 비행기와 전기 발전기를 가동하는 데 사용하는 방법을 생각해 내기 전까지는 무용지물이었다. 그 결과 엄청난 재화(또한 애석하게도 환경의 파괴)가 새로이 생산되었다. 가난한 사람들이 적절하고 쓸모 있는 과학 기술을 습득하도록 돕는 것은 가난을 줄이는 한 가지 핵심적인 방법이다.

권력의 심각한 불평등

오해하지 말라. 오늘날 세계에는 풍부한 식량이 있다. 기근이 아니라 권력이 없는 것이 오늘날 많은 빈곤의 원인이다. BFW는 "굶주림은 근본적으로 정치적 문제다. 굶주린 사람들은 굶주림을 종식시킬 권력이 없다"[3]고 말한다. 엄청난 권력을 지닌 소수의 사람들이 권력이 없는 사람들을 방치하거나 학대하기 때문에 오늘날 많은 사람이 가난하고 굶주려 있다. 그들은 불평등한 권세를 이용해서, 자신에게 유익을 주고 다른 사람들을 억압하는 구조를 창출한다.

세계에서 가장 가난한 나라 중 하나인 방글라데시의 가난한 촌락의 대지주는 그 문제를 명확히 보여 준다. (1990년대 중반의 방글라데시에서는, 전체 아동 중 65퍼센트가 영양 실조에 걸려 있었으며, 시골에 살고 있는 사람들의 87퍼센트, 농촌에 살고 있는 사람들의 86퍼센트가 빈곤한 수준 이하의 삶을 살고 있었다.) 세계 은행은 농작물 생산을 늘리고 빈곤을 줄이기 위해 방글라데시의 한 농촌 지방에 관개 사업을 위한 자금을 대 주었다. 하지만 그 지역에서 토지를 가장 많이 보유한 동시에 집권당에서 활동하고 있는 지주가 새로운 관개 사업 통제권을 얻어 용수 공급을 독점하기에 이르렀다. 자연히 새로운 과학 기술로 인한 유익은 가난한 사람들이 아니라 힘있는 지주에게 돌아갔다. 그 지역의 농업 생산량이 실제로 늘어나긴 했으나 가장 가난한 사람들에게는 별 도움이 되지 않았다.[4]

권력의 남용의 예는 도처에 널려 있다. 유럽인들은 최초로 화약을 전쟁에 사용함으로써 그 엄청난 새로운 힘을 다른 모든 사람을 식민지화하는 데 사용했다. 그들은 아메리카 원주민들을 대대적으로 제압하고 수백만의 아프리카인들을 노예로 만들었다.

권력 자체는 악한 것이 아니다. 하지만 유명한 영국 사상가 액턴(Acton) 경이 말했듯이 "권력은 부패하는 경향이 있으며, 절대 권력은 절대적으로 부패한다." 타락으로 인해 죄인들은 통상 권력의 커다란 불평등을 약한 자를 억압하는 데 사용한다. 이것이 거듭된 결과, 빈곤을 낳는 부당한 사회적, 경제적, 정치적 제도가 생겨난다. 빈곤의 근본 원인 중 하나를 이해하려면 어떻게 불평등한 권력이 사회적 죄 혹은 구조적 불의를 자라게 하는지를 반드시 알아야만 한다.

지역적 차원

방글라데시 지주의 이야기는 거의 모든 곳에서(지역에 따라 약간씩 다르기는 하지만) 반복된다. 러시아에서는 사유 재산권이 인정됨에 따라, 이전에 공산주의자였으며 내부 사정을 알고 연줄이 있는 지역 관리들이 광대한 부에 대한 개인적 소유권을 가지고 있다. 많은 나라에서 소수의 사람들이 광대한 토지를 소유하고 있다. 종종 가난한 사람들이 토지를 소유하고 있더라도 그들에게는 땅에서 소출을 낼 수 있는 자원이 없다.

국제 연합의 '식량 농업 기구'에 따르면 남미의 모든 지주 중 1.3퍼센트가 전체 토지의 71.6퍼센트를 소유하고 있다.[5] 땅이 없는 가난한 농부들은 때때로 종자와 비료를 구입하기 위해 돈을 빌려야만 한다. 그런데 그들이 유일하게 돈을 빌릴 수 있는 대상은 악랄한 고리대금업자들뿐이다. 하지만 그들은 종종 터무니없이 높은 이자율을 부과한다. 개발 전문가 마이클 토다로(Michael Todaro)에 따르면 심지어 하루에 20퍼센트까지 부과하는 경우도 있다.[6] 결국 가난한 농부는 채무를 이행하지 못해 땅을 빼앗긴다. 아마 그것이 그 고리대금업자의 원래 목표였을 것이다.[7]

국가적 차원

많은 가난한 나라에서 부유한 엘리트들(때로는 부패하고 권위주의적인 통치자들과 결탁한)이 지배권을 쥐고 있다.

필리핀은 국민의 거의 절반(45.9퍼센트)이 하루 2달러 이하의 돈으로 살아가는 매우 가난한 나라다.[8] 많은 사람이 땅을 파서 먹고산다. 하지만 대부분의 사람들은 한 뼘의 땅도 가지고 있지 않다. 대지주와 다국적 기업이 대부분의 땅을 소유하고 있다.

오랫동안 마르코스 대통령이 독재자의 철권을 휘둘러 토지 개혁의 노력을 억눌러 가면서 필리핀을 통치해 왔다. 그런데 아키노(Aquino) 여사가 잔인한 마르코스를 이기고 용감한 비폭력적 승리를 획득함으로써 세계인의 마음을 얻었을 때조차도 변한 것은 거의 없었다. 아키노 여사가 광대한 토지를 소유하고, 대지주들이 국회를 장악했던 것이다. 그러므로 대부분의 필리핀 사람들이 토지 개혁을 지지함에도 불구하고 가난한 농부들은 땅을 거의 얻지 못했다.[9]

브라질을 생각해 보자. "2000년의 경우, 1,500만의 브라질인들이 하루 1달러도 안 되는 돈으로 살고 있고, 인구의 4분의 1이 넘는

4,300만여 명의 사람들이 하루 2달러 이하의 돈으로 살고 있다. 가장 가난한 이들의 3분의 2가 농촌 지역에서 사는데, 이 곳에서는 지주들 중 가장 부유한 1퍼센트가 경작할 수 있는 땅의 44퍼센트를 소유하고 있으며 50퍼센트가 넘는 농부들이 3퍼센트도 안 되는 땅을 경작하고 있다."[10]

앙골라는 가장 부유한 개발도상국 가운데 하나다. 이 곳은 사하라 이남에서 두 번째로 큰 원유 생산국이자 세계 4위의 다이아몬드 생산국이다. 그러나 농촌 인구의 78퍼센트가 가난하게 산다. 아이들 세 명 중 한 명이 5세 이전에 죽는다. 앙골라는 원유 생산으로 매년 70억 달러를 벌지만 매년 10억 달러가 사라진다. 대통령이 비판자들을 매수하고 지지자들을 접대하는 데 그 돈을 쓰기 때문이다.[11] 1999년 정부는 예산의 41퍼센트를 '방어와 공공 질서 유지'에 지출했다. 하지만 교육에 지출한 돈은 겨우 4.85퍼센트였고, 위생을 위한 예산은 2.8퍼센트에 불과했다.[12]

1965-1997년에 자이레(현재 콩고민주공화국)를 다스렸던 엄청나게 부유한 통치자 모부투 세세 세코(Mobutu Sese Seko) 전 대통령의 경우를 생각해 보라. 1960년대와 1970년대에 벨기에, 프랑스, 미국 등은 자이레의 독재자인 모부투에게 현금과 군사력을 지원해 주었다. 모부투는 전략적 요충지에서 공산주의를 반대하는 귀중한 사람이었기 때문이다. 그러나 자이레는 국민의 70퍼센트가 빈곤하게 살 정도로 지독하게 가난하다. 1980년대 자이레의 일인당 소득은 연평균 1.3퍼센트씩 감소했다. 한편 모부투가 국고에서 50억 달러를 훔쳤다는 혐의가 생겨난 이후, 책임 있는 정치는 거의 사라지고 약탈과 폭동이 일상사가 되었다. 모부투는 민주주의를 향한 모

든 시도를 무력으로 눌렀다. 그리고 2만 명의 병사가 이 강력한 독재자를 보호했다.[13]

미국을 생각해 보자. 국회가 최저 임금을 올리기 위한 법안을 통과시키지 않으면, 수백만의 가난한 근로자들의 최저 임금의 가치는 인플레이션으로 인해 매년 떨어진다. 이런 일이 지난 1996-1997년에 일어났다. 2004년의 최저 임금은 시간당 겨우 5.15달러였고 이는 1979년보다 26퍼센트나 낮은 것이다.[14]

이 기간 동안 부유한 이들에게는 어떤 일이 일어났는가? 1980년과 1990년 사이 가장 부유한 1퍼센트(250만)는 가장 가난한 20퍼센트(5천만)가 벌어들인 소득 전체만큼의 순수입을 추가로 얻었다.[15] 그 후 1989년부터 2000년까지 가장 부유한 1퍼센트의 소득은 추가로 69퍼센트나 뛴 반면 가난한 95퍼센트의 수입은 겨우 9퍼센트 늘었다. 그 후 부시 대통령은 2001-2003년 동안 대규모의 감세를 실천했다.···그러고 나서 가장 부유한 1퍼센트는 전체의 약 3분의 1을 갖게 되었다.[16] 대통령과 국회의 결정은 가장 부유한 1퍼센트로부터 나오는 대부분의 정치 후원금과 관련이 있지 않을까?

다음에 나오는 표 10은 다양한 나라에서 수입이 어떻게 나누어져 있는지 보여 준다. 브라질의 경우, 가난한 20퍼센트는 전체 수입의 2퍼센트만을 소유하고, 부유한 20퍼센트는 64.4퍼센트를 소유한다. 미국의 경우, 부유한 20퍼센트가 46.4퍼센트를 소유하고 가난한 20퍼센트는 5.2퍼센트만을 소유한다.[17]

한 나라의 전체 부와 그 나라의 빈부 격차에는 명백한 상관 관계가 없다. 미국이나 독일 같은 부유한 국가는 그 간격이 상당히 크다. 일본이나 네덜란드 같은 나라는 그 간격이 훨씬 좁다. 하지

표 10. 각 나라의 수입 분배율

단위: %

나라	조사 연도	지니 지표[18]	가난한 20%	부유한 20%
브라질	1998	59.1	2.0	64.4
칠레	1998	57.5	6.7	61.3
콜롬비아	1996	57.1	3.2	61.3
온두라스	1998	59.0	2.0	61.0
멕시코	1998	51.9	3.4	57.6
잠비아	1998	52.6	3.3	56.6
짐바브웨	1995	56.8	4.6	55.7
나이지리아	1997	50.6	4.4	55.7
파나마	1997	48.5	3.6	52.8
필리핀	2000	46.1	5.4	52.3
러시아 연방	2000	45.6	4.9	51.3
케냐	1997	44.5	5.6	51.2
중국	1998	40.3	5.9	46.6
미국	1997	40.8	5.2	46.4
인도	1997	37.8	8.1	46.1
우간다	1996	37.4	7.1	44.9
독일	1998	38.9	5.7	44.7
이스라엘	1997	35.5	6.9	44.3
인도네시아	2000	30.3	8.4	43.3
영국	1997	36.4	6.1	43.2
오스트레일리아	1994	35.2	5.9	41.3
프랑스	1995	32.7	7.2	40.7
한국[19]	1998	31.6	7.9	37.5
캐나다	1997	31.5	7.3	39.3
노르웨이	1995	25.8	9.7	35.8
스위스	1995	25.0	9.1	34.5
일본	1993	24.9	10.6	35.7
스웨덴	1993	25.0	9.1	34.5

출처: 세계 은행 [20]

만 이러한 간단한 표의 배후에는 각 나라의 양상을 근본적으로 형성하고 있는 엄청난 권력의 차이가 놓여 있다.

세계적 차원

유엔 안전 보장 이사회의 5개 상임 이사국(미국, 러시아, 영국, 프랑스, 중국)은 거부권을 가지고 있으며, 그들은 대개 자신의 국가적 이익을 위해 그것을 이용한다. 세계 인구의 5퍼센트를 차지하는 미국은 세계 은행 의결권의 17퍼센트, 그리고 국제통화기금(IMF) 의결권의 18퍼센트를 좌지우지한다. 이 두 기구는 일반적으로 가난한 나라에 영향을 끼치는 결정을 내리는 강력한 세계적 조직이다. 미국, 일본, 영국, 프랑스, 독일, 캐나다, 이탈리아 7개국은 세계 인구의 12퍼센트만을 차지하지만 그들의 연례 정상 회의는 가장 영향력 있는 세계 경제 협회로 간주된다.

대양의 해저 자원 개발을 위한 국제 조약을 작성하는 기나긴 과정에 대한 이야기는 이런 상황이 야기하는 문제를 잘 예시해 준다. 바다 밑에는 주인 없는 자원이 풍성하게 있다. 어떤 나라도 바다에 대한 재산권을 정당하게 주장할 수는 없기 때문에, 개발도상국들이 해저에 있는 미개발 재화를 통해 부유한 나라들을 희생시키지 않고도 이득을 누릴 수 있는 기회가 주어지는 듯 보인다. 해저는 모든 사람이 향유해야 할 인류 '공동 유산'이다. 그 풍요함은 모든 사람에게 유익을 주어야 한다. 하지만 개발도상국들은 자원을 캐낼 수 있는 정밀한 과학 기술이 없다.

이러한 일련의 상황으로 인해 부유한 나라에서 가난한 나라로 기술을 이전하기 위한 가능성이 타진되기 시작했다. 1973년에 협상이 시작되어 1981년까지 꾸준히 계속되었다. 1981년 막바지에 이르러 최종적인 세부 사항이 마무리되고 모든 참가국이 협정에 서명하려는 순간, 미국은 로널드 레이건 대통령의 지시하에 손을 떼 버렸다. 왜 그랬는가? 미 행정부가 과학 기술의 이전으로 인해 미국에 본부를 둔 탄광 회사들의 경제적 이익이 위험에 처할 것을 두려워했던 것이다.[21] 1995년에 와서야 미국은 그 협정에 서명했다.

서구의 식민 정책

유럽 식민 정책은 권력의 큰 불평등이 어떻게 불의를 촉진하는지를 가장 생생하게 보여 주는 역사적 예 중 하나다.

16세기 이래로 백인계 유럽인들은 다른 어떤 사람들보다 더 많은 힘(군사력)을 가지고 있었다. 그들은 총 만드는 법을 알았고, 아시아 사람들, 아프리카 사람들, 아메리카 원주민들은 그렇지 못했다.[22] 역사를 보면 그 결과를 알 수 있다. 그들은 북미에서 대부분의 원주민을 몰살시켜 버렸으며, 남미에서 수백만의 사람들을 죽이고 나머지도 열 명에 한 명 꼴로 죽였고, 수많은 아프리카인들을 노예로 만들었으며, 아시아와 아프리카, 북남미를 멋대로 분할해 버렸다.

경제사학자들은 지금도 식민화된 나라들이 받는 경제적 영향에 대해 논쟁을 벌인다. 하지만 식민 정책이, 오늘날까지도 이어지는 빈곤의 한 원인이라는 것에는 의심의 여지가 없다. 오랫동안 세계은행의 선임 경제학자로 일했던 존경받는 개발 경제학자 마부브 울 하크(Mahbub ul Haq)는 이렇게 말한다. "현재 선진국과 개발도상국 간 불평등의 기본적 원인은 그들의 역사에 상당히 깊이 뿌리박혀 있다. 대부분의 제3세계에서 수세기에 걸친 식민 통치는 종속이라는 유산을 남겨 놓았다."[23]

지금은 유럽이 '발견한' 많은 문명이 여러 가지 면에서 고도로 발달된 것이었다는 사실이 역사학자들 사이에서 널리 인정되고 있다. 그 문명의 가장 분명한 '결함'은 그들이 현대적인 군사 기술을 가지고 있지 않았다는 것이다. 아시아와 아프리카와 남북미의 문명이 '기독교적'이지 않았다는 점은 사실이다. 하지만 유럽 식민주의자들은 얼마나 기독교적이었는가?

개발 관련 문헌의 고전인 「아시아 드라마」(*Asian Drama*)에서 구나르 미르달(Gunnar Myrdal)은 수십 년에 걸친 동남아시아 경제 침체의 많은 부분이 유럽 식민주의자들의 책임이라고 말한다.

> 일반적으로 남아시아의 식민지 체제는 식민지 국가에서 제조 산업이 발달하는 데 해가 된다. 그들이 1850년대와 1870년대 이후, 노골적으로 착취하는 초기의 식민 정책을 점차 포기하고 투자와 생산을 장려하기 시작했을 때 훨씬 더 그렇게 되었다. 그들이 장려한 것은 대체로 혹은 전적으로 수출을 위한 원료 생산뿐이었다.[24]

'종주국'들은 대부분 세계 공동체에서 자신의 국가적 위상을 향상시키기 위해 식민지를 이용했다. 강력한 민족 국가가 궁극적 목표였으며 세계 도처의 땅과 재화를 지배하는 것이 힘의 핵심이었다.[25] 식민지를 가지게 되면 극히 유용했다. 식민주의자들은 자국의 위상에 너무나 몰두한 나머지 토착민들의 경제적, 사회적, 문화적 상황에 대해서는 별 관심을 보이지 않았다.

제임스 맥기니스(James B. McGinnis)는 자신의 책「빵과 정의」(*Bread and Justice*)에서 볼리비아 포토시(Potosi) 지역의 예를 인용한다. 포토시는 스페인 사람들이 그 지역의 금과 은을 채굴하러 왔던 17세기에는 번화한 도시였다. 처음에 스페인 광산업자들은 벼락 경기로 인해 경제적 성장을 이루었다. 그러나 곧 상황은 달라졌다.

> 은이 다 떨어지자 포토시의 벼락 경기는 끝났으며, 그 지역은 '저개발'인 채로 남겨졌다.…
> 포토시의 저개발은 유럽 식민지 제도를 통해 포토시의 사람과 자원을 남용하는 것에서 시작되었다. 남미의 경제는 유럽인에 의해, 지역 사람들의 필요가 아니라 유럽 사람들의 필요를 채우기 위해 조정되었다. 저개발은 군사 정복의 역사에 뿌리를 두고 있다. 저개발 국가는 포토시와 같은 '유령' 도시로 가득 차 있으며, 거의 대부분의 그러한 도시들은 한때 유럽의 식민지였다.[26]

"월 스트리트 저널"(*Wall Street Journal*)의 한 기자는 또 다른 예를 제공한다. 준 크론홀츠(June Kronholz)는, 현대에 와서 여러 나라를 잇는 철로를 건설하려는 아프리카의 한 조그마한 나라 가봉의 시도를 검토하는 기사를 썼다. 그녀는 식민지 시대에 왜 그러한 철도가 건설되지 않았는지 묻는다.

프랑스는 가봉의 원료를 찾고 수출하기 위해 필요한 철도만을 건설했다. 사실상 식민지의 나머지 부분은 무시하고 자신의 목적에 도움이 되는 길과 항구와 전력 발전소만을 건설하는 식민주의자들의 습관은 지금도 제3세계 경제를 짓누르고 있다. "그들은 저개발이라는 운명을 가져다준 유산을 물려받았다"고 국제 연합의 두 키뉴(Doo Kingue)는 말한다. 그의 조국 카메룬은 독일, 영국, 프랑스의 식민지였다.[27]

물론 식민 통치의 영향 및 그 이후에 선진국과 맺은 경제적, 정치적 관계가 전적으로 부정적이었다는 주장은 극단적인 단순화일 것이다. 그 기간 동안 문맹 타파율은 증가했으며 보건은 개선되었다. 나는 또한 식민지 시기 동안 전 세계에 복음을 전파할 기회가 더 많아졌다는 것에 대해 하나님께 감사를 드린다. 하지만 선교사들이 좀더 자주 제국의 불의에 도전을 가했더라면 식민지 역사가 얼마나 달라졌을지 생각해 보라. 기독교 가치관은 때로 인도의 카스트 제도와 같은 고대의 사회악을 약화시켰다. 하지만 식민지에서 발전하고 있는 정치·경제적 구조에 미치는 '기독교적' 북반구의 영향 중 너무나 많은 부분이 성경적 정의의 원리보다는 경제적인 사리사욕에 의해 형성되었다는 것은 얼마나 큰 비극인가? 사회·경제적 생활에서 성경의 전체적인 메시지를 나누고 그대로 살았더라면, 개발도상국들이 오늘날 이렇게 비참한 상황에 처하지는 않았을 것이다. 재산과 부에 대한 기독교적 태도가 식민주의자들의 행동을 지배했다면, 희년, 안식년, 가난한 사람들을 자립하게 하는 일 등이 식민지의 사업과 국제 경제 활동의 필수적인 부분이 되었더라면, 오늘날 이 책은 그다지 필요치 않았을 것이다.

불행히도 그렇지 못했다. 그래서 식민주의의 유산은 오래도록 남아 있다. 초기 식민지 시대에 지속되었던 불의 중 일부가 현대의 경제 활동을 지배하는 관습에 접합된 것은 그리 놀라운 일이 아니다.[28]

물론 식민 정책을 오늘날 빈곤의 유일한 원인으로 묘사하는 것은 어리석은 일일 것이다. 잘못된 개인적 선택, 오도된 문화적 가치관, 재난과 부적절한 과학 기술 등이 모두 일익을 담당한다. 엄청난 힘의 불평등 역시 마찬가지다. 지역적, 국가적, 세계적인 모든 차원에서 큰 힘을 가지고 있는 사람들은 자기 자신은 풍성하게 만들고 다른 사람들은 억압하면서 이기적인 목적으로 그 힘을 사용한다. 만연된 빈곤은 그 결과다.

연구 문제

❶ 당신과 당신의 친구들은 어떤 빈곤의 원인을 강조하는가? 왜 그런가?
❷ 당신은 이 장에 나와 있는 빈곤에 대한 설명에 동의하는가, 동의하지 않는가?
❸ 이 장에서 말하는 '빈곤의 복합적인 원인들' 중 어떤 부분이 가장 많은 이의를 제기받을까? 그러한 도전에 대한 응답으로 당신은 어떠한 논리를 전개할 것인가?

8 ● 오늘날의 구조적 불의

> "들으라 부한 자들아, 너희에게 임할 고생을 인하여 울고 통곡하라. 너희 재물은 썩었고 너희 옷은 좀먹었으며 너희 금과 은은 녹이 슬었으니 이 녹이 너희에게 증거가 되며 불같이 너희 살을 먹으리라. 너희가 말세에 재물을 쌓았도다. 보라, 너희 밭에 추수한 품꾼에게 주지 아니한 삯이 소리 지르며, 추수한 자의 우는 소리가 만군의 주의 귀에 들렸느니라. 너희가 땅에서 사치하고 연락하여 도살의 날에 너희 마음을 살찌게 하였도다"(약 5:1-5).
>
> 나는 얼마 전 업턴 싱클레어가 이 글을 목회자들 앞에서 낭독했다는 것을 읽었습니다. 그는 이 글이 당시의 무정부주의자 선동가인 엠마 골드의 것이라고 덧붙였고, 이에 목회자들은 분개해서, "그녀를 당장 추방시켜야 합니다"라고 말했습니다.
> —전국 복음주의자협회 전 회장 폴 톰스 박사의 미출간 설교

이 책 초판이 출간된 직후, 나는 가난한 사람들에 대한 하나님의 관심과 가난을 만드는 불의한 구조에 대해 한 복음주의 대학교에서 강의를 하고 있었다. 나는 채플에서 강연하면서 기아의 일부는 미국과 같은 부유한 나라들이 자신의 이익을 위해 만들어 놓은 경제 구조의 결과라고 말했다. 그러나 그 대학의 교목은 그렇게 생각하지 않았다. 그는 자신의 강의실로 나를 초청했다. 그리고 내가 말하기 전에 자신의 입장을 매우 분명히 말했다. 내가 기억하는 대

로라면 그는 이렇게 말했다. "나는 나의 조국이 잘못된 일을 하리라고는 도저히 믿을 수 없습니다."

오랫동안 월드 비전(World Vision)의 회장으로서 세계적으로 일한 또 다른 복음주의 지도자는 전혀 다른 결론에 이르렀다. 스탠리 무니햄(Stanley Mooneyham)은 '선진 서구 제국이 계속해서 제3세계를 경제적으로 목조르고 있는 것'을 비난했다. 여기에는 과장이 없지 않지만 무니햄은 다음과 같은 매우 중요한 주장을 했다. "빈곤과 기아 문제의 핵심은 인간을 무시하고 학대하며 착취하는 제도에 있다.…굶주린 사람들을 먹이려면…어떤 제도는 철저하게 조정되어야 하고, 어떤 제도는 완전히 폐기되어야 한다."[1] 이 장에서는 이러한 주장을 입증해 주는 증거를 탐구할 것이다.

그렇게 하기 위해, 몇 가지 복잡한 경제적 개념을 검토해야만 한다. 나는 전문적인 특수 용어보다는 일상 용어를 사용하고자 애쓸 것이다(결국 나는 신학자이지 경제학자가 아니다). 경제학에 관심이 없는 독자는 가난한 사람들을 자립시키기 위해 개인과 교회가 취할 수 있는 실제적인 조치를 다루는 9장과 10장으로 건너뛸 수도 있다.

이 장(그리고 11장)을 비판하는 일부 사람들은 내가 신학만을 다루었어야 한다고 주장했다. 그들은 쓸데없이 참견하는 신학자들은 결코 경제학을 바로잡을 수 없다고 주장한다. 이에 대해 나는 두 가지 대답을 할 수 있다. 첫째로, 나는 훌륭한 경제학자들의 말을 듣고 그들로부터 배우려고 열심히 노력했다. 실제로 이 책이 개정될 때마다 일류 경제학자들이 광범위한 조언을 해주었다. 그들의 주의 깊은 검토와 조언 덕분에 8장과 11장이 아주 좋아졌다. 둘째로, 명석한 경제학자들이라도 서로 의견이 다르거나 실수할 때가 있다. 경제학은 우리가 사는 세상에서 중심이 되는 것이기 때문에, 여러분이나 나와 같은 비경제학자들도 부분적으로밖에 이해하지 못한다는 사실에 위축되지 말고, 이해하기 위해 최선을 다해야만 한다.

다음에 나오는 마음을 괴롭게 하는 자료들은, 부유한 사람들에게 혹평을 가하는 것을 즐기거나 해결할 수 없는 죄책감이 생겨나기를 원해서 인용하는 것이 아니다. 하나님은 근거 없는 '죄책감의 덫'에는 관심이 없으시다. 하지만 나는 가난한 자들의 하나님은 우리 모두가 가난한 사람들을 괴롭히는 고뇌과 괴로움에 대해 깊은 고통을 느끼기 원하신다고 믿는다. 나는 또한 우리가 죄에 대한 성경적 개념을 가져야 한다고 믿는다.

앞 장에서 논의했듯이, 풍요한 북반구가 세계의 모든 가난에 대해 책임이 있는 것은 아니다. 많은 원인이 있다. 하지만 부유한 자들이 세계 빈곤의 원인을 제공한 것이 아니라 해도, 우리는 여전히 궁핍한 사람들을 도와야 할 책임이 있다. 부자와 나사로의 이야기(눅 16:19-31)에서 나사로의 가난이 부자 이웃의 억압 때문이라는 암시는 없다. 그 부자는 단지 돕는 일에 소홀했을 뿐이다. 그는 태만의 죄를 범했고 결국 지옥에 갔다.

하지만 나는 실제로 풍요한 나라들이 오늘날 일부 나라의 굶주림과 기아를 초래한 경제적 구조를 수립하는 데 일익을 담당했다고 믿는다. 분명 우리의 첫 번째 책임은 우리 잘못이 무엇인지 알고 고치는 일이다.

그렇다면 어떻게 우리는 세계 기아에 영향을 미치는 불의한 구조에 참여하게 되었는가? 일곱 가지 쟁점을 살펴보면 우리가 그와 같은 구조에 명백히 관여되어 있다는 사실을 알 수 있다. 그것은 (1) 시장 경제, (2) 국제 무역, (3) 매우 가난한 나라들의 부채, (4) 천연 자원과 환경, (5) 식량의 소비와 수입, (6) 제3세계 내의 다국적 기업, (7) 차별과 전쟁이다.

시장 경제에 대한 평가

시장 경제는 가난한 사람들을 도와주는가, 아니면 그들에게 해를 끼치는가? 빈곤의 구조적 원인에 대한 탐구는 이 질문에서 시작해야 한다. 민주주의적 자본주의는 20세기에 가장 극적인 경제·정치적 논란을 불러일으켰다. 세계 거의 모든 나라는 민주주의의 이상을 찬양한다. 실제로 모든 나라가 '시장 경제'로 향한 발걸음을 내딛고 있다. 가난한 이들에게 관심이 있는 사람이라면 누구나 전 세계에서 시장 경제를 받아들이는 이 중대한 움직임이 가장 가난한 사람들에게 어떠한 영향을 끼치는지에 대해 알려고 애써야 한다.

하지만 시장 경제란 무엇인가? 정의를 내리는 것은 매우 중요하다. 오늘날 실제로 매우 다양한 시장 경제들이 존재한다. 순수한 자유 방임 경제라는 '이상형'(정부가 경제 생활에 전혀 간섭하지 않는 것)은 오늘날의 세계에서는 존재하지 않는다. 북미에서건, 서구에서건, 성공을 거둔 '아시아의 용들'(대만, 한국, 싱가포르, 홍콩)에서건, 정부는 모든 사람이 시장 경제라고 부르는 제도 안에서 실질적인 역할을 담당한다.[2]

그렇다면 시장 경제란 대량의 부와 생산 수단이 사유화되어 있고, 대부분의 임금과 가격이 공급과 수요에 의해 결정되는 경제 제도다. 이는 정부가 경제에 전혀 간섭하지 않는다는 의미가 아니다. 오늘날 존재하는 모든 시장 경제에서는 정부가 간섭을 한다. 물론 미국은 독일보다 정부의 간섭이 덜한 편이다.

공산주의 경제는 근본적으로 달랐다. 국가가 생산 수단을 소유했다. 국가의 중앙 계획 수립자가 임금과 가격과 생산을 결정했다(모스크바에는 해마다 2,500만 개에 달하는 상품의 가격을 결정하는 중앙 사무소가 있었다!).[3]

21세기 초의 현대 세계는 시장 경제를 지지하고 중앙 계획 경제를 거부했다. 이것은 가난한 자들에게 좋은 소식인가?

그렇다. 모든 것을 고려하면 좋은 소식이다. 현재의 시장 경제가 작동하는 방식에 심각한 문제가 있기는 하지만 말이다.

공산주의의 국가 소유권과 중앙 계획은 제대로 가동되지 않는다. 그것은 비효율적이며 전체주의적이다. 한편, 시장 경제는 엄청난 재화를 생산해 냈다. 서양뿐 아니라 많은 아시아 국가들이 시장 경제를 채택했다. 그 결과 세계에서 가장 인구가 조밀한 대륙에서 빈곤이 극적으로 감소되었다. 1970년대에는 고질적인 영양 실조가 모든 개발도상국 국민의 35퍼센트를 괴롭혔지만, 2003년에는 급속한 인구 성장에도 불구하고 17퍼센트만이 고질적인 영양 실조 상태에 있었다.[4]

전 세계의 여러 나라들 특히 아시아의 나라들이 '아시아 용들'의 성공을 따라 하려고 애쓰고 있다. 그들은 기본적인 시장 경제의 틀을 실질적인 정부의 활동과 성공적으로 결합시켰다. 그 결과는?

1990년대 후반 아시아의 일시적인 위기에도 불구하고 엄청난 성공을 거두었다.[5] 2002년 세계 은행 보고서는 이렇게 말한다. "거의 30억 인구의 가난한 나라들이 제조와 서비스 분야로 세계 시장에 침투해 들어왔다. 이 '새로운 세계인'들은 대규모로 가난이 줄어드는 것을 경험했다. 1990년대 동안 가난한 인구는 1억 2천만 명까지 줄어들었다."[6]

이전의 공산주의 국가들이건, 아시아, 구소련, 사하라 이남의 아프리카 혹은 남미에 속해 있건 여러 나라는 시장을 훨씬 더 강조하는 경제 정책을 채택하고 있다. 이러한 경향은 아시아에서는 강하고, 아프리카나 중동에서는 약하다.[7] 각 나라는 국영 회사를 사유화하고, 국제 무역 장벽을 줄이며, 외국의 투자를 환영하고 있다.[8]

그 결과는 놀랄 정도다. 시장 경제는 경제 성장을 일으키는 데 중앙 소유의 계획 경제보다 성공적이다. 지난 20년 동안 이루어진 중국의 경이적인 성장은 분명 농업과 공업 생산의 많은 부분에서 자유 시장 정책을 대폭적으로 채택한 결과다. 중국, 말레이시아, 인도네시아, 태국 등을 포함한 동아시아 대부분 지역에서 시장 경제는 폭발적인 경제 성장을 이루고 있다.

이러한 성장의 중심은 수출과 국제 무역의 확대다. 새로운 아시아 시장 경제의 급속한 성장은 무역 장벽을 줄이고 수출을 강조하기로 한 그들의 결정(대폭적인 정부의 활동과 함께)에 직접 관련되어 있다. 주의 깊게 연구한 수많은 자료들은 수출 상품에 더 많이 집중하면 대부분의 경우 경제 성장이 일어난다는 것을 보여 준다.[9] 2001년에 출판된 세계 은행 보고서는 이렇게 결론짓는다. "대규모의 실제 자료를 포함한 보고서에 따르면, 평균적으로 국제 무역 개방, 통화 정책의 통제, 잘 발달된 금융 시장 등과 같은 시장 중심의 정책을 취한 나라들은, 이런 정책이 존재하지 않는 나라들보다 훨씬 오랫동안 성장하고 있다."[10] 이와 함께 최근의 연구들은 각 나라의 특정한 상황을 고려하는 것이 얼마나 중요한지를 보여 준다.[11]

국제 무역은 또한 개발도상국들의 실질 임금을 증가시키는 경향이 있다.[12] 물론 개발도상국의 수출 중심 회사에서 주는 임금은 선진국의 임금에 비해 매우 낮다(결국, 그것이 가난한 나라의 중요한 비교 우위 부분이다). 하지만 그러한 '저임금'은 그 나라의 평균 임금보다 실질적으로 높다. 특히 노동 조합이 기본적 자유를 가지고 있을 때 그러하다. 그러므로 국제 무역 유형에서 가난한 나라의 저임금이라는 비교 우위가 사용되면, 두 가지 유익이 있을 수 있다. 가난한 사람들은 좀더 높은 임금을 받고, 우리 모두는 더 싼 값에 물건을 살 수 있다.[13]

국제 무역은 무역 당사자들 사이에서 같은 기술을 가지고 행하는 노동에 대한 임금을 평준화하는 경향을 만들어 낸다.[14] 이러한 경향은 명백히 인도네시아, 멕시코, 중국 등지의 훨씬 낮은 임금을 받는 노동자들과 경쟁해야 하는 선진국의 고임금 근로자들에게 피해를 입힌다. 하지만 가장 가난한 사람들에게 많은 관심을 가지고 있는 사람들은 개발도상국에서 임금을 향상시킬 수 있는 방법을 지지해야 하며, 그 다음에는 국제 무역에 의해 피해를 받는 부유한 나라의 근로자들을 도울 수 있는 다른 방법(예를 들면, 관대한 실업 보험 및 직업 훈련)을 찾아야 한다. 이렇게 해서 선진국은 비교 우위에 있는 분야에 더 초점을 맞추게 된다.

실질적인 증거를 보면 시장 경제로의 이동(세계 경제에 통합되는 것)은 종종 경제 성장을 촉진한다. 세계 은행의 "세계 개발 지표 2003"에 따르면 그러한 통합은 여러 나라에서 가난을 줄이는 데 도움이 되었다. 경제가 세계 경제 통합을 향해 나아가고 있다는 한 지표는, GDP 퍼센트로 측정해 볼 때 다른 나라들과의 무역량이 증가했음을 보여 준다. 1990년과 2001년 사이 저소득 국가들은 제품 무역에서 GDP 퍼센트로 볼 때 27.4퍼센트에서 39.8퍼센트로 성장했다.[15]

"세계 개발 보고서 1995"는 29개의 사하라 이남 아프리카 나라에 대한 연구 내용을 담고 있다. 1981-1986년에, 그리고 1987-1991년에 최대의 시장 개혁을 채택한 6개국은 가장 급격한 경제 성장을 경험했다. 그들의 경제는 해마다 2퍼센트씩 증가했다. 시장 개혁을 채택하지 않은 나라의 GDP는 해마다 2퍼센트씩 떨어졌다.[16]

그러므로 첫 번째 결론은 시장 경제가 현재의 다른 대안보다는 경제 성장을 이룩하는 데 더 뛰어나다는 것이다. 게다가 가난한 나라들이 세계에서 가장 가난한 사람들에게 어느 정도의 생활 수준을 제공하기 위해서는 경제 성장이 필요하므로, 가장 가난한 이들에 대해 관심 있는 사람들은 '시장'이 가난한 이들을 자립시키는 유용한 도구라는 사실을 받아들여야 한다.

그러나 불행히도, 오늘날의 시장 경제는 근본적인 약점을 가지고 있다. 성경적인 기준으로 판단해 볼 때, 명백한 불의가 존재한다. 지금까지 알려진 다른 대안보다 더 나은 것으로 시장 경제라는 틀을 채택한다는 바로 그 이유 때문에, 우리는 오늘날의 시장 경제에 존재하는 문제를 검토해 바로잡아야만 한다.

가장 명백한 첫 번째 문제는, 적어도 세계 인구의 4분의 1에 해당하는 사람들이 어떤 방식으로든 세계 시장 경제에 참여할 만한 자본이 없다는 것이다. 많은 농업 사회에서는 여전히 땅이 기본적인 자본이며, 현대의 자본 집약적이고 지식 집약적인 경제에서는 돈과 교육이 훨씬 더 중요하다. 우리가 사는 세계에서 약 네 명 가운데 한 명은 한 뼘의 땅도 없고, 돈도 거의 없으며, 사실상 아무런 교육도 받지 못했다. 국제 연합 개발 계획(UNDP)은 "세계 통합이 빈곤을 줄이는 강력한 힘이지만, 20억의 사람이 세계 경제의 주변부에 처할 위험이 있기 때문에" 뭔가 더 해야 한다고 우리를 상기시킨다.[17]

공급과 수요의 시장 구조는 기본적 생필품(심지어 기아를 면하기 위해 필요한 최소한의 음식까지도)과 부유한 사람들이 원하는 사치품을 구별하지 못한다. 국제 연합 개발 계획의 "인간 개발 보고서 2002"에 따르면, 세계 인구의 가장 부유한 5퍼센트가 가장 가난한 5퍼센트 수입의 114배나 가지고 있다.[18] 그냥 내버려두면, 시장에 의해 가동되는 경제는 부유한 사람들이 지불할 수 있는 것만을 공급할 것이다. 수많은 가난한 민중이 기아에 처해 있다 해도 말이다.

부가 현재처럼 분배되어 있는 상태에서 그대로 출발한다면, 시장 경제의 결과는 지독하게 불의한 것이다. 사적·공적 수단을 통해 재분배가 일어나야만 가장 가난한 자들이 세계 시장에서 버젓한 생활을 할 수 있는 자본을 얻을 것이다.

두 번째 문제는, 적어도 단기적으로는 각 나라가 시장 경제로 이동할 때 가장 가난한 사람들이 고통을 받는 듯이(혹은 적어도 사회의 나머지 사람들에 비해 이익을 얻지 못하는 것처럼) 보인다는 것이다. 정부가 강력하고도 지혜로운 교정 수단을 취하지 않는다면 말이다. 자료가 결정적인 것은 아니며 경제학자들은 지금도 그 문제로 논쟁을 벌인다. 하지만 대다수는 경제 성장이 일인당 국민 소득을 향상시킬 때 부자와 가난한 자들 사이의 불평등이 심화되는 현상이 가장 먼저 나타난다고 생각한다.[19] 그리고 점차 일인당 소득이 증가하면서 불평등이 감소된다.

이러한 기본적 분석은 중대한 질문을 야기한다. 경제 성장의 초기 단계에서, 실제로 가장 가난한 사람들이 순수입을 잃게 되는가? 아니면 중류층과 상류층처럼 빠른 속도는 아니지만 결국 돈을 벌게 되는가? 이러한 질문에 대해서 널리 인정된 대답은 없다. 그 결과는 부분적으로 시장 개혁이 일어나는 것과 동시에 정부가 가장 가난한 자들에게 자본과 기본적인 사회 복지, 안전망을 공급하기 위해 적절한 조치를 취하는지에 달려 있다.

하지만 지난 몇 십 년의 상황을 볼 때, 많은 곳에서 시장 개혁이 단기적으로는 빈곤을 증가시켰다. 동구와 구소련의 많은 사람들은 공산주의 치하에 있을 때보다 살림이 더욱 어렵다. 수많은 연구에 따르면, 아프리카와 남미의 가난한 사람들 역시 시장 개혁이 도입되면서 더 가난해졌다.[20] 그것은 시장 개혁의 불가피한 결과인가? 아니면 여러 정부가 군사비 예산보다는 교육과 보건 예산을 삭감하기로 결정했기 때문인가? 아직 대답은 분명하지 않다.

확실한 것은 보통 시간이 흐름에 따라 정부의 적절한 역할로 가난한 사람들이 유익을 얻는다는 것이다. 한국, 대만, 싱가포르, 홍콩의 가난한 사람들은 30-40년 전보다 경제적으로 더 잘살게 되었다. 시장 개혁과 토지 개혁, 교육 분야 투자 등과 같은 가난한 이들을 위한 정부의 활동이 결합되었기 때문이다. 중국, 인도네시아, 말레이시아, 태국 등지의 매우 가난했던 수많은 사람들의 경우도 마찬가지다.

하지만 마음을 어지럽히는 것은, 좀더 최근의 자료에 따르면 매우 부유한 나라들, 특히 미국과 영국(시장에 가장 많이 의존하는 두 부유한 시장 경제)에서 빈부 격차가 다시 증가하고 있다는 것이다. 미국에서 빈부 격차는 지난 삼십여 년간 엄청나게 커졌다. 2003년 '예산 및 정책 우선순위 센터'는 이렇게 보고했다. "인구의 최고 1퍼센트의 평균 실수입은…1979년 28만 6천 달러에서…2000년 86만 3천 달러로 올랐다. 21년여 동안 57만 6천 달러, 즉 201퍼센트가 향상된 것이다. 반면 1979년과 2000년 사이에 중간 5분의 1의 평균 실수입은 겨우 15퍼센트, 즉 5,500달러 올라서 2000년에는 4만 1,900달러에 이르렀다. 가장 가난한 5분의 1의 평균 실수입은 9퍼센트, 즉 1,100달러가 올라서…2000년에 1만 3,700달러에 이르렀다."[21]

바로잡지 않는다면, 오늘날의 세계 시장은 부자와 가난한 자들 간의 불의하고도 위험한 극단을 창출하게 될 것이다. 코넬 대학의 경제학자인 로버트 프랭크(Robert Frank)는 「승자가 모든 것을 취한다」(*Winner Take All*)는 책에서 복합적인 발전(현대의 과학 기술, 세계화된 경제, 대량 매매, 기준화된 경제 등)은 소수의 사람들로 하여금 점점 더 많은 부를 얻을 수 있도록 해준다고 주장한다.[22] 그래서 마이크로소프트 사의 빌 게이츠(Bill Gates)는 40세가 되기도 전에 150억 달러를 벌고 미국에서 가장 부자가 되었다.[23] 사실

게이츠의 순자산 510억 달러는 가장 가난한 미국인 40퍼센트(1억 600만 명)의 순자산을 합한 것보다 많다.[24] 1990년대에 마이클 조던이 나이키 신발 광고 출연료로 받은 돈은 그 신발을 만드는 18,000명의 인도네시아 근로자들이 버는 돈과 맞먹는다(심지어 임금이 배로 인상된 후에도!).[25] 그에 응하여, 나이키는 근로자들이 무료 급식 및 의료비를 받을 뿐 아니라 그 나라 최저 임금의 두 배에 해당하는 시간당 50센트를 번다고 주장한다.[26]

중앙에 집중된 부는 집중된 권력과 같다. 그리고 보수적인 공산주의 비판자들이 잘 지적한 것처럼 이는 매우 위험하다. 매스컴까지 소유한 가장 큰 회사들을 통제하는 소수의 부유한 사람들이 막대한 정치적 힘까지 가지고 있다는 것은 놀라운 일이 아니다. 미국에서 정치 유세에 쓰이는 대부분의 개인 자금은 국민 중 가장 부유한 1퍼센트의 사람들에게서 나온다. 대부분의 정치가들이 가난한 사람들을 위한 정의보다는 기부금을 낸 부유한 사람들의 사리사욕에 더 신경을 쓰는 것은 놀라운 일이 아니다. 민주주의는 위협을 받고 가난한 사람들은 고통을 당한다.

세 번째 문제는, 시장이 확대되면 광범위한 문화적 쇠퇴가 따르는 듯 보인다는 것이다.[27] 가장 명백한 것은 한 나라씩 세계 시장에 합류함에 따라 세계에 전면적인 물질주의와 소비주의, 개인주의가 범람한다는 사실이다. 점점 더 많은 사람들에게 물질의 소유 및 그 물질을 사는 데 필요한 돈이 가장 중요해진다. 한 사람의 봉급(그리고 주택)이 하나님과 이웃과 창조 세계보다 중요해진다. 사실상 점점 더 많은 사람들이 결혼, 자녀 양육, 심지어 정직보다 돈을 버는 일에 더 가치를 둔다.

물질주의적 소비주의가 어떻게 발전하는지를 보기는 쉬운 일이다. 시장 점유율을 높이려는 경쟁적인 충동은 유혹적인 광고를 하도록 부추긴다. 미국 역사학자인 윌리엄 리치(William Leach)의 책 「욕망의 땅」(Land of Desire: Merchants and the Rise of a New American Culture)에서는 어떻게 이런 일이 일어나는지 말해 준다.[28] 청교도를 비롯한 기독교 전통은 19세기 초기에 검약, 절제, 검소한 생활 방식을 귀중하게 여기는 미국 문화를 형성했다. 하지만 그들은 자신들의 가치관을 충분히 선전하지 않았다. 그래서 큰 주식 회사들은 기쁨과 행복은 멋진 새 옷, 최신 유행의 자동차 그리고 더 복잡해진 기계 장치에서 온다고 설득하는 광고 기술을 개발했다.

제너럴 모터스의 연구 실험실 책임자인 찰스 케터링(Charles Kettering)은, 사업가들은 '불만족한 소비자'를 만들어 내는 것이 필요하다고 결론지었다. 해마다 모델을 교체하는 것(계획된 노후화)이 그의 해결책이었다. 광고 역사가인 롤랜드 마처드(Roland Marchard)에 따르면, 성공은 '낭비, 방종, 인위적 노후화 등의 자질을 지닌 미덕'에 좌우되었다.[29]

지독하게도 영리한 광고 회사들은 자기 탐닉과 즉각적인 만족이 검약과 검소함을 대신하도록 하기 위해 아름다운 여인과 멋진 색상 그리고 화려한 사운드 트랙을 교묘하게 결합한다. 위대한 경제학자인 존 메이나드 케인즈(John Maynard Keynes)는 간단하게 말했다. "소비는 모든 경제 활동의 유일한 목적이며 목표다."[30]

텔레비전은 가장 강력한 매체다. 미국인은 평균 하루에 4시간 이상 텔레비전을 시청한다. 미국 가정은 매일 평균 7시간 30분간 텔레비전을 켜 놓는다. 보통의 미국 어린이는 일 년에 2만 개 이상의 광고를 시청한다. 미국인이 65세까지 보는 텔레비전 광고의 수는 약 2백만 개다.[31] 그리고 광고의 메시지는 늘 한결같다. "무엇인가를 사라! 지금 당장 사라." 미국에서 가장 큰 100개의 기업이 모든 텔레비전 상업 광고료의 약 75퍼센트를 지불한다는 것은 그리 놀랄 만한 일이 못 된다. 그리고 제작자와 작가는 광고주를 지원할 방법을 개발한다.[32]

미국에서 시작된 일은 전 세계로 퍼져 나갔다. 심지어 인도의 가장 가난한 어린이도 코카콜라를 알며, 미국 화장품 회사인 에이본(Avon)의 화려한 광고는 지독하게 가난한 브라질 여성들로 하여금 값비싼 화장품을 사게 만든다. 감각적인 흰 피부를 보여 주는 텔레비전 광고는 나이 든 여성들에게 햇빛 아래에서 오랫동안 중노동을 하느라 그을리고 주름잡힌 노화된 피부를 바꿀 수 있다고 암시한다. '피부를 새롭게' 하려면 한 병에 30달러가 든다. 그리고 그것은 가장 바깥 층의 피부를 태워 버리는 작용을 한다. 브라질의 에이본 홍보 책임자는 그 화장품이 실제로 효능이 있다고 말한다. "여성들은 그것을 사려고 무슨 일이든 합니다. 그들은 이제 옷이나 구두 같은 것들은 더 이상 사지 않습니다. 자기 피부에 대해 만족하게 되면 그들은 옷보다는 텔레비전에 나온 화장품을 사기를 더 좋아합니다."[33]

세계적인 회사들은 전 세계인들이 점점 더 많이 소비하려는 욕구를 갖도록 프로그램과 광고를 만들어 내는 세계적인 광고 네트워크를 소유하고 있다. 물질주의가 점차 증대하면, 시장도 점차 커지고 이윤은 확대된다. 비극적이게도, 동일한 물질주의가 사회 관계와 창조 세계를 파괴한다. 점차 사람들은 부모 노릇의 핵심이 자녀에게 더 많은 물질적 쾌락을 공급하는 것이라고 생각하게 된다. 그리고 소비의 과부하는 환경을 오염시킨다.

시장은 또한 부도덕한 행동에 보상을 해줌으로써 문화를 부패시킨다. 포르노와 부정직한 광고에 대한 수요가 있으면, 시장은 그 과정 속에서 제작자와 소비자 모두의 품성이 부패한다 해도 제작자에게 보상을 해준다.

문화적인 부패는 삶 전체를 지배하려는 시장의 제국주의적 경향에서도 발생한다. 어떤 관계가 수요와 공급에 기초한 단순한 경제 교환의 상호 작용으로 규정될지라도 그것이 효율성만 지닌다면 대체로 선하게 여겨진다. 시장 가격에 근거해서 텔레비전 판매원을 선택하는 것도 마찬가지다. 하지만 배우자를 택하는 것도 똑같은 기준으로 결정되어야 하는가? 부모 중 한 명이 집에 남아서 어린 자녀를 돌볼 것인지에 대한 결정은 어떠한가? 숙련된 전문 인력이 부모 노릇을 하느라고 귀중한 시간을 '낭비하는' 것보다는 하루 종일 아이를 돌보는 사람을 고용하는 것이 경제적으로는 더 이로울지 모른다. 하지만 그것은 너무나도 귀중한 무언가를 잃어버린 셈이다. 신체의 장기, 성 혹은 입양할 아기는 결코 시장에서 거래되어서는 안 된다. "성이 교환 가능한 상품이 되면 그것은 매춘이다."[34] 인생의 모든 측면을 자기 방식대로 조직화하려는 시장의 제국주의적 경향은 품성과 문화를 부패시키고 파멸시킨다.

환경의 위기는 세계 시장 경제의 네 번째 문제를 드러내 준다. 강과 호수가 오염되었으며, 오존층은 고갈되었고, 지구 온난화는 벌써 시작되었다. 불행히도, 시장은 후세 사람들의 필요에 대해서 거의 주의를 기울이지 않는다.³⁵⁾ 시장은 환경 비용을 책임지지 않는다. 이는 국가의 회계 시스템이 환경 자본의 손실을 밝히지 못하기 때문이며, 또한 회사들이 손익 계산서에 오염 비용을 넣지 않기 때문이다. 코스타리카는 1971년과 1990년 사이에 상당한 성장을 경험했지만, 같은 기간에 토양과 삼림의 환경 손실로 인해 GDP의 총 6퍼센트에 달하는 환경 자본의 손실을 입었다. 인도네시아의 경우 1971-1984년 손실이 9퍼센트였다.³⁶⁾

시장은 자신들이 부담할 비용을 이웃(그들이 폐수를 내버리는 강의 하류에 사는 사람들, 오염 물질을 실은 바람이 불어 가는 방향에 사는 수많은 사람들, 오늘날 교만하게 방치한 결과 고통을 당할 우리의 후손들)에게 전가하는 오염원에 보상을 해준다. 정부가 모든 회사로 하여금 환경 파괴의 실질 비용을 지불하도록 강요하지 않는다면, 시장은 환경에 대한 책임을 인식하고 즉각적인 이익을 포기한 사람들보다는 환경을 오염시켜서라도 신속한 이익을 얻으려는 사람들에게 보상을 해줄 것이다.

정의를 순전히 자유 방임적인 경제의 결과와 동일시하는 것은 우상 숭배적이며 말도 안 되는 소리다. 시장 경제를 모든 정부의 간섭으로부터 자유롭게 해주면, 성경이 말하는 정의가 이루어질 것이라는 생각은 잘못이다. 자본이 없는 수많은 가난한 사람들은 기본 생필품조차 구할 돈이 없다. 집중된 부는 민주주의를 위협한다. 물질주의적인 메시지와 관행은 도덕적 가치관과 가정 생활과 하나님의 창조 세계를 침식한다.

효율성이라는 이름으로 이러한 일을 하는 것은 우상 숭배나 마찬가지다. 그리스도인들은 케인즈가 잘못되었음을 안다. 소비는 경제 생활의 유일한 목적이 아니다. 경제가 사람을 위해 만들어진 것이지, 사람이 자율적이고 효율적이며 계속해서 확장되는 경제를 위해 만들어진 것이 아니다. 건전한 가정 생활과 하나님의 동산에서의 지혜로운 청지기 의식이 경제적 효율성보다 중요하다. 여호와는 경제에서도 주님이시다.

국제 무역

세계적 차원의 '자유 무역'은 이론적으로는 가난한 나라와 부유한 나라 모두에게 좋은 것이다. 무역은 비교 우위(예를 들면 값싼 노동력, 또는 바나나를 재배하기에 이상적인 기후)를 가진 제품을 생산하도록 장려하고, 다른 사람들은 자기들이 가장 싸게 생산할 수 있는 제품을 생산한다. 이는 모두에게 가격을 낮추어 준다. 또한 부유한 나라의 노동자보다 훨씬 값싼 노동력으로 많은 일을 할 수 있는 사람들을 둔 가난한 나라들에게 도움을 준다. 정치가들은 미국에서 인도로 업무가 옮겨 갈 때 '아웃소싱'에 대해 불평할지도 모른다. 그러나 아웃소싱은 인도의 가난을 줄여 주기도 하고 모두에게 가격을 낮추어 준다.[37]

그렇다면 현재의 국제 무역에서 무엇이 잘못되었는가? 산업화된 나라들은 자신의 경제적 유익을 위해 국제 무역의 유형을 만들었다. 경제 개발 분야에서 가장 널리 사용되는 교과서 중 하나는 (2003년 판에서) 이렇게 말한다. "세계 무역의 주수입은 불균형적으로 부유한 나라들에게 돌아가고 있다고 말하는 것이 온당하다."[38]

앞에서 살펴보았듯이, 식민지 시대에 종주국들은 통상 자신들의 유익을 위해 경제 업무를 조직했다.[39)] 그러한 유익은 대체로 상품 거래를 조작함으로써 얻어졌다. 서구의 국가들은 식민지로부터 수입하는 상품의 양을 늘리는 동시에 식민지의 제조 능력을 발전시키거나 향상시키는 노력을 저지하는 정책을 채택했다. 그 결과 많은 식민지들은 '종주국'에 일차 생산물을 수출하고 값비싼 제조 산물을 사들이는 불필요한 의존적 구조를 형성하게 되었다.

식민주의는 몇 십 년 전에 끝났지만, 산업화된 나라들은 이후로도 계속해서 개발도상국에서 생산된 많은 물품의 수입을 막기 위해 관세와 수입 할당량을 부과함으로써 국제 무역을 조종해 왔다. 가난한 나라에 영향을 끼치는 관세 구조와 수입 할당량은 사실상 오늘날 조직적인 불의의 근본적인 한 측면이다.

2003년 세계 은행은, 고소득 국가들이 개발도상국으로부터 들여오는 수입품에 매긴 관세가 다른 고소득 국가 물품에 매긴 관세보다 네 배나 높았다고 말한다.[40)] 개발도상국에서 선진국으로 가는 섬유 수출품에 대한 관세 장벽을 없애면, 개발도상국은 섬유 분야에서만 매년 90억 달러의 추가 수입을 얻는다. 다른 제조품에 대한 관세 장벽을 없애면 개발도상국은 추가로 223억 달러의 추가 수입을 얻을 수 있다.[41)]

2003년 세계 은행의 농촌 개발팀 팀장인 케빈 클리버(Kevin Cleaver)는 다음과 같이 말했다.

세계 무역 체계를 재구성하고 관세 장벽을 낮추면, 중기의 성장을 가속화하고 세계의 가난을 줄일 수 있다. 무역의 확대는 결국 연간 0.5퍼센트의 GDP 성장을 이룰 것이고, 2015년까지 3억 명을 가난에서 벗어나게 해줄 것이다. 개발도상국들은 해방이 시작되고 나서 10년 이내에 대략 1.5조 달러의 추가 수입을 얻을 것이다.[42]

가난한 나라들은 무역 장벽으로 인해 비싼 비용을 부담한다. 그것은 사실상 그들이 대외 원조로 받는 것보다 더 많은 액수다. 2001년 국제 연합의 추산에 따르면, 저개발국들은 무역 제한으로 인해 매년 최소한 1천억 달러의 비용을 치른다.[43] 이는 매년 부유한 나라로부터 받는 대외 원조의 거의 두 배에 달하는 금액이다.[44]

다행히도, 세계 무역 협상들은 수십 년 동안 가난한 나라들을 궁지에 몰아넣었던 관세를 줄이는 일에 느린 진전을 보았다.

역사를 간략히 살펴보면, 얼마나 많은 것이 변화되어야 하는지를 알 수 있다. 1960년대 초기에 관세 협정에 관한 '케네디 라운드'는 부유한 선진국 간에 거래되는 상품에 대한 관세를 50퍼센트까지 낮추었다. 하지만 더 가난한 나라에서 들어오는 물품에 대한 관세를 낮추기 위해서는 한 것이 거의 없다. 사실상 가난한 나라들의 상대적인 상황은 더 나빠졌다.[45]

하지만 1994년도에 조인된 '우루과이 라운드'는 더 발전된 것이다. 그 협정을 통해 전 세계가 얻는 이득은 1,000억 달러에서 2,000억 달러 정도로 추산되며, 그 중 약 3분의 1은 개발도상국에게 돌아갈 것이다.[46] 그러나 불행히도, 유명한 「경제 개발」(*Economic Development*) 8판의 저자들인 마이클 토다로와 스티븐 스미스에 따르면, "개발도상국의 농산품과 섬유와 다른 수출품을 선진국 시장에 진입시키는 일을 개선한 '우루과이 라운드'의 이익은, 겉보기보다는 크지 않았다." 더 나아가서 그들은 부유한 나라들이 매매

협정을 잘 이행하지 않았다는 것이 개발도상국들이 널리 동의한 바였다고 주장한다.[47] 더욱이 세계 은행은 세계무역기구(WTO)의 정책은 여전히 부유한 나라들에게 이로운 것이었다고 믿는다.[48] 세계무역기구 사무총장은 2001년 보고서에서, 지난 반세기 동안 있었던 여덟 번의 무역 자유화 라운드 이후에도 섬유, 농산품, 그리고 개발도상국에 가장 영향을 많이 미치는 상품들의 경우 관세 장벽은 여전했다고 인정했다.[49]

부유한 나라의 높은 관세는 가난한 나라들에게 계속 문제가 된다. 대부분의 부유한 나라들은 농산품이나 단순한 제조품, 즉 개발도상국들이 가장 쉽게 생산하고 수출할 수 있는 물품들에 높은 관세를 부과한다. 1990년대에 부유한 OECD 국가들이 개발도상국 제조품에 매긴 평균 관세는 부유한 나라들의 제조품에 매긴 관세의 네 배였다. 그리고 가난한 나라들이 미가공품보다는 가공품 수출로 소득을 늘리려 하면 부유한 나라들은 종종 추가 관세를 붙였다.[50]

수입 할당량은 직접 제시되기도 하고 '자발적'이기도 하다. 직접 제시된 할당량은 제한적이고 명시된 양만큼의 생산품만 수입될 수 있다고 규정한다. 여러 해 동안 부유한 나라들은 가난한 나라들이 자신들에게 팔 수 있는 의류와 신발류에 대해 가혹한 할당량을 정해 놓았다. 다행히도 섬유와 의류에 대한 이러한 할당량은 2005년에 끝나도록 되어 있었다.[51]

'자발적인' 할당량 역시 파괴적인 영향을 끼칠 수 있다. 선진국은 가난한 나라들이 '자발적으로' 자신들에게 수출하는 물량에 제한을 두지 않으면 그들이 수출하는 특정한 제품에 새로운 관세 장벽을 부과하겠다고 위협한다. 브라질의 예는 그런 일이 어떻게 일어나는지 보여 준다.

커피는 브라질 전체 수출 소득의 절반 정도를 올리게 해주었다. 브라질의 커피 수출은 1953-1961년 사이에 90퍼센트 증가했다. 하지만 커피로 벌어들인 총수입은 35퍼센트 감소했다. 그래서 1966년에 브라질은 국민들에게 좀더 많은 일자리를 제공하고 더 많은 수입을 올리도록 하기 위해 커피를 가공하기로 결정했다. 하지만 브라질 커피가 미국 시장의 14퍼센트를 점유했을 때, 미국 커피 제조업자들은 브라질 사람들을 불공정 경쟁으로 제소했다. 미국 정부는 어떻게 했는가? 미국 정부는 자신들이 국제 커피 협약(최근까지 커피 가격을 어느 정도 안정되게 유지해 주었던)을 갱신하지 않을 수도 있다고 경고하면서 브라질 원조를 삭감하겠다고 위협했다. 브라질은 결국 인스턴트 커피 수출에 대해 세금을 내야 했고, 초창기 브라질의 커피 산업은 심각한 피해를 입게 되었다.[52]

미국과 서유럽이 자국의 농민들에게 지원한 높은 보조금은 특히 더 위험하다. 「세계 식량 불안정 상태」(*The State of Food Insecurity in the World*, 2003)에 따르면 2002년 부유한 나라들에서 농부들에게 준 직접적인 보조금은 2,350억 달러에 이르렀다. 이는 부유한 나라들이 개발도상국들의 농업 개발 지원금으로 준 돈의 거의 30배에 달한다.[53]

목화 재배 보조금은 엄청난 예다. 미국 정부는 2001-2002년에 2만 5천 명의 미국 목화 재배 농부들에게 39억 달러의 보조금을 지원했다. 이 총합계는 200만 명의 인구가 목화 재배로 생계를 이어가고 있는 부르키나파소의 전체 GDP를 넘는 양이다. 부르키나파

소와 다른 서아프리카 국가의 농부들은 1킬로그램당 0.47달러의 목화를 생산할 수 있다. 이는 미국 농부들이 1킬로그램의 목화를 생산하는 데 드는 비용인 1.61달러보다 훨씬 적은 수치다.[54] 불행히도 미국의 높은 보조금은 미국 생산품의 양을 높게 유지해 주었고, 결과적으로 서아프리카 목화에 대한 수요가 줄어들었고 아프리카 생산자들 쪽의 가격은 하락했다.

미국과 유럽의 설탕 재배 농부들에게 지급한 대규모 보조금 역시 문제를 야기시켰다. 브라질, 태국, 모잠비크와 같은 열대 지역 나라들은 설탕 재배를 위한 훨씬 좋은 자연 환경을 가지고 있다. 사실 유럽 연합에서 설탕을 재배하려면 브라질에 비해 여섯 배 이상의 비용이 든다.[55] 그러나 유럽 연합은 자국의 설탕 재배 농부들에게 매년 20억 달러 이상(2002년에는 23억 달러)의 보조금을 지원했다. 그 결과 높은 생산비에도 불구하고 유럽 연합은 세계에서 두 번째의 설탕 수출국이 되었다.[56] 그리고 매년 설탕 수출에서 브라질은 5억 달러를, 태국은 1억 5,100만 달러를, 모잠비크는 3,800만 달러의 손실을 입었다.[57]

비과세 장벽에는 안전과 보건 규정, 상표 부착 규정, 기술적인 기준이 포함된다. 그 중 일부는 필요하며 좋은 것이다. 하지만 대부분은 단지 '수입품 제한을 살짝 가린 가면'[58]에 불과하다. 한 가지 예를 들어 보자. 1981년에 프랑스는 매월 6만 4천 대의 VCR을 수입했는데, 대부분 일본에서 들여왔다. 그 때 프랑스 정부는 수입된 모든 VCR은 항구에서 수백 킬로미터나 떨어진 푸아티에(Poitiers)라는 작은 도시에서 관세를 내고 통관 절차를 밟아야 한다고 발표했다. 거기에서 몇 안 되는 세관원들이 시간을 잡아먹는 수많은 통관 규정을 엄격하게 시행했다. 그 결과 매월 1만 대도 안 되는 VCR만이 통관을 마쳤다.[59] 이는 두 선진국 간의 예지만 부유한 나라는 가난한 나라에 대해서도 이와 똑같은 비과세 장벽을 이용한다. 그 결과 굶주린 나라에서는 일자리와 수출로 인한 소득이 더 줄어든다.

선진국의 관세와 할당량과 다른 비관세 장벽들(특히 대규모의 농업 보조금)이 지속될수록 가난한 이들이 계속 피해를 입는다. 선진국들은 수출품을 늘림으로써 가난한 나라들에게서 수백만의 일자리와 수십억의 달러를 빼앗는다.

외채 위기

1970년부터 2000년까지 개발도상국의 외채(나라 밖에서 빌려 온 돈)는 3,000퍼센트나 상승했다.[60] 많은 가난한 나라들 특히 아프리카에 있는 나라들은 외채를 갚느라 빈곤과 기아가 더욱 심해진다.

탄자니아의 아루샤 지역에서는 보통 여자들이 가장 가까운(종종 안전하지 못한) 수원지에서 물을 길어 오기 위해 매일 한 시간 이상 걸어가야 한다. 1,400만에 이르는 탄자니아인들이 안전하게 물을 공급받지 못하는데도, 정부는 1993-1994년에 부채 상환을 위해 1억 5,500만 달러를 사용했다. 이것은 깨끗한 물과 보건을 위한 예산을 합한 것보다 더 많은 액수였다.[61]

가난한 나라들은 부채를 상환하느라 자기 나라 어린이들이 받아야 할 기본적인 교육의 기회마저 줄여 갔다. 탄자니아에서는 교육비 지출이 줄어들었으며, 1980년에 90퍼센트를 넘었던 초등학교 등록률은 1995년에 70퍼센트로 떨어졌다. 10년도 안 되는 사이에 문맹률은 50퍼센트나 증가했다.[62] 잠비아에서 학생 1인당 정부 지출은 10년 전의 6분의 5로 줄어들었다. 잠비아 정부는 1990년부터 1993년까지 초등 교육에 3,700만 달러를 사용했다. 하지만 같은 기간에 지급해야 할 부채 상환금은 그 금액의 35배에 달하는 13억 달러였다.[63]

'옥스팸'(Oxfam: 1942년에 옥스퍼드를 본부로 하여 발족한 세계 각지의 빈민 구제 기관—역주)이라는 기관의 한 직원이 탄자니아의 시냥가 지역에 있는 한 학교를 시찰했다. "그 학교는 두 학급으로 되어 있고 각 학급에는 약 50명의 학생들이 있었다.…학급당 두세 개의 연필이 있어 학생들이 돌려 쓰고 있었다. 책은 거의 없었다. 책상이나 의자도 없었으며, 어린이들은 작은 바위나 땅 위에 앉아 있었다."[64]

많은 아프리카 국가에서 부채 위기는 아동 교육의 기준을 낮추는 데 영향을 미쳤다. 아프리카의 국가들은 외채를 갚기 위해, 매년 보건과 교육에 소비하는 돈을 합한 금액의 무려 네 배나 소비한다.[65] 그 결과는 문맹과 기아 그리고 죽음이다.

1980-1998년에 사하라 이남 아프리카의 여러 국가들의 수명은 놀랄 정도로 낮아졌다. 세계 은행에 따르면, 가장 부채를 많이 갖고 있는 나라들(사하라 이남 아프리카에 있는 국가들이 대부분 포함된다)에 사는 사람은 선진국에 사는 사람들보다 평균 13년 빨리 죽는다.[66] 이런 차이의 원인이 외채 위기만은 아니다. 하지만 국제 연합은 외채 위기의 결과로 매일 1만 9천 명의 어린이가 죽는다고 추산했다.[67]

그러나 분명 어떤 이들은 모든 부채가 나쁜 것은 아니라고 지적할 것이다. 물론 사실이다. 자택을 소유한 사람이나 사업가들은 정기적으로 돈을 빌리고 일정에 따라 그 부채를 상환하며 이득을 본다. 캐나다와 미국은 19세기에 유럽에서 차관을 얻음으로써 빠른 속도로 발전할 수 있었다.

그렇다면 개발도상국에서 외채가 나쁜 점은 무엇인가? 원칙적으로 나쁜 것은 없다. 문제는 부채가 전개되는 방식과 현재 일부 나라에 끼치는 영향이다.[68]

세계 은행과 국제통화기금은 42개국을 '과도한 부채를 지닌 가난한 국가들'로 분류했다. 그 중 대부분의 국가인 34개국이 아프리카에 있다. 2004년 이 34개 아프리카 국가들의 외채는 1,060억 달러였다. 2004년 7월 세계적으로 저명한 미국인 경제학자 제프리 삭스(Jeffery Sachs) 교수는, 이 국가들은 부채를 상환할 수 없다고 말해야 할 것 같다고 제안했다. 그는 "그 부채들은 감당할 수 없다. 문명국은 굶주림과 질병과 가난으로 죽어가는 사람들이 진 빚을 받으려 해서는 안 된다"고 선언했다.[69]

몇 년 전에 한 아프리카의 대통령이 어려운 질문을 제기했다. "우리는 빚을 갚기 위해 어린이들을 굶겨야 하는가?" 이 질문에 대답하는 데 국제 공동체가 어떻게 도움이 될 수 있는지 11장에서 탐구해 볼 것이다.

환경과 가난한 자들의 삶을 파괴함

우리가 현재 취하고 있는 행동은 우리 후손들의 복지를 위협한다. 오늘날의 경제 생활, 특히 선진 사회의 경제 생활은 너무나 심각한 환경 오염과 훼손을 초래하므로, 부자나 가난한 자나 할 것 없이 모든 사람들의 미래가 위험에 처해 있다. 우리는 공기, 삼림, 토지, 물 등을 너무나 급속히 파괴하고 있기 때문에, 중대한 변화를 이루지 않는다면, 다음 세기에는 비참한 재해를 당하게 될 것이다.

이러한 문제의 원인은 무엇인가? 대기를 오염시키고, 지구 온난화(기후 변화)에 기여하고, 신선한 물을 고갈시키고, 바다에서 물고기를 남획하고, 귀중한 상층토와 삼림과 하나님이 사랑스럽게 만드신 독특한 동식물을 파괴했기 때문이다. 여러 나라들에서 화학 제품과 살충제, 석유 유출, 산업 폐기물이 대기와 물과 토양을 오염시키고 있다. 창조주께서는 물으신다. "너희가 좋은 꼴을 먹은 것을 작은 일로 여기느냐. 어찌하여 남은 꼴을 발로 밟았느냐. 너희가 맑은 물을 마시는 것을 작은 일로 여기느냐. 어찌하여 남은 물을 발로 더럽혔느냐"(겔 34:18).

항상 가난한 사람들이 가장 고통을 받는다. 이는 두 가지 면에서 사실이다. 그들은 이미 식량 생산의 감소, 불모지가 된 땅, 오염된 강, 부자들이 자기 집 근처에 두기 싫어하는 유독성 폐기물 등으로 인해 고통받는다. 게다가 우리가 경제 생활의 방향을 재조정하여 환경 파괴를 극적으로 감소시킬 수 없다면, 가난한 나라들이 품위 있는 생활 수준을 충분히 누릴 만큼 경제 성장을 이루는 것은 불가능하다.

가난한 사람들 역시 환경을 해친다. 개발도상국들은 종종 뒤떨어진 과학 기술을 사용함으로써 화석 연료를 비효율적으로 소비한다. 아주 가난한 사람들 역시 자투리 땅을 경작하며 열대림을 파괴한다. 전 세계의 가난이 극적으로 줄어들지 않는다면, 환경 파괴와의 전쟁에서 승리할 수 없다.

이제부터, 우리가 창조 세계와 가난한 이들에게 어떻게 해를 끼치고 있는지 살펴보겠다.[70]

지구 온난화

'온실 가스'에 의해 발생하는 지구 온난화는 1980년대 말부터 신문의 헤드라인을 장식해 왔다(이산화탄소, 메탄, 일산화질소 등의 온실 가스는 지구의 낮은 대기층에서 열을 보유하고 있으면서 서서히 지구의 온도를 올라가게 만든다). 1988년에 미 항공우주국의 한 연구는 장기적으로 서서히 대기가 온난해진다고 보고했다. 그 결과 과학적 연구의 정확성과 세계 기온 및 평균 해면에 대격변이 일어날 가능성에 대해 열띤 논쟁이 벌어졌다. 특히 화석 연료와 관련된 산업(예를 들어 석유, 자동차, 공익 설비 사업)은 회의적인 대중에게, 단지 뜨거운 공기가 너무 많다는 것이 문제일 뿐이라고 확신시키기 위해 많은 돈을 들였다. 1995년에 이르자 판결이 내려졌다. 과학자들의 국제 조직인 IPCC(Intergovernmental Panel on Climate Change: 기온 변화에 대한 정부간 조사단)가 1988년에 구성되어 국제 연합 환경 프로그램 및 세계 기상학 기구의 합동 감독 하에 운영되었는데, 그들이 발견한 내용이 마침내 출판되었다(흥미롭게도 수년 동안 이 과학 국제 조직의 의장 존 하우턴 경은 복음주의 그리스도인이었다).

그들은, 과학적 자료에 의하면 지구 온난화는 이미 시작되었다고 발표했다. IPCC의 2001년 보고서는 이 결론을 확증하고 강화했다.[71] 또한 이 보고서들은 일차적으로 현재 문제에 책임이 있는 곳이 선진국들인데도, 그 영향의 정면에 있는 이들은 가장 가난한 국가들임을 보여 준다.

20세기 동안 선진국들은 세계 인구의 20퍼센트를 차지하게 되었고, 화석 연료 연소와 토지 용도 변경으로 인한 탄소 방출량 63퍼센트에 대해서도 책임이 있다. 미국은 현재 세계 최고의 지구 온난화 오염원이며 2010년 이후까지도 그럴 것이다. 1999년 보통의 미국인은 보통의 인도인의 20배, 보통의 중국인의 10배에 해당하는 지구 온난화 오염원을 방출했다.[72]

지구 온난화의 결과로 가난한 이들은 어떤 어려움을 겪고 있는가? 세계 보건 기구의 보고서에 따르면 그들의 고통은 이미 시작되었다. 그 보고서는, 2003년에 말라리아로부터 영양 실조에 이르는 지구 온난화의 부작용으로 전 세계의 약 16만 명이 죽었으며 이러한 죽음은 매년 증가할 것이라고 주장한다.[73]

또 2001년 IPCC의 보고서들은 지구 온난화가 가난한 이들에게 미치는 영향을 다음과 같이 말한다.

- 많은 가난한 나라들의 농업 생산량이 눈에 띄게 줄어들었다. 21세기 후반에는 추가적으로 8천에서 9천만 명의 가난한 사람이 기아와 영양 실조의 위험에 처할 수 있다.[74]
- 가난한 나라들은 극심한 기상 사고로 야기되는 참상을 견딜 능력이 별로 없고, 기후 변화로 인해 그러한 사고들은 늘어날 것이다. 예를 들어, 지구 온난화는 2천만 명에서 5천만 명까지 홍수의 피해를 입는 사람의 수를 증가시킬 수 있다.[75]

- 수억 명의 사람이 지구 온난화 때문에 말라리아, 뎅기열, 황열병, 뇌염, 다른 전염병들이 증가하는 위험에 처할 것이다.[76] 예를 들어 2세기 후반에 이르면, 추가적으로 3억 명이 지구 온난화로 인해 말라리아의 위험에 처할 수 있다.[77]

이러한 각각의 문제는 환경 난민과 폭력적인 충돌을 증가시킬 것 같다.

미국이 지구 온난화의 영향에 적응할 자원을 가지고 있을지라도, 미국의 가난한 이들 역시 불균형적으로 고통을 겪을 것이다. 예를 들어, 미국의 대도시들에서는 여름마다 평균 몇 백 명이 더 죽는다.[78]

이렇게 사람들에게 미치는 위험한 영향에 더하여, 2050년까지 하나님의 땅에 사는 종들이 37퍼센트까지 멸종에 직면할 수 있다. 지구 온난화는 생물의 다양성에 가장 크고 유일한 위협이 되고 있다.[79]

기후 변화와 그것의 파괴적인 결과들에 대해 우리 시대 최고의 과학자들이 던지는 이 무시무시한 경고에도 불구하고, 인류는 계속해서 대기에 엄청난 양의 온실 가스를 퍼붓고 있다.[80]

선진국들은 지구 온난화에 대한 짐을 대부분 떠맡아야 한다. 왜 그런가? 첫째, 역사적으로 우리가 현재의 문제를 일으킨 주요 당사자이기 때문이다. 둘째, 우리는 부유하고 그 일을 할 여유가 있기 때문이다. 개발도상국들은 가난을 줄이기 위해 경제를 확장시켜야 한다. 개발도상국의 탄소 방출량은 급속하게 확장되고 있으며, 새롭고 더 깨끗한 과학 기술을 사용한다 해도 얼마 동안은 그러한 상황이 계속될 것이다. 그러므로 감당할 여유가 있는 부유한 나라들이 방출량을 상당량 감소시켜야 한다. 개발도상국들의 경제가 세계의 생태학적 체계를 파괴하지 않고도 가난한 자들을 먹일 수 있을 만큼 확대되려면 그렇게 해야 한다.

1992년에 열린 '리오 지구 정상 회의'에서, 미국을 비롯한 선진국들은 그렇게 하기로 합의했다. '기후 변화 협약'이라 불리는 리오 기후 협약에 따라 그들은 2000년까지 온실 가스를 1990년 수준 혹은 그 이하로 억제하기 위한 자발적인 실행 계획을 세우기로 합의했다. 부시 대통령(제41대)이 이 협약에 서명하고 의회는 그것을 비준했지만, 미국은 이 목표를 이루는 일에 근처도 가지 못했다.

기후 변화를 다루기 위해 그 다음에 있었던 국제적으로 주요한 노력은 리오 기후 협약의 일부로 1992년에 추진된 교토 의정서다. 리오 협약과 교토 의정서의 주요한 차이는 리오의 배출 목표는 자발적으로 이루어진 반면, 교토의 경우에는 의무 사항으로 규정되었다는 것이다. 자발적인 접근은 실패했다. 의무적인 배출량 감소 목표와 계획표가 필요한 것은, 실행을 격려하고 각 산업에 규제 사항들을 제시하기 위해서다. 이는 기후 변화를 고려한 결정을 내릴 수 있도록 하기 위함이다. 2004년 후반 러시아가 이 협약에 비준함으로써 이 협약이 효과를 발휘할 수 있을 만큼의 국가들이 채워졌지만, 미국은 받아들이지 않았다.

교토 의정서든, 의무적인 배출량 감소 목표와 계획표가 있는 기후 변화에 대한 다른 협약이든, 미국에서의 협약 비준은 미국 의회의 3분의 2의 투표가 필요한 쉽지 않은 일이다. 이는 강력한 시민들의 지지가 있어야만 가능한 일이다. 리더십을 준비하고 변화를 요구하기 위해서는 활발하고도 조직적인 시민들이 필요하다. 가난한 사람들이 지구 온난화의 치명적인 영향의 최전방에 있다면, 기독교적 정의는 문제를 일으킨 일차적인 책임이 있는 미국이나 다른 부유한 국가들에게 행동을 요구해야 한다.

하나님의 바다

지구 표면의 70퍼센트는 바다로 이루어져 있으며, 지구상의 모든 생명의 90퍼센트 이상의 터전이 바다다. 전 세계적으로 세계 인구의 거의 40퍼센트가 해안 근처에서 산다. 이는 1950년에 지구상에 거주하던 사람들보다 많은 수치다.[81] 물고기는 해안가 지역의 주요한 단백질 공급원이며 특별히 가난한 이들에게 중요하다. 전 세계적으로 약 7억의 사람이 직접적으로 어업에 의존해서 산다. 세계적으로 해운 생태계는 재화와 용역 면에서 토지에 기반을 둔 생태계의 경우보다 대략 두 배의 경제적 가치가 있다.[82]

그러나 비극적이게도 인간의 행동은 하나님의 바다에도 영향을 미쳤다. 그래서 물고기 남획, 오염, 파괴적인 토지 사용과 해안 활동, 지구 온난화 등으로 인해 생명을 유지해 주고 영양분을 공급하던 바다의 역량이 위기에 처해 있다.

물고기 남획. 세계 어업의 거의 3분의 1이 무너지고 있거나 거의 무너졌고, 약 4분의 3에 달하는 지역에서 물고기를 한계 수치를 넘어 잡아들이고 있다. 많은 물고기들이 번식을 할 만큼 자라기 전에 잡힌다.[83] 커다란 육식 물고기들(참치, 황새치, 대구, 도다리 같은)의 개체수는 산업화 이전 수준의 10퍼센트로 감소됐다.[84] 여러 사례들을 보면, 물고기 남획은 선진국에서 호화로운 음식을 위해서

나 가축 사료를 위해서 일어난다. 일부 지역의 경우 물고기 남획은 "절대적으로 가난한 이들이 마지막 자원을 모으는 것 외에 다른 방법이 없기 때문에" 일어난다.[85]

오염. 하수 오물은 하나님의 바다를 오염시키는 대부분의 주요 원천이다. 특히 개발도상국에서의 빠른 도시화, 인구 성장, 하수 시설과 정수 처리장에 대한 계획과 재정 부족은, 지난 30년 동안 해안 지역의 하수 배출을 극적으로 증가시켰다.[86] 전 세계적으로 매년 대략 2억 5천만 명이 오염된 물고기를 먹거나, 오염된 바다에서 목욕을 하거나 수영을 하고 난 후 병에 걸렸다. 경제적으로는 16억 달러의 영향을 미친 것으로 추산된다. 바다에서 수영하는 것이 안전하다고 여겨지지만 전 세계적으로 성인의 5퍼센트가 수영 후에 병에 걸렸다.[87] 오염된 바다로 인해 320만 년에 달하는 생명 연수를 죽음이나 장애로 상실했다. 이 문제는 세계적인 수준의 건강 문제를 일으키고 있다. 그 결과로 인한 경제적인 비용은 매년 약 130억 달러에 이른다.[88]

'잔류성 유기 오염 물질'(persistent organic pollutant)로 불리는 유독성 화학 약품이 세계의 해양 어디에나 존재하고 있으며, 이는 바다에 사는 종들이나 아마도 인간에게까지 생식 능력과 면역력, 신경 영역의 문제를 유발할 수도 있다.[89] 운송 수단과 산업화로 인한 대기 오염은 하늘에서 떨어지는 것이라서 바다의 질소 오염의 거의 절반을 야기하는 원인이며 수은 오염의 중요한 요인이다.[90] 전문가들은 개발도상국이 산업화됨에 따라 대기 오염은 심화될 것으로 전망한다.

마지막으로 비료의 사용이 해양 오염의 주요인이다. 시내와 강을 통해 흘러들어 가는 질소는 가장 심각한 오염원이 되고 있다. 개발도상국에서는 비료의 사용으로 놀랄 만한 성장을 기대하고 있으며, 그러한 기대의 80퍼센트 이상이 아시아 지역에서 일어난다.[91] 질소 오염은 '죽음의 바다'(dead zones) 즉 바다에서 산소가 고갈된 지역을 형성시키는 주요한 원인이다. 이러한 죽음의 바다는 전 세계적으로 빈도, 강도, 지역적 분포 면에서 증가 추세에 있다. 이는 해양 종족을 소멸시키고, 어업과 수산 양식과 관광 산업에 수십억 달러의 경제적 손실을 가져온다. 미국에서는 연간 1억 달러의 비용이 소모된다.[92]

고수준의 질소 오염 역시 해안 지역을 파괴하는 데 일조한다. 이는 해안 습지대, 산호초, 홍수림과 같은 천연 방어막을 파괴시키기 때문이다. 이러한 천연 방어막을 파괴시킬 때 우리는 죽음의 바다를 만드는 데 기여하는 것이다. 전 세계적으로 습지대의 약 2분의 1과 홍수림의 2분의 1 이상이 과거 100년 동안 사라졌다(홍수림은 해안선을 따라 형성된 늪지대에 염분에 강한 나무들이 모여 있는 곳이다. 이 곳은 많은 다양한 생물체에게 서식지를 제공한다)[93]. 이런 현상은 끝날 기미도 없다. 더욱이 지구 온난화로 인해 상승된 해수면은 세계 해안 습지대의 22퍼센트만큼의 손실을 야기할 수 있다.[94]

오염, 지구 온난화, 파괴적인 해안 활동 역시 산호초에 심각한 해를 입힌다. 산호초는 잘 알려진 바다 물고기 25퍼센트 이상의 서식지로서 이 곳은 다우림 지역보다 훨씬 다양한 종들이 서식하는 곳이다.[95] 이러한 생물체의 다양성은, 암과 같은 질병의 치료제가 되며 세균 감염과 바이러스를 막아 주는 신약 개발의 전망을 밝게 해준다.⁹⁶⁾ "개발도상국에서 산호초는 전체 어획량의 약 4분의 1을 책임지며 아시아에서만 대략 10억 명에게 식량을 제공한다."⁹⁷⁾ 산호초는 또한 생명의 손실, 물적 피해, 토양 침식을 막는 데 도움을 주는 "이 세계에서 가장 넓고, 광대하고, 효과적인 해안 방어 구조"이다.⁹⁸⁾ 현재의 추산에 따르면 전체 산호초의 10퍼센트가 회복 불능으로 붕괴되고 있다. 30퍼센트는 심각한 상태에 있고, 2020년에 이르면 소멸될 것이다. 현재의 압력이 줄어들지 않는다면, 2050년까지 세계 산호초의 60퍼센트는 완전히 소멸될 것이다.⁹⁹⁾

산림 벌채

급속한 산림 벌채는 또 다른 심각한 문제다. 산림 벌채 때문에 홍수가 증가하고, 새로운 의약품이 될 수 있는 식물이 사라지며, 지구 온난화가 가속된다. 해마다 폴란드보다 더 넓은 면적에 해당하는 산림이 벌채되고 있으며, 그 비율은 계속 증가하고 있다.¹⁰⁰⁾ 제3세계의 산림은 경작지, 장작, 가축 사육장으로 사용되기 위해서, 그리고 선진국에 수출할 열대 재목을 공급하기 위해 벌채된다. 1980년대에 전체 열대림의 10퍼센트 이상이 손실된 것으로 추산되며¹⁰¹⁾ 1990년대에는 14퍼센트나 더 손실되었다.¹⁰²⁾

많은 가난한 사람들은 불공정한 토지 분배, 인구 성장, 거대한 수출용 작물 재배 회사의 팽창 등으로 가족들을 위해 식량을 재배할 땅이 거의 남지 않았기 때문에, 산림을 개간하여 경작한다. 1996년에 네 개의 국제 연합 가입국은, 개발도상국의 가난한 농부들이 남아 있는 열대림 절반을 파괴할 수도 있다고 경고하는 보고서를 냈다. 그들은 "해마다 나무를 남벌하여 화전을 일구는 가난한 농부들이 약 47억 평에 달하는 열대림을 손실시켰다"[103]고 보고했다. 1993년에 나온 또 다른 연구는 1980년대에 생존을 위해 땅 한 뙈기를 찾는 가난한 농부들이 산림을 조금씩 잠식함에 따라 61퍼센트의 산림 벌채가 이루어졌음을 보여 주었다.[104]

"열대 다우림 지역에는 지구상의 육지 생물 종들의 절반 이상이 살고 있다. 많은 토착민들은 이 우림 지역에서 나오는 자원들로 생계를 유지한다. 이들은 사냥을 해서 먹고, 식물들을 식량과 약으로 사용한다.…이 자원들이 파괴되면 사람들은 집을 잃고, 음식을 잃고, 문화를 잃는다. 그리고 그들은 은신처와 식량을 얻기 위해 더 심한 파괴와 멸종을 주도하며, 스스로를 보호할 수 있는 더 위험한 숲 지역을 찾을 수밖에 없다."[105]

불행히도, 열대 지방에서 식물이 성장하는 데 필요한 영양소의 90퍼센트는 산림 벌채로 파괴된 초목에 함유되어 있다. 따라서, 열대 지방에서 벌채된 땅은 생산 능력을 급속히 상실한다. 몇 차례의 경작철이 지나고 나면 사람들이 메마른 농경지를 버리고 좀더 최근에 개간된 산림지로 옮겨 가면서, 빈곤과 이동과 환경 남용이 계속된다.

1984년에 브라질의 농경학자이며 공학자인 호세 루첸버거(Jose Lutzenberger)는 미 국회 앞에서 그러한 예를 증언했다.

그는 수많은 가난한 농부들이 왜 농업이 풍성한 남부 브라질에서 아마존 강의 론도니아로 밀려들어 오는지를 설명했다. 그들은 대지주에게 혹은 콩과 다른 환금 작물을 재배하느라 열심인 수천 헥타르에 달하는 정부 농장에 땅을 빼앗겼기 때문에 그같이 밀려왔던 것이다. 사람들이

론도니아로 쇄도하는 것은 정부가 진정한 토지 개혁을 시행하고 농장 소유주들과 대결하기를 거부했기 때문이었다.…그래서 세계 은행이 자금을 댄 폴로노레스테(Polo-noreste) 사업은, 모든 영양분이 다 사라지고 땅을 보호해 주는 나무가 제거된 메마른 땅에서는 도저히 생계를 꾸려 나갈 수 없는 농부들을 위한, 불모의 쓰레기 처리장이 되었다. "그 땅에 정착한 사람들이 처음에 빈약한 수확을 거두어들이고 나면 개간을 포기하는 일은 매우 흔하다. 그들은 해마다 새로운 땅을 개간해야 한다. 그리고 그 구획 전체가 개간되면 그들은 다시 이동한다."[106]

살아 있는 나무를 땔감으로 사용하는 것은 때로 죽은 나무와 가지가 사라져 버린 지역에 사는 가난한 사람들이 최후로 취하는 방편이다. 1990년 초기까지 해마다 장작을 구하는 사람들에 의해 1만 제곱킬로미터의 산림이 사라진 것으로 추산된다.[107] 아주 가난한 사람들의 경우 물을 끓여 먹는 것은 감당할 수 없는 사치다. 장작이 아주 귀한 곳에서는 마른 똥과 밭에 남아 있는 농작물 찌꺼기를 이용해 요리를 하는 수밖에 없다. 그렇게 하면 땅이 척박해지며 수확이 부진해진다.

슬프게도 계속되는 인구 성장과 지구 온난화는, 경작지를 얻기 위한 필사적인(그리고 결국에는 스스로를 파괴하는) 삼림 벌채를 주도하고 있다.[108]

부유한 북미인들과 유럽인들이 값싼 쇠고기를 요구하는 것도 열대의 산림 벌채를 부채질한다. 브라질과 중앙 아메리카에서만 해마다 1만 5천 제곱킬로미터에 달하는 산림이 가축의 방목을 위해 개간된다.[109] 이렇게 개간된 땅 중 많은 부분이 선진국에 수출하기 위한 농산물을 재배하는 데 사용된다. 비극적이게도 이것은 열대 다우림을 가장 비효과적으로 사용하는 방법이다. 한 연구에 따르면 페루의 아마존에서 개간된 열대림을 가축의 방목에 사용하면 헥타르당 148달러에 상당하는 가치를 생산한다. 반면, 산림을 그대로 두고 거기서 나오는 과일, 고무, 재목 등을 거두어들인다면 잠재적인 수확량은 매년 6,280달러가 될 것으로 추산된다![110] 그뿐만이 아니다. 수년간 가축을 방목해서 영양분이 빠져나가고 토양이 부식된 후에, 열대 토양은 종종 벽돌같이 딱딱하게 변해 버린다. 이러한 땅에서는 '심지어 가장 생활력이 강한 목초지의 풀'[111]도 자랄 수 없게 된다.

또 하나의 심각한 산림 고갈은 선진국에서 열대 재목을 원하기 때문에 생겨난다. 상업적으로 가치가 있는 나무들(어떤 경우에는 이 나무들이 차지하는 비율이 단위 면적당 5퍼센트밖에 되지 않는다)을 벌목하면서 원치 않는 나무들 30-60퍼센트를 파괴시켜 버린다.[112]

산림 벌채는 홍수를 일으키고, 대기 중 탄소 수치를 증가시킨다. 산림이 사라지면 빗물이 훨씬 더 빨리 흘러가서, 토양을 부식시키고 홍수를 일으키며 뒤이어 가뭄(물이 땅에 스며들지 않고 재빨리 사라져 버리기 때문에)도 일으킨다. 인도에서는 점점 더 많은 과학자들이 가뭄과 홍수가 악화되는 이유가 산림 벌채 때문이라고 본다.[113]

아이티는 비극적인 예다. 아이티는 서반구에서 가장 가난한 나라로서 인구의 80퍼센트가 극심한 가난 가운데 살고 있다.[114] 2004년 봄 아이티에서는 1,700명 이상이 홍수로 인해 사망했다. 홍수가 그렇게 크고 심하게 일어난 것은 삼림 벌채 때문이었다. 아이티의 90퍼센트 이상 지역이 농경지를 얻기 위해 벌채되었다. 농부들은 생계를 위해 숲을 없앰으로써 그 곳을 점점 더 척박한 땅으로 만들고, 연료로 쓸 목재를 얻었다. 나무 뿌리는 흙에 묻혀 있어 물이 천천히 흘러갈 수 있도록 돕는데 나무가 없으면 빗물이 모이고 그 물은 마을로 범람한다. "아이티의 관료들은 삼림 벌채를 막는 일을 도와줄 8,000명의 국제 연합 평화 유지군을 기대하고 있다."[115]

산림, 특히 열대림은 천연 생화학 공장이다. 이 산림을 상실한다면 큰 재해가 일어날 것이다. 미국 의약품의 절반이 주로 열대림에서 발견되는 야생 식물에서 추출한 유전 물질에서 나온다. 1988년 미국에서 가장 많이 팔린 20개의 약품은 모두 천연 산물에서 뽑아낸 것이다. 우리는 각종 식물이 지닌 잠재적인 유익에 관해 겨우 1퍼센트 정도만 과학적으로 검토해 보았을 뿐이다.[116] 전국 암 연구소의 천연 산물 분과 책임자인 고든 크래그(Gordon Cragg)가 말하듯, "어떤 화학자라도 자연에서 생산되는 복합적인 생체 작용 분자는 도저히 만들어 낼 수 없다."[117]

"과학자들은 우림 지역 산림 벌채가 현재의 비율로 계속되면 2030년에는 열대 우림이 거의 다 파괴될 것이라고 추산한다."[118] 산림 자원을 안전하게 지킬 수 있는 시간은 급속히 줄어들고 있다.

세계적으로 위험에 처해 있는 다른 형태의 숲은 홍수림으로서, 가난한 사람들을 비롯한 다른 사람들의 복지에 중요한 곳이다. 홍수림은 해안선을 따라 형성된 늪지대에 염분에 강한 나무들이 모여 있는 곳이다. 이 곳은 물고기, 조개, 수백 종류의 새들을 포함한 많은 다양한 생물체에 서식지를 제공한다. 이 숲은 열대 지역 해안가의 약 25퍼센트에 걸쳐 이어져 있으며 세계에서 생물학적으로 가장 다양한 생태계를 이루고 있다. 앞에서도 언급했듯이, 홍수림 역시 해안선을 침식과 폭풍 피해로부터 보호해 준다. 그런데 지난 세기 동안 전 세계 홍수림의 2분의 1 이상을 잃었다.[119]

홍수림은 과다한 수확, 민물 유용, 오염, 파괴적인 토지 사용 및 개발 활동, 장기적인 홍수, 해수면의 변동(이 파괴적인 잠재력은 지구 온난화로 인해 가중될 것이다)과 같은 활동으로 인해 위협을 받고 있다. 가장 큰 위협은 빠르게 성장하고 있는 새우 양식 산업이다. 이는 최근 홍수림 파괴의 50퍼센트 정도까지 책임이 있다. 새우 양식장을 만들려면 벌채를 해야 하기 때문이다.[120] 홍수림 벌채가 계속되고 있긴 하지만 1980년대에는 조금 줄어들었다. 이는 농경지와 관광 산업을 위해 홍수림을 파괴하는 것을 금지하는 법이 생기고, 대규모의 전환이 일어나기 전에 환경 영향 평가가 필요하다는 요구 때문이었다.[121]

땅의 오용

인간의 여러 활동은 땅과 그 땅의 생산성에 끔찍한 희생을 강요하고 있다. "세계 농경지의 85퍼센트에 침식, 사막화, 압밀 작용, 양분의 고갈, 생물학적인 퇴화, 오염 등으로 붕괴된 지역이 포함되어 있다."[122] 과다한 농경 활동(예를 들어, 휴경 기간을 줄이는 등)은 많은 농경지를 한계 상황까지 가게 하고 주변부 토지 사용을 증가시키고 있다. 추가적인 17억 명의 식량 수요는 다음 20년 이후까지 채워질 것이다.[123]

일부 가난한 지역(예를 들어 아프리카)에서는 농업이 쇠퇴하기 시작했지만, 전 세계적으로 식량 생산은 인구 성장에 맞출 수 있다.[124] 그러나 우리가 현재의 생산성을 유지하는 것 때문에 하나님의 창조 세계는 고통당하고 있다. 게다가 부자와 가난한 자 사이의 생산량 간격은 계속해서 더 커질 것이다. 재정적인 자원이 부족한 이들은 땅에 대해 선진국이 행하는 것과 같은 파괴적인 조치를 취할 여력이 없기 때문이다.

세계 자원 연구소와 국제 식량 정책 연구소로부터 나온 최근의 보고서는 현재의 상황을 다음과 같이 요약한다.

결과가 보여 주듯이, 식량 생산이 인구 성장에 따라갈 수 있을지 모르지만 그렇게 함으로써 생물의 다양성, 깨끗한 물, 탄소 보유 능력, 토양의 질에 손실을 가하고 있다. 세계 숲 지대의 20-30퍼센트가 농경지로 바뀌었고, 그 결과 대규모의 종들과 서식지를 잃었다. 양분의 고갈, 침식, 염분화를 포함한 토양의 질 저하는 널리 퍼진 현상이다. 토양에 소금이 축적됨으로 세계 전체 관개지의 약 20퍼센트에 해당하는 4,500만 헥타르의 농경지가 손상을 입었다. 염분화로 인해 매년 150만 헥타르의 토지가 추가적으로 손상을 입는다. 인간은 농사를 위해 매년 70퍼센트의 신선한 물을 소비한다. 관개 사업은 배수구로 물이 빠져나가게 함으로써 강수량으로 공급하는 양보다 더 많은 물을 배수시키고 있다. 더욱이 비료와 살충제를 과다하게 사용함으로써 수원이 오염되고 있다.[125]

언제나 그렇듯 환경이 파괴될 때마다 가난한 사람들이 가장 고통받는다. 그들은 다양한 환경 문제에 가장 많이 노출되어 있다. 그들은 오염된 물을 마실 가능성이 가장 높으며, 불모지를 경작할 가능성도 가장 높다. 분명 그들은 지구 온난화가 모든 사람에게 강요하는 급격한 변화를 정면에서 맞게 될 것이다.

이러한 취약성을 가장 잘 보여 주는 것은 그들이 유독성 폐기물 가까이에 살며 그로 인해 고통을 받을 가능성도 가장 많다는 사실이다. 인도 보팔(Bhopal: 1984년 살충제 제조 공장의 유독 가스 누출 사고로 인명 피해가 컸다―역주)의 환경 재앙이 특별히 가난한 사람들에게 영향을 끼쳤다는 것은 우연이 아니다. 세계 도처에서 가난은, 많은 사람들에게 연기를 뿜어 내는 공장과 유독성 폐기물에 위험할 정도로 가까이 살도록 강요한다. "부자들은 더 부자가 되고, 가난한 사람들은 독성 물질에 중독된다."[126]

가난과 환경 파괴의 연관성에 대한 가장 놀라운 예 중 하나는 인류학자인 셸던 아니스(Sheldon Annis)가 목격한 장면이다. 그는 과테말라에서 본 광경을 이렇게 묘사한다.

나는 인도인 농부와 그의 아들이 산림이 우거진 비탈에 옥수수를 심는 장면을 무시무시한 마음으로, 그러나 매혹적으로 바라보던 일을 기억한다. 그 땅은 매우 깎아지르는 듯하여 아들은 허리 둘레에 밧줄을 매고서 그 자리에 매달려 있어야 했다. 그가 이 밭고랑에서 저 밭고랑으로 건너뛸 때, 아버지는 나무 그루터기에 매어 놓은 밧줄을 늘여 주었다. 최근에 그 곳에 다시 가 보았을 때, 나는 그 농부와 아들이 거기에 없다고 해서 놀라지 않았고 그 언덕 때문에도 놀라지 않았다. 그 언덕은 침식되고 또 침식되어서 붉은 흙덩이로 변해 있었다.[127]

우리는 고통스러운 선택에 직면한다. 우리는 물질적 풍요를 유지하고 확대하기 위해 공기와 물을 오염시키고 있으며, 땅과 산림을 파괴하고 있다. 이러한 현재의 경제적 유형을 계속 유지해 나가면서 **또한** 지구의 빈곤을 줄이고 **동시에** 살 만한 지구를 보존하는 일을 할 수는 없다. 그러나 우리는 가난한 자에 대한 정의와 살기 좋은 지구 모두를 선택할 수 있다. 그리고 그것은 만연된 물질주의를 포기하고 환경 파괴를 역전시키려는 어려운 선택을 할 때만 가능하다.

굶주린 나라들의 식량 수출

왜 기근으로 황폐하게 된 나라들이 식량을 수출하는가? 왜 오늘날 가난한 나라들은 많은 국민이 영양 실조와 기아에 처해 있는데 부유한 나라에 막대한 양의 식량을 파는가?

역사를 보면 한창 기근이 일어나고 있는 동안에도 개개의 무역업자들이 식량을 수출하는 예를 많이 찾아볼 수 있다. 1840년대에 아일랜드에 지독한 기근이 들었을 때, 아일랜드는 상당한 양의 식량을 영국에 수출했다. 부유한 영국이 굶주린 아일랜드 사람들보다 높은 값을 지불할 수 있었기 때문이다.[128]

1870년대에 인도에서도 똑같은 일이 일어났다. 인도는 기근에 처해 있었음에도 많은 양의 곡물을 영국으로 수출했다. 1880년에 나온 기근 위원회 보고서의 냉정하고도 객관적인 묘사 배후에는 힘없는 이들이 겪어야 하는 끔찍한 결과가 명백하게 드러난다. "인도 소비자들에게 불행하게도, 영국에서 몇 년 동안 연이어 흉작이

들었다. 이러한 흉작과 외환 시세로 인해 지난 몇 년간 거대한 양의 곡물이 수출되었다. 이러한 생산자 계층과 그에 종속된 장사꾼의 이득은 그만큼 소비자 계층의 손실이다. 이것은 불가피한 듯이 보인다."[129]

똑같은 일이 최근에 아프리카에서도 일어났다.[130]

그보다는 덜하지만 역시 놀라운 일은 최근 몇 십 년 동안 영양실조에 걸린 그리고 심지어 기아에 처한 사람들이 많이 있는 개발도상국에서 부유한 나라에 다량의 식량을 수출했다는 사실이다.[131] 자국의 많은 사람들이 굶주리고 있는데도 부유한 나라에 기꺼이 식량을 수출하는 이유는, 그 나라의 가난한 사람들이 갖지 못한 돈을 부유한 나라 사람들은 가지고 있기 때문이다. 그리고 가난한 나라의 유력한 사람들은 수출로 벌어들인 소득으로 첨단 과학 기술과 원유, 사치품의 값을 지불한다.

굶주린 사람들은 자기 가족을 먹이기 위한 식량이 필요하다. 하지만 그들은 아무런 힘이 없고, 돈도 거의 없으며, 일자리도 없고, 스스로 식량을 재배할 땅도 없다. 가난한 나라의 부유한 엘리트들은 자기 나라의 가난한 사람들보다는 고소득 국가의 부자들과 더 많은 공통점을 가지고 있다. 그래서 그들은 가난한 사람들이 필요로 하면서도 살 여유가 없는 그 식량을 파는 것이다.

이러한 문제의 기원은 때로 식민 시대로 거슬러 올라간다.[132] 식민지 통치자들은 각 농장에게, 그 지역에서 소비할 식량 생산을 희생해 가면서까지 수출 작물을 재배하라고 독려했다. 지역 주민들은 종종 땅을 잃었으며, 노예가 되거나 쥐꼬리만 한 임금을 받는 농장 노동자가 되었다. 혹 어떻게 해서 약간의 땅을 계속 보유하고 있던 사람들은 종주국에서 바라는 식료품을 생산하도록 '독려'받았다. '종주국'을 위한 식량을 재배하는 것이 식민지의 최고 우선순위처럼 보였다. 존경받는 19세기 영국의 경제학자 존 스튜어트 밀(John Stuart Mill)은 "식민지는 하나의 문명이나 나라로 생각되어서는 안 되며 '그들이 속한 더 큰 공동체'의 필요를 공급하는 것을 유일한 목적으로 하는 '농업 시설'로 여겨져야 한다고 말했다."[133]

식민지 시대는 끝났지만, 그 영향 중 일부는 남아 있다. 농장은 원소유주의 자손들에게 되돌아가지 않았다. 동일한 거대 소작지의 새로운 소유주들(지역 엘리트이건 다국적 기업이건)은 여전히 선진국을 무역 상대자로 의지했다. 결국 가난한 사람들은 구매력이 거의 없기 때문이다.

물론 대토지 소유주들은 지역 주민을 위하여 콩이나 옥수수나 쌀을 재배할 수도 있다. 하지만 지역 주민들은 시장에서 팔 수 있는 것을 생산할 자본이 거의 없기 때문에 많은 돈을 지불할 수 없다. 수출용 작물을 재배함으로써 더 많은 돈을 벌 수 있는 지주들은 당연히 부유한 나라를 시장으로 삼았다. 그들은 미국에 면화, 소고기, 커피, 바나나, 혹은 다른 농작물을 보내고, 우리는 보답으로 그들이 바라는 상품을 보낸다. 그러한 제도는 부유한 사람들에게 유리하며, 가난한 사람들은 고통을 받는다.

이 같은 사항 중 어떤 것도, 국제 식량 무역을 폐기하든가 마르크스주의를 선호하여 시장 경제를 거부해야 한다는 결론으로 이끌지는 않는다. 그 의미는 4장에서 논의한 희년 원리가 대단히 중요하다는 것이다.

하나님은 모든 사람이 자기 나름대로 소득을 얻을 자원을 가지도록 사회의 공동 생산 자본이 분배되기 원하신다. 어떤 수단에 의해서든 자기 자산을 잃어버린 사회 구성원들은 경제 활동에 참여하기가 어렵다. 자산이 없는 사람들은 그저 굶주리게 된다.

오늘날 대부분의 가난한 나라에서는 오래 전에 사람들을 땅에서 추방하는 일이 시작되어서 지금도 계속되고 있다. 희년과 같은 것은 거의 일어나지 않았다. 그래서 문제가 지속되고, 부유한 사람들은 여전히 굶주린 나라에서 온 식량을 먹는 것이다.

중앙 아메리카 수출 농업의 예를 생각해 보라. 중앙 아메리카의 가난한 사람들이 먹는 주식의 대부분(콩, 옥수수, 쌀)은 불모지에 있는 작은 농장에서 재배된다. 동시에 "지역의 기름지고 평평한 농경지는 사실상 전부 수출용 작물을 위해 사용된다."[134]

소고기에 대한 이야기는 인상적인 예를 제공해 준다.[135] 1950년대에는 중앙 아메리카에서 도살된 거의 모든 소고기가 그 지역에서 소비되었다. 그 후 1957년에 미 농무성이 승인한 최초의 소고기 포장 공장이 세워졌다. 1970년대 말이 되자 중앙 아메리카의 소고기 중 4분의 3이 수출되었다.[136] 1978년이 되자, 중앙 아메리카는 해마다 미국에 2억 5천만 파운드의 소고기를 공급했다. 미국이 후원한 개발 프로그램으로 소고기 수출 확대를 촉진하기 위해 도로를 건설했고 융자를 제공했다. 1960-1980년에 중앙 아메리카의 농업과 농촌 개발을 위해 세계 은행과 남북미 개발 은행에서 제공한 모든 차관의 반 이상이, 수출을 위한 소고기 생산을 촉진시키는 데 들어갔다.[137]

물론 부유한 엘리트들은 많은 이득을 보았지만, 기본적인 식료품을 재배하는 가난한 농부들은 농장주들이 수출용 소를 기르기 위해 점점 더 많은 방목지를 요구함에 따라 땅에서 밀려났다. 엘살바도르에서는 미 농무성이 승인한 최초의 소고기 포장 회사가 문을 열기 전에는 농촌 가구 중 땅을 소유하지 못한 인구는 29퍼센트였다. 1980년에 이르자 엘살바도르에서 생산된 소고기의 절반이 미국으로 수출되었고 농촌 가계의 65퍼센트가 땅을 잃게 되었다.[138] 물론 소고기 수출의 증대만이 땅을 잃게 된 원인이라고 주장하는 것은 어리석은 일이다. 농부들은 여러 가지 이유로 인해 땅을 갖지 못한다. 하지만 소고기 산업은 그 원인 중 하나였다. 가난한 사람들이 항변했지만 농장주들은 그런 농부들을 공산주의자로 몰아붙였다. 미국에 의해 훈련받은 각 나라의 방위군은 종종 항의하는 농부들을 억누르기 위해 고문과 살인을 포함한 억압 정책을 사용했다.[139] "이렇게 해서 지역 농장주들은 미국 납세자들이 낸 돈으로 무장되고 훈련받은 추방군을 공짜로 얻었다."[140]

이야기를 분명하게 정리하도록 하자. 나는 중앙 아메리카가 소고기를 수출해서는 안 된다고 주장하는 것이 아니다. 그 지역은 실제로 다른 지역에 비해 풀을 먹고 자란 소고기를 생산하는 데 유리한 점이 있다. 좀 다른 정책을 쓰면 가난한 자를 억압하거나 환경을 파괴하지 않고도 소고기 수출을 늘리는 것이 가능할 것이다(불행히도 새로운 목초지를 제공하기 위해 막대한 열대림이 불태워졌다). 하지만 일은 그런 식으로 돌아가지 않았다.

그 대신에 미국의 소비자들을 위한 값싼 햄버거를 생산하기 위해 가난한 사람들이 고통을 당했다. 1960년대 이래, 중앙 아메리카의 소고기 소비량은 20퍼센트 줄어들었다. 가난한 사람들은 우리와 경쟁을 할 수가 없다. 범 미국 보건 기구(Pan American Health

Organization)의 연구에 따르면, 1969-1975년에 다섯 살 이하 어린 아이들의 영양 실조가 67퍼센트 증가했다. 미국과 비교해서 중앙 아메리카의 어린이가 여섯 살이 되기 전에 훨씬 더 많이 죽는다는 것은 놀랄 일도 아니다. 가난한 사람들은 공산주의자들이 말해 주지 않아도 그것이 부당한 거래임을 안다.

라틴 아메리카에만 이러한 예가 있는 것은 아니다. 필리핀 역시 가난이 만연해 있다. 대부분의 필리핀 사람들은 농촌에서 산다. 하지만 땅의 대부분은 대지주가 소유하고 있다. 그러므로 대부분의 농촌 사람들은 가난하다.[141]

거기에서도 그 비극적 원인은 식민지 시대로 거슬러 올라간다. 1600년대 초기에 스페인 정복자들이 필리핀에 도착했을 때, 각 지역 촌락은 땅을 공동으로 소유하고 있었다. 하지만 스페인이 잉여 농산물을 세금으로 낼 것을 요구하자 스페인을 위해 세금을 거둔 부유한 필리핀 사람들은 점점 더 많은 토지를 소유하게 되었다. 1898년에 미국이 스페인을 대신하자, 농작물 수출(그리고 토지의 집중)은 훨씬 증가되었다. 1960년 이후에 미국 파인애플 생산자들이 더 싼 임금(그들은 생산 원가를 47퍼센트 절감했다)을 이용하기 위해 하와이에서 필리핀으로 이동해 옴에 따라, 농작물 수출은 훨씬 빨리 늘어났다. 1960-1980년에 수출용 작물에 충당된 땅은 15퍼센트에서 30퍼센트로 늘어났다.

농작물 수출에 기초한 필리핀의 페르디난드 마르코스 대통령의 개발 정책 중 일부에는, 더 높은 임금 혹은 토지 개혁을 요구하는 근로자 운동에 대한 무자비한 탄압이 포함되었다(하루에 열세 시간에서 열네 시간씩 일하는 사탕수수 농장 근로자의 평균 임금은 일주일에 7달러였다). 국제 사면 위원회와 국제 법조인 위원회는 수천 명의 정치범이 존재함을 입증했다. 전기 고문, 물 고문, 장기 독방 수감, 태형 등이 만연되어 있었다. 그러는 동안에도 마르코스에 대한 미국의 군사 원조는 계속되었다.[142]

1986년 2월에 비폭력 혁명으로 마르코스가 타도된 후[143] 필리핀인들에게도 희망이 넘쳤다. 코리 아키노 대통령은 민주주의와 가난한 사람들을 위한 정의를 약속했다. 그러나 불행히도, 토지 개혁은 거의 이루어지지 않았다. 유력한 지주들이 여전히 나라를 좌지우지하고 있었기 때문이다. 대부분의 농촌 지역 국민들이 계속해서 빈곤하게 살고 있는 것은 결코 놀라운 일이 아니다.

중앙 아메리카나 필리핀에서 죽어가는 어린이 문제는 누구의 책임인가? 자신들의 풍요함을 증가시키기 원하는 부유한 국가 엘리트들인가? 지역 엘리트들과 밀접하게 결탁하여 일하는 미국 회사들인가? 중앙 아메리카의 영양 실조에 걸린 어린이들이 결코 먹을 수 없는 소고기를 먹는 미국 시민들인가?

가난한 나라에서 수입해 온 식품을 먹지 않는다면 그 곳의 굶주린 어린이들이 즉시 먹게 될 것이라고 단순하게 가정하는 것은 어리석은 일이다. 식량 수입을 종식시키는 것은 해답이 아니다. 가난한 사람들에게 경제적 능력을 부여하여 그들이 생산성을 갖추고 품위 있는 삶을 누리도록 하는 것이 필요하다. 11장에서는 그 같은 변화를 촉진할 수 있는 몇 가지 방법을 검토한다. 여기에서 나의 목적은 우리의 음식 섭취 유형이 수많은 사람들을 굶주리게 하고 기아에 빠지게 만드는 사회적·경제적 구조와 맞물려 있음을 보여주는 것이다.

개발도상국에 진출해 있는 다국적 기업

다국적 기업은 풍요한 북반구의 산물이다. 다국적 기업은 대부분 오래 전에 지역의 작은 공장에서 출발했지만 점차 마구 뻗어 나가는 회사로 확대되었다. 다국적 기업은 대부분 점진적으로 성장했으며, 경제 전반과 나란히 발전했다. 선진국들은 큰 회사들이 광범위한 사회적 목표에 무관심한 것에 때로 화를 냈지만, 적어도 어느 정도는 그 회사들과 함께 건설적으로 일하는 법을 배웠다.

제2차 세계대전 후에 이 커다란 회사들은 떼를 지어 해외에 활동 기지를 설립했다. 그들의 활동 대부분은 다른 선진국들을 상대로 하는 것이었지만, 점차 비선진국들로 이동했다. 개발 경제학자인 마이클 토다로는 1962년에 선진국의 큰 회사들의 비선진국들에 대한 민간 투자는 24억 달러였다고 말한다. 1980년이 되자 투자는 약 110억 달러였으며, 1990년에는 350억 달러, 1999년에는 1,850억 달러 이상으로 증가했다.[144]

오늘날 대부분의 개발도상국들은 다국적 기업을 환영한다. 이전 시대에는 다국적 기업의 자산이 보통 국유화되었지만, 점차 중단되었다. 1970-1974년에는 해마다 40개를 국유화했지만 1992년에 이르자 그 수치는 0으로 떨어졌다. 개발도상국을 다스리고 있는 권력 있는 엘리트들은 대체로 다국적 기업이 해악보다는 이익을 더 많이 가져다준다고 결론을 내렸다.[145]

다국적 기업 옹호자들은 다국적 기업이 개발도상국에서 경제 개발과 성장을 촉진하는 주 기관이라고 본다. 그들은 다국적 기업이 주는 도움을 여러 가지 면에서 주장한다.[146] 바로 (1) 희귀한 자본 제공, (2) 외환 유출 증대, (3) 개발도상국 정부가 개발 사업에 필요한 세금 수입을 올릴 수 있는 건전한 사업 제공, (4) 고용 창출, (5) 과학 기술 도입 및 지역의 근로자들을 위한 과학 기술 및 경영 기술 훈련, (6) 다른 식으로는 접할 수 없는 상품과 용역 제공 등이다.

이러한 점에서 다국적 기업은 상당히 유망한 가능성이 있는 것처럼 보인다. 개발도상국들이 동등하게 힘을 가진 거래 상대자라면, 그리고 개발도상국들의 가난한 사람들이 그러한 유익을 공평하게 나눌 수 있다면, 매우 효과적일 것이다. 하지만 불행히도, 다국적 기업이 가난한 나라에 몇 가지 부정적인 영향을 끼친다는 증거가 있다.

죄에 대한 성경적 시각을 가진 사람들은 이로 인해 놀라서는 안된다. 힘있는 기관들은 통상 약한 쪽을 지배하며 이용한다. 다국적 기업은 분명 전적으로는 아니라 해도 일차적으로 자신의 이익에 관심이 있다.

우리는 종종 그들이 가진 권력의 정도를 간과한다. 현재 350개의 대규모 다국적 기업이 세계 무역의 40퍼센트 이상을 장악하고 있다.[147] 1990년에 가장 큰 다국적 기업인 제너럴 모터스는 다섯 개의 가장 큰 개발도상국을 제외한 모든 나라의 GNP보다 더 많은 총 판매고를 올렸다.[148] 1990년에 가장 큰 다섯 개의 다국적 기업의 총 판매액은 스위스, 오스트레일리아, 스페인, 스웨덴, 벨기에와 같은 나라들의 GNP보다 더 많았다.[149] 오늘날 "100대 다국적 기업이 현재 외화 자산의 약 20퍼센트를 장악하고 있으며, 현재 세계 100대 경제 체제 중 51개가 기업체들이다. 제너럴 모터스와 포드의 판매량은 사하라 이남 아프리카 전체의 GDP보다 더 많다. IBM과 BP

와 제너럴 일렉트릭의 자산은 대부분 작은 국가들의 경제적 능력을 뛰어넘는다. 슈퍼마켓 월마트는 대부분의 중앙 유럽과 동유럽 국가들보다 높은 수익을 얻는다. 엑슨의 경제 규모는 칠레와 파키스탄의 경제 규모에 비할 만하다."[150]

토다로 교수가 지적하듯, 이 같은 종류의 힘은(비경쟁적인) 시장 현상인 소수 독점으로부터 생겨난다.[151] 가격과 이윤을 조작하고, 새로운 과학 기술을 지배하며, 잠재적인 경쟁을 제한함으로써 그들은 자유 시장에 의해 부과되는 힘의 제한을 피한다.[152] 중앙 집권이 지니는 위험에 관심이 있는 사람들은 누구나 거대한 다국적 기업이 중앙 집권적인 정치경제적 힘을 가지는 방식에 관심을 가져야 한다.

경제적 영향

옥스퍼드의 경제학자이자 복음주의 그리스도인인 도널드 헤이는 여기에 대하여 세 가지 문제를 지적했다.

첫째로, 다국적 기업은 실제로 자신들이 공언하는 만큼 자본을 제공하지 않는다.[153] 대신 그들은 들어가 있는 나라의 은행으로부터 많은 대출을 받아 지역 기업가들이 사용할 수 있는 기금을 줄이고 그 지역의 사업 참여도를 축소시킨다.

둘째로, 다국적 기업은 당연히 자신이 들어가 있는 나라의 복지보다는 자신의 이익에 더 관심이 있다. 이것은 때로 전체 자회사 운영을 일시 폐쇄하는 결과를 가져온다. 이는 다국적 기업에게는 최소한의 영향만을 끼치지만, 작고 가난한 한 나라를 황폐화시키는 조치다. 다국적 기업들은 또한 완제품을 시장 가격 이하로 모회사에 파는 방식으로, 지방세를 피하기 위해 이윤 수치를 인위적으로 조절할 수 있다. '이전(移轉) 가격 조작'(transfer pricing)과 이와 연관된 몇 가지는 다국적 기업이 흔히 하는 관행이며, 이 때문에 가난한 나라들은 매년 수십 억 달러의 손해를 본다.[154]

셋째로, 다국적 기업이 종종 개발도상국에서 '잘못된 종류의 개발'을 촉진한다는 것이다. 헤이는 다국적 기업이 가난한 사람들을 위한 생활 필수품 대신 부유한 사람들을 위한 특수한 제품을 생산한다고 주장한다. 그들은 또한 자본 집약적이고 노동 절약적인 과학 기술을 가지고 오는데, 이는 막대한 수의 실업자가 있는 가난한 나라에는 부적절하다. 이렇게 함으로써 다국적 기업은 다수의 사람들은 계속 빈곤하게 하고 소수의 사람들은 선진 세계 경제의 주류에 편입시키는 이중적 구조를 강화한다.[155]

정치적 영향

정치적 면에서 다국적 기업은 때로 그 지역의 독재 체제와 협력하여, 다국적 기업과 그 나라에서 권력을 잡은 사람들에게는 이익이 되지만 가난한 사람들에게는 이익이 돌아가지 않도록 한다.

노동 조합은 근로자들이 임금을 향상시키고 근로 조건을 개선하기 위해 쓸 수 있는 한 가지 방법이다. 하지만 많은 개발도상국 정부는 노동 조합 결성을 막아 임금을 낮은 상태로 유지하고 다국적 기업이 계속 기뻐할 수 있도록 해준다.

"뉴욕 타임즈"(*The New York Times*)는 1996년에 명백한 예를 보도했다. "나이키와 다른 수많은 제조업자들은 저임금(그리고 정부에서 노동 쟁의나 개별적인 노동 조합을 전혀 허용하지 않으리라는 확신)이 주는 매력에 이끌려서 인도네시아에 기업을 설립하게 되었다."[156] 세랑(Serang)의 나이키 공장에서 일하는 스물두 살의 통그리스 시투모랑은 노동 조합을 결성하려다 해고당했다. 군부는 그를 공장 안에 있는 방에 칠 일 동안 감금하고 그의 노동 운동 활동에 대해 심문했다.[157]

미국과 멕시코의 국경에 있는 마낄라도라 조립 공장에서도 비슷한 문제를 발견할 수 있다(마낄라도라는 미국 시장에 수출할 상품을 생산하는 공장이다. 그 공장은 값싼 멕시코 노동력을 이용하기 위해 미국 국경에 매우 가까이 있는 멕시코에 자리잡고 있다). 1987년에 "포드 자동차 회사는 노동 조합 계약을 파기하고, 3,400명의 근로자를 해고했으며, 임금을 45퍼센트 삭감했다. 근로자들이 이에 반대하는 노동 지도자들 주변에 모여들었을 때, 정부의 지배를 받는 공식 노조에서 고용한 무장 경비원들이 공장 안에서 노동자들에게 무차별 사격을 해 댔다."[158]

게다가 다국적 기업은, 자신들의 규모와 오랫동안 개발도상국들이 그들에게 점점 더 종속되어 왔다는 사실로 인해, 강력한 교섭력을 형성해 왔다. 때로 다국적 기업은 떠나겠다고 위협하여 종속국의 경제를 혼란에 빠뜨림으로써, 세금상의 특혜, 이윤 분배 한계, 자국민 직업 훈련 요구 등의 문제에서 일방적인 협정을 강요했다. 일단 다국적 기업이 설립되면 그들은 외국 공장에 대한 우대를 위해 '로비 활동을 하는' 압력 단체가 된다. 그들은 정부 지출을 가난한 사람들을 위한 개발 프로그램과 도로, 항만, 고도의 과학 기술에 대한 장려금 등에 사용하지 않고, 이윤이 남는 민간 투자를 지원하기 위한 기간 산업을 개발하는 데 사용하도록 압력을 가할 수 있다.[159] 한 예는 1975년에 "포춘"(Fortune) 지에 실린 필리핀 정부의 광고다. "여러분과 같은 기업체를 모시기 위해…우리는 산을 깎고 정글을 없앴으며, 늪지를 메웠고, 강을 옮겼고, 도시를 새로운 곳으로 옮겼습니다.…이 모든 것은 여러분과 여러분의 기업체들이 더욱 쉽게 사업을 하도록 돕기 위한 배려입니다."[160]

문화적 영향

다국적 기업은 선진국이 개발도상국 사람들과 접촉하는 최첨단에 서 있다. 따라서 다국적 기업은 가난에 시달리는 전 세계의 나라들에게 부유한 나라에서의 삶이 어떠한 것인지 전달해 준다. 하지만 그들은, 가난한 사람들에게 풍요한 북반구 사람들이 어떻게 사는지에 대한 인상을 심어 주는 데서 그치지 않는다. 다국적 기업은 또한 집중적인 광고를 퍼부어 댐으로써 가난한 사람들이 부유한 이들과 똑같이 살도록 애쓰게 만든다.

그 결과 물질주의적 태도가 도처에 퍼지며, 많은 가난한 사람들이 수입 중 터무니없이 많은 부분을 쓸모 없는 물건(에이본 화장품이나 청량 음료)을 사는 데 소비한다.[161] 더욱더 터무니없는 일은 가난한 나라에서 행하는 미국 담배 회사들의 적극적인 광고다. 그들은 가난한 사람들이 미국 담배로 폐를 망쳐 버리도록 유혹한다.

가장 잘 알려진 유해한 예는 네슬레 회사의 경우로서 그들은 모유로 아이를 잘 키우고 있는 제3세계 여성들에게 끈질기게 조제 분유를 판매했다. 회사 대표들은 간호사처럼 보이는 옷을 입고는 어머니들에게 아기를 조제 분유로 키우라고 권했다. 네슬레는 틀에 박힌 수법으로 공공연히 무료 조제 분유 샘플을 나눠 주었다.

종종 산부인과 병동에 필요한 물품을 기증하면서 샘플을 나누어 준 것이다. 조제 분유를 사용하자 산모의 젖은 곧 말라 버려서, 원한다 해도 모유를 먹일 수 없게 되었다. 그러자 부모들은 조제 분유를 사지 않을 수 없었다. 안타깝게도 그들은 분유 깡통에 써 있는 지시 사항을 읽을 수 없거나 분유를 탈 깨끗한 물을 구할 수 없어서, 아니면 더 오래 먹이기 위해 분유를 지나치게 묽게 탔다.

제대로 준비되지 않은 조제 분유에는 아기들에게 필요한 영양소가 결핍되어 있다. 위생적으로 잘 준비했다 해도, 조제 분유에는 모유에 들어 있는 면역 단백질이 결여되어 있다.[162] 그 결과 종종 아이들은 '우유로 키운 아기 질병'이나 심각한 영양 실조 그리고 설사 등에 시달리게 되었다. 유니세프의 보고에 따르면, 분유로 키운 아기는, 생후 6개월 동안 모유만 먹은 아기보다 병에 더 잘 걸리며 죽을 확률이 25배나 높다.[163] 유니세프는 1990년에, 생후 처음 6개월 간 모유만 먹었더라면 죽지 않았을 아기가 백만 명이나 된다고 보고했다. 어머니가 아기 곁에 없어서 아기에게 분유를 먹일 수밖에 없는 경우도 있다. 하지만 많은 어머니들이 자기 아이에게 젖을 먹일 수 있음에도 불구하고 강력한 광고의 희생물이 되고 말았다.[164]

네슬레의 경우와 같은 선전으로 인해 개발도상국에서는 모유를 먹는 아기들의 숫자가 급격히 줄어들었다. 유니세프의 "1982-1983 보고서"에 따르면 브라질에서 모유를 먹는 아이들의 비율은 1940년의 96퍼센트에서 1974년의 40퍼센트로 줄었다고 한다. 칠레에서는 1955년의 95퍼센트에서 1982-1983년에는 20퍼센트로 줄었다.[165] 1990년에 유니세프는 모유를 먹이는 비율이 계속해서 줄어들었다고 보고했다.

다행히도 그러한 관행에 대한 국제적인 반대가 국제 네슬레 불매 운동으로 이어졌다. 최악의 조작을 금지한 국제 규약은 1981년에 통과되었다. 그러나 불행히도 개발도상국들의 가난한 여인들에게 조제 분유를 파는 네슬레와 다른 많은 대규모 기업들은 아직도 종종 그 규약을 어기고 있다. 2004년 네슬레 불매 운동이 20개국에서 계속되었다.[166]

너무나 많은 큰 회사들이 '국제 향수 협회'(International Flavors and Fragrance) 이사장인 H. W. 월터(Walter)와 같은 냉소적인 태도를 가지고 있다.

경제적으로 가난한 개발도상국일수록, 여러 가지 향의 청량 음료나 담배 한 대와 같은 조그마한 사치가 더욱 중요하다는 것을 얼마나 자주 보았던가.…후원자가 되고자 하는 많은 사람들은 경악하겠지만, 영양실조에 걸린 사람들은 가난할수록 자신들에게 필요한 것보다는 몇 가지 사치품에 그들이 가진 전부를 터무니없이 소비하는 경향이 있다.… 관찰하고, 연구하고, 배우라.…우리는 '국제 향수 협회'에서 그 일을 하려고 한다. 그 일은 우리에게 큰 성과를 가져다줄 것이다. 그리고 아마 당신에게도 그렇게 해줄 것이다.[167]

토다로는 이렇게 결론을 내린다. "다국적 기업은 일반적으로 **부적절한 제품**(소수의 사람들만이 요구하는 것)을 생산하고, 광고와 독점적인 시장력으로 **부적절한 소비 유형**을 자극하며, 이 모든 것을 **부적절한**(자본 집약적인) **생산 기술**로 행한다."[168]

모든 것을 고려할 때 다국적 기업은 가난한 나라에 좋은 것인가,

나쁜 것인가?[169] 토다로 교수는 경제 개발에 대한 자신의 고전 2003년 판에서 그와 같은 찬반 논쟁은 "경험적으로 해결되지 않는다"[170]고 결론지었다. 가난한 나라를 이끌어 가는 부유한 엘리트들에게는 분명히 좋다. 다국적 기업은 어떤 상황에서는 심지어 가난한 사람들을 돕기까지 한다. 그러나 다른 경우에는 그와 정반대 일을 한다.[171] 하지만 이 책의 목적을 위해서 '다국적 기업들이 전반적으로 끼치는 영향은 무엇인가'라는 질문에 대한 해답을 모두 알 필요는 없다. 몇몇 특정한 다국적 기업이 개발도상국의 가난한 사람들에게 중대한 해악을 끼치고 있음을 아는 것으로 충분하다.

다시 한 번 우리는 "누구의 잘못인가?"라고 질문해야 한다. 상호 이익을 위해 다국적 기업과 기쁘게 협력하는 주재국 정부와 지역을 다스리는 엘리트들의 잘못인가? 가난한 사람들을 위해 좀더 자비로운 태도를 취하지 않는 다국적 기업의 잘못인가? 다국적 기업에서 일하면서 그 기업들의 불공정한 정책을 적절히 변화시키지 못하는 그리스도인인가? 그들의 제품을 구매하거나 주식을 보유함으로써 알지 못하는 사이에 다국적 기업을 후원하는 선진국 사람들의 잘못인가? 그 대답은 '넷 다'라는 것이다. 네 가지 부류 모두 개발도상국에 대한 다국적 기업의 부정적 영향에 어느 정도 책임이 있다.

차별과 전쟁

여성

오늘날 대부분의 나라에서 여성들은 차별을 당한다. '국제 여성'

(Womankind Worldwide, 국제적으로 여성의 지위 향상을 위해 일하는 영국의 자선 단체)은 다음과 같이 말했다. "여성들은 세계 노동 시간의 3분의 2에 달하는 노동을 하며, 세계 식량의 절반을 생산하지만, 세계 수입의 10퍼센트밖에 벌지 못하고, 세계 재산의 1퍼센트 미만을 소유하고 있다."[172] 이는 분명 대략적인 추산일 뿐이다. 하지만 확실한 것은, 오늘날 대부분의 여성이 법적, 교육적, 경제적, 사회적으로 동등한 기회를 얻지 못하고 있다는 것이다. 그리고 그 결과는 가난이다. 국제 연합에 따르면, 세계 빈민 인구의 70퍼센트 이상이 여성이다.[173] 마이클 토다로는 "여성들과 어린이들은 가난하고 영양 부족이 될 가능성이 더 많으며, 의료 서비스, 깨끗한 물, 위생 시설 혹은 다른 유익을 누릴 가능성이 더 적다"고 말한다.[174]

비극적이게도, 때로 차별은 가정에서 시작된다. 남미에서는 남아 중 17퍼센트만이 체중 미달인 데 반해 여아는 31퍼센트가 체중 미달이다.[175] 인도 여아들은 급성 영양 실조로 고생할 확률이 4배나 높고, 아플 때 병원에 갈 확률은 남아들이 40배나 높다.[176] 많은 문화권에서 남아를 여아보다 중요하게 여기기 때문에 부모들은 아들을 더 잘 먹인다.

똑같은 편견으로 인해 여성들에게는 교육을 받을 기회가 제한된다. 표 11은 2001년에 모든 개발도상국 지역에서 성인 여성이 성인 남성보다 훨씬 문맹률이 높다는 것을 보여 준다. 인도를 포함한 남아시아 지역에서는 모든 성인 여성의 반 이상이 아직도 문맹인 반면, 남성들의 경우는 3분의 1만 같은 비극을 겪고 있다.

표 11. 전체 인구 중 15세 이상의 성인 문맹률

단위: %

지역	1990년		2001년	
	남성	여성	남성	여성
동아시아와 태평양	12	29	7	19
유럽과 중앙아시아	2	5	1	4
남미와 카리브해 지역	13	17	10	12
중동과 북아프리카	34	60	25	46
남아시아	41	66	34	56
사하라 이남 아프리카	40	60	30	46

출처: 세계 은행의 "세계 개발 보고서 2003" [177]

    법적·행정적 장벽들 역시 존재한다. 국제 연합의 1995년 "인간 개발 보고서"(*Human Development Report*)에 따르면, "아프리카의 많은 지역에서 여성들은 식량 생산을 책임지고 있다.…하지만 여러 개발도상국에서 여성들은 그들이 경작하는 땅에 대한 법적 소유권이 없다. 심지어 여성이 가장인 가족의 경우에도 그렇다." 케냐에서 여성은 살아 있는 남편이나 아들이 있을 경우에만 땅을 늘릴 수 있다.[178]

    특별히 안타까운 것은 '사라진' 여성들의 이야기다. "유명한 홍콩의 일간 신문 "사우스 차이나 모닝 포스트"(*South China Morning Post*)의 자료에 따르면, 중국의 2000년 인구 조사에서 남성 대 여성의 비율을 120대 100으로 제시했다고 한다. 다른 자료들은 그 비율이 122대 100이라고 말한다. 반대로 세계 평균은 여성 100명당 남성 107명이다."[179] 남아시아와 서아시아에도 동일한 문제가 있다. 이전의 하버드의 경제학자였던 아마르티아 센은 아시아에서 1억 명의 여성들이 '사라졌다'고 추산했다.[180] 그 사회는 딸보다 아

8. 오늘날의 구조적 불의 291

들을 더 귀중하게 여기기 때문에, 여아들을 낙태시키거나 유기한다. 중국의 소름끼치는 '한 가구당 한 자녀' 정책으로 인해, 여성보다 남성을 귀중히 여기는 문화에서 여성들에 대해 특별한 차별이 발생하게 되었다.

마지막으로 매춘의 공포가 있다. 세계 전역에서 수백만의 여성이 매춘이라는 덫에 걸려 있다. 매년 포주들과 조직적인 범죄자들은 수십만 명의 여성들과 어린이들을 속이거나 매춘을 강요하여 이들을 사고판다.[181] 많은 나라에서 가난한 부모들은 딸을 매춘부로 판다. 수많은 가난한 여성들이 이같이 인간성을 유린당하고 있다.

린다 트립(Linda Tripp)은, 우여곡절 끝에 태국 방콕에 있는 '월드 비전 재해 여성 보호소'(World Vision's Distressed Women's Center)에 이르게 된 어린 소녀(그녀를 로자나라고 부르겠다)에 대해 이야기한다. 로자나가 열한 살이 되었을 때 부모는 그녀를 매춘부로 팔아넘겼다. 로자나는 열한 살 때부터 열세 살 때까지 사창가에서 일하면서 하루에 삼십 명이나 되는 남자들을 상대했다. 견딜 수 없던 그녀는 도망쳤고, 경찰은 로자나가 쓰레기 더미에서 자고 있는 것을 발견했다. 그들은 그녀를 보호소에 데려왔지만 도저히 손을 쓸 수가 없었다. 그녀의 육체는 완전히 병들어 있었다.[182] 로자나는 여성에 대한 차별이 가난과 죽음에 어떻게 영향을 미치는지를 보여 주는 무시무시한 상징이다.

인종 차별과 인종적 적대감

보스니아를 생각하건, 수단, 남아프리카, 르완다, 브룬디 혹은 미국을 생각하건, 인종 차별과 가난과 굶주림과 심지어 기아와의 관계는 끔찍할 정도로 극명하다. 남아프리카공화국의 인종 격리 정책이 끝난 것에 대해 하나님께 감사한다. 하지만 그 치명적인 영향력은 남아프리카에 여전히 존재하고 있다. 우리가 남아프리카공화국의 백인 구역을 하나의 분리된 나라라고 생각한다면, 그 나라는 인간 개발 지표(HDI)에서 18위에 오르게 될 것이다. 이는 뉴질랜드와 비슷하다. 반면 남아프리카공화국의 흑인 구역은 118위를 기록할 것이다. 이는 베트남과 비슷한 기록이다.[183]

미국에서 똑같은 비교를 해 본다면 어떻게 될까? 미국 백인들은 세계에서 1위가 될 것이다. 미국 흑인들은 저 밑의 31등으로, 트리니다드토바고 다음이 될 것이다. 그리고 미국 라틴계 사람들은 에스토니아 다음으로 35위를 차지할 것이다.[184]

30년에 걸친 수단의 내전은 인종적·종교적 차별에 뿌리를 두고 있다. 북부 수단 사람들은 주로 아랍 회교도. 남부 수단 사람들은 흑인이며 그리스도인(혹은 아프리카 전통 종교의 신봉자)이다. 정부를 지배하는 북쪽 사람들은 남쪽에 있는 비옥한 농토를 압류했다. 남부의 소위 '기근의 삼각 지대'에서는 영양 실조율이 80퍼센트를 웃돈다. 이것은 세계 기록상 최고치다.[185] 1983년 이래로 북과 남의 전쟁은 약 200만 명의 수단인을 죽였고, 5백만 명을 집에서 내몰았다.[186] 다행히도 실질적인 국제적 압력으로 인해 2004년 성공적인 평화 협정을 맺었지만, 2004년 수단 서부의 다르푸르에서는 새로운 인종 폭력과 살인이 발생했다.

인종적·민족적 편견은 여성에 대한 편견과 마찬가지로 법적, 사회적, 경제적, 정치적 제도 안에 깊이 새겨져 가난을 유발한다. 그리고 무시무시한 싸움이 일어난다.

전쟁

전쟁은 구조적 불의의 범주에 들어맞지 않을지도 모른다. 하지만 전쟁은 복잡하게 뒤얽힌 구조악으로 인해 생겨나며 분명 가난과 죽음을 낳는다.

전쟁은 농업 생산성, 병원, 학교, 교통 기관, 환경 등을 파괴한다. 전쟁은 수백만의 사람들이 그 자리에서 죽임을 당하거나 난민이 되게 하며, 수천만의 사람들을 장기적인 가난과 굶주림에 시달리게 만든다. 전에는 자연 재해가 기근과 기아의 일차적 원인이었던 반면, 오늘날에는 인간이 만든 기근이 기아의 일차적 원인이 되었다.[187]

선교 전문가 브라이언트 마이어즈(Bryant Myers)는 "주요 전투의 수는 1960년의 10건에서 2000년 38건으로, 극적으로 증가했다. 이는 거의 2,100만 명에게 영향을 미치는 것이다. 오늘날의 무력 충돌에 참여하는 임시 군인의 90퍼센트는 일반 시민이다"라고 언급했다.[188]

이 전투의 대부분은 국가 내에서 일어나는 내전이다. 국제 연합의 2002년 "인간 개발 보고서"에 따르면 "국가 간 전쟁은 상당히 줄어들었다.…하지만 내전은 이전보다 더 해로운 것이 되었다. 1990년대에는 360만 명이 국가 내의 전쟁으로 죽었으며 해외 난민의 수와 국가 내 유민의 수는 50퍼센트나 증가했다"[189]고 한다. "국가 간, 국가 내 전쟁은 방대한 해외 난민과 국내 난민들을 양산한다. 2000년 말에는 1,200만 명 이상이 해외 난민이 되었으며, 600만 명이 국가 내 유민이 되었고, 거의 400만 명이 귀향 난민, 정치적인 망명자 혹은 국제 연합의 난민 고등 판무관실의 보호를 받는 이들이 되었다. 1990년대에 이 모두가 50퍼센트 이상 증가한 것이다. 해외 난민과 국내 유민의 증가는 오늘날의 무력 충돌이 더 심해졌음을 보여 준다."[190]

내전은 또한 경제 성장과 식량 생산에 치명적인 영향을 미친다. 우리는 이에 대해 유아 사망률과 학교 재적수 통계에서 알 수 있다. "인간 개발 지수가 가장 낮은 10개 나라 중 7개국이 최근에 주요 내전으로 고통을 겪었다. 모잠비크는 16년 동안 내전을 겪느라 학교의 40퍼센트 이상이 파괴되거나 폐교되어야 했고, 의료 센터의 40퍼센트 이상이 파괴되었다. 공장들도 타격을 입어 전후 생산량은 전쟁 전 용량의 20-40퍼센트에 불과했고, 이에 따른 경제적 손실은 150억 달러로 추산된다. 이는 전쟁 전 모잠비크 GDP의 몇 배에 해당하는 것이다."[191]

종종 싸움은 인종적, 부족적, 민족적, 종교적인 복합 요소에 경제적·정치적 동기들이 덧붙여진 결과다. 예로부터 내려온 인종적·종교적 적대감은 수단과 발칸에서 강간과 대학살로 폭발했다. 서로 경쟁하는 정당들이 라이베리아를 장악하기 위해 싸운다. 르완다와 브룬디에서는 부족끼리 서로 죽인다. 이러한 괴로운 목록은 계속해서 이어진다.

한편 개발도상국들은 해마다 군사비를 위해 2천억 달러를 소비한다. 이는 이들이 교육에 소비하는 돈보다 많다.[192] 그 중 절반이라도 보건과 교육에 소비하면 성인 문맹률과 유아 사망률, 기아, 죽음을 극적으로 줄일 수 있다. 그런데 미국을 필두로 한 선진국은 계속해서 수십억 달러의 무기를 판다.[193]

여성들과 어린아이들이 가장 큰 고통을 당한다. 아프리카인 어머니이며 남부 수단 출신의 난민 아메르 카이(Amer Kuay)의 말은 그러한 고뇌를 담고 있다.

> 우리는 정부에 고용된 가축 약탈자의 공격을 받았다. 그들은 우리 가축을 모두 가져가 버렸다. 그들은 우리 집을 불태웠다. 그들은 우리의 모든 재산을 가져갔다.…우리에게는 아무 도구도 남지 않았으며, 종자도 거의 없었다. 그래서 수확을 거의 하지 못했다. 2월이 되자 우리는 굶주리기 시작했다. 여전히 공격이 있었다.…그래서 나일 강을 건너…더 안전한 곳으로 가기로 결심했다. 우리는 늪에서 우리를 건네줄 고깃배를 얻기 위해 어느 정도 기다려야 했다. 지불할 돈이 없었다. 그래서 내 딸의 옷을 뱃사공에게 주었다. 우리 중 몇몇은 마을에서 걸어가기 시작했을 때 벌써 굶어 죽어가고 있었다. 어린아이들과 노인들은 죽었다. 나는 막내딸을 잃었다. 그 아이는 겨우 두 살이었다.[194]

우리는 복잡한 방식으로 불의한 세계의 구조에 관여하고 있다. 시장이라는 기구는 다량의 경제 생활을 조직화하는 데 유용한 도구다. 하지만 오늘날의 시장 경제는 반드시 바로잡아야 할 심각한 불의를 양산한다. 국제 무역 유형은 불의를 내포하고 있다. 현재의 경제 생활 유형은 세계의 환경과 제3세계의 장기적인 발전 가능성을 심각하게 위협한다. 다국적 기업들은 개발도상국에서 의미 있는 발전을 증진하기보다는 방해하는 경우가 더 많다. 그리고 차별은 때로는 노골적으로 때로는 교묘하게 나름의 압박을 더한다. 선진국에 사는 모든 사람의 삶은 이러한 구조적 불의에 의해 모종의 영향을 받는다. 외딴 골짜기로 들어가 필요한 모든 것을 재배하거나 만들지 않는다면, 당신은 수십 억의 고통받는 이웃들 중 일부의 절망적인 가난에 직접적으로 관여하는 불의한 구조에 참여하게 된다.

물론 국제 무역이나 가난한 나라에서 행해지는 다국적 기업의 투자가 필연적으로 부도덕하다고 결론을 내려서는 안 된다. 제대로 하면 모두 가난한 이들에게 도움이 될 것이다. 세계 경제 제도에 현존하는 불의가 바로잡아지면 개발도상국의 경제는 파괴되지 않는다. 적절한 결론은 불의가 근본적인 경제 제도 중 일부에 깊이 새겨져 있다는 것이다. 성경적인 그리스도인들은 그 같은 구조들이 악한 것이라고 감히 말할 수 있을 것이다.

우리 대부분은 복잡한 국제 경제가 좀더 단순해지기를 바라며, 또한 우리 시대의 신실한 제자도가 그같이 복잡한 주제와 깊은 관계를 맺지 않기를 바란다. 하지만 전 유엔 사무총장인 다그 함마슐트(Dag Hammarskjöld)의 말은 옳았다. "우리 시대에서 거룩함에 이르는 길은 필연적으로 행동의 세계를 통과해 간다."[195] 우리가 사는 풍요와 빈곤의 시대에 한 잔의 냉수를 효과적으로 주기 위해서는 국제 경제와 정치 구조를 어느 정도 이해해야 한다.

1974년 3월에 중미의 몇몇 바나나 생산국은, 수출하는 바나나 한 상자당 1달러의 세금을 요구하기로 합의했다. 인플레이션이 횡포를 부리던 지난 이십 년간 바나나 가격은 오르지 않았다. 하지만 공산품 가격은 계속해서 급등했다. 그 결과 바나나 수출업자들의 구매력은 60퍼센트나 떨어졌다. 바나나 수출은 온두라스와 파나마의 경제에서 중대한 요소였다. 그들 수입의 적어도 절반은 바나나 수출에서 얻는 것이기 때문이었다.

이같이 수출국들이 바나나에 대해 1달러의 세금을 요구하자, 북미의 바나나 회사들은 그것을 완강하게 거부했다. 세 개의 큰 회사들(유나이티드 브랜즈, 캐슬 앤 쿡, 델몬트)이 바나나 판매와 분배의 90퍼센트를 장악하고 있었으므로, 그들은 강력한 수단을 가지고 있었다. 파나마의 과일 회사는 갑자기 바나나 수확을 중단했으며, 온두라스의 한 바나나 회사는 14만 5천 톤의 바나나를 선착장에서 썩도록 내버려두었다.

그러나 가난한 나라들은 하나하나 포기해 버렸다. 코스타리카는 최종적으로 한 상자당 25센트, 파나마는 35센트, 온두라스는 30센트 세금에 합의했다.[196]

1975년 4월에 북미인들은, 바나나를 재배하고 수입하는 이 거대한 세 미국 회사 중 하나인 유나이티드 브랜즈가 온드라스가 요구한 액수의 반 이하의 비율로 바나나에 세금을 매기도록 회유하기 위해, 그 나라의 정부 수뇌 관리들에게 250만 달러를[197] 뇌물로 주기로 했다는 것을 알게 되었다.[198] 온두라스 정부는 그 뇌물을 받고 수출세를 낮추어 주었다. 수출세로 들어오는 돈이 온두라스에 매우 필요했는데도 말이다.

유엔 진상 조사 위원회는 그해 말에 "매우 적은 소득을 올리고 있는 바나나 생산국들이 그 과일의 소비에 따라서 더 산업화된 나라의 발전에 보조금을 주고 있다"[199]고 결론을 내렸다.

왜 가난한 사람들은 변화를 요구하지 않는가? 그들은 변화를 요구한다. 하지만 대부분의 경우 그들에게는 아무 힘이 없다. 최근에 이르기까지, 미국 사업가들의 이익을 위해 일하는 소수의 부유한 엘리트들을 대표하는 독재자들이 남미의 많은 나라들을 다스렸다.

유나이티드 브랜즈를 위한 바나나 생산국인 과테말라의 역사는 또한 왜 변화가 어려운지 보여 준다. 1954년에 CIA는 민주적으로 선출된 과테말라 정부를 타도하는 데 일조했다. 그 정부가 당시 사용하지 않고 있던 유나이티드 과일 회사(유나이티드 브랜즈의 이전 이름) 소유의 땅을 위협하는 듯이 보이는 온건한 농업 개혁 프로그램을 시작했기 때문이었다. 1954년의 미 국무 장관은 존 포스터 덜레스(John Foster Dulles)였다. 그의 법률 회사는 1930년과 1936년에 과테말라와 회사 협정을 맺었다. CIA 책임자는 알렌 덜레스(Allen Dulles)로 국무 장관의 형제이자 유나이티드 과일 회사의 전 사장이었다. 국무 차관은 유나이티드 과일 회사의 대주주였다.[200] 미국 회사들이 상호간에 경제적 이익을 보호하기 위해 부유한 지역 엘리트들과 긴밀하게 협력하게 되면, 과테말라에서건 다른 곳에서건 변화를 이루기는 어렵다.

과거에 대부분의 북미인들은 중앙 아메리카의 불의에 대해 거의 알지 못했다. 상황은 1980년대 초에 변화하기 시작했다. 엘살바도르와 과테말라에서 급진적인 게릴라 운동이 세력을 넓힘에 따라, 레이건 대통령은 강경한 군사적 대응을 시작했다. 중앙 아메리카에 관한 특집 기사가 미국 신문의 제1면 기사로 등장하는 것은 일상적인 일이 되었다.

80년대에 중앙 아메리카에서 대유행했던 내전의 뿌리는 여러 갈래였다.[201] 분명 일부 게릴라 운동이 마르크스주의적인 요소를 가지고 있었으며, 또한 마르크스주의를 신봉하는 나라들로부터 지원과 공급을 받았다는 사실이 문제를 복잡하게 만들었다. 소련이 무기를 선적한 것은 당연히 비난받아야 한다. 우리에게 전혀 필요

없는 것 중 하나는 무시무시한 마르크스 레닌주의 실험을 또 한 번 해 보는 일이다. 하지만 1980년대에 주로 군사적 대응을 통해 문제를 해결하려 했던 미국의 시도는 부도덕하고 어리석은 행동이었다. 포격과 전쟁의 근본 원인은, 오래 지속된 경제적 불의와 그 지역 가난한 대중의 절망적인 빈곤이었다. 부모들이 영양 실조와 기아에서 자녀들을 보호할 수 없을 때, 마르크스주의자나 레닌주의자가 없어도 그들은 변화를 이루기 위해 무언가 필요하다고 생각하게 된다.

비극적이게도, 그럴듯한 합리화를 늘어놓는 사람들은 언제나 있게 마련이다. 시카고 대학의 저명한 사회학자인 앤드류 그릴리(Andrew M. Greeley)는 개발도상국과 미국의 경제 관계의 여러 단면을 비난하는 사람들을 조롱했다. "글쎄, 우리가 마침내 죄책감을 감당하기가 너무 힘들어서 개혁을 감행하기로 결정한다고 해 보자.…중앙 아메리카에 있는 과수원에 우리가 바나나 없이도 지낼 수 있다고 알려 준다.…대량 실업과 불경기가 그 나라들을 휩쓸 것이므로 그들은 그다지 기뻐하지 않을 것이다."[202]

어떤 사람들은 그릴리가 순진하거나 심술궂다고 생각한다. 요점은 우리가 바나나 수입을 중단해야 한다는 것이 아니다. 그리고 그릴리도 분명 그것을 알고 있다. 오히려 문제는, 첫째로 국적 기업과 거대한 농업 관련 산업은 선진국의 모든 바나나 소비자들과 공모하여 가난한 사람들이 가난에서 벗어나기 더욱 어렵게 만드는 복잡한 제도들로부터 유익을 얻고 있으며, 둘째로 우리는 경제 구조를 재편하고 어디에서든지 가난한 사람들이 농산물 생산과 무역에서 오는 이득을 좀더 공평하게 나누도록 돕는 프로그램을 증진하도록 격려해야 한다는 것이다.

바나나 이야기는 우리 모두가 어떻게 불의한 국제 경제 구조에 관련되어 있는지를 보여 준다. 사도 야고보는 우리의 상황에 대해 직접 말한다.

> 들으라, 부한 자들아. 너희에게 임할 고생으로 말미암아 울고 통곡하라.…너희 금과 은은 녹이 슬었으니 이 녹이 너희에게 증거가 되며…보라, 너희 밭에서 추수한 품꾼에게 주지 아니한 삯이 소리 지르며 그 추수한 자의 우는 소리가 만군의 주의 귀에 들렸느니라. 너희가 땅에서 사치하고 방종하여 살륙의 날에 너희 마음을 살찌게 하였도다(약 5:1-5).

회개

우리는 어떤 반응을 보여야 하는가? 죄에 대하여 그리스도인들의 유일하게 올바른 성경적인 반응은 회개이다. 우리는 무의식적으로 어느 정도 제도화된 죄라는 복잡한 그물에 얽혀 있다. 우리가 회개할 수 있음을 하나님께 감사하자. 하나님은 자비로우시다. 또한 하나님은 용서하신다. 하지만 우리가 회개할 때만 그렇게 하신다. 그리고 성경적 회개에는 경솔한 눈물과 매주 드리는 고백의 기도 이상이 포함된다. 성경적 회개는 회심을 포함한다. 그것은 완전히 새로운 생활 양식을 포함한다. 우리가 경제적 불의에 관여한 죄를 용서하실 준비를 하고 계시는 하나님은, 가난하고 억눌린 사람들을 자립시켜 주는 자비로운 생활 양식을 시작할 수 있도록 우리에게 은혜를 베푸신다.

죄는 단지 이웃에게만 불편함과 비극을 초래하는 것이 아니다. 죄는 전능하신 우주의 주님에 대한 가증한 위반 행위다. 하나님의 말씀이 참이라면, 풍요한 나라에 사는 우리 모두는 죄의 덫에 빠져 있다. 우리는 제도적 불의로부터 이득을 얻었다. 그래서 때로는 반쯤만 알고, 반쯤만 관심을 가지며, 언제나 반쯤은 모르는 채로 있기를 바라면서 그러했다. 우리는 하나님과 이웃에게 죄를 지었다.

하지만 그것이 우리에 대한 하나님의 마지막 판결은 아니다. 만약 그렇다면 우리가 관여되어 있음을 솔직하게 인정하는 일은 거의 불가능하다. 용서받으리라는 소망이 없다면, 이같이 광대하게 악에 연루되었다고 인정하는 것은 우리에게 절망을 안겨 줄 것이다.[203] 하지만 소망은 있다. 우리를 고발하신 그분은 또한 우리 죄인들을 위해 죽으셨다.

18세기에 존 뉴턴(John Newton)은 노예선 선장이었다. 그는 잔인하고 냉담한 사람으로서 수천 명의 사람들을 상어밥이 되게 했으며, 수백만의 사람들을 생지옥으로 이끈 제도에서 핵심 역할을 담당했다. 하지만 결국 선장직을 포기한 후에 그는 자신의 죄를 보았으며 회개했다. 잘 알려진 그의 찬양은 하나님의 용납과 용서에 대한 기쁨과 감사로 넘쳐흐른다.

나 같은 죄인 살리신
주 은혜 놀라워.
잃었던 생명 찾았고
광명을 얻었네.
큰 죄악에서 건지신

주 은혜 고마워.

나 처음 믿은 그 시간

귀하고 귀하다.

존 뉴턴은 노예제 폐지를 위한 단체의 창설 회원이 되었다. 그가 목회자로 있었던 런던 시의 성 메리 울눗(St. Mary Woolnoth) 교회는 노예제 폐지론자들의 모임 장소였다. 윌리엄 윌버포스(William Wilberforce)는 영적인 조언을 듣기 위해 자주 그를 찾았다. 뉴턴은 노예 무역에 반대하는 감동적인 설교를 해서 그 해악을 많은 사람들에게 확신시켰고, 노예제가 폐지된 1807년에 죽을 때까지 노예 무역에 반대하는 캠페인을 벌였다. 뉴턴과 윌버포스의 이야기는 죄악된 구조가 헌신된 그리스도인들에 의해 변화될 수 있다는 사실을 강력하게 보여 준다.

우리는 수많은 사람들에게 고통과 죽음을 가져다주는 구조에 참여하고 있다. 우리에게 눈이 있다면, 하나님의 은혜는 또한 우리 마음이 두려워 떨도록 안식하고 신뢰할 수 있도록 가르치실 것이다.

하지만 이것은 우리가 회개할 때만 가능하다. 회개란 단지 예배가 끝날 때쯤 앞으로 나아오는 것이 아니다. 그것은 단지 하나의 영적 원리를 반복하거나, 예식상의 고백문을 중얼거리는 것이 아니다. 이 모든 것들이 도움이 될 수는 있다. 하지만 새로운 생활 양식으로 이끄는 깊은 내적 고뇌와 대체될 수 없다.

성경적 회개는 회심을 포함한다. 회심이란 '돌아서는 것'을 말한다. 헬라어 '메타노이아'(*metanoia*)는 전적인 마음의 변화를 의미한다. 신약 성경은 회개를 변화된 생활 유형과 연관시킨다. 세례

요한은 세례를 받으러 온 바리새인들의 위선을 감지하고는 그들을 독사의 자식이라고 공공연히 공격했다. 그는 "회개에 합당한 열매를 맺으라"고 요구했다(마 3:8). 바울은 아그립바 왕에게 자신은 어느 곳에 가든지 사람들에게 "회개하고 하나님께로 돌아와서 회개에 합당한 일을 하라"(행 26:20)고 요청했다고 말했다.

삭개오가 우리의 모델이 되어야 한다. 삭개오는 탐욕스러운 로마의 세리로서 사악한 경제 구조에 빠져 있었다. 하지만 그는 예수님께로 오고 나서도 계속해서 악한 제도로부터 경제적 유익을 얻겠다는 생각은 결코 하지 않았다. 예수님께로 온다는 것은 자신이 사회적 불의에 연루된 것을 회개한다는 의미였다. 그리고 그것은 공개적인 배상과 완전히 새로운 생활 방식을 의미했다.

진정하고 성경적인 회개란 사악한 구조에 얽히게 된 부유한 그리스도인들에게 무엇을 의미할까? 그리고 다른 사람들을 자립하게 해주는 순종적인 나눔에서 깊은 기쁨이 흘러나오지 않을까?

연구 문제

❶ 당신은 현재의 국제 경제 구조가 우리 모두를 구조적 악에 연루시킨다고 확신하는가? 구체적으로 어떻게 그렇게 되는가?
❷ 오늘날의 시장 경제의 좋은 점과 나쁜 점은 무엇인가?
❸ 선진국의 관세와 수입 할당량은 가난한 사람들에게 어떻게 피해를 주는가? 그것들은 외채 위기와 어떻게 관련되어 있는가?
❹ 환경 오염과 가난은 어떻게 관련되어 있는가?
❺ 가난을 줄이는 데 다국적 기업의 유리한 점과 불리한 점은 무엇인가?

❻ 차별과 전쟁은 가난에 어떻게 영향을 미치는가?

❼ 찬송가 "나 같은 죄인 살리신"의 배경은 여기에서 묘사된 문제들과 어떻게 유사한가?

❽ 당신이 이 장을 읽었을 때 가장 강하게 느낀 감정은 무엇인가? 왜 그런가?

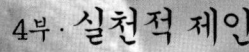

4부 · 실천적 제안

워싱턴의 어느 탁월한 정책 연구소에서 세계 기아 문제를 토론하기 위하여 다양한 배경을 가진 유명 종교 지도자들의 모임을 주선한 적이 있다. 회담에 참석한 종교 지도자들은 기아 문제에 대해 깊은 우려를 표명했다. 종교 지도자들은 중대한 구조적 변화를 요청했지만 그들의 말은 공허하게 들렸다. 왜냐하면 그들은 콜로라도에 있는 값비싼 회원 전용 휴양소에서 모임을 가졌기 때문이다!

더 검소한 개인적 생활 양식이 중요하다. 그러나 개인적 변화만으로는 불충분하다. 내 친구 하나는 도시를 떠나 시골에서 산다. 그는 자신이 먹는 식품을 대부분 손수 재배하며, 검소하게 살고, 세계의 가난한 자들에게 거의 부담을 주지 않는다. 그는 교회와 사회의 변화를 촉진할 수 있을 정도로 말하고 글 쓰는 재능이 뛰어나지만, 유감스럽게도 그 같은 재능을 제대로 사용하지 못한다. '검소한' 생활 양식으로 많은 시간을 소모하기 때문이다.

우리는 세 가지 수준에서의 변화가 필요하다. 분수에 맞는 생활 양식은 굶주린 자들에 대한 우리의 관심을 상징하고, 정당화하고, 촉진하는 데 중요하다. 또 교회는 분열된 세상에 새로운 모델을 제시할 수 있을 만큼 교회의 공동 생활을 변화시켜야 한다. 마지막으로, 국내외 세속 사회의 구조를 공정하게 만들어야 한다.

실행을 위해서는 구체적인 계획이 필요하다. 그러나 구체적인 제안 항목들을 정하는 것은 위험한 일이다. 우리는 그 제안을 따랐을 때 나타날 구체적인 결과를 확신할 만큼의 지식은 없다. 그러나 개인적인 생활 방식과 교회와 사회를 변화시키고자 한다면 폭넓은 일반화로는 충분치 않다. 그래서 나는 틀릴 수도 있음을 알면서도 감히 구체적인 제안을 하고자 한다.

내 제안에 의심이 간다면, 두 가지 질문을 해 보라. '이 제안들이 성경적 원리에 근거를 두고 있는가? 기본적인 사회 분석이 타당한가?' 대답이 '그렇다'라면, 그 제안을 따르라. 그렇지 않다면, 더 좋은 해결 방법을 개발하라. 나아가, 당신이 좀더 나은 계획을 가지고 있다면 내게 알려 주기 바란다. 나는 하나님의 가난한 자를 돕고 싶다. 그렇기 때문에, 좋지 못한 계획은 가능한 한 빨리 버리고 더 유효한 것으로 바꾸고 싶다.

9 ● 더 검소한 삶을 위한 생활 방식

> 하나님과 10억에 달하는 굶주린 이웃들 앞에서,
> 우리는 현재 누리고 있는 생활 수준에 관해서 우리의 가치관을 점검해 보고
> 세계 자원의 정의로운 취득과 분배를 촉진해야 한다.[1]
> ―복음주의적 사회 참여를 위한 시카고 선언(1973)

> 풍요로운 환경에 살고 있는 우리들은 구제와 전도를 위해 더 풍성하게
> 기여하도록 검소한 생활 양식을 개발해야 할 의무를 받아들인다.[2]
> ―로잔 언약(1974)

> 부자들은 가난한 자들이 최소한의 삶이나마 살 수 있도록
> 하기 위하여 더 검소하게 살아야 한다.[3]
> ―찰스 버치 박사(Dr. Charles Birch, 1974)

펜실베니아 주 상원의원이 자신의 선거구 주민들은 너무나 가난해서 세금을 1센트만 더 올려도 감당할 수 없을 것이라고 주장한 적이 있다. 이 상원의원은 그 증거로, 화가 난 주민이 보낸 편지를 제시했다. 이 선량한 사람은 상원의원에게 자신의 가족이 더 이상의 세금을 낼 수 없다고 통보하는 편지를 쓴 것이다. 그 편지에 따르면 그녀의 가족은 이미 정부에 소득세와 영업세를 낸 데다가 차 두 대와 여름에 쓰는 캠프용 트레일러, 주거용 배 그리고 모터 보트 면허증을 구입했다는 것이다!

많은 이들이 실제로 우리가 매년 버는 4만, 5만 또는 8만 달러의 돈으로는 근근이 살아갈 수밖에 없다고 믿는다. 우리는 과도한 경쟁 속에서 살고 있다. 소득이 2천 달러 늘어나면, 우리는 편안하게 살기 위해 그만큼의 돈이 더 필요하다고 확신한다.

어떻게 하면 이 같은 잘못된 생각을 피할 수 있을까? 아마도 매일 수천 명의 아이들이 굶주린다는 사실을 다시 한 번 상기시켜 주면 도움이 될 것이다. 10억이 넘는 사람들이 절대 빈곤 가운데 살고 있다. 또 다른 20억의 사람들은 가난하다. 문제는, 우리가 아는 대로 세계의 자원이 공정하게 분배되지 않고 있다는 사실이다. 북미인들과 서구인들 그리고 세계 도처의 부유한 엘리트들은, 절반의 인구가 가난한 세계에 사는 풍족한 소수다.

이 같은 불평등에 어떻게 반응할 것인가? 전 미국 대통령 리처드 닉슨(Richard Nixon)은 1973년 6월 13일의 대국민 연설에서 한 가지 대답을 공표했다. "나는 이같이 기본 결정을 내렸습니다. 해외 시장과 국내 시장에 미국의 농산물을 배분할 때, 우리는 미국인 소비자들을 가장 중요하게 생각해야 합니다."[4]

그 같은 진술은 훌륭한 정치일지는 모르지만, 분명히 훌륭한 신학은 아니다.

그러나 얼마나 많이 나누어야 하는가? 존 웨슬리(John Wesley)는 놀랄 만한 대답을 한다. 그는 마태복음 6:19-23에 관한 설교를 반복해서 자주 했다("너희를 위하여 보물을 땅에 쌓아 두지 말라").[5] 웨슬리는 그리스도인은 '분명한 필수품'(즉 간소하고 건강에 좋은 음식, 깨끗한 옷 그리고 자기 사업을 운영할 만큼의 생활필수품)을 제외한 모든 것을 남에게 주어야 한다고 말했다. 사람은 할 수 있는 만큼 정당하고 정직하게 돈을 벌어야 한다. 자본까지 남에게 줄 필요는 없다. 그러나 웨슬리는 기본 필수품을 충족한 다음에 남는 모든 소득을 가난한 자들에게 주기를 원했다. 유감스럽게도, 웨슬리는 어떤 '기독교 도시'든 예수님의 명령에 순종하는 사람은 500명에 한 명도 안 된다는 것을 발견했다. 그 같은 사실은 신앙을 고백하는 신자들이 대부분 '살아 있는 사람이긴 하나 죽은 그리스도인'임을 나타낸다. 웨슬리는, 자신을 위해 '분명한 필수품' 외에 다른 것을 취하는 '그리스도인'이 있다면 그 사람은 '공개적이고 습관적으로 주님을 부인하는 삶을 사는 것'이라고 주장했다. 그와 같은 사람은 '부와 지옥불을 얻은' 것이다.[6]

웨슬리는 자신이 설교한 대로 살았다. 그는 저술한 책의 판매 수익으로 1년에 1,400파운드를 벌었지만, 자신을 위해서는 30파운드만을 쓰고 나머지는 모두 남에게 주었다. 웨슬리는 언제나 값싼 옷을 입고 간소한 음식으로 식사를 했다. 그는 "내가 죽은 다음에 10파운드를 남긴다면, 여러분과 세상 모든 사람들은 내가 도둑과 강도로 살다가 죽었다고 비난할 것"이라고 쓰기도 했다.[7]

웨슬리의 모든 말에 동의하지 않아도 우리는 그가 가난한 자들과 재물을 나누어 가지라는 성경의 명령에 따르기 위하여 노력했음을 알 수 있다. 얼마나 많이 베풀어야 하는가? 하나님은 모든 사람이 어느 정도의 삶을 살 만큼 벌 수 있는 자원을 갖기 원하신다. 이것을 아는 우리는 우리의 삶이 레위기 25장과 고린도후서 8장의 원리를 나타낼 때까지 베풀어야 한다. 바울이 고린도인들에게 한 충고는 오늘날 부유한 그리스도인들에게 더욱 설득력 있게 적용된다. "이는 다른 사람들은 평안하게 하고 너희는 곤고하게 하려는 것이 아니요 균등하게 하려 함이니, 이제 너희의 넉넉한 것으로 그들의 부족한 것을 보충함은…균등하게 하려 함이라"(고후 8:13-14). 우리는 그만큼 후해질 수 있는가?

북미의 신

우리는 왜 이렇게 돌보는 일에 무관심하며, 좀처럼 돌보지 않는가? 부자 청년의 이야기에서 한 가지 이유를 알 수 있다. 부자 청년이 예수님께 영생을 얻는 방법을 물었을 때, 예수님은 그에게 재산을 팔아 가난한 자들에게 주라고 말씀하셨다. 그러나 부자 청년은 재산이 많았기 때문에 슬픈 얼굴을 하고 가 버렸다. 우리가 자주 들었던 대로, 이 이야기의 요점은 그분을 따르는 자들의 애정과 계획의 중심에 그리스도 한 분만이 계셔야 한다는 것이다. 그 우상이 무엇이든(물질이든, 명예든, 지위든, 학문적 탁월성이든 아니면 어떤 배타적인 '소집단'의 회원 자격이든지 간에) 우리는 그리스도를 위하여 그것을 기꺼이 포기해야만 한다. 그런데 바로 부가 이 부자 청년의 우상이었던 것이다. 따라서 예수님은 우리에게 갖고 있는 모든 소유물을 팔라고 명령하신 것이 아니라, 단지 그분 자신에게 전적으로 순종할 것을 요구하신 것이다.

이 같은 해석은 의심할 여지 없이 참된 동시에 부적절하다. 그 이상의 의미는 없다고 말한다면 소유가 오늘날 부유한 그리스도인들에게 가장 보편적인 우상이라는 사실을 간과하게 된다. 예수님이 덧붙이신 다음과 같은 말은 바로 이런 의미라고 생각한다. "내가 진실로 너희에게 이르노니, 부자는 천국에 들어가기가 어려우니라. 다시 너희에게 말하노니 낙타가 바늘귀로 들어가는 것이 부자가 하나님의 나라에 들어가는 것보다 쉬우니라"(마 19:23-24).

우리는 유례 없는 물질적 사치의 올가미에 걸려들었다. 광고는 계속해서 우리에게 이러저러한 사치품이 필요하다고 설득한다. 풍요함이 21세기 북미의 신이며 광고업자는 그 예언자다.

우리는 모두 물질주의의 유혹이 얼마나 교묘하며 그것을 합리화하는 이유가 얼마나 설득력이 있는지 잘 안다. 오로지 하나님의 은혜와 크나큰 노력이 있어야만 우리는 그 동안 그리스도인들이 지녀야 할 동정심을 거의 질식시켜 온 많은 사치를 거부할 수 있다.

우리 모두 이 같은 문제에 직면한다. 몇 년 전에 나는 현명한 투자라고 확신하면서 옷 한 벌을 사는 데 약 50달러를 쓴 적이 있다(75퍼센트 할인 가격이었다). 그러나 그 돈이면 인도의 굶주리는 어린아이 한 명을 일 년 동안 먹일 수 있다. 우리는 아주 정직하게 다음과 같이 자문해 보아야 한다. 최신 유행을 따르다 보면 굶주린 이웃을 도울 수 있는 능력이 감소하는 것을 알면서도 유행에 관심을 갖겠는가? 다른 사람들이 빵이 없어서 죽어가는 동안 우리는 자신과 아이들을 위해서 얼마나 많은 사치품을 더 살 것인가?

나는 그와 같은 문제에 대해 정직한 대답을 하기가 쉽다고 주장하지는 않는다. 우리의 책임이 항상 분명한 것은 아니다. 어느 토요일 아침에 (가난에 대한) 강의를 준비하려고 할 때, 한 가난한 사람이 내 사무실에 들어와 구걸을 했다. 그는 술을 마시고 있었다. 그는 음식도, 직업도, 집도 없었다. 가난한 자들의 그리스도께서 이 사람 안에서 나와 대면하셨다. 그러나 나는 시간이 없다고 말했다. 나는 가난에 대한 기독교적 견해에 관한 강의를 준비해야 했다. 나는 그 사람에게 2달러를 주었지만 그 사람이 필요한 것은 돈이 아니었다. 그 사람은 자신과 이야기를 나누고, 자신을 사랑해 줄 사람이 필요했다. 그 사람은 나의 시간을 필요로 했다. 그 사람은 나를 필요로 했다. 그러나 너무 바빴다. "이 지극히 작은 자 하나에게 하지 아니한 것이 곧 내게 하지 아니한 것이니라…."

우리는 끊임없이 밀려오는 영악한 광고를 통해 마음속에 파고드는 물질주의를 피하기 위하여 뭔가 극적이고 구체적인 조치를 취할 필요가 있다. 우리는 그 동안 더 큰 집, 더 번창하는 사업, 더 정교한 장치가 기쁨과 성취로 가는 길이라고 믿도록 세뇌당했다. 그 결과, 우리는 부조리한 물질주의의 악순환에 사로잡혀 있다. 돈을 더 많이 벌수록, 우리는 남부럽지 않게 품위를 지키며 살려면 더 많은 것이 필요하다고 생각한다. 어떻게 해서든 우리는 이 순환 과정을 깨야 한다. 그것 때문에 가난한 형제자매들에게 죄를 범하고, 그로 인해 우리 주님께 죄를 범하기 때문이다. 그리고 그 같은 생활 방식은 우리 자신도 파괴한다. 다른 사람들과의 나눔이 진정한 기쁨에 이르는 길이다.

몇 가지 예

1970년대 중반에 그레이엄 커(Graham Kerr)는 매주 2억 명의 텔레비전 시청자가 지켜보는 미식가였다. 그레이엄은 성공한 부자였지만 개인 생활은 엉망이었다. 1975년에 그리스도께 돌아온 후, 그의 가정 생활은 기적적으로 회복되었고 미식 프로그램을 포기하고 대부분의 돈을 다른 사람에게 주었다.

10년이 넘도록 그레이엄은 자신의 영양 지식을 활용해, 복음을 나누는 동시에 가난한 제3세계 사람들이 그 지역에서 이용할 수 있는 산물로 더 나은 식품을 개발하도록 돕는 새로운 종류의 농업 선교사를 개발하는 일에 헌신하고 있다.

1990년에 그레이엄은 방송계에 돌아와서 다시 큰돈을 벌고 있다. 그러나 그와 아내 트리나(Treena)는 그들이 '상대적 검소함'이라 이름 붙인 대로 여전히 검소하게 산다. 그러나 금욕주의자이기 때문이 아니라 어디에서나 그들의 삶과 영향력을 나누고자 하기 때문에 검소하게 산다. 그들은 복음과 좋은 음식과 건강을 향유하지 못하는 사람들에게 깊은 애정을 품고 있다. 그래서 다른 이들이 버려진 사람들과 그들의 부를 나누도록 격려하는 데 자신의 영향력을 사용한다. [8]

이 부부는 이전보다 훨씬 더 행복하다. 그들을 만날 때마다 나는 그들의 삶에 넘쳐흐르는 기쁨과 만족을 본다. 그들은 더 검소하게 삶으로써 인생을 즐길 시간을 갖고 있다.

성공한 그리스도인 사업가였던 로버트 바이넘(Robert Bainum)은 이 책의 초판을 읽었을 때 하나님이 그에게 세계의 가난한 자들과 더 나누라고 말씀하셨다고 했다. 그는 재산의 반을 포기하고 자신이 갖고 있는 창조적 에너지와 조직력을 사용해 국내외의 가난한 자들에게 시행되고 있는 구제와 개발 프로그램을 도왔다. [9]

「적은 것으로 풍성하게 살기」(*Living More with Less*)라는 유쾌한 책에서, 도리스 롱에이커(Doris Longacre)는 더 나누는 즐거움을 배우고 있는 수백 명의 그리스도인들을 간략히 소개한다. [10] 내가 볼 때 어떤 사람들은 여전히 매우 풍요한 환경에서 산다. 다른 사람들은 나보다 훨씬 더 검소하게 산다. 그러나 모든 사람들이 더 나누기 위하여 자신을 위해 쓰는 돈을 줄이려고 노력하고 있다.

성경적인 그리스도인들은 여러 가지 검소한 생활 양식을 시도해 보고 있다. 30억의 가난한 이웃들이 극적인 변화를 요구한다. 그러나 우리는 율법주의와 자기 의에 빠지지 않도록 주의해야 한다. "우리는 영적으로 남보다 한 발 앞서고 싶어하는 행동 이면에 숨어 있는 속물 근성을 경계해야 한다."[111]

누진 십일조

누진 십일조는 이 같은 물질주의의 공격을 물리칠 수 있는 많은 방법 가운데 하나다. 분명히 누진 십일조가 유일한 모델은 아니지만 우리 가정에는 도움이 되었다. 확실히 이것은 다른 사람들에게 율법적으로 명령을 내릴 수 있는 성경의 규범은 아니며 단지 한 가정의 이야기일 뿐이다.

우리는 아이들이 고등학교와 대학교에 들어가게 되었을 때, 우리 가족을 위해 더 많은 돈을 쓰는 것이 너무나 당연해 보여서 깜짝 놀랐다. 우리가 언제나 올바르게 돈을 썼다고 주장하지는 않는다. 그러나 우리는 어떤 임의적인 '규칙'이나 추상적인 이론보다 사람들(특히 자녀들의 변화하는 필요)에게 더 관심을 가지려고 노력했다.

1969년에 나와 아내가 누진율을 적용해 헌금을 하기로 결정했을 때 일단 우리 가정의 1년 생활비를 정직하게 계산해 보았다. 우리는 사치품은 제외하고 적당하게 안락한 생활을 할 수 있는 액수를 원했다. 우리는 기본 수입에 대해서는 십일조(10퍼센트)를 드리고 그것을 초과하는 수입에 대해서는 누진율을 적용한 십일조(15퍼센트 이상)를 드리기로 결정했다. 그리고 기본 수입에서 천 달러씩 초과할 때마다 5퍼센트씩 더 헌금하기로 결정했다.

1969년 우리 가정의 기본 생활비는 7천 달러였다. 1973년에는 8천 달러로 올려 잡았고 1982년에는 다시 1만 달러로 올렸다(이 당시 우리는 1982년 연방 정부가 정한 최저 생계비 수준에 근접한 금액 즉 4인 가족당 9,862달러를 기초액으로 삼기로 결정했다).

그러고 나서 '고등학교와 대학교' 시기가 닥쳤다. 우리 가족의 상황으로 볼 때 기독교 고등학교가 중요하다고 결정했는데 기독교 고등학교에 보내는 데는 많은 돈이 들어갔다. 곧이어 대학교 등록금을 내야 했다. 우리는 맨 처음 계획했던 대로 할 수 없게 되었다. 그래서 우리는 기초액에 기독교 교육과 대학 교육에 드는 비용을 추가시켰다.

세금은 어떻게 할 것인가? 처음에 우리는 기초액에 세금을 포함시키지 않았다. 분명 특정한 수입 이상이 넘어가면 세금을 포함시켜야 할 것이다. 그렇지 않으면 누진 십일조와 세금으로 모든 수입이 다 나가 버릴 것이다. 그래서 1979년에 우리는 기초액에 세금을 더했다.

시행착오 끝에 우리는 다음과 같은 양식을 설정했다. 기초액의 10퍼센트를 헌금한다. 이 기초액에는 현재 미국 수준의 최저 생계비(2003년 4인 가족에 18,810달러)와[12] 기독교 교육 및 대학 교육 비용, 세금, 실질 비상금이 포함된다. 이 기초액 이외의 소득에는 누진 십일조를 적용한다(표 12를 보라).

물론 항상 정한 대로 헌금을 하지는 못한다. 그러나 목표는 변함이 없다.

각 가정마다 상황은 독특하다. 주거비는 나라와 도시에 따라 엄청나게 다르기 때문이다. 아마도 지출과 관련된 가장 중요한 결정사항은 당신의 주거 지역일 것이다. 우리 가족의 경우, 교외가 아니라 주거비 및 관련 비용이 매우 적게 드는 저소득, 다인종 도심 지역에 살기로 결정한 것이 큰 도움이 되었다(그같이 주거지를 선택하면서 우리 아이들은 자신에게 '필요하다'고 생각되는 것의 수준을 낮추게 되었다).

거의 무한에 가까울 정도로 다양하고 독특한 상황이 존재한다. 어떤 가족들은 긴급 상담이 필요하다. 어떤 아이들은 특별한 치과 진료가 필요하다. 특별한 사업가적 기술을 갖고 있는 사람들은 상당한 양의 투자 자본이 필요하며 그것을 기초액으로 계산해야 할지도 모른다. 당신은 비과세 고용주 부담 연금을 어떻게 처리할 것인가? (우리는 그것을 계산하지 않는다. 하지만 은퇴한 후에 소득으로 나타나면 계산할 것이다.) 고용주 부담의 의료 보험은 어떻게 처리할 것인가?

모든 가정은 이와 같은 문제에 대해 나름대로 대답을 해야 한다. 우리의 이야기는 모든 사람들이 따를 수 있는 법칙이 아니다. 단 한 사람도! 각 사람이나 가정은 개인화된 계획을 개발하는 것이 필요하다. 그러나 기본 양식은 따르기 쉽다. 기도와 연구와 뜻을 같이하는 친구들과의 대화를 통해 10퍼센트를 드릴 기초액으로 얼마를 잡을 것인지 결정하라. 그 다음에 그 기초액을 넘는 천 달러당 추가로 5퍼센트를 드리는 것이다. 표 12는 계산하는 방법을 보여 준다.

표 12. 누진 십일조

총수입	헌금 비율	헌금 액수
기초액	기초액의 10%	기초액의 10%
기초액+$1,000	맨 마지막 $1,000의 15%	기초액의 10%+$150
기초액+ 2,000	맨 마지막 1,000의 20%	기초액의 10%+ 350
기초액+ 3,000	맨 마지막 1,000의 25%	기초액의 10%+ 600
기초액+ 4,000	맨 마지막 1,000의 30%	기초액의 10%+ 900
기초액+ 5,000	맨 마지막 1,000의 35%	기초액의 10%+1,250
기초액+ 6,000	맨 마지막 1,000의 40%	기초액의 10%+1,650
기초액+ 7,000	맨 마지막 1,000의 45%	기초액의 10%+2,100
기초액+ 8,000	맨 마지막 1,000의 50%	기초액의 10%+2,600
기초액+ 9,000	맨 마지막 1,000의 55%	기초액의 10%+3,150
기초액+10,000	맨 마지막 1,000의 60%	기초액의 10%+3,750
기초액+11,000	맨 마지막 1,000의 65%	기초액의 10%+4,400
기초액+12,000	맨 마지막 1,000의 70%	기초액의 10%+5,100
기초액+13,000	맨 마지막 1,000의 75%	기초액의 10%+5,850
기초액+14,000	맨 마지막 1,000의 80%	기초액의 10%+6,650
기초액+15,000	맨 마지막 1,000의 85%	기초액의 10%+7,500
기초액+16,000	맨 마지막 1,000의 90%	기초액의 10%+8,400
기초액+17,000	맨 마지막 1,000의 95%	기초액의 10%+9,350
기초액+18,000	맨 마지막 1,000의 100%	기초액의 10%+10,350

하나님이 누진 십일조를 채택하도록 인도하신다고 믿는다면, 여기에 당신이 고려할 만한 몇 가지 제안이 있다.

첫째, 모든 가족과 누진 십일조에 대한 안건을 토의하라. 가족이 공동 결정을 내릴 수 있도록 모든 사람이 그 이유를 이해하는 것이 필요하다. 둘째, 연초에 당신의 계획을 글로 쓰라. 계획을 이론화하는 일은 그리 어렵지 않다. 실제로는 흥미롭기까지 하다. 추상적 수치를 따르기로 작정하고 나면, 매달 현금을 조금씩 나누어 헌금하는 것이 부담이 덜하다. 셋째, 당신처럼 정의에 대해 관심이 있는 헌신된 그리스도인 친구나 부부와 함께 당신의 제안을 토론하라. 넷째, 위의 친구나 부부와 주요 지출에 대해 토론하라. 자신보다는 관찰자가 지출을 합리화하려는 핑계를 발견해 내기가 더 쉽다. 또한 그런 친구나 부부는 검소한 생활에 대해 유익한 조언을 해줄 수 있다. 다섯째, 매해 당신의 기본 생활비와 총지출을 줄일 수 있는지 살펴보라(이는 당신의 회사나 기독교 빈민 대부 기관의 생산성을 증가시키기 위한 투자의 필요성을 무시해야 한다는 의미는 아니다).

누진 십일조에 대한 제안은 정말로 온건한 것이다. 너무 온건해서 사실상 사도 바울의 가르침을 온전히 따르지 않은 것인지도 모른다. 그러나 누진 십일조는 또한 매우 급진적이어서 시행하기만 한다면 교회의 사역과 삶을 혁명적으로 변화시킬 수 있다.

어떤 그리스도인들은 풍요와의 전쟁에서 이기기 위해 훨씬 더 급진적인 시도를 하고 있다.

공동체 생활

가장 검소한 생활 수준을 유지하게 해주는 방법은 아마도 공동체 생활일 것이다. 보통 한 가정이 이용하는 주택, 가구, 전기 기구, 공구 및 자동차는 열 명 또는 스무 명이 이용할 수 있다. 공동체 생활을 하면 많은 돈과 시간을 다른 활동에 사용할 수 있다.

어떤 그리스도인 공동체들은 생태학적으로 더 책임 있는 나눔을 발전시키려는 의도로 시작되었다. 다른 공동체들은 인간의 필요에 대한 자발적인 반응으로 출현했다. 텍사스의 한 그리스도인 공동체 회원인 제리 바커(Jerry Barker)는 그 점을 이렇게 설명한다.

직면한 필요를 충족시키려면 많은 자원이 필요하다는 점이 곧 분명해졌다. 그래서 우리는 그 동안 익숙하게 사용하던 것에 드는 비용을 삭감하기 시작했다. 우리는 더 이상 새 차와 새 텔레비전 및 그와 유사한 것들을 사지 않았다. 거기에 대해 생각조차 하지 않았다. 우리는 말 그대로 엉망이 될 때까지 차를 타고 다녔으며 그러고 나서 중고차나 대체 가능한 다른 교통 수단을 사기로 했다. 우리는 재정을 고갈시키지 않도록 일부 보험을 취소해 버렸다. 우리는 주님과의 관계 속에서 안전을 찾았기 때문에 미래에 대한 대비책을 마련하는 것이 더 이상 중요하지 않았다.···우리는 결코 검소한 생활에 대한 규칙을 세우거나, 그것이 그리스도인의 삶에 꼭 필요한 부분이라고 생각하지 않았다. 그것은 우리가 가진 돈을 가장 효과적으로(특히 매우 많은 이웃을 후원하는 일에서) 사용할 것인가 하는 문제였다. 우리는 매우 검소하게 사는 방법을 배웠다. 우리는 스테이크나 비싼 불고기 같은 것들을 먹지 않고 간단한 음식을 먹었다.···우리는 종종 사람들이 갖다 준 야채나 쌀 같은 것을 먹는다.[13]

그리스도인 공동체의 생활 수준은 다양하다. 그러나 거의 모두 북미 평균 가정보다 훨씬 검소하게 살고 있다. 예를 들어, 시카고의 '레바 플레이스 공동체'(Reba Place Fellowship)는 여러 해 동안 시에서 복지 수당을 받는 사람들과 동일한 수준의 식사를 했다(10장을 보라). 지난 수십 년 동안 그리스도인 공동체들은 그 수는 얼마 되지 않지만 상징적인 중요성을 지니고 있었다. 그리스도인 공동체들은 조용히 사회의 풍요에 의문을 제기한다. 그리고 놀라운 대안을 제시한다.

물론 모든 사람이 공동체 생활을 할 수 있는 것은 아니다. 사실상 개인적으로 오로지 소수의 그리스도인들만이 공동체 생활을 제대로 할 수 있다고 믿는다. 우리는 더 다양한 방법이 필요하다.

어떤 방법도 모든 사람이 실행해야 할 하나님의 뜻은 아니다. 우리 하나님은 다양성을 사랑하신다. 하지만 그것이 각 사람이나 가정이 자기 보기에 옳은 대로 행하는 전형적인 서구식 개인주의로 후퇴해야 함을 의미하는가? 결코 그렇지 않다.

이에 대해 다음의 두 가지 사항이 도움이 될 수 있다. 첫째, 우리는 지역 교회, 우리 읍이나 시 그리고 세계에 살고 있는 다른 형제자매들의 도움이 필요하다. 같은 교회에 속한 그리스도인 친구들과 함께 우리의 경제적 생활 양식을 토론하는 과정을 개발할 필요가 있다. 또한 가난한 그리스도인들과 신실한 생활 양식의 구체적인 형태에 대해 대화를 나누는 방식을 새롭게 개발해야 한다.[14]

둘째, 특정한 기준을 참조하면 올바르게 결정하는 데 도움이 된다.

주는 것에 대한 지침

여기에 여덟 가지 제안이 있다. 이는 결코 규범이나 법률이 아니다.

1. 세계 모든 사람들과 공유하였을 때 오랜 기간 유지될 수 있는

개인 생활 양식을 개발하라.
2. 필수품과 사치품을 구별하라. 사치품에 완전히 빠져들고 싶은 욕망에 저항하고, 구별을 모호하게 하는 경향을 거부하라.[15]
3. 소비에 대한 정당한 또는 부당한 이유를 구분하라(예를 들어, 사회적 지위를 유지하고 높이기 위해, 자존감을 채우기 위해, 유행을 따르고 '이웃 사람에게 지지 않으려고 허세를 부리기' 위해 돈을 쓰는 것은 좋지 않다).
4. 일시적 유행으로 인한 호기심에서 생긴 취미와 재능을 구별하라. 재능과 취미를 개발하는 데는 비용을 지출하라. 그러나 '성공적인' 듯한 사람들 사이에서 유행한다는 이유만으로 최신 유흥이나 오락에 빠져들지는 말라. 각 사람은 독특한 관심사와 은사를 갖고 있다. 그러한 영역에서 각자의 창조성을 표현할 수 있어야 한다. 그러나 우리가 서로 다른 많은 영역에서 많은 일을 하는 것을 정당화하고 있다면, 무언가 잘못된 것이다.
5. 이따금씩 벌이는 축하연과 규칙적인 일상 생활을 구별하는 것이 필요하다. 훌륭한 창조의 선물을 경축하기 위해 추수감사절에 칠면조 고기와 곁들인 요리를 먹는 것은 성경적이다(신 14:22-27). 유감스럽게도 우리 가운데 많은 사람들이 매일 너무 많이 먹는데, 그것은 죄다.
6. 감당할 수 있다는 이유만으로 물건을 사는 것을 지양하라. 우리가 버는 양은 우리에게 필요한 것과는 무관하다.
7. 비상시에 대한 대비, 개발, 폭넓은 구조적 변화 사이에서 균형을 추구하라. 기아 상황에서 비상 식량은 중요한 것이다. 그

러나 좀더 많은 돈은 장기적인 지역 사회 개발을 위해 사용되어야 한다. 그래야 사람들이 스스로를 부양할 수 있다. 정당한 공공 정책과 구조적 변화(거의 모든 그리스도인이 이 영역에 대해 인식하지 못하고 있다)를 촉진하고 그에 대한 이해를 돕는 단체에 헌금하는 것이 특히 중요하다. 한 가정의 누진 십일조는 가난한 이의 정의를 위해 일하는 후보자들을 지지하는 정치적 캠페인으로 아주 적절하게 사용될 수 있다.

8. 다른 기독교 사역을 무시하지 말라. 전도와 기독교 교육은 아주 중요하며 계속적으로 지원할 가치가 있다. 사회 정의를 위한 활동에 지원하는 만큼 전도를 지원하는 데도 헌금하라(두 가지가 혼합된 총체적 프로그램이 이상적이다).[16]

몇 가지 실제적인 제안

다음에 나오는 사항은 규칙이 아니라 좀더 검소한 삶을 위한 지침이다. 자유와 기쁨, 웃음이 책임감 있는 삶의 핵심적인 요소다.

1. 이웃의 생활 양식을 문제 삼지 말고 자신의 생활 양식을 점검하라.
2. 다음과 같이 식품 예산을 줄이라.
   - 정원 관리: 잔디를 깎는 대신 괭이질을 하라.
   - 동물성 단백질을 식물성 단백질로 대체하라. 「작은 지구를 위한 조리법」(*Recipes for a Small Planet*)이나 「적은 것을 갖고 많은 것을 만드는 요리책」(*More with Less Cookbook*)과 같은 요리책은 고

기 없이 맛있는 음식을 만드는 법을 가르쳐 준다. 우리가 매일 필요로 하는 단백질을 얇게 저민 소고기로 먹을 경우 땅콩 버터로 섭취할 때보다 비용이 다섯 배나 많이 든다.[17]
- 식품 협동 조합에 가입하라.
- 정기적으로 금식하라.
- 맥주와 그 밖의 알코올 음료를 만드느라 곡물을 극악무도하게 남용하는 것을 (말과 행동으로) 반대하라(미국은 알코올 음료를 만드는 데 매년 520만 톤에 달하는 곡물을 사용한다. 이것은 인도 같은 나라에 살고 있는 2,600만 명의 어린이들을 먹일 수 있는 양이다).[18]
- 월 예산을 세우고 그것을 지키라.

3. 다음과 같이 에너지 소비를 줄이라.
- 겨울에 집이나 사무실의 실내 온도를 섭씨 20도 이하로 유지하라.
- 대중 교통 수단을 이용하고 투표를 통해 그것을 지원하라.
- 자전거와 카풀 제도를 이용하고 짧은 거리는 걸으라.
- 식기 세척기를 사는 대신에 설거지하는 시간을 가족이 함께하는 시간으로 만들라.
- 에어컨 대신 선풍기를 사라.

4. 다음과 같이 소비주의에 저항하라.
- 텔레비전에 상업 광고가 나올 때마다 비웃으라.
- 과장된 상업 광고에 대해 "농담하는 거야?" 혹은 "그건 거짓말이야!"와 같은 가족 표어를 만들라.
- 부정직한 광고 목록을 작성하고 그 제품에 대해 불매 운동을 벌여라.

- 우편으로 직접 광고를 하는 업자들이 보낸 수신자 부담 우편 봉투를 사용해 부도덕한 광고에 반대하라.
5. 도심지에 있는 낡은 집을 사서 수리하라(친구들을 설득해 그들도 그렇게 하도록 하라. 그러면 당신은 그리스도인 공동체를 만들 수 있다).
6. 재생할 수 없는 천연 자원의 소비를 줄여라.
   - 물건이 좀 오래됐다고 새것을 사지 말라(살 때 질이 좋은 상품을 사라).
   - 전기 기구, 공구, 잔디 깎는 기계, 스포츠 용품, 책, 자동차를 다른 사람들과 함께 사용하라(검소하게 살기로 헌신한 다른 그리스도인들과 가까이 산다면 그렇게 하기가 더 쉬울 것이다).
   - 당신이 속한 교회에 이따금씩만 사용하는 물건(톱, 전정 가위, 손님용 간이 침대, 잔디깎는 기계, 캠핑용 장비, 큰 사다리)을 보관하는 '물품방'을 만들라.
7. 당신이 지위 때문에 얼마나 많은 돈을 쓰는지 알아보고 그 같은 지출을 줄여 나가라.
8. 옷에 대한 유행을 따르지 말라(그렇게 되면 이 책을 읽는 독자들 대부분이 2-3년 동안 옷을 살 필요가 없을 것이다).
9. 무료로 제공되는 것을 즐기라.
10. 한 달 동안 생활 보호 대상자들과 같은 수준의 예산을 갖고 살아 보라.
11. 「더 나은 세상을 위한 상품 구매」(*Shopping for a Better World*)와 「경축하는 방법 안내서」(*Alter-natives Celebrations Catalog*)를 검토해 보라. 이 안내서는 크리스마스와 밸런타

인데이, 추수감사절 및 다른 경축일을 기념하는 데 있어 흥미진진하면서도 비용이 많이 들지 않으며, 생태학적으로 건전한 대안을 제공한다.

12. 아이들에게 더 많은 물질보다는 더 많은 사랑과 시간을 주라.

이 정도면 검소한 생활을 시작하는 데 별 문제가 없을 것이다.

단체 평가 기준

북미의 그리스도인들 가운데 10퍼센트가 누진 십일조를 드린다면, 가난한 사람들을 위해 엄청난 돈을 쓸 수 있다. 그 돈은 어디에 가장 유용하게 쓰일 수 있는가? 어떤 구제 및 개발 단체가 가장 일을 잘 하는가? 이 문제는 중요하다. 하지만 당신 스스로 결정을 해야만 한다. 여기에 몇 가지 일반적 기준이 있다.

1. 그 기금은 제3세계에서 전도와 사회 변화와 교육과 농업 개발을 통합해 실시하는 총체적 사역을 후원하는가?
2. 그 기금은 실제로 토착적인 사업을 후원하는가? 다시 말하자면, (1) 개발도상국에서 실시되는 사업의 지도자들과 대부분의 직원들은 자국민들인가? (개발도상국에서 실시되는 사업의 지도자와 직원들은 자국민이어야 한다.) (2) 그 사업은 그곳 문화에 적합한 재료를 사용하는가, 아니면 지도자들이 생각 없이 서양의 이상, 재료, 기술을 채택하는가? (3) 그 사업은 외부의 '전문가'가 아니라 자국민의 절실한 필요에 의해 시작

된 것인가?
3. 그 사업은 일차적으로 장기 개발(인력 개발 포함)에 중점을 두는가, 아니면 긴급 구호에만 관여하는가?
4. 그 프로그램은 가난한 대중이 '하나님은 악한 사회 구조가 변화되기를 원하시며 또 자신들이 그 같은 변화를 이룰 수 있다'는 점을 이해하도록 고안되었는가?
5. 그 프로그램은 지역 교회를 통해 일하며 또 교회의 성장을 촉진하는가?
6. 그 프로그램은 초기에 착수 자본을 투자한 후에 자급할 수 있는 잠재력을 갖고 있는가? 또 그 프로그램은 자국민들의 헌신과 자본 및 시간 투자를 요구하는가?
7. 그 프로그램은 가장 가난한 개발도상국에 살고 있는 가장 가난한 사람들을 돕는가?
8. 농업 개발이 관련되어 있는가? (항상 그럴 필요는 없지만 많은 경우에 농업 개발이 관련되어야 한다.)
9. 계속적인 자선보다 정의가 그 결과로 나타나는가?[19]
10. 기금을 중재하는 국제 단체는 효율적이고 지혜롭게 운영되는가? 단체를 정하기 전에 다음 질문을 던져 보라. (1)그 기관은 전체 기금의 10퍼센트 또는 15퍼센트 이상을 기금 모금 및 행정에 쓰는가? (2)제3세계 출신과 소수 인종 출신의 사람들 그리고 여성들이 이사회와 고위직에서 일하고 있는가? (3)그 조직은 매년 독립된 공인 회계사의 감사를 받는가? (4)이사회 회원과 직원들은 정직성을 인정받고 있는가? 이사회 회원들은 사례비를 받는가? (이사회 회원들은 사례

비를 받지 않아야 한다.) (5) 직원들이 받는 봉급 액수는 모든 하나님의 백성들 가운데 희년을 실현하라는 성경의 명령에 어긋나지는 않는가? (6) 그 기관은 이러한 문제에 답변하는 것을 반대하는가?[20]

아래에 나오는 한 예는 위에서 언급한 기준을 대부분 충족시키는 총체적 프로그램이 어떤 것인지 분명하게 보여 줄 것이다.

'엘리자베스 원주민 내지 선교회'(Elizabeth Native Interior Mission)는 라이베리아 남부에서 일하는 선교 단체다. 최초의 미흑인 아프리카 선교사 중 한 사람인 마더 조지(Mother George)의 사역을 통해 그리스도인이 된 아우구스투스 마르비에(Augustus Marwieh)가 이 선교회를 지휘하고 있다. 10년 전 구스(Gus)는 자신이 구원받은 바 있는 고생스러운 선교지에 사역하러 갔다. 젊은 사람들이 마을을 떠나 몬로비아의 수도로 가고 있었다. 그러나 거기에 가 봤자 대부분의 사람들은 일자리도 구하지 못하고 술과 매춘에 빠져들었다. 사람들이 외부의 장사꾼들(보통 외국인들)에게 의존하게 되면서 통나무 켜기, 대장장이 일, 도기 만들기 같은 토착 기술이 소멸되고 있었다. 최소한 90퍼센트가 문맹이었으며, 많은 사람이 단백질 결핍으로 고통을 겪었다.

오늘날 160개의 교회가 개척되었으며, 1만 명의 사람들이 그리스도인이 되었다. 운영 중인 열한 개의 초등학교는 보통 미국에서 그대로 들여온 기술 대신에 토착적으로 쓸 수 있는 기술을 강조한다. 또 지역 간의 무역을 부활시키고 새로운 기술 장려를 도와줄 직업 학교가 설립되고 있다. 또 중간 상인을 거치지 않도록 해주고 외국의 상인을 교체시키며 자본을 제공해 줄 협동 조합도 조직되고 있다.

특히 단백질 부족 현상에 비추어 볼 때 한 가지 중요한 요소가 있다면 그것은 농업이다. 지난 10년 동안 사람들은 농업 분야에서 장족의 발전을 하였다. 그러나 너무 가난해서 날이 넓은 큰 칼(무거운 칼) 하나로 농사를 짓는 사람들이 많다. 그래서 그는 회전 대부 자금을 운영해 사람들이 그 돈으로 괭이, 삽, 물병, 분무기, 곡괭이 또는 도끼를 살 수 있도록 했다. 우리는 집 뒷편 정원에서 사용할 목적으로 일시적 기분에 그 같은 도구를 사지만, 이 사람들은 영양 부족과 싸우기 위해서 그 같은 도구들이 필요함에도 그것들을 살 수 없다. 그러므로 당신이 가난하다고 느낄 때마다, 그 곳의 사람들을 기억하라.[21]

1976년에 위의 글을 쓸 당시에는 그런 종류의 토착 기관이 그리 많지 않았다. 오늘날에는 개발도상국에서 성경적 그리스도인들이 운영하는 유사한 총체적 프로그램이 매우 많다. 그들은 추가로 기금이 들어와도 지혜롭고 효과적으로 사용할 수 있다. 개발도상국에서 행해지는 사역을 돕는 통로 역할을 하는 기관들은 여러분과 내게 현대에 희년의 삶을 살 수 있는 길을 제공해 준다.

'어퍼투니티 인터내셔널'은 그러한 기관 중 하나다. 내가 서문에서 언급한 바 있는 데이비드 부소는 그 창립자 중 한 명이다. 「물 한 모금, 생명의 떡」(*Cup of Water, Bread of Life*, IVP 역간)에서 나는 데이비드의 놀라운 삶에 대해 말한 바 있다. 30년 전에 데이비드는 오스트레일리아에서 매우 성공한 복음주의 사업가였다.[22] 오늘날 그는 가난한 사람들을 위한 세계의 중요한 은행가 중 한 명이다. 몇 년 동안 데이비드와 그의 가족은 인도네시아의 매우 가난한 사람들과 함께 살았다. 그들은 점차로 가난한 사람들을 돕는 가장 좋은 방법은 은행이 무시하는 가난한 사람들에게 정당한 이자율로 소규모 대부를 해주는 것임을 발견했다.

2003년 데이비드가 여러 해 동안 운영을 돕고 있는 이 기관은 45만 5,430명의 고객에게 총 7,560만 달러를 대부해 주었다. 2002년에는 그 대부금을 통해 총 79만 2,027개의 일자리를 창출해 주었다.[23]

이들은 2007년에는 매년 백만 가정을 도왔고, 2010년까지 2백만 가정을 도울 수 있으리라 기대하고 있다. 사실 이들은 앞으로 25년 동안 5천만 가정을 지원하기 위해 모금 중이다.[24]

또한 이 기관은 정부 보조금을 받기 때문에, 여러분이나 내가 1달러를 기부하면 가난한 사람들에게 5.75달러의 돈을 대부해 줄 수 있게 된다. 그리고 그 돈은 해마다 상환되고 다시 대부된다. 따라서 10년에 걸쳐서 보면, 1달러를 기부하면 가난한 사람들에게 46달러를 대부해 줄 수 있게 된다. 이것은 대단한 투자다.

데이비드가 내게 말한 바에 따르면, 가난한 사람들에게 새로운 일자리를 하나 만들어 주는 데 평균 500달러가 든다(여기에는 대부금 자체 그리고 훈련 세미나와 자문 서비스 비용이 포함된다). 새로운 일자리가 하나 생길 때마다 5인 가족의 생활 수준은 일 년 내에 평균 50퍼센트 향상된다. 다음 해에 그 돈은 다시 대출되며 또 다른 5인 가족에게 영향을 미친다. 서론에서 말했듯, 세계의 그리스도인들이 수입의 1퍼센트(16조 달러)만 소규모 대부금에 사용한다면, 가장 가난한 10억 명의 생활 수준을 일 년 안에 50퍼센트 향상시킬 수 있다.[25]

필리핀에 있는 이 단체의 지역 협력체인 CCT(Center for Community Transformation)는 복음 전도와 소규모 대출을 결합시켰다. 테레시타 뒤크의 단순한 증언은 이러한 총체적 사역이 얼마나 많은 변화를 가져왔는지 보여 준다.

남편은 술고래였고, 나는 잔소리꾼이었다. 우리는 늘 돈에 쪼들렸다. 여덟 명의 아이들에게는 아무것도 없었다. 그때 CCT가 내 안에 희망의 불씨를 피웠다. 나는 과일 장사를 하기 위해 대부를 했고, 주말 성경 공부를 통해 남편의 괴롭힘을 잠잠히 견딜 힘을 얻었다. 하나님이 나를 결코 버리시지 않을 것임을 기억하며 영혼의 안식을 찾았다. CCT의 설립 기념 축하연 때 거행된 단체 결혼식 때, 나는 25년간 내 배우자였으며 내 아이들의 아빠인 남자와 마침내 결혼을 했고 말로 표현할 수 없는 기쁨을 느꼈다.[26]

우리는 돈을 가지고 있다. 그렇다면 그것을 베풀 수 있는가? 이 책을 읽는 거의 모든 독자들은 500달러를 기부하여 가난한 사람들에게 새로운 일자리를 만들어 줄 수 있다. 이 책을 읽는 대부분의 독자들은 '아그라 언약'(Agra Covenant)에 서명하고 수입의 1퍼센트를 소규모 대부금에 기부하겠다고 약속할 수 있다.[27]

돈을 기부하고 가난한 자들에게 일자리를 만들어 주는 것만이 도움을 주는 유일한 길은 아니다. 은행 계좌와 투자 기금을 통해서도 다른 일을 할 수 있다.

점점 더 많은 사람이, 보통 은행들이 무시하는 가난한 사람들에게 대부를 해주는 은행과 '지역사회 개발 대부 기금'(Community

Development Loan Funds)에 자신들의 유동 자금을 저축한다. 이러한 기관에 저축한 돈은 그 기관에 기증하는 것이 아니다. 필요하면 그 돈을 되돌려받고 이자를 받는다. 대개 현재 시장 이율보다 더 적긴 하지만 말이다. 로버트 라벨르(Robert Lavelle)는 피츠버그에 사는 독실한 그리스도인이며 흑인 은행가다. 그가 경영하는 '주택 저축 및 대부은행'(Dwelling House Savings and Loan)은 도시 빈민가에 사는 가난한 흑인들에게 주택 자금을 대부해 주는 일에 중점을 두고 있다. WCC(World Council of Churches)의 '에큐메니칼 은행'(Ecumenical Bank)은 개발도상국의 가난한 사람들에게 대부를 해준다. '지역 사회 개발 대부 기금 전국 연합회'는 소기업과 가난한 사람들을 위해 일하는 비영리 기관에 대부를 해주는 수많은 '지역 사회 개발 대부 기금'을 지원한다. 대출 기금은 이자를 받고 기금을 예금하는 개인, 교회, 기업 그리고 정부에서 나온다.

    증권을 지혜롭게 사용하는 것 역시 도움이 될 수 있다. 약간의 돈(예를 들면, 은퇴에 대비하기 위한 기금)을 가난한 사람들, 환경, 근로자의 권익 등에 관해 믿을 수 있는 실적을 가지고 있는 회사의 주식을 구입하는 데 사용하는 것은 하나님이 바라시는 총체적 발전을 촉진하는 좋은 방법이다. '기업의 사회적 책임을 위한 초교파 단체'(Interfaith Center on Corporate Responsibility)와 '경제 우선권 자문 위원회'(Council on Economic Priorities)는 상세한 정보를 제공해 준다. 투자 수익은 가장 빨리 성장하는 상호 기금을 따라잡지 못할 수도 있지만, 우리의 돈을 정의를 증진시키는 동시에 은퇴를 준비하는 데 사용함으로써 같은 액수의 돈으로 두 가지 일을 성취할 수 있다. 하나님의 말씀과 세상의 필요를 볼 때 우리가 얼마나 많은 돈을 베풀 것인가 하는 것과 우리가 가진 것을 어떻게 투자할 것인가 하는 것, 양자에 대해 좀더 관대할 필요가 있다. 사회적으로 책임 있는 투자가 중요하다.[28]

우리는 얼마나 관대한가?

미국 사람들이 **전체** 자선 활동에 평균적으로 얼마나 기부하는지 아는가? "1998 미국 통계 요약"(1995 Statistical Abstract of the U.S.)에 따르면 단 2.1퍼센트다.[29] 물론 적어도 약간은 교인들은 더 낫다. 최근의 연구에서 미국 교인들이 지역 교회에 얼마나 많은 돈을 헌금하는지 추적해 보았다. 2001년에 그 수치는 전체 수입의 2.66퍼센트였다(표13을 보라). 이 교인들이 교회 외에 자선 기관에 2퍼센트를 더 헌금했다 하더라도 전체 수치는 성경의 기준인 10퍼센트 십일조에 훨씬 못 미친다.

더욱더 심란한 것은 지난 30년 동안 우리의 수입이 증가하고 있음에도 헌금 비율은 계속해서 떨어지고 있다는 사실이다. 존과 실비아 론스발(John and Sylvia Ronsvalle)이 최근에 마친 한 주의 깊은 연구는 세세한 사항들을 보여 준다. 미국의 일인당 소득은 1968년부터 2001년까지 거의 매년 증가했다(그들은 인플레이션을 고려하여 1996년 부동 달러를 사용한다). 교회에 기부한 돈의 비율은 1995년까지 거의 매년 줄어들었다가 그 이후 조금 회복되었다. 표 13[31]은 우리가 점점 더 부유해질수록 얼마나 헌금을 덜 하는지 보여 준다.

하나님은 수입이 11,864달러에서 23,731달러로 증가하는 동안 교회 헌금을 3.10퍼센트에서 2.66퍼센트로 줄인 부유한 그리스도

표 13. 2001년까지의 교회 헌금 상태

미국인 일인당 수입 비율로 본 교인 일인당 헌금, 29개 교파, 1968-2001				1996년 부동 달러로 환산한 미국인 일인당 수입, 1968-2001	
연도	교인 일인당 총 헌금액(%)	회중용 재정 (%)	자선금 (%)	연도	1996년 달러로 환산한 미국인 일인당 수입
1968	3.10	2.45	0.66	1968	$11,864
1969	3.03	2.38	0.65	1969	$12,066
1970	2.91	2.31	0.60	1970	$12,361
1971	2.84	2.26	0.58	1971	$12,647
1972	2.83	2.25	0.58	1972	$13,004
1973	2.76	2.21	0.55	1973	$13,747
1974	2.77	2.21	0.56	1974	$13,669
1975	2.75	2.17	0.58	1975	$13,665
1976	2.73	2.17	0.57	1976	$14,087
1977	2.70	2.15	0.55	1977	$14,477
1978	2.66	2.13	0.53	1978	$15,035
1979	2.64	2.12	0.53	1979	$15,371
1980	2.63	2.11	0.53	1980	$15,546
1981	2.63	2.10	0.53	1981	$15,687
1982	2.67	2.16	0.51	1982	$15,641
1983	2.66	2.15	0.51	1983	$16,020
1984	2.59	2.11	0.48	1984	$17,096
1985	2.59	2.11	0.48	1985	$17,559
1986	2.61	2.13	0.48	1986	$17,997
1987	2.58	2.12	0.46	1987	$18,363
1988	2.50	2.05	0.45	1988	$19,088
1989	2.48	2.04	0.44	1989	$19,494
1990	2.44	2.02	0.43	1990	$19,850
1991	2.45	2.03	0.42	1991	$19,690
1992	2.40	1.99	0.41	1992	$20,170
1993	2.41	2.01	0.41	1993	$20,178
1994	2.49	2.09	0.41	1994	$20,437
1995	2.44	2.04	0.40	1995	$20,750
1996	2.56	2.15	0.40	1996	$21,059
1997	2.53	2.13	0.40	1997	$21,467
1998	2.55	2.15	0.40	1998	$22,323
1999	2.63	2.22	0.41	1999	$22,667
2000	2.64	2.24	0.40	2000	$23,587
2001	2.66	2.26	0.40	2001	$23,731

출처: http://www.emptytomb.org/PressRelSCG01.php [30]

인들을 어떻게 생각하실까? 비극적이게도, 교회 헌금에 대한 이 통계 수치는 그리스도인들의 전체 헌금에 대한 상황을 정확히 묘사하고 있다. 사실상 종교 단체에서 지급하는 모든 헌금의 약 90퍼센트는 지역 교회 회중을 통해 주어진다.[32]

나는 하나님이 여러분과 나에게 훨씬 더 관대해질 것을 요청하신다고 생각한다. 여러분이 현재 십일조보다 더 적게 헌금하고 있다면 십일조를 드리는 것부터 시작하라. 그 다음에 하나님과 몇몇 그리스도인 친구들에게 여러분이 나름의 누진 십일조를 개발할 수 있도록 도와달라고 요청하라. 하지만 한 번에 목표에 이르려고 애쓰지 말라. 하나님이 여러분이 즐기기 원하신다고 믿는 관대한 나눔의 수준에 이르기까지, 1년에 5퍼센트씩 헌금액(십일조 외에)을 증가시킬 수 있을 것이다.

그렇다고 해서 가난해지지는 않을 것이다. 하지만 몇몇 사치품은 포기해야 할 것이다. 동시에 예수님의 말씀이 사실이라면, 여러분은 놀랍고도 새로운 기쁨을 맛보게 될 것이다. 그리고 여러분의 관용으로 다른 사람들에게 제공해 준 부가 자원들은, 복음을 전파하고 가난한 사람들을 자립시켜 줄 것이다.

이 장은 돈을 주는 것에 초점을 맞추었다. 그러나 자기 자신을 주는 것도 마찬가지로 중요하다. 어떤 그리스도인들은 봉사할 기회가 많다는 이유로 임금이 낮은 직업을 택했다. 다른 사람들은 자원 봉사 활동을 더 많이 하기 위하여 시간 외 근무를 할 기회를 정중히 거절했다. 수만 명의 사람들이 가난한 이들이 살 집을 짓는 일을 돕기 위해 '해비타트'(Habitat for Humanity)에서 매년 며칠씩 자원 봉사를 한다. 수많은 그리스도인 의사, 교사, 농부, 목수들이 개발도상국이나 빈민가에서 봉사하기 위해 2년 또는 그 이상을 드리고 있다.

가난한 농촌 사람들과 함께 살면서 하나님은 그들이 일정 수준의 삶을 살 수 있는 도구 및 그들을 억압하는 불의한 구조를 변화시킬 수 있는 지식과 힘을 가지기 원하심을 보여 줄 민감한 사람들이 많이 필요하다. 중간공학적 기술을 가르쳐 줄 수 있는 농업 기술자들이 많이 필요하다. "멀리 떨어진 마을에 가서 일하면서 살 준비가 되어 있는 실제적인 기술을 지닌 한 사람이 일반적으로 그 지역을 방문하는 12명의 대학 교수나 거물 사업가들만큼의 가치가 있다."[33] 시간은 돈이다. 시간을 나누는 것이 재정 자원을 나누는 것만큼 중요하다.

우리는 돈과 시간을 좀더 관대하게 사용해야 한다. 하지만 그것은 아찔할 정도의 속도로 미친 듯이 열심히 가난한 자들을 도와야 한다는 의미는 아니다. 신실한 생활 방식을 영위하려면 제4계명을 기억해야 한다. "네 하나님 여호와가 네게 명령한 대로 안식일을 지켜 거룩하게 하라.…너는 기억하라. 네가 애굽 땅에서 종이 되었더니 네 하나님 여호와가 강한 손과 편 팔로 거기서 너를 인도하여 내었나니, 그러므로 네 하나님 여호와가 네게 명령하여 안식일을 지키라 하느니라"(신 5:12-15).

안식일과 우리의 생활 양식

안식일의 진정한 회복은 물질주의적 소비자들과 일벌레 사회 활동가들 모두에게 꼭 필요한 것이다. 우리는 일주일 중 하루는 일을 완전히 중단해야 한다. 더 많은 도구들을 열광적으로 만들어 내는 일을 중단해야 한다. 사회 정의를 훨씬 더 열광적으로 추구하는 일을 중단해야 한다. 단지 멈추어 서서, 기도하고 즐겨야 한다.

하나님이 안식일을 주신 것은 가혹한 율법주의 때문이 아니라, 우리의 유한함과 한계를 상기시켜 주고자 하시는 것이다. 우리는 하나님이 아니다. 그리고 점점 더 풍성해지는 물질적 소유(또는 심지어 가난한 자들을 위한 정의의 무한한 추구) 안에서 궁극적인 성취를 발견하도록 지음받지 않았다.

현대인들은 성경적 의미의 인간 한계를 잃어버렸다. 우리는 더욱더 많은 것, 더욱더 빠른 것을 원한다. 그리고 그것을 얻기 위해 우리 자신과 결혼, 가족, 환경을 파괴한다. 하나님의 말씀은 현저하게 다르다. "부자가 되려고 애쓰지 말고, 그런 생각을 끊어 버릴 슬기를 가져라"(잠 23:4, 새번역). 안식일은 억제와 중용을 배양하는 하나님의 도구다. 안식이란 더욱더 많은 것들을 생산하고자(심지어 가난한 사람들을 위해 세상을 변화시키고자, 필사적으로 일하고자) 미친 듯이 애쓰는 일을 중단하는 것이다!

잘못 생각하지 않기 바란다. 물질 세계는 좋은 것이며, 재화를 창출하는 우리의 일 역시(가난한 자를 자립시키는 일은 말할 것도 없이) 좋은 것이다. 하지만 하나님은 우리가 문화를 형성하고 선교하는 일에 적절한 관심을 보일 때에도 우리의 유한함과 창조주에 대한 의뢰를 결코 잊지 않도록 하신다. 이것이 바로 안식일의 의미다.

우리는 일주일에 한 번씩 하던 일을 중단하고 잠잠히 거하며 예배를 드려야 한다. 하루 종일 좋은 것을 생산하지 못했다거나 심지어 선한 하나님 나라의 일을 이루지 못했다 해도 그것은 중요하지 않다. 우리는 유한하다. 우리 손으로 모든 것을 해야 한다는 교만한 생각은 참람한 것이다. 일주일 중 하루는 휴식을 취하고, 가족들과 즐기며, 하나님을 찬양하는 것만으로 충분하다.

그리스도인들이 안식일을 제대로 지킨다면, 사람들과 환경을 망치는 미친 듯한 소비주의에서 돌아서는 데 도움이 될 것이다. 우리 문화의 거의 모든 것은 제4계명이 보존하라고 주장하고 있는 것들을 침해한다. 안식일 정신이 우리의 사고와 가치관에 깊이 스며든다면, 우리는 피곤한 영혼을 쉬게 하고 가족과 이웃과 함께 즐기며 하나님의 임재 안에서 조용한 기쁨을 얻기를(단지 예배와 여가만으로 하루를 '소비하기'를) 갈망하게 될 것이다! 우리는 주일을 이용해 중요한 임무를 하나 더 수행하거나 그날을 우리가 쌓은 바벨탑에 또 하나의 발코니를 건설하는 기회로 삼기보다는 이 거룩한 여가를 더 소중히 여겨야 한다. 그리고 하나님의 임재 안에서 보내는 조용한 시간에, 가난한 자들의 하나님은 우리의 물질주의적인 마음을 변화시키셔서 우리의 마음을 좀더 관대하게 만들어 주실 것이다.

충성에의 부르심

나는 더 검소한 생활을 하는 것이 풍요한 국가에 살고 있는 현대 그리스도인들을 향한 성경의 명령이라고 확신한다. 그러나 그 전에 검소한 생활을 주장하는 이유를 분명히 알 필요가 있다. 우리는 검소한 생활 양식 자체를 중시하는 것이 아니다. 우리에게 절대적인 충성의 대상은 오직 하나다. 그 대상은 바로 예수님과 그분의 나라다. 이 나라의 왕은 가난한 자들의 하나님이시다! 그런데 수많은 하나님의 가난한 자들이 굶주리고 있는 것이다.

기아와 가난 시대는 풍요한 사람들에게 더 낮은 수준의 삶을 살도록 권고한다. 그러나 이러한 진리에 막연히 동의한다고 해서 매일 직면하는 상품 광고의 유혹에서 벗어날 수 있는 것은 아니다. 우리 각자는 구체적인 계획을 필요로 한다. 로버트 바이넘, 데이비드 부소 그리고 그레이엄과 트리나 커의 예는 우리가 따를 수 있는 모델이다. 누진 십일조와 공동 생활도 마찬가지이며 다른 모델들도 많다.

어떠한 경우에든 율법주의와 자기 의를 피하라. 그러나 정의로운 개인 생활 양식을 향하여 나아가는 특별한 방법에 자기 자신을 드리는 용기를 가지라.

우리는 과연 이웃의 생활 수준이 아니라 가난한 자들의 필요에 의해서 우리의 생활 수준을 측정할 것인가? 남과 나눌 때 기쁨과 행복이 넘쳐흐를 것이라는 예수님의 말씀을 실제로 믿을 것인가? 부유한 그리스도인들 역시 베풀 수 있을 것인가?

연구 문제

❶ 누진 십일조는 어떤 효과가 있는가? 당신이 누진 십일조를 드리기로 결정한다면 어떻게 당신의 상황에 맞게 누진 십일조를 조정할 것인가?

❷ 그리스도인들이 물질주의에 빠지지 않도록 돕는 다른 특별한 장치에는

무엇이 있는가? 당신은 어느 것이 가장 성경적이며 가장 효과가 있다고 생각하는가?

❸ 당신은 소비를 줄일 수 있는 실제적인 제안들 가운데 어느 것이 가장 유익하다고 생각하는가? 다른 좋은 생각이 있는가?

❹ 헌금의 기준에 비추어 볼 때, 당신은 스스로의 헌금 생활을 어떻게 평가하겠는가? 그리고 교회의 헌금 생활은 어떠한가?

❺ 당신은 돈 쓰는 양식을 어떻게 바꾸도록 도전받고 있는가?

❻ 이 장을 읽고 난 후 어떤 느낌이 드는가?

10 ● 사랑 가운데 서로를 돌보기

> 교회 밖에는 구원이 없다.[1]
> —키프리아누스

> 어쩐지 현대 사회의 압력은 점점 우리가 배운 가치관대로 살기 어렵게 만들고 있다. 우리는 교회가 이와 같은 압력을 물리칠 수 있는 신자들의 공동체를 구성해야 한다고 생각했지만, 교회는 다른 대안을 권하는 대신 있는 그대로의 상태에 찬성하는 듯이 보였다. 교회의 '기둥'이 우리가 알고 있는 대부분의 비그리스도인들처럼 물질적 관심과 소외로 심하게 오염된 것 같았다.[2]
> —데이브 잭슨과 네타 잭슨

어느 날 심각한 음주 문제가 있는 어떤 사람이, 일리노이 주 에반스톤(Evanston)에 있는 '레바 플레이스 공동체'의 장로 중 한 명인 버질 보그트(Virgil Vogt)를 불쑥 찾아왔다. 버질은 그 사람에게 그리스도를 받아들이고 그리스도인 공동체에 들어오기를 권유했지만 그는 클리브랜드로 갈 버스표를 살 돈만 있으면 된다고 주장했다.

"좋습니다. 정말 당신이 원하시는 게 그것뿐이라면 바라시는 대로 도와 드릴 수 있습니다"라며 버질은 허락했다. 그는 잠시 가만히 있더니 고개를 가로저었다. "뭔가 다른 게 있다는 걸 아십니까?" 버질은 그 남자를 똑바로 쳐다보며 말했다. "진정으로 그 궁지에서 벗어날 길이 있습니다. 당신이 하나님의 나라 안에서 새로운 생활 방식을 선택한다면, 난 당신의 형제로서 나의 삶 전부를 당신에게 드려야만 하기 때문입니다. 이 집, 내 시간, 내 모든 돈, 당신의 필요를 충족시키기 위해 필요한 건 뭐든지 당신 마음대로 쓸 수 있습니다. 그런데 당신이 원하는 전부가 버스표를 살 돈이라니…".[3)]

그 사람은 너무 놀라 돈을 받는 것도 잊은 채로 가 버렸다. 그러나 주일에 그는 돌아왔다. 이번에는 예배 시간에 버질 옆에 앉았다.

교회는 사랑에서 비롯된 도전의 공동체가 되어야 한다. 그러나 오늘날의 교회는 서로에게 불편을 주지 않는 편안한 동호회가 되어 있다. 교회가 우리 시대의 물질 만능주의에 저항하고 가난한 자들에 대한 하나님의 관심을 공유하려면 광범위한 개혁이 필요하다.

앞 장의 분석이 조금이라도 옳다면, 성경의 하나님은 오늘날 그리스도인들이 현대 사회와 근본적으로 다른 방식으로 살 것을 요청하고 계시다. 우리는 회개하고 물질주의와 성과 경제적 성공에 대한 강박 관념에서 벗어나야 한다. 사람보다 물질이 더 중요시되고 있다. 직업의 안정과 월급의 증가가 굶주리는 아이들과 가난한 소작농들보다 더 중요하게 취급된다. 바울이 로마인들에게 보낸 "너희는 이 세대를 본받지 말고"(롬 12:2)라는 경고는 매우 타당하다. 성경의 계시는 물질주의적이고 음란한 현대 사회가 지닌 기본 가치의 많은 부분에 도전할 것을 요청한다.

그러나 그것은 불가능하다! 개인의 힘으로는 말이다. 고립된 개인이 라디오와 텔레비전과 광고판에서 쏟아지는 반기독교적 가치관에 저항하는 것은 거의 불가능하다. 우리들이 몸담고 있는 풍요한 사회의 가치관은 서서히 그리고 교묘하게 우리의 마음에 파고든다. 그 같은 가치관에 도전하는 유일한 방법은 그리스도인의 교제에 참여해 성경적 가치관에 무조건적으로 헌신한 형제자매들과 더불어 근본적인 정체성을 찾아감에 따라 하나님이 우리의 사고방식을 개조하실 수 있도록 하는 것이다.

강력한 그리스도인의 교제권에 속해 있어야만 신실하게 순종하는 삶을 살 수 있다는 사실에 놀랄 것은 없다. 초대교회는 강력한 기독교적 친교를 경험했기 때문에 로마 문명의 부패한 가치관에 저항할 수 있었다. 초대교회 그리스도인들에게 '코이노니아'는 교회의 후원 하에 격주로 개최되는 볼링 대회 정도의 '시시한 교제'도, 설교를 듣고 난 후 친교실에서 다과를 먹으며 세련된 잡담을 나누는 것도 아니었다. 초대교회의 '코이노니아'는 거의 무조건적으로 자신의 삶을 그리스도의 몸의 지체들과 나누는 것이었다.

한 지체가 고통당할 때 모든 지체가 고통을 겪었다. 한 지체가 기뻐할 때 모든 지체가 기뻐했다(고전 12:26). 한 사람 또는 한 교회가 재정적인 어려움을 겪을 때 다른 사람 또는 다른 교회들이 후하게 재물을 나누었다. 또 한 형제나 자매가 죄에 빠졌을 때 다른 형제자매들이 길을 벗어난 그 사람을 온유한 마음으로 바로잡아 주었다(마 18:15-17; 고전 5; 고후 2:5-11; 갈 6:1-3).[4)] 형제와 자매들은 서로 도움을 주고받았으며, 서로에게 의무가 있었고, 서로에 대해 정서적으로, 재정적으로 그리고 영적으로 책임을 졌다.

물론 초대교회는 항상 그리스도의 몸에 대한 신약의 비전대로 살지는 못했다. 비극적인 타락이 일어나기도 했다. 그러나 로마 제국 전역에 흩어져 있는 작은 가정 교회들은 강력한 이교 문명에 도전해서 나중에는 그 문명을 정복할 수 있을 정도로 매우 생생하게 그리스도 안에서의 하나됨을 경험했다.

존 웨슬리의 초기 감리교 속회는 초대교회에 충만했던 정신을 그대로 구현했다. 감리교도들은 매주 가정집에서 모임을 갖고 "함께 기도하고 권면의 말씀을 받고 사랑 가운데 서로를 돌보았다. 그리하여 그들은 서로 구원을 이루어 나가는 것을 도왔다."[5] 하지만 현재 대다수의 교회는 형제와 자매들이 서로 격려하고 권면하고 훈계할 수 있는 환경을 제공하지 않는다. 오늘날 사랑 가운데 서로를 돌볼 수 있는 새로운 구조와, 이 세상의 파괴된 문화가 아니라 예수님을 따라 살도록 도와줄 새로운 환경이 절실하게 필요하다.

사회학적 관점

지식 사회학자들은 관념과 그 관념이 생겨나는 사회적 조건 사이의 관계를 연구했고 관념의 설득력은 그 관념에 대한 사회적 지원에 달려 있음을 알게 되었다. "우리는 원래 다른 사람들로부터 세상에 대한 개념을 얻으며 또 이 같은 개념은 대부분 다른 사람들이 그 개념을 계속해서 확언하기 때문에 지속적인 설득력을 갖는다."[6]

지식 사회학은 세상보다는 예수님과 일치되기를 갈망하는 사람들에게 그리스도인 공동체가 중요함을 강조한다. 뉴욕 시에 이주한 '암만파'(암만이라는 사람이 창시한 '메노파'의 한 분파로 미국 펜실베니아 주에 이주하여 문명을 등지고 검소한 삶을 살고 있다—역주) 청소년은 곧 이전에 가졌던 가치관에 대해 의문을 가질 것이다. 이 같은 변화의 사회학적 이유는 이전에 그 청소년의 생각과 가치관을 지지했던 '중요한 타인'이 더 이상 존재하지 않기 때문이다.

사람들이 나름의 현실관을 발전시키고 유지하는 사회적 상호작용의 복잡한 조직은 '개연성 구조'(plausibility structure)라고 불린다. 이 '개연성 구조'는 구체적 실천, 일정한 의식, 특정한 관념의 타당성을 지원하기 위한 정당화와 더불어 '중요한 타인'과의 지속적인 대화로 구성되어 있다. 이러한 것들이 계속되는 한, 사람들은 해당 신념을 참되거나 그럴듯한 것으로 받아들이는 경향이 있다. 그러나 신념을 지원하는 구조들이 사라지면 의심과 불확실성이 생긴다.

그러므로 사회의 다수 견해와 뚜렷이 다른, 일련의 신념을 신봉하는 사람들의 소모임이 어려움을 겪는 것이다(사회학자들은 그러한 사람들을 소수의 선각자들이라고 부른다). 소수의 선각자들은 자신들이 신봉하는 기본 생각에 도전하는 사람들을 계속해서 만나기 때문에, 자신들의 독특한 신념을 유지하는 데 어려움을 겪는다. 저명한 사회학자 피터 버거(Peter Berger)에 따르면 이들은 강력한 공동체 구조를 가질 때에만 널리 호응을 받지 못하는 그들의 생각을 유지할 수 있다.

신학자가 사막의 성자와 같은 내적 용기를 갖고 있지 않다면, 이 같은 압력에 직면하여 인식이 붕괴되는 위험을 물리칠 효과적인 치료책은 단 하나뿐이다. 그는 같은 마음을 가진 소수의 동료들과 함께 몰려다녀야 한다. 그것도 정말 밀접하게 붙어 다녀야 한다. 결속력이 상당히 강한 대항 공동체 안에서만 주변 세상과 다른 인식을 유지할 수 있다. 요컨대 대항 공동체는 '다수의 세상 사람들이 옳은 것이 아닌가'라는, 살며시 다가오는 의심을 계속해서 바로잡아 준다. 사회적 상식을 벗어난 일련의 '지식'에 대해 사회적 후원을 제공하는 기능을 제대로 수행하기 위하여, 대항 공동체는 회원들에게 강한 연대 의식을 불어넣어야 한다.[7]

버거의 분석은 가난한 자들 및 소유물에 대한 성경의 가르침을 따라야 하는 현대 그리스도인들과 직접 관련이 있다. 버거는 현대 세속주의를 지배하는 '과학적' 사고에 도전하고, 초자연적인 존재에 대한 성경적 믿음을 유지하는 정통 그리스도인들의 문제를 분석했다. 그러나 그의 분석은 다른 표준을 따르는 세상에서 하나님 나라의 윤리를 따라 사는 문제와도 분명히 관계가 있다. 교회 안팎의 현대인들은 대부분 우리 사회의 소비지향적이고 유물론적인 문화의 가치관을 대부분 받아들인다. 반면 진정한 그리스도인들은 성경에 계시된 매우 독특한 규범을 따르고 있다. 오직 신실한 남은 자들만이 이와 같은 가치관을 고수한다는 사실에 놀랄 것은 없다. 그러나 진정한 그리스도인들은 호응받지 못하는 믿음을 가진 소수의 선각자들이라는 사실을 고려할 때 우리는 강한 그리스도인 공동체의 필요성을 절감해야 한다.

이것은 그리스도인들이 암만파 교도들을 본받아 외딴 농촌으로 물러나 조용히 살아야 한다는 말이 아니다. 우리는 세상에 도전하고, 증거하고, 바라건대 세상을 변화시키기 위해서 현대 사회의 한복판에 남아 있어야 한다. 그러나 우리가 세상에 있으나 세상에 속하지 않는 만큼, 성경의 규범을 버리고 현대의 가치관에 동화되라는 압력이 격렬할 것이다. 그러므로 새로운 형태의 그리스도인 공동체가 필요하다.

고대 가톨릭의 격언인 "교회 밖에는 구원이 없다"는 말은 중요한 사회학적 진리를 담고 있다. 분명히 적대적인 다수가 의견을 달리한다 할지라도, 개개의 그리스도인들이 성경적 믿음을 유지하는 것이 불가능하지는 않다. 그러나 교회가 죄악에 찬 세상에서 사랑으로 비롯된 도전의 공동체가 되려면, 교회는 그 친교의 질에 더 많은 주의를 기울여야 하고 새로운 유형의 그리스도인 공동체를 찾아야 한다.

새로운 유형의 그리스도인 공동체

그리스도인 공동체(Christian community)에 대한 단순한 언급에 있어서 어떤 사람들은 즉시 그리스도인 공동 생활체(Christian communes)를 생각한다. 이는 유감스러운 일이다. 공동 생활체는 오늘날 진정한 기독교적 친교를 구현하는 많은 공동체 가운데 하나일 뿐이다. 더 큰 회중 내에 있는 제자 모임이나 선교 그룹, 가정교회 그리고 작은 전통적 교회 모두가 교회에 대한 성경적 비전을 삶으로 구현할 수 있는 탁월한 여건을 제공한다.

하지만 나는 오늘날 압도적으로 많은 서양 교회들이 더 이상 성경적 '코이노니아'를 제대로 이해하거나 경험하지 못하고 있다고 확신한다. 앞에서 언급한 대로 기독교 공동체의 핵심은 그리스도의 몸에 속한 형제자매들에 대해 광범위한 책임과 의무를 지는 것에 있다. 그것은 어느 때나 우리의 시간, 돈 그리고 자기 자신까지 서로에게 줄 수 있음을 의미한다.

그와 같은 종류의 친교는 100명 또는 그 이상의 사람으로 이루어진 모임에서는 거의 일어나지 않는다. 그와 같은 종류의 친교가 일어나려면 초대 기독교 가정 교회처럼 규모가 작은 신자들의 공동체가 필요하다. 로마 제국을 정복한 운동은 수많은 작은 가정 교회들의 연계망이었다. 사도 바울은 자주 "…의 집에서 모이는 교회"에 대해 말한다(롬 16:5, 23; 고전 16:19; 골 4:15; 몬 2; 또한 행 2:46; 12:12; 20:7-12을 보라). 초대교회의 구조는 밀접한 상호 교류와 친교를 촉진했다.[8] 교회가 성소를 짓기 시작한 것은 3세기 후반이었다.

하나님이 진정한 기독교적 친교라는 선물을 주실 때, 깊고 즐거운 나눔이 주일 아침에 전형적으로 주고받는 예의바르나 알맹이 없는 대화를 대체한다. 형제와 자매들은 정말로 자신들에게 중요한 문제에 대해 토론하기 시작한다. 그들은 내적 두려움, 특별히 유혹받는 영역, 가장 깊은 기쁨을 드러낸다. 그리고 마태복음 18:15-17과 갈라디아서 6:1-3에 따라 서로 도전하고 양육하기 시작한다.

그와 같은 상황에서(그리고 아마도 오직 그와 같은 상황에서만) 오늘날 교회는 기아와 부의 시대를 살아가는 부유한 그리스도인들이 영위해야 할 신실하고 관대한 생활 양식을 개발해 나갈 수 있다. 작은 가정 교회에서 형제와 자매들은 서로의 풍요한 생활 양식에 도전할 수 있다. 그들은 서로의 재정과 연간 예산에 대해 토론할 수 있다. 더 큰 지출(주택, 자동차 및 장기 휴가와 같은)이 개인과 전 세계의 가난한 자들의 필요라는 관점에서 정직하게 평가될 수 있다. 그들은 검소한 생활을 위한 지침을 나눌 수 있다. 가난한 자들을 해방시키는 투표 양식에 대해 토론하고, 생태학적으로 책임을 다할 수 있는 직업을 가지며, 빈곤한 자들 가운데 자립심을 키우는 자선 헌금을 장려할 수 있다. 그리스도 안에서 서로 형제와 자매가 되기로 서약한 사람들이 이러한 문제를 비롯하여 다른 많은 문제들을 붙잡고 공개적으로 그리고 정직하게 씨름할 수 있다.

가정 교회로 이루어진 회중

내 의견으로는 수많은 가정 교회로 이루어진 회중이야말로 오늘날의 전형적인 회중이 고려할 수 있는 실현 가능한 대안이다. 여기 두 가지 예가 있다.

코이노니아 공동체[9]

삼십 년 전에 '코이노니아 공동체'는 수백 명의 사람들이 모여드는 성장 가운데 있는 전형적인 오순절 교회였다. 그 교회는 젊고 역동적인 목사와 꽉 찬 모임 일정과 완전한 교회 위원회 목록을 가지고 있었다. 하지만 담임 목사의 말에 따르면 참된 그리스도인의 친교는 거의 없었다.

1970년에 그 교회는 과감하게 변화를 꾀하기로 결정했다. 그 교회는 주일 아침 예배를 제외한 기존의 모든 활동을 없애 버렸다. 매주 열두 명에서 스무 명 정도씩 성경 공부와 기도와 예배와 제자훈련을 목적으로 모이는 '가정 모임'에 모든 사람이 참석하도록 강력히 권면했다.

2년 동안 그들은 엄청난 실수를 한 것은 아닌지 의심했다. "강단에서 응접실 의자로 자리를 옮겨 사람들과 얼굴을 맞대고 보는 것은 두려운 일이었다"고 목사 중의 한 명이 내게 말했다. 그러나 가정 모임의 지도자들이, 대부분의 사람들이 서로의 필요를 채우는 방법을 알지 못했음을 깨닫자 상황은 극적으로 변화되었다. 지도자들은 이렇게 제안하기 시작했다. "두 분은 제인 브라운의 집에 가서 저녁을 준비해 주시겠습니까? 제인이 아프답니다." "세 분은 토요일에 제리의 아파트에 가서 페인트 칠을 해주시겠습니까?"

하나됨과 돌보는 일이 개발되기 시작됐다. 이와 같은 주중 모임들이 영적 활동의 중심이 되었다. 상담, 제자 훈련 그리고 전도에 이르기까지 모든 것이 일차적으로 가정 모임에서 일어났다. 그 결과의 하나로 교회가 급속히 성장했다. 가정 모임이 25명에 이르면 그 모임은 곧 두 개의 가정 모임으로 나누어졌다. 1970년대 중반까지 1,300-1,400명에 달하는 사람들이 주일 예배에 참석했다. 50개의 가정 모임과 4부의 주일 예배가 있었다.

새로운 교구들이 여러 개 생겨났다. 한 교구는 여전히 도심지에 있는 교회 본당에서 주일 아침에 모였다. 또 다른 교구는 다른 교회에서 장소를 빌려 주일 오후에 예배를 드렸다. 그 결과, 그들은 돈이 많이 드는 교회당 건축 계획을 벌이지 않고 재정을 더 중요한 일에 사용할 수 있었다.

진정한 그리스도인 공동체는 이같이 극적으로 교회 구조를 새롭게 조직하면서 나타났다. 모든 가정 모임이 각 사람의 개인적 고충을 알고 처리해 주기 때문에 모든 교인들이 개인적·목회적 돌봄을 받을 수 있다고 지도자들은 자신 있게 말했다.

재정적 나눔은 본래 계획했던 것이 아니었다. 그러나 진정한 재정적 나눔이 일어나기 시작했다. 가정 모임의 회원들은 간이 이동 주택을 구입한 두 가정에게 무이자로 대여금을 빌려 주기 위해 자신들의 저축과 주식을 처분했다. 교인들이 또 다른 가정의 주택 구입을 위해 무이자 저당 서류에 서명하러 몰려가자, 이 흔치않은 합심은 명의 변경을 위해 그 자리에 있던 세상 사람들을 몹시 당황하게 만들었다! 한 가정 모임의 교인이 작은 규모의 재정 지원을 필요로 하면 다른 회원들이 도와주었다. 회중 기금은 더 큰 필요를 채우는 데 사용된다. 식품 협동조합과 중고 의류 및 가구점은 비싸지 않은 가격으로 기본 필수품을 공급해 준다. 결과적으로 회중이 드린 전체 헌금 가운데 상당한 액수가 교회 내에서 경제적 나눔을 위해 사용되었다.

코이노니아 공동체는 또한 가난한 자들에 대한 깊은 관심을 발전시키기 시작했다. 교회 지도자들은 사회 정의에 대해 설교했다. 이 교회는 동남 아시아 출신의 피난민들과 주된 사업에서 일을 같이 하고 매년 세계 빈곤을 경감시키기 위하여 수천 달러를 헌금하기 시작했다.

또한 여러 인종이 섞여 있는 150명의 회중이 생겨났다. 이 교회는 남미계 사람들이 사는 가장 가난한 지역에서 전도 행사를 시작했다. 마약 중독자 재활, 직업 상담, 비상시 음식 조달 및 매 맞는 여성에 대한 사역은 모두 이 교회가 실시하는 총체적 사역의 일부분이다. 그 후에 어떤 교인들은 이 가난한 지역으로 이사해서 전도와 제자 훈련을 계속했다. 드디어 그들은 큰 종합 건강 센터를 개발하여 가장 가난한 빈민가의 이웃을 보살피고 있다.

코이노니아 공동체는 전통적인 회중이 수많은 가정 교회로 변화될 수 있음을 보여 주었다. 그리고 그 결과 교회가 제자도와 공동체와 양적인 면에서 성장했다.

세이비어 교회

제2차 세계대전 말에 워싱턴 시에 있는 세이비어 교회(Church of the Savior)는 소그룹 유형을 계발했다.[10] 모든 교인들이 교회의 많은 선교 모임 가운데 하나에 반드시 소속되어 활동해야 했다. 교인이 되려고 하는 사람은 약 2년에 걸쳐 다섯 개 강좌를 이수했다. 매년 교인 언약을 갱신할 때마다 모든 교인들이 다음과 같은 네 가지 훈련을 하기로 다짐했다. 그것은 개인 기도, 매일 성경 공부, 주일 예배 그리고 총 순수입의 십일조로부터 시작된 균형잡힌 헌금이다.

5명에서 12명으로 구성된 선교 모임들은 이 교회의 핵심이었다. 선교 모임은 단순한 기도 모임, 성경 공부 모임, 집단 감수성 훈련 모임 또는 사회 활동 위원회와는 달랐다(선교 그룹에 이 모든 것이 다 포함되긴 했지만). 교회의 설립자이자 오랫동안 목사직을 맡아 온 고든 코스비(Gordon Cosby)는 교인들이 바로 이 선교 모임에서 그리스도의 몸의 실체를 경험한다고 주장한다. "선교 모임은 교회의 다양한 특성을 구현한다. 선교 모임은 총체적인 목적을 갖는다. 선교 모임은 내부 지향적이며 외부 지향적이다. 선교 모임은 우리가 삶 전체에 대해 그리스도와 서로에게 책임질 것을 요구한다. 선교 모임은 우리가 서로 무한히 책임을 질 것을 전제로 한다."[11]

말로 하는 보고나 글로 쓴 보고서를 통해 선교 모임의 각 회원은 주마다 서약한 훈련을 실시하면서 겪은 실패나 성공에 대해, 새로 깨달은 성경 말씀에 대해 그리고 그 주에 직면한 문제나 기쁨에 대해 보고했다.

교인으로서 헌신하는 데 경제적인 측면이 중요한 위치를 차지했다. 교인 언약서에는 다음과 같은 대목이 있다. "나는 하나님이 나의 삶과 자원의 전적인 소유주이심을 믿으며 삶의 물질적 측면에서 하나님께 왕좌를 내드린다. 하나님이 소유주이시다. 나는 빚진 자다. 하나님이 아낌없이 주시는 분이기 때문에 나도 정기적으로 나누어 줄 때 아낌없이 즐거운 마음으로 그렇게 할 것이다."[12]

세이비어 교회는 개인 재정을 사용함에 있어 서로에 대해 책임을 지기로 약속했다. 어떤 선교 모임은 각자의 가족 예산과 재정을 토론하는 기초로서 납세용 소득 신고서를 나누었다. 더 검소한 생활 양식에 대한 관심이, 함께하는 삶의 일부분이 되었다.

많은 선교 모임의 목표는 가난한 자들에게 힘을 주는 것이다. '희년 주택'(Jubilee Housing)이라 불리는 한 모임은 워싱턴 시 도심의 낡은 주택을 수리했다. 그들은 다른 선교 모임들['희년 직업'(Jubilee Jobs), '콜롬비아 의료 봉사'(Columbia Road Health Service), '가정 처소'(Family Place)]과 함께 도시 빈민가의 수많은 사람들에게 진정한 변화에 대한 희망을 불러일으키고 있다. '어린이 사랑회'(For Love of Children)는 법정 판결, 법률 제정 그리고 지역 및 연방 정부 활동 감시를 통해 무관심 속에 방치된 어린이들의 권리를 위해 싸우고 있다. 이 교회에 속한 여러 선교 모임은 국제 정의와 평화를 증진하는 일에 힘쓰고 있다. '세이비어 교회 세계의 선한 이웃'(The Church of the Savior International Good Neighbors)은 수백 명의 미국인들이 태국의 피난민 수용소에서 봉사할 수 있도록 주선했다. 그들은 또한 중미에서 발생한 폭력 때문에 주변 국가들과 미국으로 몰리고 있는 중미 피난민들을 대상으로 직접 구호 활동을 했다. 동시에 몇몇 선교 모임은 중미의 피난민 문제를 악화하고 있는 미국 외교 정책을 변화하기 위해 일하고 있다.

그런데 규모가 커지면서 진정한 공동체가 위협을 받았고, 1995년에 교회는 9개의 신앙 공동체로 나뉘었다. 각각의 공동체는 법적으로나 형식적으로는 분리되어 다른 이름을 가졌지만 비공식적으로는 모두 연결되어 있다. 각 공동체에는 대략 130명의 회원과 40-50명의 예비 회원들이 있다. 미래에는 교회 단체나 신앙 공동체를 위한 자문 위원회로서의 세이비어 교회는 더 이상 존재하지 않을 것이다. 대신 고든 코스비에 의해 시작되어 지난 40년에 걸쳐 세이비어 교회 내에서 훌륭히 실행된 원칙들은 분리된 신앙 공동체의 생활 속에서 계속 살아 있을 것이다. 코이노니아 공동체처럼, 교회는 기독교 공동체를 희석시키는 위험보다는 작은 회중으로 다시 나뉘는 것을 선택했다.

오늘날 수천 개의 교회에 소모임이 있다(집단 감수성 훈련 모임, 격주 친교 모임, 기도 모임 그리고 다양한 활동 모임). 이러한 소모임들은 모두 공동체성을 증진시키기 위한 것이다. 이러한 소모임들은 코이노니아 공동체의 가정 모임이나 세이비어 교회의 선교 모임과 같은 기능을 수행하는가? 거의 그렇지 못하다.

오늘날 교회에서 번성하는 수많은 소모임들이 유용하고 가치 있는 것임에도 그 모임의 구성원들은 생활의 깊숙한 면까지 나누지 못한다. 그들은 삶의 한두 영역에서 깊이 나누는 데는 동의할지도 모르지만, 다른 형제자매들이 삶의 전 영역에서 그리스도인으로서 성숙하는 일에 서로 책임을 지지는 않는다. 그들은 그리스도 안에서 형제자매가 된다는 것이 서로에게 강도 높고 광범위한 경제적 책임을 지거나 또는 다른 지체들의 경제적 생활 양식에 대한 책임을 지는 것을 의미한다는 사실을 생각조차 못한다. 중요한 문제는 구성원들이 서로 간에 숨길 것이 없을 정도로 친밀해서 서로에 대해 광범위한 책임과 의무를 지는 형제와 자매가 되기로 헌신하는가 하는 것이다.

거의 모든 사람들은 대부분의 소모임들이 6개월에서 2년 안에 해산될 것이라고 예상한다. 그 후에는 전과 같은 삶이 계속될 것이다. 이렇듯 단기적으로 '유한 책임을 지는' 소모임들은 하나의 목적을 수행할 뿐이다. 그러나 사람들은 오늘날 교회다운 교회를 절실히 필요로 하고 있다. 서로에 대한 책임을 받아들이고, 서로 도울 수 있고, 서로에게 의무를 행하는 신자들의 모임으로서의 교회 말이다.

개별적인 가정 교회

참된 그리스도인 공동체가 생길 수 있는 또 다른 구조는 실제적으로 아무런 비용도 들지 않는 개별적인 가정 교회다. 다른 방법으로 진정한 그리스도인 공동체를 찾기가 불가능한 경우, 소수의 그리스도인들은 자신의 집에서 모임을 가져야 한다(그러나 그들은 즉시 다른 그리스도인 지체들과 관계를 맺어야 한다. 외로운 방랑자가 되는 것은 교회를 향한 하나님의 뜻과 맞지 않는다).

이상적인 가정 교회를 시작하려면 여러 가정 또는 독신자들이 서로 한두 블록 내에 있는 집을 구입하면 된다. 많은 도심지에서, 특히 인구 변동이 심한 인근 지역에서 비싸지 않은 집이 자주 매물로 나온다. 거리를 사이에 두고 마주보는 집에 살거나 한 블록 떨어져 살면 차와 세탁기와 건조기와 냉장고와 잔디깎는 기계(또는 정원을 돌보는 장비) 같은 물건을 공동으로 사용하기에 편리하다. 또 가까이 살면 서로 정직하게 분별 있는 생활 양식을 찾아 나가도록 돕는 열린 관계가 형성됨으로써 그리스도인 공동체를 결성하기도 쉽다.

하워드 스나이더(Howard Snyder)는 교회 구조에 대한 책에서 교단들이 (특히 도시에서) 교회 개척을 하면서 가정 교회 모델을 채택할 것을 제안한다. 가정 교회 구조는 융통성이 있으며, 이동하기 쉽고, 포괄적이며, 인격적이다. 가정 교회 구조는 분리해서 자라날 수 있으며, 효과적인 전도의 수단이고, 전문적인 지도력을 거의 필요로 하지 않는다.[13]

공동 소유

일리노이 주 에반스톤에 자리하고 있는 '레바 플레이스 공동체'는 1957년에 세 사람으로 시작했다.[14] 1996년에 공동 기금을 사용하며 함께 사는 사람들은 약 100명이었다. 이들 가운데 몇몇은 큰 집에서 함께 살고 대부분은 독립된 아파트에서 생활한다. 그들은 인접한 두 지역에 모여 산다.

공동 기금을 사용하는 100명 외에 또 다른 400명이 '레바 플레이스 공동체'에 속해 있다. 이 사람들은 개인 예산은 따로 갖고 있지만, 우리가 돈을 어떻게 다룰 것인가 그리고 서로 얼마나 사랑해야 하는가에 대한 예수님의 놀라운 가르침을 신실하게 받아들이라는 부르심을 함께 나누고 있다. 공유에 대한 강조는 공동체 전체에 배어 있다.

공동 기금을 사용하는 사람들은 자신들의 소득을 중앙 기금으로 내놓는다. 중앙 기금으로 주택비, 공익 시설 사용비 및 교통비, 의료비, 교육비 같은 큰 비용들을 직접 지불한다. 매달 모든 가정과 독신자들이 음식과 의복과 잡비에 쓸 용돈을 받는다. 이 비용은 가족 크기를 기초로 하여 특별한 필요에 따라 조절한 것이다. 그것은 개인이 공동 기금을 얼마나 냈는지와는 아무 상관이 없다. 자동차, 잔디깎는 기계 그리고 세탁기 같은 장비를 공유하게 되면 효과적이고도 효율적으로 절약할 수 있다.

공동체에서는 법으로 지정된 것 외에는 대부분의 보험에 들지 않는다. 그리고 일반적으로 그들은 남은 기금을 모아 두기보다는 베푸는 쪽을 선택한다. 검소하게 살면서 앞으로 생길 필요에 대해 하나님을 신뢰함으로써 주변 지역 사회와 전 세계에 있는 이들의 필요를 채우기 위해 쓸 돈을 놀랄 만큼 많이 모을 수 있었다.

모든 사람에게 그런 것은 아니지만, '레바 플레이스 공동체' 및 다른 그리스도인 공동체들은 다른 형제와 자매들이 서로에게 헌신하고 서로에게 책임을 지는 일이 현실로 나타날 수 있는 환경을 제공한다.[15] 공동 생활체는 갈수록 물질만능주의적으로 되어 가는 사회 속에서 성경적으로 살아가는 한 방법이다.

지난 몇 십 년 동안 많은 사람들이 공동 생활을 시도했고, 많은 경우 명확히 기독교적이었다. 그러나 대부분의 시도가 성공하지 못했다는 사실은 이것이 따르기에 쉽지 않은 삶의 방식임을 보여 준다. 공동 생활은 신실한 제자에게 반드시 요구되는 사항은 아니지만, 오늘날의 개인주의적이고 물질만능주의적인 사회에 만족하지 못하는 그리스도인들을 위한 대안적 삶의 방식을 대표한다.

기아의 시대에 크리스털 예배당?

1976년 초, 캔자스 주 위치타 교외에 있는 이스트민스터 장로교회는 야심찬 교회 건축 사업을 벌이고 있었다. 그 교회의 건축가는 52만 5천 달러 규모의 교회 건축 계획을 마련했다. 그런데 그 해 2월 4일 과테말라에 강력한 지진이 발생해서 수천 채의 집과 건물이 파괴되었다. 많은 복음주의 교회들이 교회당을 잃었다.

과테말라의 비극이 발생한 직후 이스트민스터 교회 당회가 모였을 때 한 평신도가 다음과 같은 간단한 의문을 제기했다. "과테말라에 있는 형제자매들이 작은 폭스바겐을 잃어버렸는데 우리 교회가 어떻게 캐딜락을 살 계획을 세울 수 있겠습니까?"

장로들은 용감하게도 계획을 대폭 수정했다. 장로들은 교회 건축 예산을 3분의 2 가량 줄여서 18만 달러 규모의 건축 계획을 세웠다. 그리고 나서 장로들은 교회 목사와 장로 두 명을 과테말라에 보내 그 곳 사람들을 도울 방법이 무엇인지 알아보기로 했다. 세 사람이 돌아와서 엄청난 피해를 보고하자 교회는 한 지역 은행에서 12만 달러를 빌려 26개의 과테말라 교회와 28개의 사택을 다시 지었다.

나는 이스트민스터 장로 교회의 목사인 프랭크 커크(Frank Kirk) 박사와 이야기를 나눈 적이 있다. 그는 중미에 있는 교회와 긴밀히 접촉한 후에 그 곳의 복음주의 신학교에 4만 달러를 헌금하기로 서약했다고 말했다. 이 흔치 않은 결정 이후로 몇 년 동안 엄청난 성장이 일어났다. 영적으로 활기가 넘치고 선교에 대한 관심이 고조되었으며, 출석률과 예산까지 늘어났다. 커크 박사는 건축 예산을 삭감해 과테말라의 가난한 형제자매들에게 주기로 한 것이 '과테말라 교회보다 이스트민스터 장로 교회에 훨씬 더 많은 유익을 가져왔다'고 믿는다.

이스트민스터 장로 교회 회중은 올바른 의문을 제기했다. 그들은 전 세계에 있는 그리스도의 몸의 특별한 필요와 세상 속에서의 교회 선교라는 점에서, 그들의 건축 계획이 역사의 이 순간에 정당한 것인지 물었다. 고딕 양식(또는 유리로 된) 예배당이 적합한지를 물어선 안 된다. 그런 예배당은 물론 적합하다. 10억 이상의 사람들이 아직 예수 그리스도에 대해 들어 보지도 못했으며 또 10억의 사람들이 굶주리거나 영양 실조에 걸려 있는데도 교회 건축에 수백만 달러를 사용하는 것이 신도들에 대한 하나님의 부르심인가 하는 것이 올바른 질문이다.

3-5계획

회중이 헌금을 늘리고자 한다면 어떻게 시작해야 할까? 교파별 기구와 기독교 구호 및 개발 단체 등을 비롯한 많은 모임이 유용한 자료를 제공해 줄 것이다.

간단한 방법으로 3-5계획이 있다.[16] 성경의 가르침과 세계의 가난을 주의 깊게 연구한 다음 회중은 3년간 매년 5퍼센트씩 헌금과 자원 봉사 시간을 늘려 가난한 이들을 돕기로 결정할 수 있다. 그들은 또한 다른 교회 구성원들에게도 똑같이 하도록 촉구할 수 있다. 처음 3년 계획을 마무리한 다음에는 정치 지도자들에게 편지를 써서 정부가 가난한 이들을 위한 효과적인 프로그램을 3년간 매년 5퍼센트씩 늘리도록 요청할 수 있다. 정부에 제출하는 청원서에 권위를 더하기 위해 지난 3년 동안 가난한 이들을 위한 교회의 헌신이 증가한 것을 보고하고 다음 3년 동안에도 똑같은 방식으로 헌금을 늘려 갈 것을 약속할 수 있다. 정치인들은 이런 요청에는 귀를 기울일 것이다.

성경과 일간 신문은 똑같이 우리에게 외친다. 기아와 가난의 시대에 신실하고 관대한 사람은 검소한 생활을 하고 불의한 경제 구조를 변화시켜야 한다. 그러나 그 같은 일을 풍요한 사회에서 실행하기란 쉽지 않다. 진정한 그리스도인 공동체에 속해서 활동하지 않는다면, 그리스도인들은 성경의 명령인 이 시대를 거스르는 급진적인 삶을 살 수 없다. 그러한 삶은 우리 시대에 꼭 필요한 것이다. 우리의 유일한 희망은 그리스도의 몸에 대한 신약의 비전으로 돌아가는 것이다. 그렇게만 된다면 교회의 주님은, 맘몬의 신전에서 예배를 드리는 강력하고 이교적인 현대 문명에 저항해 그것을 정복할 수 있는, 사랑에서 비롯된 도전의 공동체를 다시 창조하실 수 있다.

연구 문제

❶ 그리스도인 공동체란 무엇인가? 가난한 사람들을 돕는 데 그리스도인 공동체가 매우 중요한 이유는 무엇인가?

❷ 그리스도인 공동체를 친밀하게 만드는 특별한 구조가 있는가? 어떤 구조가 가장 성경적인가? 또한 어떤 구조가 가장 효과적인가?

❸ 당신이 속한 지역 교회는 그리스도인 공동체의 이상에 얼마나 가까운가? 하나님은 그와 같은 현실에 대해 당신이 어떻게 하도록 이끌고 계시는가?

11 ● 공평한 세상을 만들기 위하여

> 오직 정의를 물같이, 공의를 마르지 않는
> 강같이 흐르게 할지어다(암 5:24).

독실한 그리스도인들이 산기슭의 작은 마을에 모여 살았다. U자형의 급커브가 군데군데 있으며 난간도 없는 가파른 벼랑으로 이루어진 꼬불꼬불하고 미끄러운 길이 산 한쪽으로 굽이쳐 올라가서 다른 쪽으로 굽이쳐 내려와 있었다. 그 길에서 종종 대형 교통 사고가 발생했다. 그 마을에 있는 세 교회에 다니는 그리스도인들은 대책을 세우기로 결의했다. 그들은 자금을 모아 구급차를 한 대 샀다. 부상자들을 인근 도시의 병원으로 재빨리 싣고 가기 위해서였다. 매주 교회의 자원 봉사자들이 24시간 내내 구급차를 가동시키기 위해 신실하게, 심지어 희생적으로 그들의 시간을 바쳤다. 그들은 많은 사람의 생명을 구했다. 어떤 희생자들은 영원히 불구자가 되기도 했지만 말이다.

어느 날 한 방문객이 그 도시에 왔다. 그는 어리둥절해하며 왜 산 위로 올라가는 길을 폐쇄하고 그 대신 터널을 만들지 않느냐고 물었다. 구급차 자원 봉사자들은 깜짝 놀랐으나, 곧 이러한 방법이 기술적으로는 가능해도 현실적이거나 권장할 만한 것은 아니라고 지적했다. 결국 그 좁은 산길은 오랫동안 그대로 있었다. 게다가 그 도시의 시장은 그런 생각에 강력히 반대할 것이다(시장은 산 중턱에 있는 커다란 식당과 주유소를 소유하고 있었다).

그 방문객은 이 도시의 그리스도인들이, 시장의 경제적 이해 관계가 많은 사상자들보다 더 중요하다고 생각하는 것에 충격을 받았다. 그는 다소 주저하면서, 교회가 나서서 시장에게 말할 것을 제안했다. 시장은 그 도시에서 가장 오래 된 교회의 장로였던 것이다. 그래도 그 시장이 고집을 부리고 관심을 가지지 않는다면 다른 시장을 뽑아야 할지도 모른다는 것이 그의 의견이었다.

그러자 그 도시의 그리스도인들은 충격을 받았다. 분노로 목소리가 거세졌다. 그들은 강한 확신을 가지고 그 젊은 급진주의자에게 교회는 감히 정치에 관여해서는 안 된다고 말했다. 교회는 복음을 전파하고 목마른 자에게 한 잔의 냉수를 주는 일을 위해 부름받았다는 것이다. 정치 사회 구조를 변화시키는 것과 같은 세속적인 일에 손을 대는 것은 교회의 사명이 아니라는 말이었다.

그 방문객은 당혹해하면서 괴로운 마음으로 그 마을을 떠났다. 그가 마을을 벗어날 때, 한 가지 질문이 혼란한 마음속을 계속 맴돌았다. '구조 자체를 변화시키려 애쓰기보다 파괴적인 사회 구조로 인해 피투성이가 된 희생자를 실어나르는 구급차를 운행하는

일이 정말로 더 영적일까?'

구급차 운전사인가, 터널 건설자인가?

풍요와 가난의 시대에는 동정 어린 행동과 개인의 검소한 생활 양식이 필요하다. 그러나 구조적 변화를 시도하지 않는 동정심과 검소한 삶은 매우 부당한 자기 만족적 행동이거나 교만하게 개인적 순수함만을 추구하는 것에 불과하다.

내가 조금 적은 비용으로 산다고 해서 굶주린 어린아이에게 먹을 것이 공급되리라는 보장은 없다. 수많은 북미와 유럽 사람들이 쇠고기 소비량은 줄이면서 공공 정책을 변화시키기 위한 정치적인 행동을 취하지 않는다면, 그들의 행동이 반드시 개발도상국의 굶주림을 덜어 준다고 할 수는 없다. 분명 가난한 국가의 경제 개발을 촉진하는 민간 기관에 돈을 기부한다면, 굶주림이 줄어들기는 할 것이다. 그러나 지역 엘리트들과 국제 무역 양상이 가난한 이들이 새로이 발견한 희망을 짓밟고 파괴한다면, 검소한 생활 양식과 교회 활동은 거의 도움을 주지 못한다. 그러므로 공공 정책의 변화 역시 필수적이다. 공의가 넘쳐나는 물처럼 흐르려면 구조적 변화가 필요하다.

즉시 많은 질문이 제기된다. 구체적으로 어떤 구조적 변화가 성경의 원리 및 경제적 현실과 일치하는가? 진실로 성경의 원리는 세속 사회에도 적절한가? 결국 이스라엘은 신정 정치였다. 비그리스도인들에게 성경의 윤리를 따라 살 것을 기대할 수 있는가?

성경은 이 모든 질문에 직접 답하지는 않는다. 성경의 계시는 하나님과 그분의 신실한 백성이 언제나 억압받는 자들을 해방시키기 위해 일하고 있다고 말하긴 하지만, 새로운 경제에 대한 포괄적인 청사진을 제시하지는 않는다. 하지만 성경에서 사회 정의에 대한 몇 가지 중요한 원리들은 발견할 수 있다.

분명 정의로운 관계에 관한 성경의 진리는 먼저 교회에 적용되어야 한다. 교회는 하나님의 새로운 백성으로서, 공동체 생활 속에서 정의에 관한 성경의 원리를 구현하는 새로운 사회가 되어야 한다(갈 3:6-9; 6:16; 벧전 2:9-10). 실로 교회 자체가 변화된 사회 경제적 관계의 가시적인 모델이 될 때, 정부에 대한 모든 호소가 진실성을 지니게 될 것이다. 너무나 많은 기독교 사회 활동이 별 효과를 거두지 못하는 것은, 기독교 지도자들이 자기 교회 교인들에게 그대로 실천하라고 설득하지도 못하는 내용을 법률로 제정하도록 요구하기 때문이다.

하지만 성경의 원리는 교회뿐만 아니라 세속 사회에도 적절한 것이다. 물론 교회와 국가는 서로 다른 과업과 역할을 담당하고 있는 별개의 제도임을 기억해야 한다. 국가는 모든 기독교 윤리 조항을 법률로 제정할 수 없다. 하지만 정의에 대한 성경의 원리는 신자들에게만 적용되는 규칙이 아니다. 그러므로 주의 깊게 개발된 정치 철학이 반드시 필요하다.[1] 하지만 정의에 대한 성경의 원리는 신자들에게만 해당되는 임의적인 규칙이 아니다. 창조주 하나님은 무엇이 영속적인 평화와 사회적 조화 그리고 피조물의 행복을 가져올지 아셨기 때문에 사회 정의에 대한 기본 원리를 계시하신 것이다.

성경은 하나님이 원하시는 사회 질서가 어떤 것인지를 시사해

주는 소재로 가득하다. 그리고 교회는 완전한 정의와 평화가 구현된 최종적인 하나님 나라가 어떤 것인지 보여 주는 모델(분명 불완전한 것이긴 하지만)이 되어야 한다. 이처럼 교회가 도래하는 하나님 나라의 모델이 될 때 사회 내에서 강력한 누룩과 같은 영향력을 발휘한다(눅 13:20-21).

나아가서, 어떤 세속 사회가 사회 정의에 대한 성경의 기준을 더욱 신실하고 적절하게 적용할수록 그 사회는 더 많은 평화와 행복과 조화를 누릴 것이다. 분명 죄 있는 개인들과 사회는 대단히 불완전한 근사치 이상의 수준에는 결코 도달하지 못할 것이다. 하지만 사회 구조는 성도와 죄인 모두에게 강한 영향력을 행사한다. 그러므로 그리스도인들은 사회 체계를 공정하게 만들기 위해 정치적 영향력을 행사해야 한다.

성경 저자들이 하나님이 계시하신 기준을 하나님의 백성이 아닌 사람들과 사회에 대해서도 주저 없이 적용했다는 사실이 이 점을 지지해 준다. 아모스는 주변 국가들에게 그들의 악과 불의로 인해 하나님의 벌이 임할 것이라고 전했다(암 1-2장). 이사야는 앗수르의 교만과 불의를 공공연히 비난했다(사 10:12-19). 다니엘서는 느부갓네살 같은 이교도 왕이 억압받는 자들에게 긍휼을 베풀지 않았을 때, 하나님이 이스라엘 통치자들을 멸망시키신 것과 같은 방식으로 그들을 제거해 버리셨음을 보여 준다(단 4:27). 하나님은 소돔과 고모라를 이스라엘이나 유다와 마찬가지로 제거해 버리셨다. 그들이 가난한 자를 돕는 일과 굶주린 자를 먹이는 일에 소홀했기 때문이다(겔 16:49). 우주의 주님은 모든 나라에 똑같은 사회 정의의 기준을 적용하신다.

이 마지막 원리는 이 장에 나오는 쟁점과 직접적인 관련이 있다. 미국, 러시아, 캐나다, 오스트레일리아와 같은 몇몇 나라들은 국경 안에 천연 자원을 풍부하게 가지고 있다. 그렇다고 해서 이러한 자원을 자국민의 유익을 위해서만 마음대로 사용할 수 있는 절대적 권리를 지니고 있는가? 성경에 따르면 그렇지 않다. 성경을 믿는다면, 우리는 모든 사람이 정당한 삶을 살아갈 기회를 가질 권리가 선진국의 독점적인 자원 사용 권리보다 앞선다고 결론을 내려야 한다. 우리는 절대 소유주가 아니라 청지기일 뿐이다. 하나님이 우리의 절대 소유주이시며 그분은 이 땅의 자원을 서로 나누라고 강조하신다.

이 원리를 오늘날의 경제 구조에 적용하는 구체적 단계를 개략적으로 진술하기 전에 한 가지를 부인하고 한 가지를 명확히 해야겠다.

성경에 계시된 원리와 그것을 현대에 적용시키는 일 사이에는 큰 간격이 있다는 것을 항상 기억해야 한다. 성경 원리를 적용하는 적절한 방법에는 여러 가지가 있다. 성경의 규범을 오늘날의 사회 경제적 문제에 적용할 때, 창의성이 발휘될 수 있으며 성경을 믿는 그리스도인들끼리도 의견이 다를 수 있다. 성경 윤리를 현대 사회에 적용하는 내 의견에 반대한다고 해서 성경 원리들을 거부하는 것은 결코 아니다. 물론 모든 적용이 똑같이 적절하지는 않다. 하지만 우리는 다른 사람들의 견해를 겸손과 관용으로 받아 주어야만 한다.[2] 우리는 서로 성경의 계시에 충실하지 못한 부분과 사회 분석 면에서 한쪽으로 치우친 것을 깨닫도록 도울 수 있으며, 도와야만 한다. 우리는 성경의 규범과 충실한 사회 연구를 통합해야 한다.

또 한 가지를 명확히 해야겠다. 그리스도인들이 경제 구조의 불의한 측면을 변화시키기 위해 정치적으로 일해야 한다는 주장이 곧 중앙 집권적이고 통제적인 사회를 강요하는 폭력 혁명에 대한 요구는 아니다. 예수님이 사용하신 방법은 원수들에게까지도 비폭력적인 사랑을 베푸는 길이라고 믿는다. 그러므로 나는 과격한 폭력 사용을 거부한다.[3] 물론 민주주의 사회 내에서 정치적 영향력을 행사하는 것에는 과격하지 않은 압력(혹은 힘)을 사용하는 것이 포함된다. 음주 운전이나 과속 운전에 대한 처벌 규정을 법으로 제정하는 것은 적절하면서도 과격하지 않은 '힘'을 사용하는 것이다. 가난한 나라에 대한 국가의 외교 정책을 변경하거나, 무역 거래를 더 공정하게 하거나, 다국적 기업의 불공정 행위를 제한하거나, 외국에 대한 경제 원조를 늘리는 법률을 통과시킬 때에도 마찬가지다. 물론 민주주의 사회에서는 다수가 동의할 때에만 그런 변화가 일어날 수 있다.

불의한 경제 구조를 바로잡으려 애쓸 때, 계속해서 권력 분산적이며 민주적인 의사 결정과 통제가 이루어지도록 촉진하는 일이 중요하다. 마르크스주의적 전체주의와 다국적 기업은 모두 소수 개인에게 권력을 집중시킨다. 마르크스주의적 전체주의는 그 정도가 심하고 다국적 기업은 좀 덜하지만 위험하기는 마찬가지다. 강력한 엘리트들은 종종 다수의 유익이 아닌 자신의 이익을 위해 결정을 내린다. 성경을 믿는 그리스도인들은 하나님은 모든 자를 위한 정의의 편이시므로 가난한 자와 억눌린 자들에게 특별한 관심을 가지신다는 성경의 기본적 확신에 기초하여, 경제력의 분산과 좀더 정의로운 경제 수립을 위해 일해야 한다.

변화는 가능하다. 30년 전 이 책이 출간된 이래 어떤 일들이 일어났는지 생각해 보라. 공산주의가 무너졌고, 인종 차별 정책이 붕괴되었다. 여러 나라에서 독재 권력 대신 민주적으로 선출된 정부가 들어섰다. 만성적인 영양 실조에 걸려 고생하는 사람의 비율도 더 낮아졌다.

사회도 변화될 수 있다. 우리는 불의한 구조를 바로잡을 수 있다. 오늘날 우리가 가하는 도전은 가난한 이들을 돕는 실제적이고도 구체적인 다음 단계로 이어질 것이다.

이번 장에서는 경제 구조를 더 정당하게 만들 수 있는 방법 곧 오늘날 시장 경제 구조에서 교정해야 할 바를 알아볼 것이다. 바로 국제 무역의 변화, 극빈국 부채 삭감, 지구 환경 회복, 대외 경제 원조 개선 등이다.

누가 도움을 받을 것인가?

어쨌든 이러한 문제를 점검하기에 앞서 복잡한 문제에 직면해야만 한다. 오늘날 많은 가난한 나라의 심각한 권력 불균형에 비추어 볼 때, 대외 원조가 증가하거나 부유한 국가로의 수출이 늘어나거나 경제가 성장한다면 누가 유익을 얻을 것인가?

경제 성장이 자동적으로 가난한 이들을 도울 수 있을까? 세계의 기아를 구조적으로 해결할 수 있는 가장 확실한 방법은 가난한 나라들의 경제를 급속히 발전시키는 것이다. 그렇게 되면 이 나라들은 자신들이 소비할 모든 식량과 기본 생필품을 생산하거나 세계 시장에서 구매할 수 있을 것이다.

50년대와 60년대 전체에 걸쳐 그리고 70년대에 이르기까지 이것이 가난한 나라의 상황에 관심을 가진 사람들의 주된 초점이었다. 많은 경제학자들이 주창하고 많은 제3세계 정부들이 실행한 것은 경제 성장(이 말이 그 당시에는 경제 개발과 동의어로 생각되었다)을 일으키도록 고안된 경제 프로그램이었다. 한 나라의 GNP가 성장함에 따라, 사람들은 앞으로 생겨날 유익이 궁극적으로 가난한 대중에게 '흘러내려 가서'(trickle down) 사회 전체가 유익을 얻게 될 것이라고 기대했다. 따라서 가난한 자들은 경제가 성장함에 따라 직업을 얻게 될 것이며 가난은 사라질 것이었다.

하지만 오랜 세월이 지남에 따라, GNP가 증가해도 가난한 자들의 상황이 자동적으로 개선되지는 않는다는 사실이 명백해졌다.[4] 오늘날에 와서는, 지난 몇 십 년간의 경험에 비추어 볼 때 개발에 대한 이러한 트리클 다운 접근법은 중상류층에는 유익을 끼치지만 가난한 자들을 돕는 데는 효과가 매우 미미하다는 것이 널리 인식되고 있다.[5] 세계 은행의 경제학자인 마부브 울 하크는 점차 일치되고 있는 의견을 다음과 같이 대변한다. "GNP의 성장은 위에서 아래로 흘러내려 오지 않는다. 따라서 대중의 빈곤을 직접 처리하는 것이 필요하다."[6]

부유한 국가들은 대외 원조를 더 많이 해야 하고 가난한 나라들에 대한 무역 장벽을 줄여야 한다. 그러나 그것이 반드시 개발도상국의 가장 가난한 자들에게 도움이 되지는 않는다. 7장에서 보았듯이 오늘날 세계의 모든 빈곤에 대해 북미인들과 유럽인들만 비난할 수는 없다. 죄는 유럽계 백인들만 저지르는 것이 아니다. 많은 개발도상국들은 부유한 엘리트들이 통치하는데, 그들 다수는 자기 나라의 고통받는 일반 대중에 대해 관심이 없다. 그들은 대개 제일 좋은 땅을 대부분 소유하고 있으며, 그 땅에다 선진국에서 사치품을 들여오는 데 필요한 외화를 벌기 위해 수출할 목적으로 환금 작물을 재배한다. 한편 전체 국민의 30-70퍼센트에 이르는 빈곤층은 지독한 가난에 시달리고 있다. 더 많은 대외 원조와 늘어난 수출은 부유한 엘리트들이 억압적인 체제를 강화하는 데 도움을 줄 수도 있다.[7]

이는 북미와 유럽 사람들이 이 문제 전체에서 손을 떼도 된다는 의미인가? 전혀 그렇지 않다. 지난 수십 년간 많은 경우에, 부유한 엘리트들은 부분적으로는 미국과 다른 산업 국가들로부터 엄청난 군사 원조와 외교적 지원을 받았기 때문에 계속해서 정권을 잡을 수 있었다.[8] 실제로 미국에서 훈련을 받은 군무관과 경찰들이 라틴 아메리카의 많은 나라에서 사회 정의를 위해 일하는 수많은 사람들을 고문했다.[9] 1996년에 미 국방성은 6만 명의 라틴 아메리카 경찰과 군무관을 훈련시켰던 아메리카스 미 군사 학교에서 몇 년 동안 사용되었던 입문서를 마침내 공개하였다. 이 입문서는 '고문, 사형 집행, 협박, 친척 검거와 같은 심문 기술을 권하고' 있었다.[10] 서구에 기반을 둔 다국적 기업들은 억압적인 정부와 긴밀한 관계를 가지고 일했다. 브라질, 칠레, 엘살바도르, 필리핀 등지의 역사를 보면 미국은 이런 나라의 체제들이 미국의 투자와 외교 정책 목적에 우호적인 한, 정권에 반대하는 사람들을 고문하는 독재 정권을 지원했으며 가장 가난한 2분의 1에 해당하는 국민들을 위해서는 거의 아무것도 하지 않았음을 알 수 있다.[11]

외교 정책의 변화

어떤 일을 할 수 있을까? 산업화된 국가의 국민들은 외교 정책의 대전환을 요구할 수 있다. 우리는 우리 나라가 분명하게 가난한 자를 위한 정의에 초점을 맞추어야 한다고 주장할 수 있다.

모든 사람이 평등하게 창조되었다는 것을 참으로 믿는다면, 우리 나라의 외교 정책이 단지 개발도상국의 부유한 엘리트들이나 우리 나라의 다국적 기업들만이 아니라 모든 사람의 이익을 증진시키도록 재구성해야 한다. 우리는 모든 사람, 특히 가난한 사람들을 위한 정의를 촉진시키기 위해 우리가 가진 경제적·외교적 힘을 사용해야 한다. 이것은 민주주의와 인권, 자유롭고 효과적인 무역 연합, 다국적 기업의 잘못을 바로잡는 일 그리고 가장 가난한 이들에게 닿을 수 있는 대외 원조에 대한 미국의 대외 정책에 더 큰 비중을 둔다는 뜻이다.

많은 나라의 가난한 다수들은 그 나라의 부유한 엘리트들에게만 일차적으로 이득이 되는 억압적인 체제를 종식시키기 위해 열심히 애쓴다. 미국과 다른 선진국들은 인권을 촉진하고, 민주주의를 조장하며, 수많은 민간 자원 봉사 기관들이 활동할 수 있는 문민 사회를 촉진하기 위해 광대한 외교력과 경제력을 현재보다 훨씬 더 많이 사용할 수 있을 것이다. 억압적인 체제의 뒤를 이어 좀 더 민주적이고 다원적인 정부가 들어서자 아프리카, 아시아, 라틴 아메리카, 구소련 등지에서는 막대한 숫자의 민중 조직들이 일어났다.[12] 가난한 사람들이 새로운 기회와 힘을 요구할 수 있도록 이러한 조직들을 고무시켜야 한다.

가난한 나라에서 노동 조합은 매우 중요한 요소다. 선진국은 국제 무역에서 협상을 할 때 근로자들의 권익과 노동 조합을 강화하기 위해 열심히 애써야 한다. 그러나 불행히도 그와 정반대의 일이 일어났다. 미국 의회 연합경제위원회에서 나온 자료에서는 노동이 '우루과이 라운드 무역 협상에서 특별 보호를 받지 못한' 유일하게 중요한 요소라고 지적했다.[13]

미국법은 미국 무역 정책에서 근로자의 권익을 반드시 보장할 것을 명한다. 하지만 "미국의 무역 정책은 사실상 근로자들의 권익을 무시했다."[14]

NAFTA(북미자유무역협정)는 한 장 전체를 지적 재산권과 같은 문제에 할애하고 있다. 하지만 멕시코와 미국 간 그리고 멕시코와 캐나다 간의 근로자 권익의 "막대한 차이에 대해 말하지 않는다."[15] 사실 1993년에 미국, 멕시코, 캐나다는 3개국 모두에서 근로자의 권리를 개선하자는 NAFTA의 '부가 협정'에 서명했다. 그러나 불행하게도 최근 보고서는 3개국 모두 '부가 협정'을 실행하는 데 거의 실패했음을 보여 준다.[16] 그 결과는 무엇인가? NAFTA는 회사들로 하여금 미국이나 캐나다보다는 멕시코에서 생산을 하도록 하고 있으므로, 멕시코에서 근로자들의 권익 및 근로 조건과 노동 조합을 강화시키기보다는 미국과 캐나다에서 그것들을 약화시키는 경향이 있다. 이러한 경향은 세 나라 모두에서 부자들에게 이익을 주고 가난한 사람들에게 해를 끼친다. 이는 NAFTA가 결국 좋은 생각이 아니었다는 의미가 아니다. 미국 외교 정책에서 강조점을 다른 곳에 두면 그런 상황을 변화시킬 수 있다는 의미다.

다국적 기업들을 위한 윤리적 기준을 주장하는 것도 도움이 된다. 물론 다국적 기업이 크고 국제적이기 때문에 이 일은 어렵다. 하지만 100대 다국적 기업 중 97개가 북미, 서유럽, 일본 국적의 기업이다. 부유한 나라에 사는 사람들은 다국적 기업들이 가난한 나라에 부정적인 영향보다는 긍정적인 영향을 끼치도록 지켜보아야 할 특별한 책임이 있다.[17]

불행히도, 그 동안 미국의 외교 정책은 대개 개발도상국의 가난한 사람들보다는 미국계 다국적 기업의 경제적 이익을 지원했다. 예를 들어, 1981년 5월 미국은 제3세계에서 다국적 기업이 만든 유아용 분유의 광고 및 판매를 통제하는 규약에 대해 세계 보건 기구에 가입한 나라 중에서 유일하게 반대표를 던졌다(투표 결과는 119대 1이었다). 네슬레 사와 다른 다국적 기업들의 판매 활동이 끼치는 악영향에 대한 세계적인 증거에도 불구하고,[18] 레이건 행정부는 그 규약이 '자유 기업'에 해를 끼칠 수도 있다는 이유로 반대표를 던진 것이다.[19]

가난한 자들을 위한 성경의 정의를 추구하는 외교 정책은 다국적 기업들의 경영에 기꺼이 윤리적 통제를 가해야 한다. 그것이 다국적 기업 및 그 기업의 미국 내 주주들의 단기적인 경제적 관심사가 아니라 해도 말이다. 정치적 행동에 의해, 그리고 네슬레 불매 운동과 같이 잘 계획된 시민 저항에 의해, 그리스도인 시민들은 세계의 가난한 사람들에게 다국적 기업들이 미치는 부정적 영향을 줄일 수 있다.[20]

우리는 또한 우리 나라의 대외 원조가 가장 빈곤한 나라의 가장 가난한 사람들을 우선적으로 도와야 하며 원조를 받은 나라들은 '공정성을 겸비한 성장'을 추구해야 한다고 주장해야 한다. 정부가 가난한 자들의 상황을 개선하는 데 거의 관심이 없는 국가에 원조를 해주면, 그 돈은 결국 부자들의 주머니에 들어가 버릴 가능성이 많다.

우리 나라의 외교 정책은 가장 가난한 이들에게 특별한 초점을 맞추어야 한다. 그럴 때에만 국제 무역과 대외 원조 프로그램에서 계획된 구조적 변화가 가난한 수십 억의 사람들의 운명을 실제로 개선시킬 것이다.

사회 변화와 회심

개발도상국에 대한 우리 나라의 정책은 근본적으로 변화되어야 한다. 하지만 그것으로는 충분하지 않다. 더 나아가, 개발도상국의 가난한 대중이 그 나라에서 전반적인 구조적 변화를 요구할 용기를 어느 정도 찾을 수 있어야 한다.

하지만 근본적으로 가치관이 변화될 때에만 그런 변화가 일어날 수 있다. 위스콘신 대학교의 로버트 프라이켄버그(Robert Frykenberg)는 인도의 토지 보유에 대한 학술서에서 부자와 가난한 자들 간의 간격이 점점 더 벌어지는 현실을 개탄한다. 그는 이렇게 결론을 내린다. "상당히 많은 수의 사람들이 좀더 근본적인 '각성' 혹은 '회심'을 하지 않는다면 아무리 많은 양의 원조와 과학 기술도 현재 상황을 바꿀 수 없다.…혁명적인 변화가 필요하다. 개개인의 마음과 정신 속에서만 시작될 수 있는 그런 변화가 필요하다."[21]

바로 이 점에서 교회와 특별한 선교 사업이 매우 중대한 역할을 수행할 수 있다. 두 가지 사실이 중요하다. 첫째는 복음 전도이며, 둘째는 성경의 총체적 메시지다. 복음 전도는 사회를 변화시키는 데 중심적인 역할을 한다. 그리스도 안에서 하나님과 인격적이고 생명력 있는 관계를 맺는 것만이 가난하고 억압받는 자의 주체성과 자기 가치 그리고 자발성을 회복시킬 수 있다. 세상을 만드신 창조주께서 그들 안에 살아 계심을 발견하는 일은 수세기에 걸친 억압에 의해 심리적으로 불구가 된 사람들에게 새로운 가치와 힘을 부여한다.[22]

또한 앞에서 말했듯 총체적인 성경적 관점을 나누는 것이 매우 중요하다. 7장에서 보았듯이 어떤 종교적 세계관은 빈곤에 대해 숙명론적인 태도를 낳는 경향이 있다. 예를 들어, 힌두교는 낮은 계급의 사람들(보통 가장 빈곤한 사람들이다)은 전생에 죄를 지었기 때문에 낮은 계층으로 태어난다고 가르친다. 그들은 현재의 운명을 끈기 있게 참아 내야만 내세에서 더 나은 조건으로 태어날 수 있다고 생각한다. 게다가 동방의 종교는 역사와 물질적 실체를 피해야 할 환상으로 여기기 때문에 그 중요성을 강조하지 않는다.

다른 한편, 성경은 창조된 물질 세계가 선하다는 것을 긍정하며, 역사의 창조자이자 주인이신 하나님이 지금 세상의 가난한 자들을 위한 정의를 요구하신다고 가르친다. 이러한 총체적인 성경의 메시지를 나눌 때, 선교사와 다른 이들은 기아와 빈곤과 불의와의 전투에 크게 기여할 수 있다.[23] 선교사들이 외국에서 정치 활동에 직접적으로 관여할 수 없다는 것은 분명한 사실이다. 하지만 선교사들은 총체적인 인간에 대한 총체적인 하나님의 말씀을 가르칠 수 있으며, 가르쳐야만 한다. 왜 선교사들은 가난한 나라에서 회심한 사람들에게 신약의 서신서는 가르치지만 구약의 예언서는 가르치지 않았는가? 2부에서 주장했던 것처럼 성경이 '하나님은 가난한 자들의 편'이라고 끊임없이 주장하는 것이 사실이라면, 선교사들은 이 주제를 중점적으로 가르쳐야 한다. "내가 너희에게 분부한 모든 것"을 가르치라는 우리 주님의 대위임령을 받아들인다면, 억압받는 자를 위한 정의라는 성경적 메시지를(그것이 소수의 지배 계층의 비위를 거스른다 해도) 감히 생략하거나, 강조하지 않고 그냥 넘어가서는 안 된다.

타문화권 선교사들은 정치에 직접적으로 관여할 필요는 없다. 하지만 그들은 회심한 사람들에게 하나님은 가난하고 억압받는 사람들에게 특별한 관심을 갖고 계신다는 폭발적인 성경 메시지를 주의 깊게 충분히 설명해야 한다. 가난한 자들은 성경의 원리를 자신들의 억압적인 사회에 어떻게 적용할지 재빨리 배울 것이다. 그 결과 개발도상국의 사회 구조가 변화될 것이다.

지금까지 두 가지 사실을 살펴보았다. 그것은 부유한 나라의 대외 정책이 근본적으로 변화되어야 한다는 것과, 가난한 나라에서 새로운 종교적 가치에 뿌리를 둔 사회 변화를 위한 대중 운동이 일어나야 한다는 것이다. 그리스도인들은 두 가지 모두 위해 일해야 한다.

그 외에 어떤 일이 더 필요한가? '새천년 개발 목표'는 유용한 대답을 제공한다. 2000년 9월 국제 연합에서는 최대 규모의 세계 각국 지도자들 모임을 열고 새천년 선언을 채택했다. 이어진 논의들은 더 평화롭고 정의로운 지구를 만들자는 그 선언의 기본적인 의무를 다하기 위해 널리 받아들여진 '새천년 개발 목표'를 구체화했다.

우리의 목적에 맞는, 그 목표들 중 중요한 몇 가지는 다음과 같다.

- (1990년과 2015년 사이에) 하루를 1달러로 사는 사람들의 수를 반으로 줄인다.
- 기아로 고통당하는 사람의 수를 반으로 줄인다.
- 2015년까지 모든 아이들이(남아는 물론 여아들도) 초등 교육을 온전히 마칠 수 있도록 보장한다.
- 5세 이하 어린이 사망률을 3분의 2까지 낮춘다.
- 산모 사망률을 4분의 3까지 낮춘다.
- 에이즈, 결핵, 말라리아 같은 치명적인 질병의 확산을 막는다.
- 안전한 식수와 기본적인 위생 시설의 혜택을 받지 못하는 사람의 수를 절반까지 줄인다.[24]

그리고 마지막 여덟 번째 목표는, 개발에 대한 세계적인 연합 없이는 이 목표들을 이룰 수 없음을 인식하는 것이다.

2004년 4월 26일 주요 세계 협의회에서 국제 연합의 사무총장 코피 아난(Kofi Annan)은 다음과 같은 사실을 지적했다. 세계 공동체가 2015년까지 새천년 개발 목표를 이루려 한다면, 다섯 가지가 중요하다는 것이다. (1) 현명한 국제 정책, (2) 가난한 나라들을 향한 대규모 민간 해외 투자, (3) 개발도상국들이 무역 수익을 얻도록 하는 국제 무역에서의 변화, (4) 대외 경제 원조의 증대와 개선 (5) 마지막으로 부채 탕감.[25]

이 책의 나머지 부분은 대부분 이 요점들에 대한 설명이 될 것이다. 첫째로, 시장 경제 내의 문제를 바로잡을 필요가 있다. 둘째로, 국제 무역을 좀더 공정하게 해야 한다. 셋째로, 가장 가난한 나라의 국제 부채를 줄여야만 한다. 넷째로, 하나님의 창조 세계에 관심을 기울여서 후손들이 계속해서 환경을 누릴 수 있도록 해야 한다. 그리고 마지막으로, 비상시에 기아를 막고 가난한 사람들이 스스로 살 길을 찾도록 도울 수 있는 경제적 대외 원조로 기꺼이 사람들을 도와야 한다.

시장 경제의 약점 바로잡기

시장 경제는 기존의 제도보다 재화를 창출하는 데 훨씬 더 성공적이었다. 가난한 사람들에 대한 관심을 가진 사람들은 시장 지향적 경제(중앙 계획적인 국영 경제보다는)가 현재로서는 최선의 경제적 기본 구조라는 사실을 인정해야 한다. 그러나 이는 시장 개혁이라는 이름으로 행해지는 모든 것을 무비판적으로 수용해야 한다는 의미는 아니다. 또한 시장에 대한 정부의 모든 간섭을 정죄하는 자유주의적 견해를 지지해야 한다는 의미도 아니다. 그것은 생산 자원 대부분이 사유화되어 있고, 중앙 집권화된 정부의 관료가 아닌 공급과 수요가 대부분의 가격과 임금을 결정하는 분산화된 경제 체제를 지지한다는 의미다.

하지만 8장에서 살펴보았듯 현재의 시장 경제에는 명백한 약점이 있다. 여기서 나는 네 가지의 구체적인 교정 수단을 요약해 보겠다. 그것은 가난한 사람들에게 기본적인 자본을 제공해서 경제 생활에 참여할 수 있도록 하는 것, 적절한 양과 적절한 종류의 정부 간섭을 주장하는 것, 경제 생활을 위한 새로운 수단을 찾는 것

그리고 풍족한 삶을 재정의하는 것이다.

가난한 자들을 위한 자본

시장 경제는 떠받들면서도 가장 가난한 사람들이 세계 시장에서 기본적인 삶을 영위하기 위해 필요한 자본을 얻게 해주지 못하는 그리스도인들의 폭력은 종식되어야 한다. 공급과 수요의 구조는 구매자가 자녀를 굶기지 않기 위한 기본적인 식량을 원하는지 아니면 사회적 신분을 과시하기 위한 사치품을 원하는지에 대해서는 전혀 주의를 기울이지 않는다. 시장은 구매력에 보상을 할 뿐이다.

우리는 가장 가난한 사람들의 구매력을 강화하기 위해 무엇을 해야 하는지 알고 있다. 그들에게는 자본이 필요하다. 가장 가난한 10억의 사람들은 자본을 전혀 가지고 있지 않다. 따라서 그들과 그 자녀들은 영양 실조와 굶주림으로 야위고 쇠약해진다. 가장 가난한 사람들이 기본적인 삶을 살기 위한 자본을 가질 수 있도록 자원을 재분배하지 않은 상태에서 시장 경제를 승인한다면 이는 성경에 계시된 정의의 하나님께 가증하게 저항하는 것이다.

오늘날의 부는 성경과 완전히 모순되는 방식으로 분배되어 있다. 하나님은 각 가족이 스스로 살아 나가며 당당한 사회의 일원이 될 수 있도록 기본 자본(땅, 돈, 지식)을 갖기 원하신다.[26] (4장에 나오는 논의를 보라.) 경제 정의에 대한 이러한 성경의 가르침을 이행하기를(그리고 시장 경제가 의롭게 작동할 수 있기를) 원한다면, 우리는 세계의 많은 사람들이 자본이 거의 또는 전혀 없는 상태로 살아가야 하는 이 지독한 불의를 근본적으로 변화시켜야만 한다. 가장 가난한 10억 이상의 사람들은 사실상 아무런 자본도 없다. 또 다른 30억의 사람들은 자본을 아주 약간만 가지고 있다. 최근의 한 보고에 따르면 가장 가난한 20퍼센트의 사람들은 세계 수입의 단 1.3퍼센트만을 가지고 있는 반면 가장 부유한 20퍼센트의 사람들이 86퍼센트를 소유하고 있다.[27]

세계 인구의 가장 가난한 20퍼센트(10억이 조금 넘는)가 세계 재화의 1퍼센트를 소유하고 있다. 사실, 가장 가난한 60퍼센트의 사람은 세계 재화의 6퍼센트만을 소유한 반면, 가장 부유한 20퍼센트의 사람이 81퍼센트를 소유하고 있다.[28]

그리스도인들은 재분배(민간인들의 자발적인 노력과 효과적인 정부 프로그램 모두에서)를 주장해야 한다. **재분배**라는 말은 일부 사람들에게는 혁명적인 느낌을 줄 것이다. 재분배는 국가의 소유권과는 다르다. 모든 재분배 계획이 지혜로운 것은 아니지만, 올바른 재분배는 필수적이며 성공적이다.

사람들은 어떤 종류의 자본을 필요로 하는가? 상황에 따라 다르지만, 대체로 농경 사회에서는 토지 개혁이 매우 중요하다. 정보 사회에서는 교육 기회의 균등이 가난한 사람들을 자립시키는 가장 기본적인 방법이다. 가난한 사람들이 집을 사거나 소규모의 사업을 시작하거나 은퇴를 준비하는 데 필요한 돈을 얻을 수 있도록 해 주는 지혜로운 계획 역시 중요하다.[29]

가난한 사람들이 생활비를 벌 수 있는 경제적 기회를 가지도록 자본을 제공하는 일은 민간 자원 봉사 프로그램과 민주적 정부의 활동 모두를 통해 이루어질 수 있다.

지난 몇 십 년간 소규모 기업 개발(micro-enterprise development, MED) 선구자들은 가난한 사람들에게 빌려 준 소액의 대부금으로 큰 성공을 이루었다. 서문과 9장에는 이 방면에서 데이비드 부소와 '어퍼투너티 인터내셔널'이 한 일의 멋진 성과가 담겨 있다. 월드 비전, '제네바 글로벌', '메노나이트 경제 개발 연합'과 같은 기독교 개발 기관 역시 소규모 기업 개발에 관여하고 있다. 세계 은행 및 미정부 원조 기관(USAID)과 같은 세속적 기관들 역시 마찬가지다.

방글라데시 경제학자인 무하마드 유누스(Mohammed Yunus)는 가장 최초이자 가장 성공적인 소규모 기업 개발 프로그램 중 하나를 개발했다. 그는 농촌의 가난한 사람들에게 소액 대출(암소, 쟁기 혹은 작은 관개 펌프 등을 사기 위한 돈 50달러, 75달러 혹은 120달러)을 해주기 위해 그라민 은행을 설립했다. 그는 곧 여성들이 남성들보다 자녀의 건강과 교육을 위해 그리고 사업을 확장하기 위해 자신의 수익을 사용할 가능성이 더 많다는 것을 발견했다. 그래서 그라민 은행은 여성 고객을 유치하는 데 집중했다. 오늘날 그 은행은 방글라데시에서 200만 명의 차용인을 두고 있다. 그리고 그 중 대부분은 여성이다.

그처럼 많은 여성들이 새로운 기회와 재화와 힘을 갖게 된 것은 회교도 종교 지도자들과 정치가들에게 위협적인 상황이었다. 그로 인해 격렬한 반격이 일어났다. 회교도 성직자들은 일부 여성들을 집에 감금해 버리고 그들을 추방당한 자들로 규정지었다. 여자 어린이들을 위한 초등학교 수십 개가 불태워졌다.[30] 소규모 대부금에 의해 힘을 갖게 된 여성들은 전통적인 기존의 힘의 중심부에 도전을 가하고 있다.

나는 오늘날 그리스도인들이 '어퍼투너티 인터내셔널'이 한 것과 같은 소규모 대부 프로그램을 대규모로 확장해야 한다고 생각한다. 그리스도인들의 자본에 대한 아그라 협정은 전 세계 그리스도인들에게 수입의 1퍼센트를 소규모 대부금을 위해 바칠 것을 요청한다.

이스라엘의 하나님은 모든 이스라엘 가족에게 생계를 유지하기에 충분한 땅을 주셨다. 같은 하나님이 지금 그리스도인들에게 정의를 위해 투쟁하고 오늘날의 경제 성장에서 거의 완전히 배제된 10억의 사람들에게 동일한 기회를 제공하라고 요구하신다. 어떤 사람들에게 필요한 자본은 땅이 될 것이다. 또 어떤 사람들에게는 교육, 소규모 대부 혹은 적절한 취업 기회가 될 것이다. 자신의 형상으로 지음받은 모든 사람을 책임 있는 일로 부르시는 하나님은 그들이 그러한 일을 할 기회를 가질 것을 요구하신다. 기본적인 자본을 제공하는 방법은 많다. 정부, 교회, 기업 그리고 자원 봉사 기관은 모두 중요한 책임을 지니고 있다.

가난한 사람들이 소규모 사업을 발전시킬 수 있도록 해주는 소규모 대부는 자립을 돕는 매우 유망한 방법이다. 지난 10년 동안 소규모 대부를 해주는 민간 기독교 단체들은 가난한 사람들이 수십만 개의 일자리를 만들 수 있도록 도와주었다.

지금이야말로 이 성공적인 모델을 100배로 확대할 때다. 세계의 그리스도인들은 매년 최소한 10조 달러의 수입을 벌고 있다. 가난한 사람들에게 새로운 일자리를 하나 마련해 주고 일 년 내에 5인 가족의 생활 수준을 50퍼센트 향상시키는 데는 약 500달러밖에 들지 않는다. 일자리 하나당 500달러씩 치면 그리스도인들의 1년 수입의 단 1퍼센트만 있으면 새로운 대부를 통해 2억 개의 새로운 일자리를 만들어 낼 수 있다. 새로이 늘어난 일자리들은 1년 내에 10억 인구의 복지를 향상시켜 줄 것이다![31]

물론 민간 (그리고 공공) 소규모 대부금만으로는 충분하지 않다. 재능이 있는 소규모 기업가들은 공정한 법 제도, 확실한 기간 시설 (도로와 통신 체제 같은), 지혜로운 거시 경제 정책 그리고 적절한 공익 사업 등이 없다면 제대로 번창할 수 없다.[32] 하지만 오늘날 그리스도인들이 해야 할 일은 분명, 자원 봉사 기관을 통해 가장 가난한 사람들에게 필요한 자본을 공급하는 데 들어가는 자원을 대량으로 늘리는 것이다.

정부의 올바른 재분배 프로그램 역시 중요하다. 교육, 보건, 사회 보장 등 세금으로 운용되는 제도들은 모든 사람, 특히 사회에서 가장 가난한 사람들을 위한 지식과 보건 등의 기본적 자원을 보장해 주기 위해, 자원을 가지고 있는 이들에게 세금을 부과한다. 물론 어떤 정부 프로그램은 엄청나게 비효율적이다. 그러한 프로그램은 속히 폐지해 버려야 한다! 경제에 대한 정부의 간섭을 대부분 거부하는 자유론적 견해와 기본적인 시장 구조를 폐기하려 하는 국가 통제주의적 견해를 모두 피해야 한다.

미국의 펠 그랜트(Pell Grant)나 소득세 신용 대부(Earned Income Tax Credit) 등은 효과적으로 수행되는 정부 재분배 프로그램의 예다. 빈민 가정 출신의 대학생들에게 주어지는 펠 그랜트는 학생들이 보조금에 장기적으로 의존하는 일이 없도록 한다. 학생이 공부를 잘 못해서 낙제하면 보조금은 한두 학기 이상은 지급되지 않는다. 또한 보조금은 일평생 사용할 수 있는 자본을 만들어 주기도

한다. 소득세 신용 대부는, 성실하게 일해도 소득이 최저 생활 임금에 못 미치는 일자리밖에 찾을 수 없는 저소득 근로자들에게 보조금을 지급한다.[33)] 공화당 대통령 로날드 레이건은 소득세 신용 대부를 "국회에서 나올 수 있는 것 중 가장 가정 중심적이며, 빈곤 퇴치와 직업 창출을 이루는 데 가장 좋은 수단"이라고 불렀다. 이는 그 제도가 시장 구조 안에서 운영되면서 일과 책임에 대한 보상을 해주었기 때문이다.

오늘날의 시장 경제가 최소한의 공정성이라도 유지하면서 운영되려면, 가난한 사람들이 생계를 꾸려 갈 진정한 기회를 갖도록 자본을 제공하는 민간 및 공공 프로그램들이 절대적으로 필요하다. 그렇게 하지 않는다면 문맹의 노예를 해방시켜 주고는 땅과 돈과 교육을 제공하지 않는 것과 마찬가지다.[34)]

정부 활동

어떤 활동이 효과적이며 어떤 활동이 비효과적인가? 공산주의 사회의 역사는 통합된 경제적·정치적 힘을 한 손에 쥐게 되면 전체주의가 발생한다는 것을 보여 준다. 우리는 그 같은 중앙 집권적 권력을 피해야 한다. 하지만 오늘날 가장 큰 회사들 및 그것들을 좌지우지하는 엘리트들이 막대한 정치적 힘 역시 행사할 수 있다는 것도 분명한 사실이다. 고도로 중앙 집권화된 권력은 필연적으로 민주적인 삶을 위협한다. 우리는 얼마나 많은 그리고 어떤 종류의 정부 활동이, 정치적 자유와 경제적 정의를 모두 촉진하는지 열심히 연구해야 한다. 꼼꼼한 분석과 주의 깊은 실험을 통해, 어떻게 하면 정부가 기본적인 시장 구조 안에서 가난한 사람들을 자립시키고 오늘날의 시장의 특성 중 파괴적인 것을 억제할 수 있는지 알아내야 한다.

아시아의 용들이 주는 교훈은 정부를 없애기만 하면 기적이 일어날 것이라는 내용이 아니다. 한국, 대만 그리고 다른 많은 아시아 나라들의 '경제 기적'은 정부가 주된 역할을 담당했다. 가장 널리 사용되는 경제 개발 교과서 중 하나를 집필한 마이클 토다로는 "한국, 대만, 싱가포르의 성공담이 주는 진정한 교훈은 자유 시장과 자유 방임 경제의 승리가 아니라 관민 협조"라고 주장한다.[35]

한국의 기적은 정부의 조직적인 토지 개혁으로 시작되었다. 1952년부터 1954년까지 자기 땅을 소유한(소작인으로 일하는 것이 아니라) 농부들의 비율은 50퍼센트에서 94퍼센트로 뛰어올랐다.[36] 대만에서도 이와 유사한 일이 일어났다. 두 나라 정부 모두 보건, 교육, 직업 훈련에 많은 투자를 했다. 그 결과, 양국 국민들은 최신 과학 기술을 이용할 능력을 갖추었다. 노동 생산성은 매년 10퍼센트씩 증가했다. 그러한 성장의 절반은 정부가 교육과 전문 기술에 투자한 결과였다.[37] 행동주의적 정부가 한국과 대만 경제 성장의 중심이었다.

두 나라 정부가 경제에 간섭한 방식 역시 중요하다. 그들은 시장에 반대하기보다는 그에 협조하여 일했다. 그들은 민간 기업들 및 수출의 성장을 장려했으며, 꽤 오랜 기간 국가의 기업들을 국제 경쟁에서 보호하기를 거부했다. 시장 우호적인 올바른 정부 활동이 매우 중요하다.[38]

한국과 브라질의 대비는 매우 분명하다. 두 나라 모두 1960년 이래 급속한 경제 성장을 경험했다. 한국 정부는 가난한 사람들을 위한 보건과 교육에 많은 투자를 했지만 브라질 정부는 그렇지 않았다. 그 결과는? 브라질에서는 수천만의 가난한 사람들이 경제 성장의 유익을 거의 얻지 못한 채 여전히 가난에 고착되어 있었다. 대조적으로, 한국에서는 가장 가난한 사람들이 상당히 확고한 기반을 쌓았다. (그리고 경제도 더 빨리 성장했다!) 한국 인구의 가장 부유한 5분의 1은 가장 가난한 5분의 1보다 수입이 4.5배 더 많다. 브라질에서는 그 비율이 30대 1보다 더 나쁘다.[39] 하버드의 경제학자인 아마르티아 센은 브라질의 유형을 '목적 없는 부유함'이라 부르고 한국의 유형을 '참여적 성장'이라고 부른다. 한국 정부가 공중 보건과 교육에 훨씬 더 많은 투자를 한 것이 현저하게 다른 결과를 가져온 열쇠다.

세계 은행조차 "일반적인 경우, 개발도상국의 시장이 사람들(특히 가장 가난한 사람들)에게 적절한 교육(특히 초등 교육), 보건, 영양, 가족 계획 서비스를 제공하리라고 믿을 수 없다"고 주장한다.[40] 세계 은행은 2004년 "세계 개발 보고서"에서 솔직하게 이렇게 언급했다. "어떤 나라든 유아 사망률과 초등 교육 면에서 정부의 개입 없이 의미 있는 개선을 이룰 수는 없다."[41] 세계 은행의 말에 따르면, 시장이 제대로 돌아가는 곳에서는 정부가 더 적게 일하고 그렇지 못한 곳에서는 더 많이 일해야 한다.

이는 무엇보다도 (정부가) 교육, 보건, 영양, 가족 계획, 빈곤 경감을 위해 투자하는 것, 더 나은 삶을 위한 사회적, 물리적, 행정적, 규정적, 법적 기간 산업을 건설하는 것, 공공 지출의 자금을 조달하기 위해 자원을 동원하는 것 그리고 안정된 거시 경제적 기초(그것 없이는 거의 아무엇도 이룰 수 없다)를 제공하는 것을 의미한다. 환경 보호를 위한 정부의 간섭은 지속적인 개발을 위해 필요하다.[42]

성장하는 시장 경제가 자동적으로 가난한 사람들을 돕지는 않는다. 가난한 사람들이 증가된 GNP로부터 유익을 얻으려면 올바르고 적절한 양의 정부 활동 역시 매우 중요하다. 최근의 역사는 가난한 사람들을 자립시키는 정의롭고 참여적인 성장을 이루는 일에서, 정부가 민간 산업의 필수적인 협력자임을 보여 준다.

사회적·경제적 복지를 측정하는 새로운 척도

거대한 원유 유출을 제거하는 데 10억 달러가 든다면 그 사회의 경제는 전보다 나아진 것인가? 혹은 부유한 사람이 복잡한 이혼 절차를 처리하기 위해 비싼 변호사를 고용할 때는? 분명 그렇지 않다. 하지만 GDP에 대한 일반적인 이해를 가진 사람은 그렇다고 말할 것이다! 많은 사람들의 마음속에서 GDP는 경제 진보를 측정하는 기본 척도다. 그들은 경제가 성장하고 있으면 사회도 개선되고 있다고 추정한다. 널리 퍼져 있는 이 같은 개념은 터무니없는 것이다.

정치가들은 이 개념을 종종 그런 식으로 이용하긴 하지만, GDP는 조악한 경제적·사회적 복지 측정 수단일 뿐이다(8장에서 논의한 것처럼). 우선 GDP는 경제적 거래(즉 돈의 주인이 바뀌는 활동)만을 측량한다. 그것은 가정 혹은 공동체의 무보수 노동은 전혀 계산하지 않는다! 어떤 부모가 아이들을 돌보기 위해 집에 있으려고 유급 직장을 떠난다면, GDP는 내려간다. 한 부부가 이혼을 한다면(그렇게 하면서 변호사에게 비용을 지불하고, 한 채의 집을 팔고

두 채의 집을 사기 위해 부동산업자에게 돈을 지불하며, '전문적인' 탁아소에 비용을 지불한다면) GDP는 올라간다! 지역 사회를 개선시키기 위한 자원 봉사는 전혀 계산에 들어가지 않는다.

GDP는 또한 부정적인 것들을 긍정적인 성장으로 계산한다. 범죄는 간접적으로 GDP를 증가시킨다. 더 많은 변호사, 경찰, 재판관, 감옥, 그 밖에 온갖 종류의 범죄 예방 장치들은 모두 GDP를 증가시킨다. 텔레비전과 홈 비디오가 부모와 조부모들이 읽어 주는 이야기를 대신할 때 GDP는 올라간다. 담배 광고가 중독성 애연가를 만들어 낼 때 GDP는 올라간다. 도박, 알코올 중독, 포르노도 마찬가지로 대단한 결과를 가져온다.

환경 오염은 GDP를 두 번 올려 준다! 공장이 오염원이 되는 폐기물을 방출하면서 제품을 생산할 때 한 번, 그리고 국가가 오염된 곳을 청소하느라 수십억 달러를 들일 때 또 한 번 올라가는 것이다.

분명 사회적·경제적 복지를 제대로 측량할 수 있는 수단이 필요하다. '진보의 재정의'(Redefining Progress)라는 단체 구성원들이 만들어 낸 GPI(Genuine Progess Indicator: 진정한 진보 지표)는 좋은 출발이 된다.[49] GPI는 GDP가 무시하는 스무 가지 이상의 활동을 측정한다.

자녀를 돌보기 위해 집에 있는 부모 혹은 조부모도 계산에 들어간다. 지역 사회의 자원 봉사자 역시 포함된다. 이들의 활동은 GPI를 올라가게 한다.

파괴적인 것들은 GPI를 낮춘다. 거기에는 범죄 및 건강, 농업, 해변 혹은 건물에 해를 끼치는 모든 공해로 인해 발생하는 비용이 포함된다. 사람들이 같은 급료를 받고 더 오래 일한다면, 그것 역시

GPI를 낮춘다. GPI는 국가가 재생 불가능한 자원을 사용할 때 그 것을 정부식이 아니라 민간 기업식으로 계산한다. 어떤 민간 기업이 가지고 있던 재생 불가능한 자원을 다 써 버리면, 그것은 비용으로 계산된다. 하지만 국가가 그 나라의 원유나 다른 광물에 대해 같은 일을 행했을 때 GDP는 그것을 수익으로 친다.

이렇듯 새롭고 좀더 정확한 경제적 복지 척도는 GDP와는 놀랄 만큼 다른 결과를 보여 준다. GDP를 보면 1950년 이래 미국의 상황이 점점 나아졌다는 결론을 내리게 된다. 하지만 GPI는 미국이 1970년 무렵까지 어느 정도 성장하다가 그 후로 상황이 점차 더 나빠졌음(약 45퍼센트)을 보여 준다. 2000년 1월부터 2003년 1월까지 미국 경제는 대략 2.64퍼센트, 약 2,720억 달러, 한 명의 미국인당 180달러 정도 성장했다. 하지만 GPI 분석에 따르면 경제 활동의 가치는 1퍼센트에 못 미치는 성장을 보였다(0.12퍼센트). "일인당 수치로 보자면, 2000-2003년까지 실제로 GPI에서 212달러가 하락되었다. 그 주된 요인은 천연 자원의 붕괴와 국채의 증가다."[44] 2004년 3월 '진보의 재정의'의 분석은, GDP는 미국 경제의 건강도를 7조 달러까지 과대평가했다고 보고했다. 우리가 알고 있는 진보는 대부분 잘못된 것을 바로잡는 행위, 미래로부터 빌려 오는 행위, 혹은 활동을 가정과 공동체로부터 시장으로 이동시키는 행위를 가리킨다.

'진보의 재정의'에 속한 사람들은 세부적인 면에서 옳을 수도 있고 옳지 않을 수도 있다.[45] 그들이 매우 기본적인 문제를 제기했다는 것을 인정하기 위해 세세한 연구 결과를 모두 받아들일 필요는 없다. 사실상 최근 들어 세계 은행과 대부분의 유럽 사람들을 포함한 많은 이들이 사회적·경제적 성장을 좀더 올바르게 측정할 수 있는 방법을 찾기 위해 애써 왔다.[46]

장기적으로 볼 때 이런 유의 새로운 분석은 환경 보전주의자들과 사회적 보수주의자들을 결합시켜 줄 수 있다. 환경주의자들은 무제한적인 시장 경제가 환경을 파괴하는 것을 유감스럽게 여긴다. 사회적 보수주의자들은 경제 성장(이는 계속적인 소비의 증가를 요구한다)에 대한 집중이 가정과 공동체 생활을 파괴하는 방식을 공공연히 비난한다.

한 가지 예를 들자면, 두 집단은 모두 현재 인기 있는 '수입' 법안의 문제점을 제대로 이해하고 있다(어떤 부동산 소유주가 재산을 무제한 사용함으로써 얻을 수 있는 잠재적 수입이 특정 법률에 의해 감소할 때 '수입' 법안은 납세자들로 하여금 그 소유주에게 배상해 주도록 강요할 것이다). 보수적인 설교자이며 포르노 금지 운동 추진가인 도널드 윌드먼(Donald Wildman) 목사는 최근에 '수입' 법안을 '포르노 소유주의 구제책'이라고 공공연히 비난했다. 왜 그런가? 정부가 어떤 제한법이라도 통과시킨다면 납세자들은, 예를 들어 퇴폐 업소 소유주들에게까지 보상을 해주어야 할 것이기 때문이다.[47]

'진보의 재정의'에 속한 사람들은 '경제 성장'의 본질에 대해 몇 가지 근본적인 문제를 제기했다. 하지만 사실상 문제는 겉으로 보이는 것보다 더 깊은 곳에 있다. 18세기의 계몽주의 시대에 실재에 대한 역사적이고 하나님 중심적인 견해는 인간 중심의 사이비 과학적인 견해로 바뀌었다. 자율적인 개인이 윤리의 근원이신 하나님을 대신했다. 과학적 방법이 진리로 이르는 유일한 길이 되었다.

자연주의적 과학자 칼 세이건(Carl Sagan)에 따르면, 자연만이 존재하는 모든 것이다.

비극적이게도, 이러한 새로운 견해는 역사적인 기독교 신앙이 부과한 경제 성장의 한계를 폐기해 버린다. 하나님 중심적인 성경적 세계관에서는 사람들, 가족 그리고 하나님의 선한 창조 세계가 돈과 무제한적인 물질적 소유보다 더 중요하다. 반면 과학적 방법은 가정에서의 사랑이나 기쁨을 측량할 수 없고, 다만 점점 커지는 은행 구좌, 더 큰 차 그리고 더 복잡해진 도구들을 측량할 수는 있을 뿐이다. 현대인들은 '여호와께서는 경제의 영역에서도 주님이시다'라는 성경의 진리가 부과한 경제 생활의 한계들을 내동댕이쳐 버렸다. 그 결과, 현재 가정과 공동체 생활과 환경을 황폐화시키고 있는 경제 성장에 몰두하게 되었다.

예수님이 던지신 질문은 여전히 적절하다. 곧 우리가 하나님을 예배하고 그에 따라 모든 것(경제 '성장'의 상대적인 중요성, 더 많은 도구들 그리고 가족과의 시간을 포함해서)에 대한 하나님의 관점을 받아들이기 원하는가, 아니면 물질 세계와 과학적 기술이 생산해 내는 사물을 절대화하기 원하는가 하는 것이다.

새롭고도 진정한 진보 지표를 통해 사회적·경제적 복지를 좀더 정확하게 측량한다고 해서 근본적인 문제의 해답이 나오지는 않는다. 하지만 이러한 시도는, 우리가 정말로 재물이 아니라 하나님을 선택하고자 할 때 그 문제에 대해 좀더 주의 깊게 생각할 수 있도록 도와준다.

풍족한 삶의 재정의

인간의 만족이 계속적으로 공급되는 물질에서 온다고 주장하는 것은 터무니없는 우상 숭배적인 생각이다. 진정하고 지속적인 기쁨은 하나님, 이웃, 자아 그리고 세상과의 올바른 관계에서 온다. 우리는 공동체를 위해 창조된 몸과 영혼을 가진 존재다. 따라서 상당한 물질적 자원을 필요로 하기는 하지만, 계속해서 증가하는 물질적 부에서 행복을 찾는 것은 신학적으로 이교적일 뿐 아니라 환경적으로도 파괴적이다. 그것은 또한 가난한 자들의 부르짖음에 대해 우리의 마음을 완악하게 만든다.

우리는 풍족한 삶을 재정의해야만 한다. **충분함**의 신학을 개발해야 한다. 우리는 잠언 23:4의 말씀이 영혼에 깊이 스며들 때까지 묵상해야 한다. "부자 되기에 애쓰지 말고 네 사사로운 지혜를 버릴지어다." 우리는 더 검소한 생활 양식, 사람들이 수입과 이득을 최대화하기보다는 자녀 양육, 여가, 공동체 봉사를 선택하도록 허용하는 기업 정책 그리고 과소비를 저지하는 거시 경제 정책 및 광고 관행을 개발해야 한다. 무제한적인 경제 성장은 성경적 목표가 아니라 경제적 바벨탑이다.

또한 선진국들은 소비와 오염을 줄여야 한다. 하지만 복잡한 문제들이 있다. MIT의 경제학자인 레스터 서로우가 지적하듯이, 오늘날의 경제 구조로 볼 때 성장을 줄이고 오염을 통제하려고 노력하는 환경 운동은 가난한 사람들을 희생시키고 중상류층에게 유익을 주게 될 것이다. 현재의 구조에서는 성장을 줄이면 실업이 늘어나 부자들보다는 나라 안팎의 가난한 사람들이 더 큰 타격을 받는다. 오염 통제 장비를 늘리면 가난한 사람들에게 필요한 상품의 가격이 올라갈 수도 있다. 더 나아가 깨끗해진 환경은 자신들의 직업을 가지고 있고 나아진 환경을 즐기기에 충분한 돈이 있는 부유한 계층의 생활 수준을 높여 줄 것이다.[48]

이러한 분석의 타당성을 의심하는 경제학자는 거의 없다. 하지만 그렇다고 해서 가난한 사람들을 돕고자 애쓸 때 환경 오염을 무시해야만 한다는 의미는 아니다. 서로우의 경고는 우리가 극복해야 할 장애물이 얼마나 크고 복잡한지를 조명해 준다.

소비가 늘어나면 더 행복해진다는 보편적인 개념이 딜레마의 핵심이다. 심지어 몇몇 경제학자들조차 경제 성장과 풍요함의 증가가 더 큰 행복을 보장하지는 않는다는 사실을 알고 있다. 경제학자인 리처드 이스털린(Richard Easterlin)은 사람들이 이웃에 비해 얼마나 더 많이 소비하는지에 의해 자신들의 행복을 측정하는 경향이 있다고 주장한다. 모든 사람들이 진보하려고 애씀에 따라 대부분의 사람들이 함께 상승하는 경향이 있다. 그래서 다른 사람보다 더 나아짐으로써 행복을 이루려는 사람들의 노력은 실패로 돌아가고, 그로 인해 많은 이들이 좌절하게 된다! 이스털린은 다음과 같이 결론을 내린다. "외부의 관찰자에게는 경제 성장이 계속해서 더 풍요한 사회를 만들고 있는 듯이 보인다. 하지만 그 과정에 관여한 사람들에게는 풍요함이란 언제나 멀리 있어서 절박하게 추구해도 결코 도달할 수 없는 목표로 남아 있을 것이다."[49]

성장이 일어나고, 지구는 사용되고 오염된다. 하지만 행복은 여전히 우리의 손이 닿지 않는 곳에 있다. 그리스도인들은 이로 인해 놀라서는 안 된다. 우리는 모든 사람이 다른 사람들을 능가하고자 벌이고 있는 과당 경쟁을 제일 먼저 거부해야 한다. 물질적 상품이 궁극적 행복을 가져오지 못한다는 사실을 아는 우리는 누구보다 먼저 검소한 생활 양식을 시도해야 한다. 환경을 오염시키는 동시에 점점 그 양이 줄고 있는 자원의 소비를 줄일 때, 우리는 다른 사람들에게 행복은 물질적 소유에서 오는 것이 아님을 증거하게 된다.

하지만 이러한 방향으로 나아갈 때 우리는 서로우의 경고에 주의를 기울여야 한다. 기술이 진보된 우리 사회에서 엄청나게 많은 사람이 소비를 줄이면, 생산품에 대한 수요가 줄 것이다. 수요가 줄어들면 근로자들에 대한 수요도 줄어든다. 그러므로 해직된 근로자들이 다른 직업을 찾으려면 장기적인 구조적 변화가 필요하다. 그 변화는 엄청나게 큰 것이기 때문에 점진적으로 서서히 이루어져야 한다. 그러므로 내가 제시하는 안은 당면한 미래와 좀더 먼 미래 모두를 위한 것이다.

단기적으로 그리스도인들이 좀더 검소한 생활을 한다는 것은 소비재에 더 많은 돈이 쓰이지 않는다는 의미다. 많은 사람들이 수입을 저축한다면 심각한 실업이 발생할 것이다. 하지만 저축한 수입을 가난한 나라의 개발을 추진하는 기독교 기관에 헌금한다면, 고용이 그리 크게 줄어들지는 않을 것이다. 원조금을 받은 사람들은 재화를 생산하고 적절한 수준의 물질적 복지를 이루는 데 필요한 상품들을 사기 위해 그 돈을 사용할 것이다. 그렇게 되면 상품들을 사는 데 사용된 달러는 결과적으로 선진국에 있는 기업의 물건을 사기 위해 되돌아올 것이다. 선진국들이 더 적게 소비하고 더 많이 나누면 개발도상국들의 자생적 발전에 박차를 가하고 재화와 자산을 좀더 공정하게 분배하는 일을 촉진할 수 있다.

이러한 단기적 접근을 채택할 때, 전 세계의 그리스도인들은 우선 순위를 심도 있게 재검토해야 한다. 하나님의 은혜의 기적으로, 10억 이상의 사람들은 지독한 가난 속에서 사는 반면, 부유한 사람들은 왕과도 같이 사는 이 세계의 수치를 종식하는 데 성공했다고 가정해 보자. 성경적인 기준의 분배 정의에 도달했다 해도 우리는 스스로 다음과 같은 질문을 던져 보아야 한다. "또다시 이전과 똑같은 종류의 경제 성장을 추구할 것인가?" 대답은 분명히 '아니오'다. 세계의 자원은 제한되어 있으며 우리는 감히 환경을 파괴해서는 안 된다.

그리스도인들은, 각종 재화와 용역이 자원을 많이 소모하고 환경을 오염시키는 상품을 위해 쓰이는 것이 아니라, 지구에 부담을 덜 주는 방향으로 사용되도록 애써야 한다. 그리스도인들은 힘차고 활발한 기독 교회를 만드는 데 더 많은 시간과 돈을 들여야 한다. 모든 사람들은 예술(드라마, 음악 그리고 다른 창조적 표현)에 더 많은 돈을 들여야 한다. 그래서 더 많은 사람들이 더 많은 물질 상품 생산 대신 이러한 활동에 관여하도록 동기를 부여해야 한다. 사람들은 더 적은 시간을 일하고, 새로 생긴 여가 시간에 공동체에서 자원 봉사를 하거나 가족들과 지내거나 건설적인 취미 생활을 즐길 수 있을 것이다.

장기적으로는 궁극적이고 철저한 변화가 일어날 것이다. 바라기는 그리스도인들이 기쁨과 행복을 생산해 내는 것에 대한 성경적 이해로 돌아옴으로써, 풍족한 삶을 재정의하는 일에 앞장섰으면 한다.[50]

나는 비관주의자가 아니다. 현대 과학 기술과 시장 경제를 계속해서 지혜롭게 사용하면 가난한 사람들에게 새로운 소망을 줄 수 있다. 시장 경제 구조 안에서도 커다란 환경 재해를 일으키지 않고 대부분의 사람들이 매우 적절한 수준의 물질적 복지를 누리는 것이 가능하다. 하지만 그것을 이루기 위해 우리는 가난한 사람들이 자본을 얻고, 정부가 제대로 역할을 다하며, 사회가 '사람은 떡으로만 살지 않는다'는 오래 된 믿음을 반드시 재발견하도록 해야 한다.

좀더 공정한 국제 무역

불공정한 국제 무역은(8장에서 보았듯이) 가난한 나라들에게 피해를 준다. 최근의 추산에 따르면 가난한 나라들은 일 년에 1천억 달러씩 지불해야 한다. 이는 부유한 나라가 지급하는 해외 원조비의 두 배에 해당한다. 선진국들은 개발도상국으로부터 들어오는 수입품에 대한 무역 장벽을 과감하게 줄이든가 없애야 한다.

무역 장벽은 가난한 나라뿐만 아니라 부유한 나라의 보통 사람들에게도 피해를 준다. 무역 장벽이 없다면 우리는 많은 수입품을 이전보다 저렴한 가격에 살 수 있다. 무역 장벽으로 말미암아 미국의 소비자들은 매년 100억 달러를 추가로 부담해야 한다. 이것은 미국의 각 가정당 수백 달러의 손해다.[51] 무역 장벽이 없다면, 물론 개발도상국들도 살림이 더 나아지게 될 것이다. 늘어난 수출만큼 생산과 수입이 모두 증가할 것이기 때문이다.

현재의 무역 협상 라운드를 보면 약간의 희망이 있다. 세계무역기구는 합의된 의견에 따라 활동하는데, 현재 개발도상국들은 세계무역기구 142 회원국의 4분의 3이상을 차지하고 있다. 이는 그들이 현재의 무역 협상 라운드(도하 라운드)에서 좀더 영향력을 발휘할 수 있다는 의미이며, 따라서 개발도상국들과 필요를 더 잘 다룰 수 있다. 세계 은행의 수석 경제학자이자 상임 부총재인 니콜라스 스턴(Nicolas Stern)은 도하 라운드는 "개발도상국들에 관련된 이슈에 일차적으로 초점을 맞춘 첫 협상이다.…이 라운드는 개발도상국들과 특히 가난한 나라 사람들에게 무역 시 불이익을 주었던 세계 무역 체제의 여러 불평등을 제거하는 기회가 되었다"고 말했다.[52]

몇몇 제안은 가난한 국가들에게 이익을 줄 수 있을 것이다. 도하 라운드는 부유한 나라들이 수입 농산품에 대해 최대 10퍼센트, 평균 5퍼센트의 관세를 매기도록 제안한다. 개발도상국은 최대 15퍼센트, 평균 10퍼센트의 관세를 매길 수 있다. 공산품에 대해서 부유한 나라들은 최대 5퍼센트, 평균 1퍼센트의 관세를 매길 수 있고, 개발도상국은 최대 10퍼센트, 평균 5퍼센트의 관세를 매길 수 있다.[53]

그러면 2015년까지 모든 국가가 2,910억 달러의 이익을 얻을 것이다! 그 가운데 1,590억 달러는 개발도상국에게 돌아갈 것이고, 3분의 2는 농산품에 대한 무역 장벽을 없앤 결과일 것이다.[54] 이는 현재 부유한 국가가 매년 개발도상국들에게 지원하는 개발 원조의 약 세 배에 해당한다.[55] 2015년까지 소득 수준은, 개발도상국에서 1.5퍼센트, 선진국에서 0.5퍼센트 상승할 것이다.

이런 현상이 어떻게 가난한 이들을 도울 수 있을까? 하루를 1달러 이하로 사는 사람의 수는 현재 전체 7억 3,400만 명에서 2015년에는 6,100만 명 즉 8퍼센트까지 감소할 것이다. 하루를 2달러 이하로 사는 사람의 수는 1억 4,400만 명까지 감소할 것이다. 그리고 절대 빈곤 국가가 최고로 집중해 있는 사하라 이남 아프리카 지역에서는 절대적인 수치가 엄청나게 감소할 것이다.[56]

하지만 불행히도 무역 협상이 이루어지는 도하 라운드가 성공하리라는 보장은 없다. 2003년 9월 칸쿤에서의 완전한 실패 이후 2004년 7월 제네바에서 중요한 진보가 있었다. 유럽과 미국의 무역 대표들은 실제로 그들의 농가 보조금을 충분히 줄이는 데 동의했다. 그러나 협상은 2006년을 지나 2007년까지 계속될 것이고, 부유한 국가들의 의회와 국회는 가난한 사람들이 이익을 얻을 수 있는, 자신들에게는 고통스럽지만 지혜로운 결정을 내려야만 할 것이다.[57]

부유한 국가들은 자국의 이익을 위해 반격할 것이고 그들의 편협한 이기심을 보호하기 위해 필사적으로 노력할 것이다. 부유한 국가들은 2004년에 새로운 약속을 했지만, 이 약속들이 실현되려면 많은 일이 선행되어야 한다. 부유한 국가들의 관심 있는 시민들이 정치적 의지를 발동하여 자국의 정치인들에게 무역 장벽을 없애도록 요구할 때에만, 진정한 변화가 일어날 것이다. 이것은 당신과 나에게 달려 있다. 우리는 우리의 의회 지도자들과 대통령 후보들에게, '우리는 가난한 나라들에 대한 무역 장벽을 없앨 것을 요구한다'고 말해야 한다.

하지만 그런 무역 장벽을 제거하는 것은 정치적으로 어려운 일이다. 그러한 장벽으로 보호를 받는 업종에 종사하는 사람들이 고통을 받게 되기 때문이다. 전체적 경제 규모를 고려해 볼 때 비교적 적은 숫자이기는 하겠지만, 어떤 사람들은(특히 저임금 노동자는) 직장을 잃게 될 것이다. 하지만 이 문제를 적응 지원(Adjustment Assistance)[58]이라는 방법을 통해 해결할 수 있다. 적응 지원이란 실직을 당한 근로자들이 새로운 분야로 이동하는 일을 용이하게 해주는 정부 프로그램이다. 이 프로그램은 근로자들이 실업 상태에 있는 기간 동안 급료를 지불하며, 이전과 비슷한 급료를 받는 직장을 얻을 수 있도록 도와준다.

자유 무역과 적응에 대한 이런 모든 이야기는 추상적이고 지루하게 들릴지 모른다. 하지만 부자 나라에서 하나의 일자리가 없어짐으로써 가난한 나라에서 얼마나 많은 일자리들이 생겨나는지를 통계로 내 보면 그 중요성을 실감할 수 있다. 주의 깊게 연구한 결과, 북반구의 나라들이 남반구에서 들어오는 제품에 대한 무역 장벽을 줄이면, 유럽 경제 공동체에서 한 사람이 일자리를 잃을 때마다 저소득 국가에서 4.6개의 일자리가 직접적으로 생겨나며, 미국에서 한 사람이 일자리를 잃을 때마다 가난한 나라에서는 6.5개의 일자리가 생겨나는 것으로 알려졌다. 그리고 간접적으로는 증식 효과를 통해 그 영향이 두 배에서 다섯 배 가량 커진다! 옥스퍼드 대학의 경제학자인 도널드 헤이는 이렇게 결론을 내린다. "그러므로 유럽이나 미국에서 한 명의 근로자가 일자리를 잃을 때마다 매우 가난한 나라에서는 20개에 달하는 일자리가 추가로 생겨난다."[59]

부유한 북반구 나라들이 어느 정도만 희생하면, 남반구의 나라들은 큰 유익을 얻을 수 있다. 그리고 장기적으로 보면 북반구 나라의 근로자들도 일자리를 잃게 되지 않을 것이라고 경제학자들은 전망한다. 개발도상국들이 산업국이 되어 새로 벌어들인 수입을 소비함에 따라, 그들을 고객으로 둔 사업체는 새로운 수요를 충족시키기 위해 해직된 근로자들을 고용해야 할 것이다. 어쨌든, 단기적으로는 무역 장벽을 없애기 위한 비용이 들 것이다. 투표권을 가진 그리스도인들은 해외의 배고픈 사람과 가정에서의 경제적 편리함 중 어느 쪽에 더 관심을 가질 것인가?

하지만 단지 수입품에 대한 제한을 없앤다고 해서 개발도상국의 가난한 사람들이 유익을 누리게 되는 것은 아니다. 각 지역을 다스리는 엘리트들이 농부들의 땅을 빼앗아 자신들과 다국적 기업들만이 그 땅에서 수출용 작물을 재배하도록 한다면, 부자들만 유익을 얻는다. 각 지역을 다스리는 엘리트들이 노동 조합을 억눌러서 수출용 상품을 제조하는 근로자들이 매우 낮은 임금을 받도록 한다면, 부자들만 유익을 누린다.

그렇다면 어떻게 해야 가난한 사람들에게 유익이 돌아가도록 무역 장벽을 제거할 수 있을까? 우리는 외교와 경제 원조를 이용하여 민주적 제도를 격려하고, 시민 사회를 강화하고, 자유롭고 강한 노동 조합을 양성할 수 있다. 근로 조건을 개선하는 것이 특히 중요하다.

이전에 우리는 미국, 캐나다, 멕시코 사이의 북미자유무역협정(NAFTA)이 멕시코의 근로 조건을 개선하기보다는 미국과 캐나다의 근로 조건에 해를 끼칠 가능성이 더 많다는 사실을 살펴보았다. 바로잡지 않는다면 그런 일은 어디에서나 일어날 수 있다. 개발도상국에서 근로자의 권익이 보호되지 않는다면, 그들만 고통을 당하는 것으로 끝나지 않는다. 전 세계적 경쟁으로 인해 선진국의 근로 조건 역시 침해당할 것이다.

근로 기준 설정을 위해 네 가지 측면의 노력이 필요하다. 그것은 국제적, 국가적, 기업적 그리고 개개 소비자의 측면이다.[60]

국제적 기준은 특별히 중요하다. 그렇지 않으면 열악한 근로 조

건을 가지고 있는 나라들이 비교 우위가 있다.[61]

국제노동기구의 협약은 국제적으로 좋은 출발점을 제공하며, 이 기준에는 다음과 같은 것들이 포함되어 있다. (1)조합 결성의 권리 및 자유, (2)집단적으로 조직을 갖추어 교섭할 권리, (3)강제 노동 금지, (4)임금과 근로자 안전에 대한 기준, (5)어린이 노동 최저 연령.[62] 대부분의 나라들은 이러한 기준을 승인했다. 하지만 그러한 기준은 전 세계적인 시행 조직이 없어 종종 무시되기에, 그러한 조직은 반드시 필요하다.[63]

선진국 역시 훨씬 더 많은 일을 할 수 있다. 앞에서 우리는 미국이 자국의 세계 무역 협상에서 대체로 근로자들의 권익을 무시해 왔다는 것을 살펴보았다. 이것은 변화되어야 한다. 노동 조합과 근로 조건에 대한 관심이 모든 선진국들의 무역 정책에서 적극적인 관심과 행동의 초점이 되어야만 한다. 그렇게 되면 가난한 나라와 부유한 나라 양측의 근로자들에게 도움이 될 것이다.

기업들 역시 중요한 역할을 담당할 수 있다. 그리고 여러분과 나는 그들을 격려할 수 있다! 일부 대기업들(예를 들어, 레비 스트라우스, 시어즈, 스타벅스 커피)은 이미 전 세계에 퍼져 있는 그들 회사에서 근로자들의 인권과 환경 보호를 개선하기 위한 행동 규약을 채택했다. 그리스도인 임원들은 그러한 행동을 내부에서 격려할 수 있다. 소비자들도 외부에서 똑같이 할 수 있다(서신을 보냄으로써 그리고 그러한 회사의 물건을 구입하기로 결정함으로써).[64]

성장하는 국제 무역에서 가난한 사람들이 그들 몫의 정당한 유익을 얻으려면 필수적으로 전 세계에 공정한 근로 관행이 정착되어야 한다.

감당할 수 없는 부채의 삭감

8장에서 우리는 수십 개의 가난한 국가들이 진 수십 년 동안의 엄청난 외채가 가난과 사망을 야기하고 있음을 살펴보았다. 2000년이 가까워 옴에 따라 점점 더 많은 사람들이 무슨 일인가 해야 한다고 의식했다.

그 결과 중 하나가 '희년 2000'이라 불리는 거대한 전 세계적 풀뿌리 운동이었다. 이는 레위기 25장에 묘사된 대로 희년에 빚을 탕감해 주는 것에 기초하여 생긴 운동이다. '희년 2000' 청원서는 1996년에 초안이 완성된 다음, 2000년까지 마침내 150여 개국의 약 2천 만 명의 서명을 받았다.[65]

여러 해 동안 가장 가난한 나라들의 빚을 탕감해 주고자 하는 다양한 제안과 프로그램들이 있었지만, 1996년에 드디어 세계 은행을 비롯한 주요 국제 채권자들이 HIPC(Heavily Indebted Poor Countries Initiative)라는 확대된 외채 탕감 프로그램을 시작하는 데 동의했다. '희년 2000' 캠페인의 압력은 가장 부유한 7개국(G7)이 1999년 6월에 그 프로그램을 더 확대하도록 하는 데 기여했다. 2004년 1월, 27개국(거의 모두 사하라 이남 아프리카에 있는)이 450억 달러의 빚을 탕감받게 되었다. 이는 2001-2005년에 이 27개국이 매년 갚아야 할 빚이 30퍼센트까지 떨어질 것이라는 뜻이다. 그리고 세계 은행의 추산에 따르면 이 국가들이 빈곤 프로그램에 지출한 돈은 2004년에 정부 지출의 41퍼센트에서 54퍼센트까지 증가했다.[66]

가난한 나라들은 HIPC 부채 탕감 프로그램의 혜택을 받기 위해,

가난한 이들을 자립시키는 프로그램을 위한 저축을 사용하는 데 동의해야 한다. 이에 더해 각 나라는 각국 내에 있는 여러 비정부 단체와 연계하여 '빈곤 절감 전략 보고서'를 준비해야 한다. 그 결과 시민 사회가 강화되고 민주주의가 강화될 것이다.[67] 빚 탕감은 건강 기금, HIV 예방 프로그램, 교육 확산을 위한 기금으로 가난한 이들의 상황을 실질적으로 개선시켜 줄 것이다.

HIPC 프로그램의 혜택을 받은 첫 번째 국가인 우간다는 외채가 20억 달러 줄어들었다. 우간다는 우선 보편적인 초등 교육을 위해 새로운 국고를 사용했다. 그러자 우간다의 초등학생 수는 1997년 270만 명에서 2001년 650만 명으로(등록률 94퍼센트) 증가했다.[68] 또한 탄자니아에서는 약 160만 명의 어린이가 학교로 돌아갔다. 다른 많은 국가들도 가난을 이겨내기 위해 같은 방식으로 기금을 사용하고 있다.[69]

'희년 2000'의 놀라운 전 세계적 연합은 그만한 칭찬을 받을 만하다. 이 운동은 불가능할 것 같은 보기 드문 연합이었다. 이를테면 퍼프 대디와 교황이, 보수적인 공화당 상원 의원 제시 헬름스(Jesse Helms)와 록 스타 보노가, 성심 수녀회의 수녀들과 스파이스 걸스가 연합한 것이었다.

수십만 명의 무명 '보통' 그리스도인 활동가들이 '희년 2000' 운동 성공의 열쇠였다. BFW의 회장 데이비드 베크만(David Beckmann)은 앨라배마 주 버밍햄 출신의 헌신된 그리스도인 팻 팰햄(Pat Pelham)의 이야기를 해주었다. 팻은, 하원 의원이자 보수적인 공화당원이면서 남침례교도인 스펜서 바쿠스(Spencer Bachus)를 대상으로 로비 활동을 했다. 바쿠스는 전 세계의 가난을 줄이는 법안을 지지한 적이 한 번도 없는 사람이었다. 하지만 팻은 그의 마음을 움직였고 그는 아마도 공화당원 중에서 외채 감면에 대한 가장 강력한 지지자가 되었을 것이다. 바쿠스는 자기가 마음을 바꾸게 된 것은 팻 팰햄과 같은 교회 가족들 때문이라고 말했다.[70]

좋은 소식이 있다. 헌신된 개인들이 변화를 일으킬 수 있다! '희년 2000' 운동(그리고 여러 나라에서 계속된 캠페인들)은, 가장 강력한 국가들과 기관들이 가장 가난한 나라들의 실제적인 빚을 탕감할 수 있도록 하는 자극제가 되었다.

나쁜 소식은, 충분히 그렇게 되지는 않았다는 것이다. 우간다의 경우 초기의 성공에도 불구하고, 다시 받아들이기 어려운 수준의 외채에 부딪혔다(주요한 이유는 커피가 우간다의 주요 수출품이었는데 최근 그 가격이 폭락했기 때문이다). 우간다에서 가난이 증가했다. 2000년에는 700만 명이 가난한 상태가 되었으며, 2004년에는 그 수가 900만 명으로 늘어났다.[71] HIPC 활동을 통해 외채 탕감을 받은 많은 나라들이 동일한 문제에 직면해 있다.[72] 이 극심한 가난으로 떨어지는 상황을 역전시키고자 한다면, 그리스도인을 비롯한 다른 사람들이 우리의 정치 지도자들에게 가장 가난한 국가들의 외채 탕감을 더 해주도록 요구해야만 한다.

DATA(Debts, Aids, Trade in Africa)라는 단체를 통해 일하는 보노를 위시하여 많은 사람들과 단체들이 하는 일이 정확히 그것이다. 사실 '희년 연구'('희년 2000'의 후속 기관)는 심한 외채를 갖고 있는 국가들이 숨막힐 듯한 외채에서 해방될 수 있도록 국제적인 파산 절차를 진행하고 있다.[73] 경제학자들은 그 구체적인 제안을 평가할 것이다.

그러나 분명한 것은, 그 과정을 장악하고 있으며 가난한 나라들의 외채를 탕감해 줄 수 있는 부유한 나라의 시민들이 선택을 해야만 한다는 것이다. 빚을 더 탕감해 주든지, 기아가 더 널리 퍼지도록 하든지 둘 중에서 말이다. 하원 의원 바쿠스가 팻 팰햄에게 외채 경감과 기아로 사망하는 어린이가 어떤 관계가 있느냐고 물었을 때 그녀는 간단하게 대답했다. "내가 부모님으로부터 물려받은 빚을 갚는 것과 내 아이들에게 먹을 것을 사 주는 것 사이에서 선택을 해야 한다면, 결과는 분명할 것입니다." 우리도 마찬가지다. 하원 의원 바쿠스의 결론은 이것이었다. "많은 사람이 내게 동의해 줄지는 잘 모르겠습니다. 하지만 저는 한 명의 아이라도 기아 상태로 가는 것에 대해 책임을 지고 싶지는 않습니다."[74] 여러분과 나 그리고 더 많은 그리스도인이 외채 탕감을 위한 시민 운동에 동참한다면, 우리는 수백만의 어린이들을 굶주림과 문맹으로부터뿐 아니라 기아와 죽음에서도 구할 수 있다.

지구를 보존하고 가난한 자들에게 권한을 부여함

우리가 환경을 매우 심각하게 오염시킨 나머지, 모든 사람들 특히 가난한 사람들이 다음 세기에 심각한 위험에 직면하게 될 것이다(8장을 보라). 이에 대해 무슨 일을 할 수 있을까?

환경을 본래의 모습으로 회복하는 것은 개인과 정부, 어린이들과 어른들, 교회와 사업체들의 과업이다. 이 일은 모든 차원에서 할 수 있다. 각 가정은 3R, 즉 줄이고(reduce), 재사용하고(reuse), 재활용(recycle)함으로써(이 순서대로) 변화를 일으킬 수 있다.

교회는 온전한 사회를 발전시켜 나가기 위해서 필수적인 절제와 인내, 정의, 자기 억제와 같은 성경적 가치관을 가르칠 수 있다. 사업체는 더 많은 비용을 부담할 각오를 해야 하며, 정치가들은 좀 더 혁신적인 공공 정책을 과감히 채택해야만 한다.

우리가 가야 할 기본 방향은 아주 명확하다. 우리는 이제 결단을 내려서 우리 자손들이 계속해서 제대로 된 삶을 살 수 있도록 해야 한다. 우리는 미래에 우리 후손들이 지구의 좋은 것들과 수려한 것들을 언제까지나 즐길 수 있기 원한다. 그러므로 우리는 생각하고 믿고 행동하는 방식을 바꿈으로써 환경 파괴를 종식시켜야 한다. "예수님이라면 어떻게 하실까?" 운동이 제안하듯, 대중 교통 이용과 연료 효율 높은 차 구입 등과 같은 일부 변화는 개인 선택의 문제다.[75] 다른 것들(예를 들어 좋은 대중 교통 수단을 이용 가능하게 하는 것)은 개인이나 가정이 바꿀 수 없는 세력과 제도와 연관되어 있다. 이 모든 변화들이 필요하다. 하지만 이러한 변화들을 이루어 내기란 쉽지 않다.

여기서 정부의 조처가 매우 중요하다. 모든 사람에게 적용되는 규칙이 없다면, 오염 통제와 환경 보존에 투자하는 기업체들은 계속해서 오염 물질을 뿜어 내는 무감각한 경쟁자들과의 경쟁에서 불이익을 당할 것이다. 단기적으로 보면 시장은 환경 비용을 무시한다. 그러므로 모든 기업체에게 오염을 종식시킬 것을 정당하게 요구하는 법을 만들면, 모든 경쟁자들이 동일한 지점에서 출발하게 된다.

이는 국가에 대해서도 마찬가지다. 공해는 국경을 따지지 않는다. 많은 경우에 한 나라를 황폐하게 만드는 대단히 많은 오염 물질이 외국에서 들어온다. 그리고 그들 또한 그들이 만들어 낸 많은 오염 물질을 다른 나라로 퍼뜨린다. 그러므로 어떤 나라가 오염 물질을 줄이는 데 투자하기로 했는데 주변의 나라들이 동참하기를 거부한다면, 그 나라의 투자는 고집 세고 이기적인 이웃들의 삶을 향상시키는 결과를 낳는다.

국제적 기준이 매우 중요하다. 국제 연합처럼 힘있는 세계 기구만이 무언가를 할 수 있다. 분명히, 거대한 권한을 하나의 세계적 기관에 집중시키는 것은 지혜롭지 못한 일이다(타락한 세상에서 집중된 권한은 언제나 위험하다). 그렇다고 해서 국제 연합이 강화되어 매우 밀접하게 관련되어 있는 국가 간의 일을 처리해야 한다는 사실을 무시해도 된다는 말은 아니다. 그러나 그렇게 하는 한편, 우리는 지역적 차원에서 할 수 있는 모든 것을 하는 동시에, 환경의 위기로 인해 새로이 생겨난 중앙 집권적 국제 기관에 주의 깊은 견제와 균형을 확실히 가해야만 한다.

좋은 소식은 과학자들만이 아니라 사업가들도 기후 변화와 싸우기 위해 적극적으로 행동해야 한다는 결론에 이르렀다는 것이다. 미국 경제 전문지 "비즈니스 위크"(*Business Week*) 2004년 8월 16일자 표지 기사는 기업들이 "의회와 백악관보다 훨씬 앞서고 있다"고 지적했다. 엑셀론 사의 사장은 "우리는 지구 온난화가 압도적임을 인정한다"고 말하면서 이렇게 덧붙였다. "탄소 억제를 의무화해야 한다." 이는 훌륭한 사업이기도 하다. 뒤퐁 사는 1990년 이래로 온실 효과 가스 방출을 65퍼센트 줄임으로 수백만 달러를 절약했다!

도처에서 환경 문제를 바로잡으려는 추진력이 일어나고 있다. 하지만 우리 자손들에게 온전한 세상을 넘겨주려면 아직도 할 일이 많다. 우리는 구체적으로 무엇을 해야 하는가?

재생 가능한 에너지

화석 연료의 소비를 줄일 경우에 기존의 에너지를 대체할 수 있는 에너지 두 가지는 핵 에너지 혹은 태양, 물, 바람으로 만들어 내는 재생 가능한 에너지다. 불행히도 원자력 발전은 몇만 년 동안 지속되는 위험을 제공한다. 안전한 핵 폐기물 처리법은 아직 발견되지 않았다. 따라서 태양, 바람, 물을 통해 만들어 내는 재생 가능한 에너지가 더 나은 대안이다.

수력 발전은 더 많이 개발될 여지가 있다. 다만 그와 관련된 문제에 주의해야 한다. 2002년 수력 발전 시설은 미국에서 생산되는 전기의 7퍼센트를 공급했다.[76] (미국의 원자력 발전소는 20퍼센트를 생산했다.)

개발도상국에는 아직 개발되지 않은 수력 발전 자원이 매우 많다. 하지만 수력 발전을 위해 건설된 커다란 댐은 종종 환경에 해를 끼친다. 남아시아의 갠지즈 강은 상류의 물을 우회시켜 놓았기 때문에, 건기에는 강물이 벵갈만까지 이르지 못한다. 그 결과는 어떠한가? 방글라데시의 매우 중요한 어업과 홍수림이 파괴되고, 지역 경제가 와해되었으며, 벵갈산 호랑이의 마지막 피난처 중 하나가 황폐해졌다. 이집트에서는 하이아스완 댐이 나일 골짜기의 기근을 막아 주는 중요한 울타리라는 것이 입증되었다. 하지만 또한 그 댐은 1996년까지 나일 강에 사는 상업성 있는 47어종 중 30종을 거의 멸종시켰다. 해마다 나일 강에서 유입되는 침니(굴뚝 모양의 해저 퇴적물)의 영향을 받는 동지중해의 상업용 정어리 어업은, 1996년에 이전 규모의 17퍼센트로 감소했다.[77] 댐과 수력 발전의 영향은 대개 수력 발전소를 건설한 후 오랜 세월 동안 알아차릴 수 없으며, 해를 끼친 후에는 보통 회복이 불가능하다.

훨씬 더 고무적인 것은 풍력과 태양력을 이용하는 기술이 발달하고 있다는 사실이다. 풍력과 태양력은 전력을 생성할 때 오염을 일으키지 않는 자원이다. "재생 에너지에 대한 전 세계적인 투자는 2003년 203억 달러를 넘어섰다.…새로운 재생 에너지 시장은 다음 10년 내에 매년 850억 달러에 이를 것으로 기대된다."[78] 세계적으로 풍력 발전은 1993-2003년에 매년 평균 30퍼센트씩 성장했다. 2003년 미국에서 풍력 발전 비용은 킬로와트 시(kwh)당 3-5센트였는데, 실제로 이 비용은 수력 전기의 한 종류를 제외하면 주요 전력원 중 가장 낮은 것이다. (3.4-5센트인 천연 가스와 4.3-4.8센트인 석탄보다도 낮다.) 오염이 건강에 미치는 영향 같은 사회적 비용까지 고려하면, 풍력은 훨씬 좋은 대안인데, 석탄 6.6-21.7센트, 천연 가스 4.5-9.5센트에 비해 풍력은 3.1-5.3센트다.[79]

태양열 에너지 역시 전망이 좋다. 1993-2003년에 태양열 에너지 생성 능력은 7배나 증가했다. 2003년에 그 산업은 52억 달러 이상의 수익을 올렸으며, 2012년까지 매년 270억 달러 이상의 수익을 올릴 것으로 기대된다.[80]

태양 과학 기술로 인해 발생하는 매혹적인 부수적 효과 중 하나는 그 장치가 매우 작아서 모든 농장과 집에 설치할 수 있다는 것이다. 그 결과, 거대한 공익 기업의 독점을 깨고 경제적인 전력을 민주적으로 사용하게 된다. 최근에 나타난 이러한 분산화의 몇몇 예는 고무적이다. 최근의 한 시기에 케냐에서는 1만 7천 가구만이 중앙의 전력 축전지에 접속한 반면, 2만 가구가 태양열 전지를 받았다. 남아프리카공화국에서는 지방의 공장에서 만들어진 태양 전지판으로 1만 가구, 600개의 병원, 1천 개의 학교에 전력을 공급할 계획이다.[81] 그러나 바로 이러한 성공 때문에 독점 기업들이 분산화된 태양 에너지와 싸울 것이라는 예상이 가능하다. 여기에 또한 정부의 변화가 도움이 될 것이다.

태양열 에너지와 풍력의 놀랄 만한 성장에도 불구하고, 2000년의 경우 태양력과 풍력의 사용은 세계 에너지 사용의 2퍼센트에도 미치지 못하였다. "20년 내에(2024년) 세계적으로 경쟁력 있는 재생 에너지를 개발하는 데 10여 년 동안 필요한 투자 비용은, 원유 가격이 10퍼센트 상승할 때의 경제적인 비용보다 훨씬 낮을 것이다."[82] 실로 G8(G8은 7대 선진국과 러시아를 말한다)의 보고서는 재생 에너지에 투자하는 것이 미래에 대한 일반적인 접근법보다 비용이 덜 든다고 말했다.[83]

필요한 연구에 현명한 투자를 하도록 격려하며 시장과 협력하는 정부 정책은, 풍력과 태양열 에너지에 훨씬 더 많이 의존하도록 할 수 있다. 이에 대한 좋은 예가 독일과 일본이다. 2003년에 독일은 풍력으로, 일본은 태양 에너지로 세계를 주도했다. 그러나 1990년대 초반 "독일에는 사실상 재생 에너지 산업이 거의 없었다.…그러나 10년도 안 되어 독일은 재생 에너지의 선도자로 변모했다."[84] 2002년, 독일의 재생 에너지 산업은 110억 달러를 벌었고 2003년에는 약 4만 5천 명이 풍력 산업에 종사했다.[85] 독일은 어떻게 거의 바닥에서 최고의 위치로 갈 수 있었을까? 효율적이고 지속적인 정부 정책 때문이었다. 일본의 경우도 비슷하다. 일본도 작게 시작했지만 10년도 안 되어 태양열 에너지 분야에서 세계를 주도하는 생산국이자 사용국이 되었다. 일본은 작은 섬이지만 2003년에 미국의 세 배에 해당하는 에너지를 산출했다.[86] 이러한 성장 역시 효율적이고 지속적인 정부 정책 때문이었다.

재생 에너지는 지구 온난화, 대기 오염, 수질 오염과 같은 문제들에 대처할 뿐 아니라, 개발도상국에서는 일자리를 창출하며 해외 에너지 자원에 대한 의존도를 낮춘다. 예를 들어, 아프리카의 국가들은 "수출로 번 수익의 대략 80퍼센트를 원유를 수입하는 데 쓴다." 이와는 대조적으로 브라질의 에탄올 프로그램은 하루에 22만 배럴의 원유를 대체하여, 그 프로그램을 시작한 이후 520억 달러 이상을 절약했다.[87] 일자리 창출에 대해서 보자면, 재생 에너지 제조와 연관된 많은 직업이 개발도상국에 생겨난다. 2003년 중국과 인도는 모두 풍력 발전소를 지었으며, 인도의 경우 "내수용과 수출용으로 매년 약 500메가와트의 전력을 생산했다."[88]

G8은 실제로 현재의 상태를 지속하는 것보다 재생 에너지에 투자하는 것이 더 저렴할 것이라고 말한다. 그리고 환경적인 유익과 건강 면에서의 유익은 자명하다. 왜 우리는 다른 대안을 찾는가? 불행히도 유익함을 알면서도 사회적인 변화는 어려울 수 있다. 특히 우리 경제를 강화시킬 에너지 자원(그리고 그에 수반되는 기본 시설)의 변화에 대해 이야기할 때 그렇다. 그리스도인을 비롯한 선한 의지를 가진 사람들이 소비자들이 다른 선택을 하도록, 정부가 강력하고 지속적인 정책을 추진하도록 주장하는 일이 필요하다.

교통 수단 선택

어떤 교통 수단을 선택하느냐 하는 것은 공해와 환경 파괴의 견지에서 볼 때 각 개인이 하나님의 창조 세계에 영향을 미치는 가장 중요한 영역이다. 1998년 교통 수단 부문은 미국 지구 온난화의 원인 중 30퍼센트 이상을 차지했으며[89] 가까운 미래에는 최고가 될 전망이다.[90] 미국의 경우 자동차와 트럭의 배기관으로 인한 오염은 대기 오염의 원인 중 거의 3분의 1을 차지하며, 스모그(혹은 지상의 오존)를 야기하는 오염의 원인 중 거의 절반이다. 더욱이 휘발유의 생산과 분배는 유독 대기 오염원(예를 들어 벤젠) 방출의 절반의 원인을 차지한다.[91]

1997년 미국에서 교통 수단에 사용한 에너지는 세계 전체가 교통 수단에 사용한 에너지의 3분의 1 이상이었다.[92] 우리는 우리 몫 훨씬 이상을 사용할 뿐 아니라 상당량을 낭비하고 있다! 1970-2001년 사이 미국 인구가 39퍼센트 증가한 반면, 자동차 주행 거리(VMT)는 149퍼센트 증가했다.[93] 우리는 1988년 이래 자동차 인구당 연비에서 전혀 진보가 이루어지지 않았다! 이는 '경트럭' 범주(SUV, 밴, 소형 트럭)의 차가 증가하였기 때문이다. 이런 차들은 보통 자동차들보다 연료를 3분의 1 더 사용하도록 연방 연료비 효율 기준(CAFE)이 규정하고 있다. 1975년 연료비 효율 기준법이 통과된 이래, 그 차들의 수요는 폭발적으로 증가하여(SUV는 1975년 이후 10배나 증가했다) 2001년에는 자동차 시장의 거의 50퍼센트를 차지했다.[94] 1990년대에 미국은 개인 승용차로 인한 지구 온난화 오염이 45퍼센트 증가했는데, 이는 '경트럭' 범주의 자동차가 증가했기 때문이다.[95]

우리가 자가 운전을 더 많이 할 때 대중 교통을 덜 이용할 것이라는 사실은 명백하다. 2000년 통계 조사는 4명 중 1명의 근로자가 혼자 차를 타고 출근한다고 밝혔는데, 이는 20년 전보다, 10년 전보다 증가한 것이다. 2000년 통계 조사는 또한 대중 교통을 이용하는 사람은 5퍼센트 미만이며 재택 근무를 하는 사람은 3퍼센트 미만이라고 보고했다.[96]

우리는 엄청난 양의 세계 에너지 자원을 소비하고 있으며 그럼으로써 지구상에서 유해한 오염을 일으키고 있다.

여기 우리가 할 수 있는 일들이 있다.[97] 걸어 다니고, 자전거를 타고, 자동차를 함께 타고, 대중 교통을 이용하는 일이 더 쉬워지고 할 만한 일이 되도록 우리 삶을 정비할 수 있다. 이사를 갈 때도 그렇게 할 수 있는 지역을 골라야 한다. 새 차가 필요할 때는, 가장 연료 효율이 높고 공해가 적으며, 우리의 필요에 딱 맞고, 우리의 안전과 타인의 안전을 위협하지 않는 차를 사야 한다. 연료를 절약하여 저축한 돈의 일부는 선교비로 낼 수 있다.

그리스도인 사업가들은 직원들이 대중 교통을 이용하도록, 승용차 함께 타기 프로그램에 참여하도록, 유료 주차를 피하도록, 그리고 업무용차로 연료 효율이 높은 차를 사도록 격려해야 한다.

지역 교회는 교인들을 교육하여, 매일의 활동이나 교회 예배를 드리려고 올 때 대중 교통을 이용하도록 하고, 예배나 교회 활동을 할 때 교인들이 이용할 수 있는 승용차 함께 타기 프로그램을 만들어야 한다. 교회, 교단, 기독교 기관들은 교통 수단을 선택하는 일이 도덕적인 선택임을 교육해야 한다.

그리스도인과 기독교 기관과 교단은 교통 수단과 관련하여 각 개인이 올바른 선택을 하는 일이 용이하도록 정부 정책에 대해 의견을 개진해야 한다. 이는 다음과 같은 일을 포함한다.

- 보행과 자전거 이용이 편리한 동네가 되게 하기
- 대중 교통을 가까운 거리에서, 오래 기다리지 않고, 적당한 가격으로 이용할 수 있게 하기
- 연비를 확실하게 높일 수 있는, 연료 효율이 더 높은 새로운 자동차 요구하기
- 수소 연료 전지와 그 밖의 가능성 있는 대체 기술 연구와 개발 지원하기

또 다른 차원으로, 연료 효율이 높고 공해가 적은 차를 구입하고, 그런 차를 만든 회사를 널리 알림으로써 자동차 제조업체에게 그런 차를 만들도록 격려해야 한다.

폐기물 재활용

놀랍게도 석 달 동안 미국인들이 버리는 알루미늄으로 미국의 사업용 비행기를 모두 다시 만들 수 있다고 한다.[98] 폐기물에 대한 통계 자료를 보면 아연실색할 노릇이다. 미국에 사는 보통 사람은 하루에 약 2킬로그램의 쓰레기를 방출한다. 보통의 미국인은 평생 동안 성인 몸무게의 600배에 해당하는 쓰레기를 버린다. 이는 각 성인이 자기 자녀에게 약 4만 킬로그램의 쓰레기를 유산으로 남길 것이라는 의미다. 하지만 쓰레기를 재활용하는 일은 매립지에 묻는 것보다 여섯 배나 많은 일자리를 창출한다. 알루미늄을 재활용

하면 엄청난 양의 에너지를 절약할 수 있다. 한 개의 새로운 캔을 생산하는 데 필요한 에너지만 가지고도, 재활용된 알루미늄으로 스무 개의 캔을 만들 수 있다. 이는 대기 오염을 엄청나게 줄이는 일이고,[99] 재생 불가능한 자원을 사용하는 것이다. 한때 시 정부가 적당한 쓰레기 처리장을 찾지 못해 절망하고 있을 때, 미국 의회가 간단한 빈병 재활용 법안조차 통과시키지 못했다는 것은 놀라운 일이다.

다행히 미국 산업에 희망적인 조짐도 있다. 1996년에 시카고 무역 위원회는 재활용품 교환 제도를 내놓았다. 이전에는 쓰레기였던 것이 이제 개방 시장에서 자산으로서 매매되고 있다. 유리, 플라스틱, 종이는 이제 그 자체의 시장을 갖고 있다. 지난 몇 년 동안 재활용 산업을 괴롭혀 왔던 광범위한 가격 변동은 곧 끝날 것으로 보인다.[100]

우리 모두 재활용을 위해 노력할 수 있다. 가정에서는 깡통·유리·종이 등을 분류해서 자녀들에게 재활용을 가르침으로써, 직장에서는 고용주들에게 재활용을 하도록 압력을 가함으로써, 투표할 때 특별 이익 단체에 영향을 받지 않을 정치가를 선택하며 재활용을 장려할 공공 정책에 표를 던짐으로써 그리고 교회에서는 지구를 보존하기 위해 재활용의 윤리를 재발견함으로써 그것이 가능하다.

삼림 벌채 억제

해외 다우림 지역의 파괴를 줄이기 위해, 우리는 종이와 목재 소비를 줄일 수 있다. 종이 타월 대신 수건을 사용하고 1회용 종이 제품 사용을 피하라. 재활용 물질을 가장 많이 사용한 재활용 종이

제품을 구매하라. 종이는 양면을 다 쓰라. '나무로 만들지 않은' (tree-free, 예를 들어 버려진 짚·양마(洋麻)·대마(大麻) 같은 농산품으로 만든) 종이 제품을 구매하라.[101] 중고품(예를 들어, 재생되었거나 재활용된 판재, 중고 가구)이나 계속해서 생산된다고 인증된 목재나 목제품을 구입하라. 요즘은 많은 주택 개조 도매점이 그런 목재를 보유하고 있다. 다음 번 당신의 집 근처 가게에서 목재를 살 때 꼭 물어 보라. 열대 활엽수로 만든 새 제품(예를 들어 티크, 마호가니)을 사지 말라. 이런 목재들이 더 좋다면 골동품처럼 중고 제품을 사라.

'숲 친화적인 정책'을 취하는 회사의 제품을 사고 그 회사에 당신이 왜 그 회사를 지지하는지 편지를 쓰라. 인터넷으로 몇몇 회사를 찾을 수 있다. 이와 함께 환경 파괴적인 회사들과도 접촉해서 왜 당신이 그 회사 제품을 쓰지 않는지 말해 주라.

열대 다우림 지역의 보존과 건강을 염두에 두며 지역 주민들을 후원하는 회사에서 제조한 제품을 구입하라. 예를 들어, 다우림 지역을 보호하는 동시에 근로자들에게 정당한 임금을 주는 회사에서 나온 차양 재배 커피(shade-grown, 요즘은 여러 가게에서 찾을 수 있는)와 코코아와 초콜릿 제품을 찾으라. 교회에서도, 차양 재배한 공정 무역 커피를 구입하라.

미국에서의 토지 사용 관행 역시 중요하다. 매일 8.6평방마일의 땅이 농경지나 숲에서, 주거용이나 상업용, 산업 개발용으로 변경된다. 1982-1997년에 미국 인구는 17퍼센트 성장한 반면, 도시화된 땅은 47퍼센트 늘어났다. 지난 20여 년 동안 새로운 주택의 한 사람이 차지한 땅은 거의 두 배에 이르렀고, 1994년 이후 4헥타르가 넘는 주택지는 개발된 땅의 55퍼센트에 달했다.¹⁰² 농경지와 숲을 잃은 것은 일인당 차지한 땅의 면적이 증가하였기 때문이다.

토지를 보존하면 삼림 벌채를 막을 수 있다. 토지를 보존하고, 도시가 마구 확장되는 데 한몫 거들지 않기로 개인적인 결단을 하라. 집을 고를 때, 이전의 농지나 공터에 지은 새로운 구획에는 반대하고 재개발된 지역을 고르라. 좀더 큰 집과 좀더 넓은 도로를 위해 일인당 사용 토지를 점점 더 넓힌다면, 하나님의 피조물을 점점 더 쫓아내는 꼴이 될 것이다. 성경은 우리에게 만족을 훈련하며(딤전 6:6-9; 히 13:15), 피조물을 위해 공급하라고(시 104:10-13) 가르친다. 우리는 필요 이상의 더 큰 주거지를 확보하지 않음으로써 그렇게 할 수 있다.

'스마트 성장' 정책, 토지 보존에 대한 세금 감면 혜택, 시민들과 입법자를 대상으로 한 토지 보존 교육 등과 같은 훌륭한 공공 정책을 지지하라. 지역의 정치와 결정에 적극적으로 참여하라. 토지에 대한 결정들은 한 국가 내에서 지역적으로 이루어진다. 지역 모임에서 당신의 목소리를 높이라. 공원과 동식물 서식지를 위한 공간을 남겨 놓고 주택은 좀더 작은 공간에 밀집하도록 하는 신전통적인 개발 방식 같은 창조적인 대안을 지지하라.

생태계의 작동과 회복에 좀더 초점을 두는 방식으로 숲을 관리하는 국가 정책을 지지하라. 국유림은 보통 벌채할 때보다는 회복할 때 경제적으로 좀더 유익하다. 예를 들어, 숲과 연관된 직업의 75퍼센트는 회복과 관광 산업으로 생겨나고 3퍼센트만이 벌채로 생겨난다.¹⁰³ 회복과 생태계의 작동을 위해 이런 자원들을 관리하도록 지지하는 일은, 천연 자원을 보존하는 동시에 지역 사회에 경제적인 유익을 주는 일이 될 것이다.

이런 과업을 수행할 때, 우리는 후손들이 즐길 신선한 공기를 남기게 될 것이고, 숲을 관리함으로써 즐거이 주님께 영광 돌릴 수 있을 것이다.

탄소세

환경을 개선할 만한 유망한 방법은 많이 있다. 하지만 그것들은 모두 비용이 든다! 그러므로 단기적으로 우리는 이전에 사용하던 방식이 도시를 오염시키고, 삼림과 호수를 파괴하며, 다음 세기에 가면 재앙을 가져올 가능성이 있다 해도 계속해서 그러한 것들을 사용하고 싶은 유혹을 느끼게 된다.

엄중한 탄소세가 시급히 필요하다. 배기 탄소를 줄일 다른 방법이 있지만 비싼 탄소세가 가장 효율적이고 시장에 잘 맞을 것이다. 정확히 예측할 수는 없지만 과학자와 경제학자들은 화석 연료의 실질적인 비용(현재의 오염이라는 모든 부정적인 환경적 결과와 지구 온난화라는 미래의 비용을 포함해서)을 추산해 볼 수 있다. 석탄이 대부분의 탄소를 생성하므로, 석탄에 대한 세금이 가장 높게 부과되어야 한다. 그 다음에는 기름, 가스 순이다. 태양이나 바람에서 얻을 수 있는 재생 가능한 에너지는 탄소 방출물을 생성하지 않으므로 세금을 낼 필요가 없다. 탄소세를 부과하면 시장은 오염에 따른 실질적인 비용을 현실에 적용하려 애쓰게 될 것이다. 세수 중립 법칙을 유지한다는 것은(즉 정부는 인상된 만큼 다른 세금을 줄임으로써 세금 인상분을 상쇄할 것이다), 올바르게 행하고 화석 연료로 인한 오염을 줄이는 사람들은 세금 감면을 받을 것이라는 의미다.

진정한 변화를 일으키려면 탄소세는 비싸야 한다. 많은 경제학자들이 미국의 휘발유 가격을 두 배로 올려야 한다고 제안한다.[104] 정치적으로는 그러한 변화가 어렵지만 세수 중립 법칙에 대해 성공적으로 논의가 되면 좀 덜 어려울 것이다. 미국은 비싼 탄소세를 법규화해야 할 때다. 물론 사람들과 사업체들이 적응하는 데는 여러 해가 걸릴 것이다. 하지만 우리는 우리 자손들과 지구상의 가난한 이들에게 빚을 지고 있다.

가난이 환경 파괴에 한 몫을 하고 있기 때문에(8장을 보라) 가난한 사람들을 자립시키지 않고는 지구를 보존할 수 없다. 절망에 빠진 가난한 사람들은 우림을 잘라내고 경작에 적합하지 않은 자투리 땅을 훼손시킨다. 부유한 나라들은 제대로 된 세계 환경을 보호하기 위해 재활용이나 비싼 탄소세를 걷는 일 이상을 해야 한다. 또한 부유한 나라들은 자식들을 먹일 길이 없어서 환경 파괴적인 행동을 하도록 내몰리는 절망에 빠진 사람들의 가난을 줄이기 위해, 자신들의 풍요 중 일부를 써야만 한다. 정의 없이는 환경을 보전할 수 없다.

대외 원조는 도움이 되는가?

때로 원조금이 허비되었다는 소식이나 흰 코끼리 계획(효용가치에 비해 돈이 많이 드는 일—역주)이나 외교상의 실수에 대한 소식이 들리면 우리는 대외 원조를 포기하고 싶은 생각이 든다.[105] 하지만 그것은 너무 경솔한 반응이다. 지혜롭게 목표를 정한 대외 경제 원조는 변화를 일으킬 수 있다. 1967년에 천연두로 전 세계에서 200만 명이 사망했지만, 1981년에 이르자 천연두는 완전히 사라졌다. 그 이유는 무엇인가? 이 살인마를 근절하기 위한 대대적인 프로그램 덕분이었다. 수백만 달러에 이르는 미국의 대외 원조금이 해마다 200만 명을 죽이는 파괴자를 쳐부수는 데 도움이 되었다.[106]

국제 개발 원조는 널리 퍼진 기아, 가난, 질병을 해결하는 데 필요한 결정적인 도움을 줄 수 있다.[107] 다행히도 과거 대외 원조의 실패 사례나 성공 사례는 중요한 교훈이 되었다. 경제 성장 방법에 대한 새로운 분석, 그 성장이 더 골고루 일어나게 하는 일, 가난하고 굶주린 사람에게 직접적으로 초점을 맞춘 원조 등을 종합적으로 고려할 때, 여기서 얻은 교훈들은 국제 개발 원조를 이전보다 더 효율적으로 하게 할 수 있다.

2000년 미국을 포함한 189개국은 세계의 가난한 나라 국민들에게 그들의 삶을 개선하는 일을 돕겠다고 약속했다. 그에 따라 구체적인 목표와 방법이 세워졌는데 그것이 새천년 개발 목표(MDGs)다. 여기에는 기아와 가난과 질병을 줄이기 위한 상호 의존적이고 포괄적인 전략이 담겨 있다. 2000년 9월 국제 연합 새천년 선언의 일부로 발표된 새천년 개발 목표는, 30년간의 세계 개발 경험에서 걸러진 지혜를 담고 있다. 기아, 가난, 건강, 환경, 교육 그리고 무역과 대외 원조까지 모두 경제 개발에 기여한다는 것이다. 경제 개발이 되려면 부유한 나라와 가난한 나라 모두 자기 몫의 역할을 해야 한다.

2001년 9월 11일 사건 역시 세계에서 미국의 역할과 세계 시민으로서 우리의 도덕적 의무에 대한 많은 사람의 견해를 바꾸었다.

사람들은 교황 바오로 6세의 금언 "평화를 원한다면, 정의를 위해 일하라"에 담긴 진리를 깨달았다. 대다수의 미국인이 이제 전 세계의 기아, 가난, 질병에 대한 효율적인 발의안에 우호적이다. 그들은 지원을 가장 필요로 하는 사람들에 초점을 맞춘 원조가 가난한 나라를 돕는 데 중요한 역할을 할 수 있음을 깨닫고 있다.

9.11은 또한 조지 부시 대통령으로 하여금 미국이 세계의 기아와 가난과 질병을 줄이는 일에 도덕적인 책임이 있고 그 일을 통해 국가 안보를 지켜낼 수 있음을 확신하게 했다. 2002년 3월 그는 새천년 도전 선언(Millennium Challenge Account, MCA)과, 확대되는 에이즈에 대한 발의안을 내놓았다. 1년 반 이후 의회는 초당파적인 대다수가 모여 두 가지 발의안을 다 법률화하는 것을 승인했다. 의회 역시 세계의 가난과 불안정의 새로운 도전들에 대처하기 위해 가난에 초점을 맞춘 개발 원조를 확대하기 시작했다.

MCA는 대외 원조에 대한 신선한 접근이다. 이는 가난을 줄이고 경제를 성장시키는 데 열심인 국가들에 대해서는 추가로 원조를 해준다. MCA 기금을 얻기 위해서는, 훌륭한 통치, 건전한 경제 정책, 국민의 건강과 교육을 위한 투자 등을 측정하는 일련의 객관적인 자격 요건을 충족시켜야 한다. 자격을 갖춘 나라들은 이제 가난을 줄이고 경제를 성장시키는 국가 주도적인 전략을 격려하는 MCA 기금을 사용하기 위해, 시민 단체와 폭넓은 상의 과정을 거쳐 계획을 세워 나가야 한다. 모든 과정이 투명하고 모든 차원에서 책임 의식을 증진시킨다.

대외 원조는 그것을 주는 방식을 바꾸면 유익할 수 있다. 정부의 대외 원조를 개선할 수 있는 열가지 제안은 다음과 같다.

1. **최극빈층에 초점을 맞추라.** 먼저 대부분의 대외 경제 원조는 가장 가난한 나라의 최극빈자들이 기본 필요를 충족시킬 수 있도록 계획되어야 한다. 대부분의 가난한 사람들은 농촌 지역에 살고 있으므로, 통합된 농촌 개발에 초점을 맞추어야 한다. 이는 대개 토지 개혁, 신용 대부를 포함한 농업 연장 사업, 개량된 씨앗과 비료, 관개 사업 같은 농촌 공공 사업, 농업 연구, 적절한 기술의 도입 그리고 농업 발전을 보완하기 위해 농촌 지역에 경공업 단지를 개발하는 일 등을 의미할 것이다.

농촌에 사는 사람들이 최소한의 기본적인 보건, 교육, 확실한 식량 공급 등을 받는 것이 특히 중요하다.[108] 이러한 것이 필수적인 첫 번째 이유는 첫째, 정의를 위해서이고, 둘째 이유는 그럴 때에만 인구 폭발이 완화될 수 있기 때문이다. 세계 은행의 한 연구는 다음과 같은 결론으로 끝난다. "개발도상국에서 가난한 사람들의 상황을 개선시키고 여성들에게 교육과 취업의 기회를 제공하는 데 성공한 정책은 출산율을 줄이는 것이다. 출산율이 선진국 수준으로 떨어지려면 가난한 사람들의 복지를 개선하는 일이 필수적이다."[109]

그리스도인들은 그러한 결론에 놀라서는 안 된다. 성경에서 가르치듯이 하나님이 가난한 자들과 억압받는 자들을 해방시키시기 위해 역사 가운데 일하신다면, 효과적인 개발 전략은 가난한 대중에게 정의를 가져오는 전략임을 예상해야 한다. 동시에 최극빈자들에게 초점을 맞춘 이러한 개발 이론은 '구명 보트의 윤리'를 결정적으로 반박할 수 있는 논거를 제공한다. 농촌 개발을 촉진하는 대외 원조는 지금은 수많은 사람들을 부양하고 있으나 후에는 훨씬 더 많은 사람들을 멸망시키고 마는 어리석은 행동이 아니다. 오히려 농촌의 대중에 대해, 특히 여성에게 (적어도) 최소한의 교육과 보건을 공급하며 농업 생산을 장려하는 대외 원조는, 인구의 증가를 저지할 수 있는 가장 좋은 길이다. 정의와 효율성은 서로 합치되는 것이다.

비극적이게도, 미국의 경제 원조의 대부분은 정말로 가난한 사람들에게 돌아가지 않았다. BFW는 가장 저명한 미국의 기독교 정치 단체로서 기아와 빈곤을 감소시키는 데 중점을 두고 있다. BFW는 미국의 대외 원조가 대부분 커다란 정치적 혹은 군사적 이해 관계가 얽힌 나라에 집중되어 왔다는 것을 지적한다.[110] 다른 나라들도 마찬가지다.[111] 우리의 원조는 가장 가난한 나라들에게 가야 한다. "세계에서 가장 가난한 사람들의 거의 50퍼센트가 살고 있는 남아시아는 일인당 3달러밖에 원조를 받지 못했다. 반면 일인당 소득이 남아시아의 거의 다섯 배나 되는 중동은, 일인당 원조를 남아시아의 여섯 배나 받았다."[112]

2. **민간 자원 봉사 기관들(private voluntary organizations: PVOs)을 통해 더 많은 원조를 전달하라.** 지난 40년간 개발도상국에는 가난한 사람들을 자립시키는 효과적이고도 대중적인 기관들이 많이 생겨났다. 같은 기간에 많은 효율적인 국제 민간 자원 봉사 단체들(기독교적 단체와 일반 단체 모두)이 아주 가난한 사람들과 함께 일하는 매우 성공적인 프로그램들을 개발했다. 이러한 민간 자원 봉사 기관들은, 가장 비용 효율이 높은 방법으로 원조금을 받아 내는 일을 부유한 엘리트들이 다스리는 중앙 정부 관료들보다 훨씬 더 잘 해내고 있다. 민간 자원 봉사 기관들은 매년 가난한 나라에 있는 2억 5천만 명 이상의 사람들에게 영향을 미치고 있는 것

으로 추산된다.[113] 미 정부원조기관(USAID)은 이런 지역적, 국제적 민간 자원 봉사 기관에 의존하는 것이 타당함을 인식했고, 지금은 민간 자원 봉사 기관들을 통해 전달되는 미정부 원조 기관의 개발 지원이 40퍼센트에 이른다.[114]

3. 자립할 수 있는 능력을 부여하는 일에 초점을 맞추라. 개발 지원은 힘이 없는 사람들에게 자립할 수 있는 힘을 부여해야 한다. 그것은 종종 토지를 개혁하는 일이나 힘있는 자들이 억압적 제도를 유지하는 수단인 정치적 부패를 종식시키는 일을 의미할 것이다. 그것은 또한 인권 침해를 종식시키고, 노동 조합과 가난한 사람들이 그들의 사회를 형성하는 데 영향력을 발휘할 수 있도록 해주는 다른 조직들을 장려하는 일을 의미할 것이다. 분명 가난한 사람들에게 자립 능력을 부여하는 것은 현재 권력을 잡고 있는(지역의 촌락에서, 주에서, 국가에서 그리고 전 세계에서) 억압적이고 부패한 일부 엘리트들에게 위협이 된다. 하지만 개발 지원은 가난한 사람들에게 자립 능력을 부여해서 그들이 자신의 운명을 결정할 수 있도록 할 때에만, 의존이 아닌 정의를 배양하게 될 것이다. 정부 대 정부의 지원을 해줄 때, 그 지원은 일차적으로 토지 개혁, 인권 확보, 민주적 과정 등에 의해 절대적으로 가난한 사람들에게 자립 능력을 부여하려는 전반적인 개발 전략에 동의하는 나라에게 주어져야 한다.

4. 기증자의 정치적·경제적 이익을 강조하지 말라. 단기적인 정치경제적 고려 사항은 대외 원조의 효율성을 방해해 왔다. 수혜국이 현재 지정학적으로 이익이 된다는 이유로 그런 나라들에게 너무 많은 원조를 계속 하고 있다.[115] 당면한 정치경제적 관심사보다는 만

연된 기아와 빈곤에서 벗어나 자유로운 세계 사회를 이루기 위한 장기적 목표에 따라 원조를 해야 한다.

우리는 유니세프와 농업 발전을 위한 국제 기금(International Fund for Agricultural Development) 등의 효율적인 국제 연합 프로그램 같은 다변적 경로를 통해 더 많은 원조를 해주어야 한다.[116] 미국과 개발도상국 간의 개별적인 쌍무 협정보다는, 다변적 원조가 단기적인 정치적 고려 사항의 영향을 줄일 수 있다.

또 다른 문제는 미국이 개발도상국이 원조받은 돈을 미국 물품과 용역을 구입하는 데 사용하도록 요구함으로써, 대외 원조의 상당한 부분을 '사용 제한'해 놓았다는 것이다. 미국의 물가는 종종 세계 시장 가격보다 높기 때문에 그 원조를 받으면 받지 않았을 때보다 더 적은 물품과 용역을 살 수밖에 없다.[117]

또한 원조는 수출을 증가시키려는 우리의 욕망과 너무 밀접하게 관련되어 있다.[118] 데니스 굴레트(Denis Goulet)가 "'원조'는 성공적일 수도 순수한 발전에 기여할 수도 없다. 만약 그것이 근본적으로 선진국의 경제·무역 정책의 도구로서, 이념적·정치적 충성을 획득하기 위한 상벌의 장치로서, 혹은 가난한 군중의 정치적 폭동을 제지하기 위한 뇌물로서 주어진다면 말이다"라고 한 것은 옳다.[119]

5. **경제적 지속성을 추구하라.** 세계의 토양, 물, 삼림을 계속 파괴해서는 안 된다. 예를 들어, 북반구의 자본 집약적인 농업 형태를 개발도상국에 가져가서 그대로 추진해서는 안 된다. 우리의 원조는 건강한 지구의 생태계를 보존하는 데 민감한, 적절한 과학 기술과 노동 집약적인 접근법을 장려해야 한다.[120]

6. **아주 적은 대부금으로 부를 창출하라.** 여러 조직들은 아주 가난한 기업가들에게 이자를 부담하는 매우 작은 규모의 대부를 해주는 것이 빈곤을 줄이는 가장 효과적인 방법 중 하나라는 것을 발견했다. 1980년대 후반에 들어서 미국 대외 원조의 일부는 가난한 사람에게 소규모 대부를 제공하는 모임에게 돌아가기 시작했다. 더 많은 정부 기금이 우리가 아주 성공적인 전략이라고 알고 있는 모임으로 가야 할 것이다.

7. **개발 원조를 군사 원조와 분리하라.** 미국 시민들은 가끔 혼란스럽다. 개발도상국들에게 돈을 주도록 인가하는 미국의 연례 대외 원조 명세표에 군사 지원과 경제 원조가 모두 나타나기 때문이다. 군사 원조는 개발 원조와 분리되어 인가받아야 한다.

8. **'형평을 동반한 성장'에 헌신한 나라들을 도우라.** 형평을 동반한 성장식 개발 접근법에는 서너 가지 변수들이 있다. 하지만 가장 인기 있고, 아마도 기독교 원리와 합하는 접근법은 기본적 필요 개발일 것이다. 기본적 필요 개발은 가난한 사람들의 상황에 중점을 둔다. 그것은 모든 사람이 공통적인 기본적 필요를 가지고 있으며, 어떤 경제 프로그램이든 그러한 필요를 채워 주는 일을 가장 우선으로 해야 한다고 주장한다. 개발과 개발 윤리에 대해 많은 책을 쓴 그리스도인 저술가 데니스 굴레트는 이러한 기본적 필요를 세 가지로 요약한다. (1)생명 유지, (2)자존, (3)자신의 행동을 선택할 수 있는 자유.[121]

기본적 필요가 '생명을 유지하기 위해 필요한 의식주, 보건과 같은 단순한 육체적 항목 이상'이라는 사실은 전혀 놀랄 일이 아니다. 예를 들어, 물질적인 것은 어떤 외국 기관이 온정주의적 방식으로 관대하게 공급해 줄 수도 있다. 매우 궁핍한 상황에서는 단기적인 원조가 요청되고 또 감사히 받아들여질 것이다. 하지만 장기간 구제품에 의지하게 되면 자존감과 동기 부여가 약해진다. 마찬가지로, 모든 물리적 필요를 채워 주는 전체주의 사회는 하나님의 뜻이 아니다. 사람들은 주체적으로 자신의 삶과 사회를 형성할 자유가 있어야 한다.

저명한 잡지 "세계 개발"(*World Development*)의 편집자인 폴 스트리튼(Paul Streeten)에 따르면, 기본적 필요에는 물질적인 필요뿐 아니라 '자결, 자립, 정치적 자유와 안정, 민족적·문화적 정체성 그리고 삶과 일에서의 목적 의식' 역시 포함된다.[122] 이것은 굴레트가 말한 자존감과 자유라는 범주의 연장이다.

개발도상국들에게 기본적 필요 개발이라는 개발 전략을 장려하는 대외 원조는 가난한 사람들을 진정으로 도울 수 있다.

9. 여성들을 위한 더 나은 교육과 보건을 강조하라. 가난은 남성보다 여성에게 더 많은 영향을 끼친다. 자료를 보면 여성의 처지를 개선시키는 것이 인구 성장을 둔화시키는 최선의 길이라는 사실을 분명하게 알 수 있다. "여자 아이들을 교육시키면 남자 아이들을 교육시키는 것보다 가족 수를 줄이는 데 세 배 기여할 수 있다."[123] 교육받은 여성들은 종종 학교를 마치기 위해 결혼을 늦게 하거나 아이를 늦게 가짐으로써 출산 자녀 수가 줄어든다. 가난한 나라에서는 여성들이 학교 교육을 일 년 더 받을 때마다 유아 사망률이 5-10퍼센트 줄어든다.[124]

표 14. 여성 교육 지수와 관련된 유아 사망률과 총 출산율

단위: %

나라	성별 개발 지수	성인 식자율 (여성)	유아 사망률 (1000명당 사망률)	총 출산율 (2000-2005)
캐나다	0.941	N/A	5	1.5
미국	0.936	N/A	7	2.1
영국	0.934	N/A	5	1.6
오스트레일리아	0.945	N/A	6	1.7
독일	0.921	N/A	4	1.4
일본	0.932	N/A	3	1.3
폴란드	0.848	99.7	8	1.3
칠레	0.830	95.6	10	2.4
베네수엘라	0.770	92.7	19	2.7
멕시코	0.792	88.7	24	2.5
브라질	0.768	86.5	30	2.2
인도네시아	0.685	83.4	33	2.4
중국	0.741	86.5	31	1.8
이집트	0.634	43.6	35	3.3
터키	0.746	78.5	36	2.4
케냐	0.486	78.5	78	4.0
인도	0.572	46.4	67	3.0
탄자니아	0.401	69.2	104	5.1
모잠비크	0.339	31.4	125	5.6
시에라리온	N/A	N/A	165	6.5
말리	0.309	11.9	122	7.0

출처: 2004 국제 연합 개발 프로그램 "인간 개발 지표"

표 14는 그 점을 생생하게 보여 준다. 높은 유아 사망률과 높은 출산율은 여성들의 낮은 교육 수준과 비례한다. 높은 교육 수준은 낮은 유아 사망률 및 인구 성장률과 병행한다. 여성들은 일반적으로 자녀를 돌보는 사람들이다. 그러므로 그들이 위생과 가족 계획

에 대해 배울 때 그 결과는 놀라울 정도다. 표의 성별 개발 지수는 여성의 수명, 소득, 교육을 남성과 비교한 것이다.

10. **군사비 원조를 줄이라.** 1994년에 미국 대외 지원금 총액의 34퍼센트는 군사 및 안보 원조로 지출되었다. 이 기금 대부분은 장기적 발전을 위해 사용되어야 한다. 가난한 나라들은 더 많은 탱크와 총탄이 필요한 것이 아니다. 그들에게는 가난과의 실질적인 전쟁에서 이기기 위한 도움이 더 필요하다.

우리가 대외 원조를 주는 방식을 개선한다면 기아와 빈곤, 불의를 줄이는 데 도움이 될 수 있다. 하지만 얼마나 많은 원조가 필요한가?

폭탄, 빵 그리고 환상

세계는 중대한 선택에 직면해 있다. 가난하고 굶주린 사람들이 필요로 하는 만큼 돕기 위한 실질적인 단계에는 대단히 많은 양의 돈이 든다.

많은 미국 시민들은 미국이 이미 그것을 하고 있다고 생각한다. 1995년 11월의 여론 조사에서 "워싱턴 포스트"(*Washington Post*) 지는 응답자들이 보통 미국이 정부 예산의 26퍼센트를 대외 원조에 쓴다고 생각하고 있음을 발견했다. 사람들은 13퍼센트가 더 적당하다고 생각했다. 하지만 공식적인 개발 원조의 실제 수치는 0.5퍼센트다. 즉 국민들이 생각하는 수치의 52분의 1정도밖에 안 되는 것이다.[125] 2001년 매릴랜드 대학의 여론 조사 역시 비슷한 결과를 얻었다. "대부분의 미국인은 미국이 대외 원조로 연간 예산의 약

24퍼센트를 지출한다고 생각한다."[126]

제2차 세계대전 이후 미국은 관대해졌다. 1947-1952년 사이에, 미국은 마샬 플랜(Marshall Plan)으로 230억 달러(2003년 화폐 가치로 환산하면 1,550억 달러)를 서유럽에 쏟아부었다.[127] 오늘날 서구의 물질적 번영을 보면 그것이 세계 역사상 유례 없는 성공적인 원조였음을 알 수 있다.

오늘날 10억이 넘는 가난한 사람들은 1940년대 후반에 있었던 전쟁의 참화를 당한 유럽 사람들보다 더 심각한 곤경에 처해 있다. 그런데도 우리는 우리의 부가 엄청나게 성장했음에도, 오늘날의 궁핍한 사람들에게 훨씬 더 적은 비율로 지출한다.[128] 사실 미국 정부의 경제 개발 원조율은 50년 동안 낮아졌고 많은 정치가들은 그것을 더 낮추기를 바란다. 헌신된 그리스도인은 이것을 변화시키는 싸움의 선봉에 설 수 있을 것이다.[129]

구소련이 붕괴되고 냉전이 끝났을 때, 전 세계적으로 군사비 지출은 엄청나게 떨어지는 듯 보였다. 사실 1987-1998년 군사비 지출은 현저하게 줄어들었다. 그러나 1998-2001년 군사비는 7퍼센트까지 증가했고[130] 2001년 9월 11일 이후 테러와의 전쟁이 시작되고 나서 미국의 군사비 지출은 어마어마하게 상승했다. 예를 들어 2003년 회계 연도에 미국은 군사비 예산을 480억 달러까지 올렸다. 이는 러시아나 미국이나 영국의 전체 군사비 예산보다도 높은 금액이다.[131]

국제통화기금이 지적한 바에 따르면 부유한 국가들은 "개발 원조에 매년 560억 달러를, 농가 지원금으로 3,000억 달러를, 국방비로 6,000억 달러를 소비한다."[132] 세계적인 군사 비용은 오늘날 세계의 가장 가난한 사람 10억 명의 연간 수입 합계의 네 배가 되는 액수다.[133] 수년 전에 아이젠 하워 대통령이 목소리 높여 했던 말은 여전히 의미가 있다. "제작된 모든 총, 물 위에 띄운 모든 군함, 발사된 모든 로켓은 결국 굶주리면서도 먹지 못하며, 추우면서도 옷을 걸치지 못하고 있는 사람들로부터 도둑질한 것이다."[134]

정부 예산은 교회 예산 및 가정 예산과 마찬가지로 근본적인 우선 순위와 가치관을 반영한다. 어떤 국가적 가치관이 대외 원조와 군사비 예산에 반영되어야 한다고 생각하는가? 가난한 사람들에 대한 현명한 관용이 예산에 반영되어야 한다고 시민들을 설득하는 일에 그리스도인들이 앞장설 것인가?

믿을 만한 사회 단체들

이 장에서 개략적으로 다룬 과업들은 너무 광대하고 압도적으로 보인다. 개개인들이 같은 관심을 지닌 시민들과 연합할 때에만, 필요한 구조적 변화를 효과적으로 촉진할 수 있다. 다음은 공공 정책을 바꾸기 위해 일하는 몇몇 조직들의 예다.

BFW(Bread for the World). 전국적인 그리스도인 시민 운동으로서, 국가의 정책을 결정하는 사람들을 대상으로 활동하며 세계의 굶주린 사람들을 위한 정의를 추구한다. BFW는 전국의 모든 하원 의원 선거구마다 회원들이 있으며, 그 중 많은 곳에 일반인으로 이루어진 지역 모임을 조직했다. BFW의 회보는 연 8회 발간되는데(여러 긴급 회보와 함께) 최신 이슈와 굶주린 사람들에 대한 입법 사항을 회원들에게 전해 준다. 회원들은 전화를 하거나 편지를 쓰거나 정부 관리, 특히 그들이 속한 선거구의 하원 의원들을 방문함으로써 법 제정에 영향을 끼친다.

BFW는 명백한 기독교 기관이다. 지역 모임들은 기도와 성경 공부로 모임을 시작하며, 전국 사무실 직원들은 매주 금요일 아침에 모여 예배를 드린다. BFW의 설립자인 아더 사이먼(Arthur Simon)과 현재 회장인 데이비드 베크만은 모두 루터교 목사다. BFW는 천주교도, 동방정교도, 복음주의자들 그리고 주류 개신교도들을 직원 및 이사를 포함한 모든 직급에 포함시키기 위해 의식적으로 노력한다. BFW의 지역 활동은 자원 봉사자들에 의해 수행되는데, 그중 약 2,500명은 다른 나라에서 온 사람들이다. BFW는 1974년에 설립되었으며 2,500명 인원의 교회를 포함하여 5만 명의 회원을 가진 단체로 성장했는데, 회원들의 회비와 추가 헌금으로 기관이 유지된다.[135]

BFW에는 각계 각층에서 노력하는 5만 명의 '로비스트'들이 있기 때문에, 굶주린 사람들을 위한 공공 정책 결정에 매우 성공적으로 영향을 끼쳐 왔다. 오랫동안 BFW 직원들과 회원들은 미국과 개발도상국 양쪽에서 가난하고 굶주린 사람들에게 유익을 준 수많은 법률들을 개발하고 소개하는 일을 도왔으며, 그 법안이 통과되는 데 큰 도움을 주었다.

BFW의 그리스도인 활동가들은 변화를 일으킨다. 1991년에 그들은 '아프리카의 뿔'(아프리카 대륙 동북부를 통틀어 이르는 말) 지역 지원 법안을 발의했다. 이 법률은 미국이 그 지역에서 개발과 민주주의, 평화에 우선 순위를 두도록 하는 데 초점을 맞춘 것이었다. 이런 의회의 활동은 오늘날 그 지역에서 미국 원조 정책을 주도하는 원리로 계속되고 있다. 1999년과 2000년에 BFW 활동가들은 가난한 국가들이 외채 25억 달러를 감면받는 일을 도왔다. 이러한 법률 제정에서의 성공으로 인해, 가난한 나라들은 자신의 사회에 좀더 많은 돈을 투자할 수 있게 되었다. 좀더 많은 아이들을 학교에 보내고, 농촌에 의료 시설을 확충하고 필요한 의료기구를 공급하게 된 것이다.

2003년 BFW는 활발한 로비 활동을 통해 의회가 새천년 도전 선언을 내놓도록 도왔다. 이것은 가난을 줄이는 데 초점을 둔 새로운 국제 원조에 대한 발의안이다. 가난에 초점을 맞춘 개발 원조비가 20억 달러 상승(이전 해보다 33퍼센트 오른 금액)했다는 것은, 개발도상국의 기아와 가난, 질병과 싸워 온 수십 년의 기간 중 미국 정부 기금이 최대로 상승했다는 것이다.

ESA(Evangelicals for Social Action). 그리스도인들이 사회 개혁을 복음 전도 및 영성 형성과 결합시키도록 돕는 성경적 운동이다. ESA는 사회의 구조적 변화를 위한 운동이 성공하려면 기도와 성령에 대한 철저한 신뢰가 중심이 되어야 한다고 믿는다.

ESA의 "프리즘"지는 교회들에게 희생적인 제자도를 요청하고 현대 문화와 정치를 성경적 관점에서 비판하며, 세계와 국내의 가난의 문제를 정기적으로 다루는 대안적인 복음주의의 목소리다. "프리즘"지의 고정란인 '워싱턴 최신 정보'와 주간 웹진은 독자들이 중요한 정치적 상황 변화에 대해 계속적으로 잘 알 수 있도록 도와준다.[136]

ESA는 가난한 자들의 하나님을 알고 사랑하는 성경적 그리스도인들이 세계를 변화시키고 가난한 사람들이 자립하도록 애쓰는 연계망이다.

DATA(Debt Aids Trade Africa). 록 밴드 U2의 리드 싱어 보노가 설립한 국제 기관이다. 보노는 특히 아프리카에서 수년간 가난을 극복하며 에이즈와 싸우며 일한 그리스도인이다. 2002년 그는 DATA를 설립하여, 아프리카에서 외채를 줄이고, 에이즈와 싸우며, 좀더 공정한 무역을 위해 일했다. 보노는 대통령들, 입법자들, 그리스도인 음악가들, 그리고 모두에게 실로 아프리카의 고난을 없애기 위한 DATA의 전투에 참여해 주기를 요청한다.[137]

The Micah Challenge. 전 세계 그리스도인 공동체를 동원하기 위한 세계 복음주의 연맹과 미가 네트워크의 프로젝트다. 이들의 목표는 2015년까지 세계의 가난을 50퍼센트까지 줄이자고 한 새 천년 개발 목표를 이루는 것이다. 미가 네트워크는 270개 이상의 기독교 구제 기관과 개발 기관, 정의 기관을 연합한 것이다. 이들 기관 대부분은 개발도상국들에서 총체적인 사역을 통해 가난을 극복하기 위해 일하고 있다. 2004년 10월 15일 국제 연합에서 시작된 여러 나라에서 발전하고 있는 국가적인 운동이다.[138]

이 외에도 공공 정책을 변화시키기 위해 애쓰는 많은 기관들이 있다. 여기에서는 단지 몇 가지만 언급할 수 있을 뿐이다.

ICCR(The Interfaith Centre on Corporate Responsibility). 다국적 기업들이 가난한 사람들, 환경 그리고 사회에 미치는 영향을 이해하도록 정보를 제공한다. ICCR은 30여 년간 기업들이 좀더 책임 있게 행동하도록 하기 위해 주주 결의안, 철저한 연구 조사, 대중의 압력 등을 이용해 왔다.[139]

다른 시민 압력 단체로는 가톨릭 수녀들이 직원으로 일하면서 월간 소식지, 계간지 그리고 기아에 대한 정보지를 발간하는 조직인 '네트워크'(Network)와 역시 월간 소식지를 발간하는 '국가 입법 지원 위원회'(Friends Committee on National Legislation)가 있다. 미국 가톨릭 의회의 '사회 개발과 세계 평화 지부'(Department of Social Development and World Peace)는 광범위하게 일하면서 가난과 정의에 대한 도움거리들을 만든다.

정의가 넘치기를

이 장에서 나는 현 경제 구조의 변혁을 부르짖었다. 마르크스주의가 붕괴되고, 민주주의적 자본주의는 실패를 간과한 채 지나친 자신감의 위험에 빠져 있는 이 때에, 경제학을 철저한 성경적인 관점에서 재검토하는 일이 필수적이다. 가난한 사람을 중시하는 경제학을 생각해 낼 수 있는 철저한 성경적 신앙을 지닌 경제학자들이 필요하다. 신학자나 윤리학자와 마찬가지로, 나는 현대판 희년은 과연 어떤 모양이 될지에 대해 불완전한 개념밖에 갖고 있지 못하다. 하지만 희년에 대한 하나님의 요청의 중심에는, 부를 생산함으로써 자신들의 생계비를 벌 수 있는 수단을 모든 사람에게 제공하는 사회 경제학적 구조를 만들라는 하나님의 요구가 담겨 있다. 우리는 상호 의존적인 오늘날의 세계에서 이러한 성경의 원리를 적용할 새롭고 구체적인 모델들을 찾아내야 한다. 나는 현대적인 희년의 모델을 공식화하고 발전시키며 실행하는 데 자신들의 삶을 바칠 새로운 세대의 경제학자들과 정치학자들이 나오기를 바라고 또 기도한다.

필라델피아에 있는 유서 깊은 자유의 종은 세계의 가난한 사람들과 자원을 나누려 애쓰는 시민들에게 강렬한 상징이다. 자유의 종에 새겨져 있는 "전국 거민에게 자유를 공포하라"는 문구는 희년에 대한 성경 본문에서 나온 것이다(레 25:10). 빚으로 인해 노예가 되어 있는 히브리인들에게 이 말은 생계를 꾸려 나가는 데 필요한 자유와 땅을 약속했다. 오늘날 수십억의 사람들이 동일한 기회를 갈망하고 있다. 성경의 하나님은 지금도 모든 사람들이 정당한 생계를 꾸려 나갈 수 있도록 해줄 제도화된 구조를 요구하고 계신다. 자유의 종에 새겨져 있는 희년의 문구는 국제적 경제 정의를 요구하며 울려 퍼진다.

그리스도인들은, 그 고대의 구절이 현대에 실현되는 데 필요한 구조적 변화를 요구하고 이행할 만한 관대함과 용기를 가지고 있는가?

연구 문제

❶ 이 장 첫머리의 비유 중에서 당신이 아는 대부분의 그리스도인들은 어떤 인물과 가장 닮았는가?
❷ 성경의 규범들은 현대의 세속 사회에 적용될 수 있는가? 만일 그렇다면 어떻게 적용되는가?
❸ 이 장에서 제안하고 있는 구조적 변화의 강점과 약점은 무엇인가?
❹ 만일 우리가 가난한 나라에서 들어오는 상품에 대한 무역 장벽을 철폐한다면 얼마나 많은 변화가 일어날 것인가? 왜 우리는 무역 장벽을 철폐하지 않는가?

❺ 어떻게 하면 외채 위기와 환경 오염을 줄일 수 있는가?
❻ 이 장은 좀더 검소하게 살라는 7장의 요청을 어떻게 강조하는가?
❼ 가난한 나라들에게 대외 원조를 해주어야 하는가? 만일 그렇다면 어떻게 해야 좀더 효율적으로 원조를 해줄 수 있을까?
❽ 군사비로 지출하던 돈을 빈곤을 줄이는 데 사용해야만 하는가? 이러한 주장에 대해 사람들이 제기하는 전형적인 반대 의견은 무엇인가? 당신은 이에 대해 어떻게 반응할 것인가?
❾ 당신은 우리가 사는 세계에서 구조적 변화를 위해 일하라는 하나님의 부르심을 어떻게 감지하는가?

후기

우리는 역사의 가장 커다란 전환점 중 한 시기를 살고 있다. 현재와 같이 세계의 자원이 나뉘어 있는 상황은 계속되지 않으며 계속될 수도 없다. 관대한 그리스도인이 '선한 지구의 하사품을 모든 사람이 나눌 수 있도록 오늘날의 경제 구조를 변화시켜야 한다'고 부유한 이웃들을 설득하지 못하면, 부자와 가난한 자의 분리가 심해져서 굶주림과 죽음뿐 아니라 내전과 테러와 전쟁이 증가할 것이다.

그리스도인들이 앞장서야 한다. 그리스도인들이 우리가 예배하는 하나님께 순종한다면 세상은 변화될 것이다. 하지만 순종이란, 따르는 행위를 의미한다. 하나님은 고뇌에 찬 사람들을 위한 정의를 구하면서 가난하고 억눌린 사람들 가운데 사신다. 우리 시대에 하나님의 발자취를 따른다는 것은 개인적으로 좀더 검소한 생활 양식을 갖는 것을 의미한다. 그것은 가난한 자들의 하나님을 예배하는 삶과 조화된 공동 생활 양식을 구현하는, 변화된 교회를 의미한다. 그것은, 모든 면에서 공정한 사회 구조를 건설하기 위해 희생적으로 헌신하는 것을 의미한다.

오늘날의 그리스도인들은 그런 관대함과 용기를 지니고 있는가? 우리는 이 상호 의존적인 세상을 위해 서로 나누는 새로운 생활 양식을 개척해 나갈 것인가? 우리는 더 정의로운 사회를 위해 감히 투쟁의 선봉에 설 것인가?

만연된 물질주의에도 불구하고 나는 낙관적이다. 하나님은 신실한 남은 자들을 통해 그분의 뜻을 이루신다.[1] 부유한 국가에도 주 예수님을 집과 땅보다 더 사랑하는 수많은 그리스도인들이 있다.

역사의 이 순간에 물질적 부를 복으로 받은 몇 백만의 그리스도인들이 과감히 온 세계의 가난한 자들과 손을 잡는다면, 세계사의 진로에 결정적으로 영향을 끼칠 수 있다. 우리는 모두 성경에서 인도하는 곳은 어디든 따라갈 준비가 된 성경적인 사람이 되도록 애써야 한다. 부유와 기아의 시대에 성경적 신념이 요구하는 어떤 십자가든 감내하며, 어떤 손실도 감당하고, 어떤 희생이라도 기쁘게 받아들일 수 있는 용기를 달라고 기도해야 한다.

만일 당신이 몇 안 되는 관대한 하나님의 백성에 속하고 싶다면 매일 한 가지 단순한 일을 하도록 권하고 싶다. 몇 분밖에 걸리지 않지만 당신의 삶을 변화시킬 것이다. 매일 잠시 동안 멈추어서 예수 그리스도의 얼굴을 바라보며 부드럽게 속삭여라. "주 예수님, 가난한 자들에게 당신의 사랑을 나누어 줄 수 있도록 저의 마음을 깨우쳐 주세요."

우리는 우리 주 예수님이 살아 계심을 안다! 우리는 죄와 사망에 대한 결정적 승리가 이미 이루어졌음을 안다. 우리는 우주의 주권자이신 하나님이 기아와 불의와 억압을 종식시키고자 하심을 안다. 우리를 압도하는 거대한 악이 존재함에도 불구하고 예수님의 부활은 최종적 승리가 분명히 올 것이라고 보장해 준다.[2)] 우리는 그 반석 위에 굳건히 서서, 부활하신 왕께서 영광 중에 오실 때에 승리를 완성하실 것을 알고 지금 이룰 수 있는 모든 변화를 이룸으로써 이 불의한 세상에 뛰어들 것이다.

해설
자유를 선포하라

박득훈
웨스트민스터 신학대학원 겸임 교수,
언덕교회 담임목사

대다수 한국 교회는 지금 세상의 빛으로서의 정체성을 거의 상실해 가는 위기에 직면했다. 이런 시점에서 로날드 사이더의 「가난한 시대를 사는 부유한 그리스도인」이 새로이 개정되어 번역 출간되는 것은 여간 기쁘고 뜻깊은 일이 아니다.

총체적 복음을 위해 행동하는 복음주의 신학자

나는 각 마을과 도시마다 예수 그리스도를 깊이 사랑하는 교회들이 세워지길 갈망한다. 그런 교회는 바로 매해 여러 사람을 이끌어 예수를 자신의 구주로 모셔 들이게 할 뿐 아니라, 가난하고 억압받는 사람들의 절규를 민감하게 느낀 나머지 정의와 평화와 자유를 위하여 활기차게 일하는 교회다.

이 글은 로날드 사이더의 「좋은 소식과 좋은 사역」(*Good News*

and Good Works)에 나오는 한 대목이다. 그 책의 부제인 "총체적 복음을 위한 신학"(A Theology for the Whole Gospel)이 잘 보여 주는 것처럼, 그는 복음 전도와 사회 참여를 하나로 아우르는 총체적 복음을 설득력 있게 증거하고 행동으로 실천하고자 애써 온 존경스러운 복음주의 신학자다.

    1939년 캐나다에서 복음주의 신앙이 있는 한 농가에서 태어난 그는, 8살 때 모(母)교회에서 열린 부흥회 기간 중 무릎을 꿇고 예수 그리스도를 영접하였다. 그리고 그리스도인 형제단 교회에서 자라면서 복음주의의 부흥, 웨슬리의 경건 그리고 메노파의 재세례 전통을 배웠다. 대학 시절 역사학을 전공하다 현대 회의주의를 접하면서 한때 신앙이 흔들렸지만 복음주의 역사학자인 존 몽고메리(John W. Montgomery)를 통해 예수 그리스도의 부활의 역사성을 확신하게 되고, 그로 말미암아 세속 대학에서 역사학적으로 기독교 신앙을 변호해야겠다는 열정을 품게 된다. 예일 대학교에서 르네상스와 종교개혁 역사를 공부하며 박사 과정을 밟던 그는 3년간 휴학 허락을 받고 예일 신학대학원에서 신학을 공부한다. 사실 그는 신학과 역사학 박사 과정을 마치고 IVCF의 조언자로 일할 계획을 갖고 있었다.

    하지만 하나님은 다른 계획을 갖고 계셨다. 그는 마틴 루터 킹 목사가 암살되던 날, 집 주인이었던 흑인 부부와 마주앉아 그가 겪는 고통을 공감하게 되었다. 한편 18-19세기 복음주의 전통은 윌버포스(Wilberforce)나 찰스 피니(Charles Finney) 같은 인물을 통해 복음 전도와 사회 참여를 결합했다는 것도 발견하게 된다. 그는 청년 대표로 '교회의 세계 선교를 위한 휘튼 '66 대회'에 참석하여 사회 참여를 강조하는 짧은 표현을 최종 문서에 삽입하기 위해 힘껏 노력했다. 바로 그 시점에 그는 복음주의자들이 사회적 관심과 복음 전도 그리고 역사적 기독교 정통 교리를 함께 아우를 수 있다는 점을 분명히 하는 데 삶을 던지기로 결심한다.

그는 1968년 메시아 칼리지에 부임하여 '기독교와 현대의 문제' 등의 과목을 가르치게 된다. 아울러 도심에 있는 흑인 교회를 다니며 주말 세미나를 열어, 농촌과 교외의 교회 지도자들로 하여금 미국 흑인들이 털어놓는 인종 차별과 가난의 고통을 듣게 하였다. 사이더 자신이 억압에 대하여 알게 된 것도 대부분 바로 그들을 통해서였다. 1973년 칼 헨리(Carl Henry)를 위시해 당시 젊은 그룹에 속했던 짐 월리스(Jim Wallis), 사무엘 에스코바(Samuel Escobar) 등과 함께 주말 집회를 열어 전적으로 사회적 이슈들을 집중적으로 다루었다. 당시 "타임"(Time)의 리처드 오스트링(Richard Ostring)은 이 모임을 성격상 20세기에 열린 복음주의자들의 첫 모임이라고 평하였다. 이 모임은 '복음주의적 사회 참여를 위한 시카고 선언'을 탄생시켰으며, 1974년 로잔 대회에서 복음 전도와 사회 참여는 동등한 그리스도인의 의무라는 점을 분명히 하는 데 기여한다. 그가 이러한 총체적 복음의 기수로 우뚝 서게 된 것은 무엇보다도 1977년 「가난한 시대를 사는 부유한 그리스도인」을 출판하면서부터였다. 그는 현재까지 무려 28권의 책을 저술하고 100편이 넘는 논문을 발표했다.

그는 팔머 신학교(이스턴 침례신학교 후신)에서 오랫동안 신학 교수로 재직해 오면서 다양한 기독교 사회 운동에 몸을 담아 왔다. 대표적인 예만 들면, 사회경제적 문제들에 대한 답을 찾기 위한 싱크 탱크인 '사회 참여를 위한 복음주의 운동'(Evangelicals for Social Action)을 창설하여 현재 회장으로 섬기고 있다. 아울러 "프리즘"(PRISM)이란 잡지를 만들어 발행인으로 활동하고 있다.

그의 핵심 사상은 예수의 십자가와 부활 신앙에 근거한 인격적 구원과 가난한 자들 편에 서서 해방의 역사를 이끌어 가시는 하나님을 믿는 신앙에 근거한 사회 참여를 하나로 묶어내는 것만이 참된 복음주의 신학이요 신앙이라는 주장에 담겨 있다.

가난과 구조악의 현실을 외면해 온 복음주의 신앙인들에 대한 경종

사이더의 대표작인 「가난한 시대를 사는 부유한 그리스도인」은 이후 "크리스채너티 투데이"(*Christianity Today*)에 의해 20세기에 출판된 가장 영향력 있는 종교 서적 100권 중 하나로 선정됐다. 그의 책에 비판적 입장을 취하는, 즉 자본주의 경제를 적극 옹호하는 쉴로스버그(Herbert Schlossberg)도 한 서평에서 1977년 초판을 지칭하면서 그의 책을 긍정적으로 평가한다. "사이더의 책은 당시 너무나도 일반화되어 있던 자기 만족에 일격을 가하는 경종이었다." 여기서 자기 만족이란 세상 도처에 심각한 가난이 가득함에도 불구하고 아무런 문제가 없다는 듯 행복하게 신앙 생활을 하는 복음주의 그리스도인들의 보수적인 모습을 일컫는 것이다. 그들을 호되게 꾸짖어 정신을 바짝 차려 성경적 윤리가 명령하는 청지기적 사명을 새롭게 인식하게 하는 데는 사이더의 책이 꼭 필요했다는 말이다. 그 서평은 1997년에 출판된 4판에 관한 것이었지만, 같은 이유에서 사이더의 책은 여전히 유익함을 인정한다. 그리고 그 후 10여 년이 또 지난 지금, 나는 사이더의 책이 같은 의미에서 여전히 유효하다고 본다. 세상엔 여전히 극심한 가난이 존재하고 사이더의 신학적 통찰과 명제는 그 핵심에 있어 아무런 변화가 없기 때문이다.

본서는 2005년에 출판된 5판의 번역본이다. 사이더는 5판 서문에서 초판 이후 30년이 지나면서 세상도 변했고 자신도 일정 정도 변했음을 인정한다. 먼저 그는 21세기에 접어들면서 민주주의와 자유 시장 경제를 결합한 민주적 자본주의가 자본의 국가 소유와 중앙 계획으로 집약되는 공산주의와의 대결에서 승리했음이 자명해졌다는 사실, 그리고 세계의 가난을 해결하는 데 일정 정도 기여했음에 주목한다. 그러나 민주적 자본주의에 대하여 좀더 긍정적인 관점을 갖게 된 것을 인정하면서도 시장 경제가 여전히 안고 있는 약점과 구조적 불의를 바로잡아야 함을 분명히 한다. 1990년에 출판된 「누구를 위한 자유와 정의인가?」(*With Liberty and Justice for Whom?*)에서 게이(Craig M. Gay)는 사이더를 자본주의를 억압 체제로 규정하는 기독교 좌파로 분류했다. 그러나 5판의 저자로서의 사이더는 게이의 분류에 의하자면 자본주의를 우려의 대상으로 보는 기독교 중도에 더 가까워졌다고 보는 편이 적절해 보인다.

서문에서 그는 또한 성경에서 강조하는 평등과 공평에 대한 이해에도 중요한 변화가 있었음을 시인한다. 물론 이전에도 성경 계시가 수입과 재산의 완전한 평등을 요구한다고 생각한 적은 없었지만 다양한 그룹의 빈부 격차 자체에 대한 우려가 지금보다는 훨씬 더 컸다. 그러나 5판에 이르러 그는 하나님이 요구하는 평등과 공평을 최소한의 관점에서 이해한다. 즉 그것은 사회 모든 구성원으로 하여금 경제적 기회의 평등을 누리도록 하는 것이다. 좀더 구체적으로 말하자면, 사회 모든 구성원이 적어도 꼭 필요한 자원들 즉 토지와 돈, 교육 등에 접근할 수 있도록 하여, 책임 있게 일하면서 적절한 생활비를 벌어 사회의 품위 있는 일원으로 참여할 수 있도록 보장해 주는 것이다. 이런 인식의 변화는 5판 전체에 구석구석 배어 있음을 발견할 수 있다.

제1부는 세계의 가난하고 억압당하는 사람들의 비참한 현실과 풍요한 소수를 극명하게 대비해 줌으로써 경종을 울린다. 제2부는 가난한 사람과 소유에 대한 성경적 관점을 제시한다. 하나님이 가난한 자를 편드시는 이유는 편애가 아닌 공평에서 비롯된 것이다. 부자를 심판하시는 이유도 부 자체 때문이 아니라, 그 부가 억압의 결과이거나 부자이면서도 가난한 사람들을 돌아보지 않기 때문에, 혹은 두 가지 죄를 다 범하기 때문이다. 여기서 이전 판과의 미묘한 차이를 발견한다. 이전 판에는 성경에서 심판받는 부자는 자주 두 가지 죄를 다 범한다고만 표현되어 있기 때문이다. 5판에서는 억압의 결과가 아닌 부가 있을 수 있다는 점을 한층 적극적으로 인정한 셈이다. 그러나 과연 세상의 죄악된 구조에서 어떻게 그런 부가 가능한지, 구체적으로 짚어 주지 않아 아쉬움을 남긴다. 이 점은 사이더가 민주적 자본주의에 대하여 이전보다 우호적 평가를 하게 된 것과 무관하지 않다고 판단된다.

또한 그리스도인은 경제적 교제를 통해 경제 정의를 실현해 나가야 할 사명이 있다. 이전 판에서는 경제 정의가 요구하는 평등은 극단적인 빈부 격차 해소를 포함했다. 하지만 5판에서는 앞서 언급한 경제적 기회 평등의 보장에 집중한다. 이는 남보다 열심히 일해서 혹은 남보다 재능이 뛰어나서 더 많은 부를 정당하게 축적할 수 있다는 이유에서다. 그러나 이는 다시 그런 부가 (사이더도 인정하고 있듯이) 구조악의 요소가 여전히 남아 있는 정치경제 제도와 관련해서 어떻게 설명될 수 있는가 하는 질문을 낳는다. 이 점 역시 민주적 자본주의가 필연적으로 가져오는 극심한 양극화 현상에 대한 사이더의 다소 모호한 판단에서 일정한 영향을 받고 있다고 판단된다(8장). 이는 한국의 경제 성장의 질에 대하여 지나칠 정도로 긍정적인 평가를 내리고 있는 데서도 드러난다(11장).

사이더는 한 걸음 더 나아가 모든 부는 무조건 믿음과 순종의 결과라는 기계적 주장에 쐐기를 박는다. 부의 나눔을 강조하는 이유는 금욕주의에 있는 것이 아니라 정의에 대한 열정과 가난한 사람들에 대한 사랑에 있음도 분명히 한다. 그리고 다시 한 번 가난은 사회 구조 속에 심겨진 사회악에서 비롯되는 측면이 있음을 지적하는데, 여기서도 5판의 변화된 입장을 발견하게 된다. 즉 사회적 악이 개인적 악보다 더 해롭다고 말한 초판의 주장은 북아메리카와 서유럽에는 더 이상 적용되지 않는다는 것이다. 어느 정도 일리가 있는 판단이기는 하지만 선진국 경제도 빈국과 부국 사이의 극심한 빈부 격차를 보이고 있는 세계 경제 구조와 얽혀 있다는 현실을 놓고 볼 때, 그 설득력이 떨어진다고 볼 수 있다.

제3부는 가난의 다양하고 복합적인 원인을 분석해 준다. 그리고 오늘날의 구조적 불의를 자세하게 파헤치기 위하여 시장 경제와 국제 무역, 빈국의 부채, 천연 자원과 환경, 식량의 소비와 수입, 제3세계 내의 다국적 기업 그리고 차별과 전쟁의 문제를 분석한다. 제4부는 가난을 극복해 나가기 위한 실천적 제안으로 검소한 삶, 사랑의 공동체 형성 그리고 제3부에서 언급한 구조악 제거를 통한

공평한 세상 만들기를 제시한다.

이상에서 아쉬움을 몇 가지 표현했지만, 사이더의 진정성과 신학과 정치경제학을 아우르는 분석적 통찰의 깊이 그리고 균형을 잡으려는 노력에 감탄을 금할 길이 없다. 특히 곳곳에 배어 있는 판단의 불완전성에 대한 겸손한 인지와 교정에 대한 열린 마음에 깊은 존경심을 보내지 않을 수 없다. 그런 마음에 기대어 한 가지 제안하고 싶은 것이 있다. 그것은 민주적 자본주의 경제 체제를 여전히 근본적으로 지탱해 주고 있는, 자본과 노동 사이에 존재하는 힘의 비대칭성에서 비롯되는 억압 관계, 그리고 최근 미국 발 경제 위기에서 드러난 금융 자본의 근본적인 문제점 등을 좀더 세밀하게 분석해 보자는 것이다. 하여 소위 민주적 자본주의 틀에서 형성되는 극심한 양극화 현상 자체도 여전히 경제 정의의 이름으로 극복해나가야 할 구조적 과제는 아닌지 깊이 성찰해 보자는 것이다.

한국 교회에 대한 경종과 격려

사이더는 책을 마무리하면서 필라델피아에 있는 '자유의 종'을 인상적으로 언급한다. 그 종에는 "전국 거민에게 자유를 공포하라"는 레위기 25:10의 말씀이 새겨져 있다. 이는 희년의 시작을 알리는 선언이다. 희년의 가장 중요한 특징은 50년마다 가난 때문에 땅을 잃어버린 가정에 땅을 다시 돌려주는 것이다. 그것을 자유라고 표현한 데는 하나님의 깊은 뜻이 담겨 있다. 하나님은 우리가 삶을 스스로 개척할 수 있게 해주는 기본적 자산을 소유하고 있을 때 비로소 한 사회의 자유로운 존재로 살아갈 수 있다고 보신다.

하나님이 우리에게 주시고자 하는 이러한 자유는 자유 민주주의와 자유 시장 경제가 보장해 주는 자유 즉 '다른 사람의 자의에 의하여 강요당하지 않는 자유', 소위 '소극적 자유'를 훨씬 뛰어넘는 것이다. 그러나 영국의 정치인 키스 조지프 경(Sir Keith Joseph)이 주장한 바와 같이 대다수 현대 사회의 자유주의자들은 "가난은 부자유가 아니다"라고 주장한다. 그러나 그것은 이미 부를 누리고 있는 사람들이 부과하는 강압적이고 이념적인 개념 정의다. 그들은 가난해서 도무지 삶의 선택의 여지가 없는 사람들, 그 처지가 너무 슬프고 고통스러워서 가난을 벗어나 보려고 인간성을 파괴하면서까지 힘들게 살아가는 사람들조차도, 다른 사람들에 의해 구체적으로 강요당하지 않는 한 자유로운 존재라고 주장한다.

하나님은 이런 불의한 사회를 향하여 진정한 자유를 선포하는 사명을 예수님을 통해 구원받은 백성들에게 주신 것이다. 물론 사이더가 인정한 것처럼 자유를 선언하는 희년의 현대적 모델을 모색하는 것은 결코 쉬운 일이 아니다. 그러나 적어도 한국 교회는 그것이 그리스도인들의 중요한 사명이라는 점을 깊이 깨달을 필요가 있다. 우리는 지금 자유의 선포가 절실히 필요한 시대를 살아가고 있기 때문이다. 이미 가진 사람을 더 잘살게 해주면 가난한 사람들도 그 덕으로 말미암아 자동적으로 잘살 수 있게 된다는 오래 된 그러나 거짓된 자유 시장 경제 만능주의 신화에 근거한 불의한 정책들이 정신없이 쏟아지고 있다. 그와 함께 가난한 사람들의 자유는 더욱 제한되고 있다. 그럼에도 그런 정책을 펼치는 사람들이 마치 가난한 사람들을 가장 사랑하는 사람인양 행세하고, 백성들은 속고 있다. 또한 세계화라는 구호는 세계를 바라보는 우리의 눈을 탐욕으로 가득 차게 만들고 있다. 세계는 우리의 부를 축적할 수 있는 무대에 지나지 않으며, 가난한 나라들의 문제는 우리가 도와야 할 문제라기보다 스스로 해결해야 할 문제일 뿐이다.

이런 슬픈 현실 속에서도 대다수 한국 교회는 여전히 잠들어 있는 상태다. 자유를 죄와 죽음 그리고 사탄의 권세로부터의 영적이고 내적인 그리고 내세적인 자유에 국한시켜 이해하고 있다. 사회 문제로 확대한다 해도 현대 자유주의 사회가 약속하는 소극적 자유의 범주를 벗어나지 못한다. 실로 한국 교회는 희년의 자유를 선포하라는 사명을 잊어버린 지 오래다. 그나마 자유를 선포하겠다고 나선 소수의 사람들마저 지금 많이 지쳐 있다. 그러기에 나는 사이더의 이 탁월한 책이 한편으로는 한국 교회에 울리는 힘찬 경종이 되기를, 그리고 다른 한편으로는 따뜻한 위로와 격려가 되기를 진심으로 바란다.

참고 문헌

일반

Bauer, P. T. *Equality, the Third World, and Economic Delusion.* Cambridge, MA: Harvard Univ. Press, 1981.

Beisner, Calvin E. *prospects for Growth: A Biblical View of Population, Resources, and the Future.* Westchester: Crossway Books, 1990.

Bello, Walden, *Dark Victory: The United States, Structural Adjustment, and Global Poverty.* Oakland, CA: Pluto Press, 1994.

Benne, Robert. *The Ethic of Democratic Capitalism: A Moral Reassessment.* Philadelphia: Fortress Press, 1981.

Berger, Peter. *Pyramids of Sacrifice.* New York: Basic Books, 1975. A sociological analysis.

Birch, Bruce C., and Larry L. Rasmussen. *The Predicament of the Prosperous.* Philadelphia: Westminster Press, 1978.

Brandt, Willy, et al. *North-South: A Program for Survival.* Cambridge, MA: MIT Press, 1980.

Bread for the World Institute. *Hunger 2003: Agriculture in the Global Economy.* Washington: Bread for the World Institute, 2003.

Brown, J. Larry, and H. F. Pizer. *Living Hungry in America.* New York:

Macmillan Publishing Co., 1987.

Brown, Lester R., et al. *State of the World 1996.* New York: Norton, 1996.

Brown, Peter. *Restoring the Public Trust: A Fresh Vision for Progressive Government in America.* Boston: Beacon Press, 1994.

Brown, Robert M., *Unexpected News: Reading the Bible with Third World Eyes.* Philadelphia: Westminster Press. 1984.

Byron, William, ed. *The Causes of World Hunger.* New York: Paulist Press, 1982.

Cahill, Kevin M., ed. *Famine.* Maryknoll, NY: Orbis Books, 1982.

Carlson-Thies, Stanley W., et al. *Welfare in America: Christian Perspectives on a Policy in Crisis.* Grand Rapids, MI: Eerdmans, 1996.

Câmara, Dom Hélder. *Revolution Through Peace.* New York: Harper & Row, 1971.

Chinweizu. *The West and the Rest of Us.* New York: Random House, 1975.

Christian Aid, *Banking on the Poor: The Ethics of Third World Debt.* London: Christian Aid, 1988.

Cobb, John. *For the Common Good: Redirecting the Economy Toward Community, the Environment and a Sustainable Future.* Boston: Beacon Press, 1989.

Cromartie, Michael, ed. *The Nine Lives of Population Control.* Washington, DC: Ethics and Public Policy Center, 1995.

Davis, Shelton H. *Victims of the Miracle: Development and the indians of Brazil.* Cambridge: At the University Press, 1977.

De Jesús, Carolina María. *Child of the Dark.* Trans. David St. Clair. New York: Signet Books, 1962. An explosive personal account of urban Brazilian poverty.

Dreze, Jean, ansd Amartya Sen. *Hunger and Puvlic Action.* New York: Oxford Univ. Press, 1989.

Duchrow, Ulrich. *Alternatives to Global Capitalism.* Utrecht: International Books, 1995.

Duchrow, Ulrich. *Global Economy: A Confessional Issue for the Churches?*

Geneva: WCC Publications, 1987.
Fenton, Thomas P., and Mary J. Heffron, comps.& eds. *Food, Hunger, Agribusiness: A Directory of Resources*. New York: Orbis Books, 1987.
Food and Agriculture Organization. *The State of Food insecurity in the World 2003*. Rome: United Nations, 2003.
Freudenberger, C. Dean, and Paul M. Minus Jr. *Christian Responsibility in a Hungry World*. Nashville: Abingdon Press, 1976.
Gay, Craig M. *With Liberty and Justice for Whom? The Recent Evangelical Debate over Capitalism*. Grand Rapids, MI: Eerdmans, 1991.
George, Susan. *Debt and Hunger*. Minneapolis: American Lutheran Church Hunger Program, 1987.
George, Susan and Nigel Paige. *Food for Beginners*. NY: Norton, 1983.
Gheddo, Piero. *Why Is the Third World Poor?* Maryknoll, NY: Orbis Books, 1973.
Gilder, George. *Wealth and Poverty*. NY: Basic Books, 1981.
Goudzwaard, Bob. *Aid for the Overdeveloped West*. Toronto: Wedge, 1975.
____. *Capitalism and Progress: A Diagnosis of Western Society*. Trans. Josina Van Nuis Zylstra. Grand Rapids, MI: Eerdmans, 1979.
Goudzwaard, Bob, and Harry de Lange. *Beyond Poverty and Affluence: Toward an Economy of Care*. Grand Rapids, MI: Eerdmans, 1995.
Griffiths, Brian. *Morality and the Market Place: Christian Alternatives to Capitalism and Socialism*. London: Hodder and Stoughton, 1982.
____. *The Creation of Wealth: A Christian's Case for Capitalism*. Downers Grove, IL: Inter Varsity, 1984.
Halteman, James. *The Clashing Worlds of Economics and Faith*. Scottdale: Herald Press, 1995.
____. *Market Capitalism & Christianity*. Grand Rapids, MI: Baker Book House, 1988.
Hawken, Paul. *The Ecology of Commerce: A Declaration of Sustainability*. New York: Harper Business, 1993.
Hay, Donald. *Economics Today: A Christian Critique*. Grand Rapids, MI:

Eerdmans, 1989.

Jegen, Mary Evelyn, and Charles K. Wilbur, eds. *Growth with Equity.* New York: Paulist Press, 1979.

Korten, David C. *When Corporations Rule the World.* West Hartford: Kumarian Press Inc., 1996.

Lappé, Frances Moore, and Joseph Collins and David Kinley. *Aid as Obstacle: Twenty Questions About Our Foreign Aid and the Hungry.* San Francisco: Institute for Food and Development Policy, 1980.

Lutz, Charles P., ed. *Farming the Lord's Land: Christian Perspectives on American Agriculture.* Minneapolis: Augsburg, 1980.

Kutzner, Patricia. *Who's Involved with Hunger: An Organization Guide for Education and Advocacy.* Washington, DC: World Hunger Education Service/BFWI, 1995.

McGinnis, James B. *Bread and Justice: Toward a New International Economic Order.* New York: Paulist Press, 1979.

Miller, G. Tyler Jr. *Living in the Environment.* Belmont, CA: Wadsworth, 1988.

Millett, Richard. *Guardians of the Dynasty: A History of the U.S. Created Guardia Nacional de Nicaragua and the Somoza Family.* Maryknoll, NY: Orbis Books, 1977.

Morgan, Elizabeth, Van Weigel and Eric DeBaufre. *Global Poverty and Personal Responsibility.* New York: Paulist, 1989.

Myrdal, Gunnar. *The Challenge of World Poverty.* New York: Random House, 1971. A classic.

Nelson, Jack A. *Hunger for Justice: The Politics of Food and Faith.* Maryknoll, NY: Orbis Books, 1981.

Physicians' Task Force on Hunger in America. *Hunger in America: The Growing Epidemic.* Boston: Harvard University School of Public Health, 1985.

Rau, Bill. *Feast to Famine: The Course of Africa's Underdevelopment.* Washington, DC: Africa Faith and Justice Network, 1985.

Rich, William. *Smaller Families Through Social and Economic Progress.* Washington, DC: Overseas Development Council, 1973.

Rodney, Walter. *How Europe Underdeveloped Africa.* London: Bogle-L' Ouverture, 1972.

Sachs, Jeffrey, D., ed. *Developing Country Debt and the World Economy.* Chicago: University of Chicago Press, 1989.

Schlossberg, Herbert, Vinay Samuel, and Ronald J. Sider, eds., *Christianity and Economics in the Post-Cold War Era: The Oxford Declaration and Beyond.* Grand Rapids, MI: Eerdmans, 1994.

Schor, Juliet B. *The Overworked American: The Unexpected Decline of Leisure.* New York: BasicBooks, 1992.

Schumacher, E. F. *Small Is Beautiful: Economics as If People Mattered.* New York: Harper & Row, 1973.

Simon, Arthur. *Bread for the World.* Grand Rapids, MI: Eerdmans; New York: Paulist Press, 1975. Superb overview of public policy issues. Rev. ed. 1984.

Simon, Julian L. *Population and Development in Poor Countries.* Princeton: Princeton University Press, 1992.

Sivard, Ruth Leger. *World Military and Social Expenditures 1990.* Leesburg, VA: World Priorities. 1989. An annual collection of useful data.

Skillen, James W. *International Politics and the Demand for Global Justice.* Sioux Center, IA: Dordt College Press, 1981.

Spykman, Gordon, et al. *Let My People Live: Faith and Struggle in Central America.* Grand Rapids, MI: Eerdmans, 1988.

Stackhouse, Marx L., et al. *On Moral Business: Classical and Contemporary Resources for Ethics in Economic Life.* Grand Rapids, MI: Eerdmans, 1995.

State of America's Children 1996. Washington, DC,: Children's Defense Fund, 1996.

State of World Children 1996. New York: UNICEF/Oxford, 1996.

Tamari, Meir. *With All Your Possessions: Jewish Ethics and Economic Life.*

New York: The Free Press, 1987.
Taylor, John V. *Enough Is Enough*. London: SCM Press, 1975.
Thurow, Lester C. *The Future of Capitalism: How Today's Economic Forces Shape Tomorrow's World*. New York: William Morrow and Company, 1996.
Todaro, Michael P. and Stephen C. Smith. *Economic Development*. Eighth Edition. Boston: Addison Wesley, 2003.
United Nations Children's Fund. *The State of the World's Children 2002*. New York: UNICEF, 2002. (Annual)
United Nations Development Program. *Human Development Report 2004*. New York: UNDP, 2004.
Wilkinson, Loren, ed. *Earth keeping: Christian Stewardship of Natural Resources*. Grand Rapids, MI: Eerdmans, 1980.
Williams, Robert G. *Export Agriculture and the Crisis in Central America*. Chapel Hill: University of North Carolina Press, 1986.
Wilson, Francis, and Mamphela Ramphele. *Uprooting Poverty: The South African Challenge*. New York: W. W. Norton, 1989.
Withers, Leslie, and Tom Peterson, eds. *Hunger and Action Handbook*. Decatur, GA: Seeds Magazine, 1987.
World Bank. *Globalization, Growth and Poverty*. Washington: World Bank, 2003.
World Bank. *2003: World Development Indicators*. Washington: World Bank, 2003.
World Bank. *World Development Report 2003*. New York: Oxford Univ. Press, 2003. Annual.
World Bank. *Mainstreaming the Environment*. Washington, DC: World Bank, 1995.
World Hunger Program, Brown University. *Hunger in History: Food Shortage, Poverty, and Deprivation*. New York: Basil Blackwell, 1990.

생활 양식

Alexander, John. *Your Money or Your Life: A New Look at Jesus' View of Wealth and Power.* San Fransisco: Haper and Row, 1986.

Bascom, Tim. *The Comfort Trap: Spiritual Dangers of the Convenience Culture.* Downers Grove, IL: Inter Varsity Press, 1993.

Beckmann, David M. and Elizabeth A Donnelly, *The Overseas List: Opportunities for Living and Working in Developing Countries.* Minneapolis: Augsburg, 1979.

Conn, Harvie M. *Bible Studies on World Evangelization and the Simple Lifestyle.* Phillipsburg, NJ: Presbyterian and Reformed Publishing, 1981.

Eller, Vernard. *The Simple Life: The Christian Stance Toward Possessions.* Grand Rapids, MI: Eerdmans, 1973.

Ewald, Ellen Buchaman. *Recipes for a Small Planet.* New York: Ballantine Books, 1973.

Foster, Richard J. *Freedom of Simplicity.* New York: Harper & Row, 1981.

Fuller, Millard. *The Theology of the Hammer.* Macon, GA: Smyth & Helwys, 1994.

Greenway, Roger S., ed. *Discipling the City: A Comprehensive Approach to Urban Mission.* 2d ed. Grand Rapids, MI: Baker Book House, 1992.

Irwin, Kevin W., et al. *Preserving the Creation: Environmental Theology and Ethics.* Washington, DC: Georgetown University Press, 1994.

Kerr, Graham. *The Graham Kerr Step-by-Step Cookbook.* Elgin, IL: David C. Cook, 1982.

Lappé, Frances Moore. *Diet for a Small Planet.* Rev. ed. New York: Ballantine, 1975.

Longacre, Doris Janzen. *More-with-Less Cookbook.* Scottdale, PA: Herald Press, 1976. Commissioned by the Mennonite Central Committee; simple lifestyle recipes of Pennsylvania Dutch quality!

_____. *Living More with Less.* Scottdale, PA: Herald Press, 1980.

Macmanus, Sheila. *Community Action Sourcebook: Empowerment of People.* New York: Paulist Press, 1982.

McGinnis, James, and Kathleen McGinnis. *Parenting for Peace and Justice*. Maryknoll, NY: Orbis Books, 1981.

Ronsvalle, John L., and Sylvia Ronsvalle. *The State of Church Giving Through 2001*. Champaign: Empty Tomb Inc., 2003.

Schneider, John. *Godly Materialism: Rethinking Money & Possessions*. Downers Grove, IL: Inter Varsity Press, 1994.

Shannon-Thornberry, Milo. *Alternate Celebrations Catalogue*. Washington, DC: Alternatives, 1982.

Shopping for a Better Wold. Available from CEP, 30 Irving Pl., New York, NY 10003; 1-800-729-4CEP.

Sider, Ronald J., ed. *Lifestyle in the Eighties: An Evangelical Commitment to Simple Lifestyle*. Philadelphia: Westminster, 1982.

_____. *Living More Simply: Biblical Principles and Practical Models*. Downers Grove, IL: Inter Varsity Press, 1980.

Sine, Tom. *Why Settle for More and Miss the Best?* Waco, TX: World, 1987.

Wuthnow, Robert. *God and Mammon in America*. New York: The Free Press, 1994.

신학, 성경 연구, 교회

Armerding, Carl E., ed. *Evangelicals and Liberation*. Nutley, NJ: Presbyterian and Reformed, 1977.

Banks, Robert J. *Paul's Idea of Community*. Grand Rapids, MI: Eerdmans, 1980.

Batey, Richard. *Jesus and the Poor: The Poverty Program of the First Christians*. New York: Harper & Row, 1972.

Baum, Gregory. *The Priority of Labor: A Commentary on Laborem Exercens: Encyclical Letter of Pope John Paul II*. New York: Paulist, 1982.

Beisner, E. Calvin. *Prosperity and Poverty: The Compassionate Use of Resources in a World of Scarcity*. Westchester, IL: Crossway, 1988.

Boerma, Conrad. *The Rich, The Poor—and the Bible*. Philadelphia: Westminster, 1979.

Brueggemann, Walter. *The Land*. Philadelphia: Fortress Press, 1977.

Byron, William J. *Toward Stewardship: An Interim Ethic of Poverty, Pollution and Power*. New York: Paulist Press, 1975.

Cassidy, Richard J. *Jesus, Politics and Society: A Study of Luke's Gospel*. Maryknoll, NY: Orbis Books, 1978.

Catherwood, Sir Frederick. *The Christian in Industrial Society*. London: Tyndale Press, 1964.

Cearetti, C.A., and Stephen Cummins, eds. *Let the Earth Bless the Lord: A Christian Perspective on Land Use*. New York: Seabury Press, 1981.

Cosby, Gordon. *Handbook for Mission Groups*. Waco, TX: Word Books, 1975.

Cone, James H. *God of the Oppressed*. New York: Seabury Press, 1975.

Dayton, Donald W. *Discovering an Evangelical Heritage*. NY: Harper & Row, 1976.

De Santa Ana, Julio. *Good News to the Poor: The Challenge of the Poor in the History of the Church*. Geneva: WCC Publications, 1977.

Economic Justice for All: Pastoral Letter on Catholic Social Teaching and the U.S. Economy. Washington, DC: National Conference of Catholic Bishops, 1986.

Escobar, Samuel, and John Driver. *Christian Mission and Social Justice*. Scottdale, PA: Herald Press, 1978.

Finn, Daniel R., and Pemberton L. Prentiss. *Toward a Christian Economic Ethic: Stewardship and Social Power*. Minneapolis: Winston, 1985.

Gill, Athol. *Life on the Road: The Gospel Basis for a Messianic Lifestyle*. Homebush West(Australia): Anzea Publishers, 1989.

Gollwitzer, Helmut. *The Rich Christians and Poor Lazarus*. Trans. David Cairns. New York: Macmillan, 1970.

Gremillion, John, ed. *The Gospel of Peace and Justice: Catholic Social Teaching Since Pope John*. Maryknoll, NY: Orbis Books, 1976.

Grigg, Viv. *Cry of the Urban Poor*, Monrovia, CA: Mission Advanced Research and Communication Center, 1992.

Hengel, Martin. *Poverty and Riches in the Early Church: Aspects of a Social History of Early Christianity.* Philadelphia: Fortress Press, 1974.

Johnson, Luke T. *Sharing Possessions.* Philadelphia: Fortress Press, 1981.

Keith-Lucas, Alan. *The Poor You Have Always with You: Concepts of Aid to the Poor in the Western World from Biblical Times to the Present.* St. Davids, PA: North American Association of Christians in Social Work, 1989. (Box S-90, St. Davids, PA 19087)

Kerans, Patrick, *Sinful Social Structures.* New York: Paulist Press, 1974.

Kirk, Andrew. *Liberation Theology: An Evangelical View from the Third World.* Atlanta: John Knox Press, 1979.

Kraybill, Donald B. *The Upside Down Kingdom.* Scottdale, PA: Herald Press, 1978.

Kreider, Carl. *The Rich and the Poor: A Christian Perspective on Global Economics.* Scottdale, PA: Herald Press, 1987.

Lernoux, Penny. *Cry of the People.* Garden City, NY: Doubleday, 1980.

Ludwig, Thomas E. et al. *Inflation, Poortalk and the Gospel.* Valley Forge, PA: Judson Press, 1981.

Meeks, M. Douglas. *God the Economist: The Doctrine of God and Political Economy.* Minneapolis: Fortress, 1989.

Mott, Stephen C. *Biblical Ethics and Social Change.* New York: Oxford, 1982.

Novak, Michael. *Will It Liberate? Questions About Liberation Theology.* New York: Paulist, 1986.

Owensby, Walter L. *Economics for Prophets: A Primer on Concepts, Realities, and Values in Our Economic System.* Grand Rapids, MI: Eerdmans, 1988.

Padilla, C. Rene. *Mission Between the Times.* Grand Rapids, MI: Eerdmans, 1985.

Perkins, John. *With Justice for All.* Glendale, CA: Regal, 1982.

Pilgrim, Walter E. *Good News to the Poor: Wealth and Poverty in Luke—Acts.* Minneapolis: Augsburg, 1981.

Presbyterian Eco-Justice Task Force. *Keeping and Healing the Creation.* Louisville: Committee on Social Witness, Presbyterian Church (USA), 1989.

Preston, Ronald H. *Religion and the Ambiguities of Capitalism.* London: SCM Press, 1991.

Ronsvalle, John and Sylvia. *Behind the Stained Glass Window: Money Dynamics in the Church.* Grand Rapids, MI: Baker, 1996.

Samuel, Vinay. *The Meaning and Cost of Discipleship.* Bombay: Bombay Urban Industrial League for Development, 1981.

Samuel, Vinay and Albrecht Hauser, eds. *Proclaiming Christ in Christ's Way: Studies in Integral Evangelism.* Oxford: Regnum Books, 1989.

Scott, Waldron. *Bring Forth Justice.* Grand Rapids, MI: Eerdmans, 1980.

Seccombe, David Peter. *Possessions and the Poor in Luke—Acts.* Studien zum Neuen Testament und seiner Umwelt, 1982.

Sider, Ronald J., ed. *Cry Justice: The Bible Speaks on Hunger and Poverty.* Downers Grove, IL: Inter Varsity Press; New York: Paulist Press, 1980. (1997 edition: For They Shall Be Fed. Dallas: Word.)

____. *Good News and Good Work: A Theology for the Whole Gospel.* Grand Rapids: Baker, 1999.

____. *Cup of Water, Bread of Life.* Grand Rapids, MI: Zondervan, 1994.

____. *Living Like Jesus.* Grand Rapids, Baker, 1999.

Sine, Tom. *The Mustard Seed Conspiracy.* Waco, TX: Word, 1981.

Speiser, Stuart M. *Ethical Economics and the Faith Community.* Bloomington, IN: Meyer-Stove, 1989.

Taylor, Richard K. *Economics and the Gospel.* Philadelphia: United Church Press, 1973.

Villafane, Eldin. *The Liberating Spirit: Toward an Hispanic American Pentecostal Social Ethic.* Grand Rapids, MI: Eerdmans, 1993.

Wallis, James. *Agenda for Biblical People.* New York: Harper & Row, 1976.

_____. *The Call to Conversion: Recovering the Gospel for these Times*. New York: Harper & Row, 1981.

Westphal, Carol. "Covenant Parenting for Peace and Justice." Office of Family Life, Reformed Church of America. (Write RCA Distribution Center, 18525 Torrence Avenue, Lansing, IL 60438.)

White, John. *The Golden Cow: Materialism in the Twentieth-Century Church*. Downers Grove, IL: Inter Varsity Press, 1979.

Wright, Christopher J. H. *An Eye for An Eye: The Place of Old Testament Ethics Today*. Downers Grove, IL: Inter Varsity, 1983.

_____. *God's People in God's Land: Family, Land and Property in the Old Testament*. Grand Rapids, MI: Eerdmans, 1990.

Ziesler, J. A. *Christian Asceticism*. Grand Rapids, MI: Eerdmans, 1973.

개발

Batchelor, Peter. *People in Rural Development*. Exeter: Paternoster, 1981.

Freire, Paulo. *Pedagogy of the Oppressed*. Trans. Myra B. Ramos. New York: Herder and Herder, 1970.

Elliston, Edgar J., de. *Christian Relief and Development: Developing Workers for Effective Ministry*. Dallas: Word, 1989.

Goulet, Denis. *A New Moral Order*. Maryknoll, NY: Orbis Books, 1974.

Myers, Bryant L. *The Changing Shape of World Mission*. Monrovia, CA: Mission Advanced Research and Communication Center, 1993.

_____. *Exploring World Missions*. Monrovia, Ca. World Vision, 2003.

_____. *Walking with the Poor. Principles and Practice of Transformational Development*. Maryknoll: Orbis, 1999.

Perkins, John M. *Beyond Charity: The Call to Christian Community Development*. Grand Rapids, MI: Baker Book House, 1993.

Perkins, John M., ed. *Restoring At-Risk Communities*. Grand Rapids, MI: Baker, 1995.

Samuel, Vinay and Chris Sugden. *The Church in Response to Human Need*.

Monrovia, CA: Missions Advanced Research Communication Center, 1983.
Sider, Ronald J., ed. *Evangelicals and Development: Toward a Theology of Social Change.* Philadelphia: Westminster, 1982.
Sinclair, Maurice. *The Green Finger of God.* Exeter: Paternoster, 1980.
Yamamori, Testsunao, et al. *Serving with the Poor in Asia.* Monrovia: MARC, 1995.

정기 간행물

Boycott Quarterly. Center for Economic Democracy. P.O. Box 30727, Seattle, WA 98103-0720. News and list of boycotted products.
Creation Care. 6 Lancaster Ave., Wynnewood, PA 19096. 1-800-650-6600. The only biblical environmental magazine.
Multinational Monitor. 1530 P St., N.W., Washington, DC 20005. Founded by Ralph Nader, it reports on large corporations.
The New Internationalist. 113 Atlantic Ave., Brooklyn, NY 11201. An influential development periodical.
PRISM. 6 Lancaster Ave, Wynnewood, PA 19096. 1-800-650-6600. Regular articles on justice and the poor.
Seeds. P.O. Box 6170, Waco, TX 76706.
Sojourners. 2401 15th St. NW, Washington, DC 20009. A biblical magazine with regular articles on economic justice, discipleship, and community (202-328-8842).
Together. 121 E. Huntington Drive, Monrovia, CA 91016. Regular discussion of development issues.
Transformation: An International Evangelical Dialogue on Mission and Ethics. Transformation, Vanguard University, 55 Fair Drive, Costa Mesa, CA 92626. One of the best places to listen to all parts of the worldwide evangelical community. transformation@vanguard. edu.
U.N. Development Forum. A monthly tabloid free from Center for Economic

and Social Information, United Nations, New York, NY 10017.

World Watch. 1776 Massachusetts Ave., N.W., Washington, DC 20036. Bimonthly.

Numerous other religious journals regularly carry related items: *Christian Century, Christianity and Crisis, Christianity Today, Commonwealth, Engage/Social Action, Worldview.*

주

서론

1) 이 이야기는 내 책 *Cup of Water, Bread of Life* (Grand Rapids: Zondervan, 1994), 7장, 「물 한 모금, 생명의 떡」(IVP)과 Philippa Tyndale, *Don't Look Back: The David Bussau Story* (St. Leonards, Australia: Allen and Unwin, 2004)를 보라.

1. 십 억의 굶주린 이웃

1) "Iracema's Story", *Christian Century*, November 12, 1975.
2) Oxfam America, "Fast for a World Harvest: Fighting Hunger Takes More Than Knowing the Facts"(Boston: Oxfam America, 2003).
3) Robert L. Heilbroner, *The Great Ascent: The Struggle for Economic Development in Our Time*(New York: Harper & Row, 1963), pp. 33-36.
4) World Bank, *World Bank Development Report 2003*(Washington, DC: International Bank for Reconstruction and Development, 2002), p. 3.
5) 앞의 책, p. 1.
6) Oxfam America, "Fast for a World Harvest."
7) World Health Organization, *World Health Organization Report on*

주 473

Infectious Diseases: Removing Obstacles to Healthy Development, http://www.who.int/infectious-disease-report/pages/testonly.html.

8) Bread for the World Institute(이하 BFWI), *Hunger 1997*(Silver Spring: BFWI, 1997), p. 15.

9) Statistics Division, "Progress Towards the Millennium Development Goals, 1990-2003"(New York: United Nations Department of Economic and Social Affairs, 2004), p. 4.

10) Bread for the World Institute, *Hunger 1995: Causes of Hunger*(Silver Spring: BFWI, 1994), pp. 10-15.

11) Food and Agriculture Organization, *The State of Food Insecurity in the World 2002*(Rome: United Nations, 2002), p. 31. 불행히도 남아시아에서는(인도 등) 만성적인 영양 부족 상태인 사람의 수가 1990년보다 2002년에 더 많았다.

12) World Bank Jakarta External Affairs Office, "Indonesia, Country Briefs, 02", www.worldbank.org.

13) 앞의 글.

14) Food and Agriculture Organization, *The State of Food Insecurity in the World 2003*(Rome: United Nations, 2003), pp. 31-32. 이전 수치는 BFWI, *Hunger 1995*, pp. 10-15; BFWI, *Hunger 1997*, p 15에서 나온 것이다.

15) 앞의 책.

16) 앞의 책, p. 6.

17) "Number of Hungry Rising, UN Says", *New York Times*, December 8, 2004, A5.

18) World Bank, *Country Classification*, http://www.worldbank.org/data/countryclass/countryclass.html.

19) GDP, GNI, GNP에 대한 설명은 2장 주16을 보라.

20) World Bank, *Country Classification*.

21) World Bank, *World Development Indicators 2003*, http://www.developmentgateway.org/node/244175/. 미국의 데이터는 March of

Dimes, "Perinatal Profiles: Statistics for Monitoring State of Maternal and Infant Health"(White Plains, NY: March of Dimes, 2003), p. 2를 보라.
22) World Bank, *World Development Indicators 2003*.
23) World Bank, "GNI Per Capita 2003", in *World Development Indicators database*(New York: World Bank, 2004).
24) 앞의 글.
25) 앞의 글.
26) World Bank, "World Development Report 1990"(Washington, DC: World Bank, 1990), p. 8, 표 1.1.
27) World Bank, *World Development Indicators 2003*.
28) 1980-1993년 수치는 *World Development Report 1995*, pp. 162-163에서 얻은 것이다. 나머지는 *World Development Report 1990*, II, 표 1.2에서 얻은 것이다. 1998-2002년 수치는 *World Development Indicators 2003*에서 얻은 것이다.
29) World Bank, *World Development Report 1995*, p. 163; World Bank, *World Development Indicators 2003*, http://www.worldbank.org/data/wdi2003을 보라.
30) James Brooke, "Brazilians Vote Today for President in a Free and Unpredictable Election", *New York Times*, November 15, 1989.
31) "Trade with Justice", BFW Background Paper, No. 67(August 1983): p. 4.
32) BFWI, *Hunger 1996: Countries in Crisis*, p. 90.
33) Bread for the World Institute, *Agriculture in the Global Economy* (Washington, DC: Bread for the World Institute, 2003), p. 133.
34) UNICEF, "Information by country", www.unicef.org/infobycountry/brazil.html.
35) Food and Agriculture Organization, *The State of Food Insecurity in the World 2003*(Rome: FAO of the United Nations), 표들을 보라.
36) World Bank, "Millennium Indicators Database", http://unstats.un.org/

unsd/mi/mi_indicator_xrxx.asp?ind_code1.
37) World Bank, *World Development Report 1995*, p. 221.
38) World Bank, *World Development Indicators 2003*.
39) World Bank, "Millennium Indicators Database."
40) W. Stanly Mooneyham, *What Do You Say to a Hungry World?* (Waco, TX: Word, 1975), pp. 38-39.
41) Lester R. Brown, *In the Human Interest* (New York: Norton, 1974), pp. 55-56.
42) 에이즈 역시 기근의 원인이다. Alex de Wool and Alan Whiteside, "New Variant Famine: AIDS and Food Crisis in Southern Africa", *Lancet* 362 (October 11, 2003), pp. 1234-1237.
43) UNICEF, *The State of the World's Children 2002* (New York: UNICEF NY, 2002), p. 16.
44) United Nations Children's Fund, *The State of the World's Children 1994* (New York: Oxford University Press, 1994), p. 16.
45) World Bank, *World Development Report 1993*, p. 1. 어린이 사망률은 5세 이하 어린이를 가리키는 것이고, 영아 사망률은 1세 이하 아기를 가리키는 것임을 분명히 해 둔다.
46) *Child of the Dark: the Diary of Carolina Maria de Jesus* (New York: Dutton, 1962), p. 42.
47) Mooneyham, *What Do You Say to a Hungry World?*, p. 191.
48) Donald Hay, *Economics Today* (Leicester: InterVarsity, 1989), p. 257. 「현대 경제학과 청지기 윤리」(IVP).
49) World Bank, *World Development Indicators 2003*.
50) 앞의 글.
51) United Nations Statistics Division, "World and Regional Trends for years around 1990 and 2000", http://unstats.un.org/unsd/mi/wtrends.htm.
52) Feed the Minds—Christian Communication Worldwide, *Literacy—More About Literacy*, http://www.feedtheminds.org/literacy/about.php#statistics.

53) 앞의 글.
54) World Bank, *World Development Report 1993*, p. 23.
55) United Nations Development Programme, *Human Development Reports*, http://www.undp.org/hdr2003/indicator/indic_1_1_1.html.
56) UNDP, *Human Development Reports*(2003), p. 2.
57) U.S. Agency for International Development, *Under-Five Mortality Rates, 1990-2000*, http://www.usaid.gov/our_work/global_health/mch/ch/news/csmort_rates.pdf.
58) UNICEF, *Information by Country*, http://www.unicef.org/infobycountry/index.html.
59) World Bank, *World Development Report*, http://econ.wordlbank.org/wdr/wdr2004/.
60) World Health Organization, Global Water Supply and Sanitation Assessment 2000 Report, as referenced in Millennium Project Interim Report Task Force 7 on Water and Sanitation, February 2004, Coordinators Roberto Lenton and Albert Wright, Executive Summary, commissioned by United Nations Secretary General and supported by United Nations Development Group, http://www.unmillenniumproject.org/documents/tt7interimexecsum.pdf.
61) Michael Todaro, *Economic Development*, 5th ed. (New York: Longman, 1994), p. 348.
62) World Health Organization, *World Health Organization Report on Infectious Diseases: Removing Obstacles to Healthy Development.*
63) *Tufts University Diet and Nutrition Letter*, Oct. 94, p. 3.
64) UNICEF, *Unicef Statistics: Malnutrition—the Challenge*, http://www.childinfo.org/eddb/malnutrition/index.htm.
65) Mooneyham, *What Do You Say to a Hungry World?*, p. 191.
66) UNICEF, *The State of the World's Children 1995*, p. 17.
67) World Health Organization, *Health Conditions in the Americas*(Pan-American Health Organization, Scientific Publications Series, No. 427,

1982), p. 102
68) Avert, *Worldwide HIV & Aids Epidemic Statistics*, http://www.avert.org/worlstatinfo.htm.
69) Opportunity International's *Impact*, October, 2003.
70) DATA, *The Aids Crisis*, http://www.data.org/whyafrica/issueaids.php.
71) DATA, *Frequently Asked Questions*, http://www.data.org/whydata/faqs.
72) "Putting the World to Rights", *Economist* (June 5, 2004): p. 65. 에이즈 위기에 대한 그리스도인들의 대응에 대해서는 *The aWAKE Project: Uniting Against the African AIDS Crisis* (Nashville: W Publishing Group, 2002)와 *Mission: Africa* (Nashville: W Publishing Group, 2003)를 보라. 유용하고 대중적인 소책자로는 Dale Hanson Bourke, *The Skeptic's Guide to the Global Aids Crisis* [Authentic, 129 Mobilization Drive, Waynesboro, GA 30830 (1-866-732-6657)에서 주문]를 보라.
73) UNDP, *Human Development Report 1994*, p. 50, 그림 3.2.
74) UNICEF, *The State of the World's Children 1995*, p. 45.
75) 앞의 책, p. 21.
76) UNICEF, *Routine Immunization—Current Status*, http://www.childinfo.org/eddb/immuni/current.htm.
77) Melinda Henry, *Global Alliance for Vaccines and Immunization (Gavi)* (World Health Organization, March 2001-2002), http://www.who.int/mediacentre/factsheets/fs169/en/.
78) 앞의 책.
79) World Bank, *World Development Report 1993*, p. 19.
80) Henry, *Global Alliance for Vaccines and Immunization*.
81) B. Thylefors, "Eliminating onchocerciasis as a public health problem", *Tropical Medicine and International Health* 9: A1-A3, 2004.
82) World Health Organization, *Micronutrient Deficiencies: Eliminating Iodine Deficiency Disorders*, http://www.who.int/nut/idd.htm.
83) Gro Harlem Brundtland, *United Nations General Assembly Special Session on Children Sustained Elimination of Iodine Deficiency Disorders*

(World Health Organization, May 10, 2002), http://www.who.int/director-general/speeches/2002/english/20020508_UNGASSSustainedelimination ofIodine DeficiencyDisorders.html.
84) UNICEF, *The State of the World's Children 1995*, p. 14.
85) Ruth L. Sivard, *World Military and Social Expenditures 1993*, p. 28.
86) "Food for Thought", *Economist*(July 31, 2004): pp. 68-69.
87) Jennifer Bryce, Oliver Fontaine, Roeland Monasch, and Cesar G. Victoria, "Reducing Deaths from Diarrhea through Oral Rehydration Therapy", *Bulletin of the World Health Organization*(New York: World Health Organization, 2000), p. 1250.
88) 세계 보건 기구에 따르면 2002년에 176만 7천 명이 설사로 죽었다. World Health Organization, "GBD 2002: Deaths by age, sex and cause for the year 2002"(New York: World Health Organization, 2000).
89) World Health Organization, "Expert Consultation on Oral Rehydration Salts(ORS) Formulation"(New York: UNICEF House, 2001).
90) UNICEF, *The State of the World's Children 1995*, pp. 10, 13.
91) UNICEF, *The State of the World's Children 1994*, p. 12.
92) Samuel L. Katz, "Polio Vaccine—Times for a Change", *Abstracts of the IDSA, 1996 (34th Annual Meeting)*, p. 109.
93) World Health Organization, *Wild Poliovirus Information for 2004: WHO/African Region*, http:///www.afro.who.int/polio/surveillance_maps/wp2004.html.
94) UNICEF, *The State of the World's Children 1995*, p. 59.
95) "In the Bunker", *Economist*(January 8, 1994): p. 63.
96) Population Reference Bureau, *1995 World Population Data Sheet*(Washington, DC: Population Reference Bureau, Inc.).
97) Population Division of the Department of Economic and Social Affairs, "World Fertility Report: 2003"(New York: United Nations, 2004), p. 14.
98) *Population Bulletin*, March 95, p. 4.
99) World Bank, "1.2 Population", *Internet*(World Bank, 1998).

100) United Nations, Department of Economic and Social Affairs, Population Division (1999), *World Population Prospects: The 1998 Revision*, vol. I, *Comprehensive Tables* (United Nations publications, Sales No. E.99.XIII.9).
101) Population Reference Bureau, *Human Population: Fundamentals of Growth Natural Increase and Future Growth*, http:///www.prb.org/Content/NavigationMenu/PRB/Educators/Human_Population/Future_Growth/Natural_Increase_and_Future_Growth.htm.
102) United Nations, Department of Economic and Social Affairs, Population Division (2003), *World Population Prospects: The 2002 Revision*, vol. I, *Comprehensive Tables*(United Nations publications, Sales No. E.03.XIII.6).
103) BFW *Newsletter*, July 1976에서 인용. 이 주제는 구명 보트의 윤리를 주창한 Hardin과 Paddock의 탁월한 논박을 담고 있다.
104) Amartya Sen, "Population, Delusion and Reality", *New York Review of Books*, September 22, 1994; reprinted in Mike Cromartie, ed., *The Nine Live of Population Control*(Grand Rapids: Eerdmans, 1995), p. 101이하.
105) Population Reference Bureau, *Human Population: Fundamentals of Growth*, http:///www.prb.org/Content/NavigationMenu/PRB/Educators/ Human_Population/Population_Growth/Population_Growth.htm.
106) 앞의 책.
107) Lester R. Brown, *State of the World 1993*(New York: Norton, 1993), p. 3.
108) "세계 인구가 안정되지 않는다면 세계의 사회 · 경제 · 환경 문제의 궁극적 성공은 있을 수 없다고 과학원은 믿는다. 이 목표는 우리 아이들이 살아 있는 동안 인구 성장률 0퍼센트에 도달해야만 한다는 것이다." Population Summit of the World's Scientific Academies:Statement of 58 Scientific Academies, New Delhi, pp. 24-27 October 1993

(Washington, DC, Natoinal Academy Press, 1994)에서 인용.
109) Center for Communication Programs, "Shortages of Arable Land", *Population Reports* XXV, no.4 (1997).
110) UNICEF, *The State of the World's Children 1994*, p. 31.
111) United Nations Convention to Combat Desertification, *How Can It Be Prevented and Rehabilitated?*, gttp:///www.unccd.int/knowledge/faq.php#answer1.
112) 앞의 책.
113) Mark Hatfield, "World Hunger", *World Vision 19* (February 1975): p. 5.
114) Stephen Coats, "Hunger, Security and U.S. Foreign Policy", BFW Background Paper, No. 53 (May 1981)에 인용.
115) UNICEF, *The state of the World's Children* 1994, p. 34.
116) *Radar News*, January 1975, pp. 3-4에 보충함.

2. 풍요한 소수

1) Hélder Câmara, *Revolution Through Peace* (New York: Harper & Row, 1971), p. 142.
2) *New York Times*, July 12, 1949. Jules Henry, Culture Against Man (New York: Random House, 1963), p. 19에 인용.
3) U.S. Bureau of the Census, *Statistical Abstract of the United States: 1995*, pp. 151, 858.
4) '대부분의 광고 산업 통계의 공식 소식통'인 McCann-Erickson의 Bob Coen, *Advertising Age*, December 11, 1995, p. 40에서 이렇게 예견했다.
5) U.S. Bureau of the Census, *Statistical Abstract of the United States 2003*, p. 1274.
6) Robert Coen, "Presentation of Advertising Expenditures" (New York: Universal McCann, 2001), p. 10.
7) Richard K. Taylor, "The Imperrative of Economic De-Development", *The Other Side 10*, no. 4 (July-August 1974): p. 17. 광고와 교육에 관한 수치는 U.S. Bureau of Census, *Statistical Abstract of the United States 2003*, p.

1274를 보라.
8) Real Vision, "Facts and Figures About Our TV Habit"(Washington, DC: TV-Turnoff Network, 2004).
9) Robert Bellah, *The Broken Covenant: American Civil Religion in Time of Trial*(University of Chicago Press, 1992), p. 134.
10) *Newsweek*, October 28, 1974, p. 69.
11) John V. Taylor, *Enough Is Enough*(London: SCM Press, 1975), p. 71.
12) Patrick Kerans, *Sinful Social Structures*(New York: Paulist Press, 1974), pp. 80-81. 또한 6장을 보라.
13) Art Gish, *Beyond the Rat Race*(Scottdale, PA: Herald Press, 1973), pp. 122-126에 나오는 이에 관한 유용한 언급을 보라.
14) UNDP, *Human Development Report*(1999), p. 3.
15) UNDP, *Human Development Report* (2003), p. 39(표 2.2). UNDP의 *Human Development Report* (2005), World Bank의 *World Development Report* (2006)는 균등함을 다루기 위해 계획되었다. 또한 Forbes, "Special Report: The World's Richest People", (*Forbes Magazine*), http://www.forbes.com/maserati/billionaires2004/bill04land.html.
16) 경제학자들은 GDP(국내총생산), GNP(국민총생산), GNI(국민총소득)라는 세 가지 용어를 사용한다. GDP는 특정한 지역 안에서(예를 들어 국가) 생산되는 재화와 용역의 총 가치를 가리킨다. GNP는 특정 국가 내의 국민들이 벌어들인 실질 소득(해외 투자로 인한 소득은 포함하고, 국내의 자산을 소유한 외국인들이 자국으로 보낸 이익은 뺀다)을 가리킨다. Michael P. Todaro and Stephen C. Smith, *Economic Development*, 8th ed. (New York: Addison Wesley, 2003), pp. 542-543를 보라. GNP와 GNI는 기본적으로 동일하다(http://www.worldbank.org/data/changinterm.html을 보라).
17) World Bank, "GNI Per Capita 2003", *World Development Indicators database*(New York: Wold Bank, 2004).
18) 앞의 책.
19) 13달러란 수치는 세계 은행의 수치에 근거한 것이다. 일인당 GNP 수치

는 *World Development Report 1995*, pp. 162-163에서 얻은 것이다. 그러나 중동의 수치는 *World Development Report 1994*, p. 163에서 얻은 것이다. 성장률 예측은 *World Development Report 1995*, p. 120에서 얻은 것이다.
20) World Bank, "World Development Report 2004"(Washington, DC: World Bank, 2004), p. 253.
21) 방글라데시의 이발 비용은 1996년 6월 23일 Rosalind Howlader와의 개인적 대화에 기초한 것이다.
22) 주16을 보라.
23) 수치들은 2004년 9월 11일 세계 단위 환산에서 나온 것이다.
24) BFWI, *Hunger 1996*, "Measuring Inequality", pp. 49-50.
25) United Nations Development Programme, *Human Development Reports*, http://hdr.undp.org/statistics/data/index_indicators.cfm.
26) Internet World Stats, *Internet Usage Stats for the Americas*(Miniwatts International, September 1, 2004), http://www.internetworldstats.com/stats2.htm; Lowell Feld, *Energy Statistics* (Energy Information Administration, July 28, 1999), http://www.eia.doe.gov/emeu/cabs/archives/theamericas/chapter3a.html.
27) "In Health Care, Gap Between Rich and Poor Persists, W.H.O. Says", *New York Times*, November 11, 2004, A11.
28) Jr. James Seale, Anita Regmi, and Jason Bernstein, "International Evidence on Food Consumption Patterns"(Washington, DC: United States Department of Agriculture, 2003), pp. 16-18.
29) 앞의 책.
30) Jeff Lancashire, *Number of obese adults and overweight children not falling in the USA*(Medical News Today, 2004), http://www.medicalnewstoday.com/medicalnews.php?newsid=9542.
31) Paul Hawken, *The Ecology of Commerce*(New York: Harper Business, 1993), p. 161.
32) Sierra Club, *Population and Consumption*, http://www.sierraclub.org/

population/consumption/.
33) Michael S. Paisner, Mark W. Rosegrant, Siet Meijer, Julie Witcover, "Global Food Projections 2020: Emerging Trends and Alternative Futures"(Washington, DC: International Food Policy Research Institute, 2001), p. 76.
34) The Center for a New American Dream, *International Consumption*, http://www.newdream.org/intl/.
35) 수치들은 1974년부터 2004년까지 인플레이션으로 인한 변화를 반영하기 위해 GDP Deflator(이스턴 대학의 경제학자 Van Weigel 박사가 내게 전해 준)를 사용하여 개정한 것이다.
36) "Middle Class? Not on $15,000 a Year", *Philadelphia Inquirer*, October 28, 1974, p. 9a. 나는 인플레이션을 설명하기 위해 아넷의 수치를 개정하였다. 그는 실제로 15,000달러와 18,000달러를 이야기하였다. 그러나, 1974년의 15,000달러는 2004년의 50,000달러이고, 1974년의 18,000달러는 2004년의 60,000달러이다.
37) *Newsweek*, 21 September, 1977, pp. 30-31. 수치들을 인플레이션을 반영하여 개정하였다.
38) Juliet B. Schor, *The Overworked American*(New York: HarperCollins, 1992), p. 116에서 인용.
39) National Public Radio, *Morning Edition*, October 26, 1995.
40) 1993년 수치: UNICEF, *The State of the World's Children 1995*(New York: Oxford University Press, 1995), pp. 68-69. 2003년 수치: Organization for Economic Co-operation and Development, Official Development Assistance (ODA) from 2000 to 2003; http://www.oecd.org/home/.
41) 11장 주 125, 126과, http://www.pipa.org/onlinereports/bfw/finging1.html에서 2001년 2월 2일에 발표한 조사 결과를 보라.
42) Paul A. Laudicina, *World Poverty and Development: A Survey of American Opinion* (Washington, DC: Overseas Development Council, 1973), p. 21.

43) World Bank, "World Development Report 2004", p. 262.
44) 이전 퍼센트는 Lewis and Kallab, eds., *U.S. Foreign Policy and the Third World:Agenda 1983*, p. 273에서 얻었고, 1980-1993년 퍼센트와 1993년 대외 원조 수치는 *World Development Report 1995*, pp. 163, 196에서 얻은 것이다. 1993-2003년 수치는 World Bank, "World Development Report 2004", p. 184에서 얻은 것이다.
45) UNDP, *Human Development Report 1994*, p. 48과 World Bank, "World Development Report 2004", p. 184.
46) The Stockholm International Peace Research Institute에 따르면 2003년 세계 군사비 지출은 9,560억 달러(현재 달러로)였다. 또한 David Fickling, "World Bank Condemns Defense Spending"(*Guardian*, February 14, 2004), http://www.guardian.co.uk/print/0,3858,4858685-103681,00.html을 보라.
47) UNDP, *Human Development Report 1995*, p. 8.
48) Garrett Hardin, "Lifeboat Ethics:The Case against Helping the Poor", *Psychology Today* 8, no. 4 (September 1974): p. 38이하. 또한 William and Paul Paddock, *Famine 1975!* (Boston: Little, Brown and Co., 1967), reprinted in 1976 under the title *Time of Famines: America and the World Food Crisis*를 보라.
49) Brown, *In the Human Interest*, pp. 113-114.
50) Michael Comartie, ed., *The Nine Lives of Population Control*(Grand Rapids: Eerdmans, 1995), pp. 101-127를 보라.
51) BFWI, *Hunger 95*, p. 63.
52) 올바른 원조는 종종 노동 집약적인 개발과 직접적인 기술을 격려한다. E. F. Schumacher, *Small is Beautiful*(New York: Harper Torchbooks, 1973), 특히 pp. 161-179를 보라.「작은 것이 아름답다」(문예출판사).
53) UNDP, *Do You Know That* (Quotable Facts from HDR) [Web site] [United Nations Development Programme, 2003 (cited 1 January 2005)]; available from http://www.undp.org/hdr2003/know_that.html.
54) 구명 보트 윤리에 대한 짧은 비판은 Lester Brown, *The Politics and*

Responsi-bility of the North American Breadbasket, Worldwatch Paper, no. 2(October 1975), p. 36과 BFW Newsletter, July 1976을 보라.
55) Robert H. Schuller, Your Church Has Real Possibilities! (Glendale, CA: regal Books, 1974). p. 117.

제2부 가난한 자와 재물에 대한 성경적 관점

1) Post-American, 1, no. 4(Summer 1972), p. 1에서 인용.
2) Laudicina, World Poverty and Development, p. 21.
3) Ronald J. Sider, For They Shall Be Fed(Dallas: Word, 1977). 초판은 Cry Justice: The Bible Speaks on Hunger and Poverty (New York: Paulist Press; Downers Grove, IL: InterVarsity Press, 1983)로 나왔다.

3. 하나님과 가난한 자

1) 예를 들어, Enzo Gatti, Rich Church-Poor Church?(Maryknoll, NY: Orbis Books, 1974), p. 43를 보라. 일반적으로 해방신학은 이 방향으로 기운다. 해방신학을 탁월하게 평가한 글로 J. Andrew Kirk, Liberation Theology: An Evangelical View from the Third World(Atlanta, Ga.: John Knox Press, 1980)와 Stanley N. Gundry and Alan F. Johnson, eds., Tensions in Contemporary Theology(Chicago: Moody Press, 1976)에 Harvie Conn이 해방신학에 대해 탁월하게 쓴 두 장을 보라. 「복음주의적 입장에서 본 해방신학 연구」(정음출판사); 「해방신학 연구」(성광문화사).
2) Ernst Bammel, "ptochos", in Gerhard Kittell and Gerhard Friedrich, eds., Theological Dictionary of the New Testament, trans. Geoffrey W. Bromiley, 10 vols. (Grand Rapids, MI: Eerdmans, 1968), 6:888. 이후 TDNT라 칭함.
3) A. Gelin, The Poor of Yahweh (Collegeville, MN: Liturgical Press, 1964), pp. 19-20.
4) TDNT, VI, 885 이하. '페네스'(penes)는 단 한 번만 사용되었는데, 재산이 없는 비천한 노동자를 가리킨다 (TDNT, VI, 37 이하).
5) R. C. Sproul, "Who Are the Poor?" Tabletalk 3, no. 6 (July 1979)에서 (1)

게으름, (2)재난, (3)착취, (4)자발적 선택 때문에 가난한 자들을 구별하는 유익한 지침을 보라. 또 아래 주 12에 나오는 '영적으로 가난한 자들'에 대한 토론을 보라.

6) 출애굽을 영감을 불러일으키는 하나의 장치로만 받아들이는 몇몇 해방신학자들과는 달리, 나는 출애굽에서 하나님이 억눌린 사람들을 해방시키셨을 뿐만 아니라 또한 한 특별한 백성을 불러내 그분의 특별 계시의 수납자로 삼으셨다고 주장한다. 여호와는 만인을 향한 자신의 뜻과 구원을 계시하시기 위하여 한 특별한 백성을 불러내신 것이다. 그러나 하나님이 자신의 언약 백성에게 더욱 분명하게 계시하신 것처럼, 하나님의 뜻에는 자신의 백성들이 하나님을 좇아서 가난하고 억눌린 자들의 편에 서야 한다는 것을 포함했다. 하나님이 모든 근동 사람들에게 십계명을 주시지 않았다는 사실이 하나님이 십계명이 보편적으로 적용되기를 원하지 않으셨다는 의미가 아닌 것처럼, 여호와가 출애굽 시에 가난한 모든 애굽인들을 해방시키지 않으셨다는 사실이 하나님이 모든 곳에 있는 가난한 자들에게 관심을 갖지 않으셨다는 의미는 아니다. 하나님이 역사상 자신을 계시하기로 결심하셨을 때, 하나님은 모든 곳에 있는 모든 사람에게 원하시는 것을 특별한 시점에 특별한 사람에게 때를 맞추어 자신을 드러내셨기 때문이다.

7) John Bright, *A History of Israel* (Philadelphia: Westminster Press, 1959), pp. 240-241. 「이스라엘 역사」(크리스챤다이제스트).
8) 앞의 책.
9) Roland de Vaux, *Ancient Israel* (New York: McGrow Hill, 1965), 2:72-73.
10) 복음을 선포하는 것과 가난한 자들을 위한 정의를 추구하는 것은 구별되지만 교회의 총체적 사명에서 동등하게 중요한 측면들이다. 내가 쓴 "Evangelism, Salvation and Social Justice: Definitions and Interrelationships", *International Review of Mission*, July 1975, p. 251이하(특히 p. 258)와 "Evangelism or Social Justice: Eliminating the Options", *Christianity Today*, 8 October 1976, pp. 26-29; 그리고 좀더 최근 것으로 *Good News and Good Works* (Grand Rapids: Baker, 1999)

와 *Cup of Water, Bread of Life*(Grand Rapids Zondervan, 1994)를 보라.
11) 이것은 '가난한 자들'이라는 용어의 '영적인' 용법이 중간기 시대에 등장했다는 점을 부인하는 것이 아니다. 그러나 그 때조차 물질적·경제적 기초가 없었던 것은 결코 아니다. 내가 쓴 글 "An Evangelical Theology of Liberation", in Kenneth S. Kantzer and Stanley N. Gundry, eds., *Perspectives on Evangelical Theology* (Grand Rapids: Baker, 1979), pp. 122-124를 보라.
12) 또 요한계시록 7:16을 보라.
13) Richard Batey, *Jesus and the Poor*(New York: Harper & Row, 1972), p. 7.
14) 이 단락은 이전 판과는 달라졌음을 보여 준다. 나는 이것에 관한 John Schneider의 비판이 어느 정도는 옳다고 생각한다. 그의 *Godly Materialism*(Downers Grove, IL: InterVarsity, 1994), pp. 103-121(특히 pp. 107-110)를 보라.
15) Martin Hengel, *Property and Riches in the Early Church: Aspects of a Social History of Early Christianity* (Philadelphia: Fortress Press, 1974), p. 38.
16) Batey, *Jesus and the Poor*, p. 6. 그러나 나는 다시 나의 이전 판에서 나사렛이 변두리 지역임을 지나치게 강조했다는 Schneider의 지적(*Godly Marerialism*, p. 110)이 옳다고 생각한다.
17) 또 시편 107:35-41을 보라. 마태복음 5장과 누가복음 6장에 나온 팔복의 서로 다른 내용에 대해 토론한 것으로는 5장을 보라.
18) 물론 순종할 때 번영하게 된다는 성경의 가르침을 간과하지 않는다. 이 주제를 토론한 것에 대해서는 5장을 보라.
19) Bright, *History of Israel*, p. 306. 비슷한 사건으로, 다니엘 4장(특히 27절)을 보라.
20) 또 미가 2:1-3을 보라.
21) Joachim Jeremias [*The Parables of Jesus*(London: SCM Press, 1954), pp. 128-130]와 다른 사람들은 예수님의 요점이 전적으로 다른 것이었다고 주장했다. 그러나 나는 여전히 통상적인 해석을 따르고 싶다. 예를 들어,

The Interpreter's Bible, 8:288-292를 보라.
22) 앞의 책, p. 290.
23) Clark H. Pinnock, "An Evangelical Theology of Human Liberation", *Sojourners*, February 1976, p. 31.
24) "The Bible and the Other Side", *The Other Side 11*, no. 5 (September-October 1975): 57.
25) 이 구절들을 잘 주석한 책으로 J. A. Motyer, *The Day of the Lion: The Message of Amos*(Downers Grove, IL: InterVarsity Press, 1974), pp. 129-137를 보라. 또 미가 6:6-8과 야고보서 2:14-17을 보라.
26) 그것은 하나님이 참된 예배에 관심이 없으시다는 말이 아니다. 아모스 5:21-24도 하나님이 "나는 너희가 나의 권리들(실제 권리건 가상의 권리건)을 옹호하기를 원하지 않는다. 나는 너희가 가난하고 억눌린 자들의 권리를 증진하는 일에 힘을 쓰기를 원한다"는 의미로 말씀하신 것이 아니다(Gatti, *Rich Church-Poor Church?* p. 17). 그와 같은 이원화는 예언자들이 우상 숭배를 중점적으로 비난한 사실을 무시하는 것이다. 하나님은 예배와 정의 둘 다를 원하신다. 슬프게도 오늘날 어떤 사람들은 예배에, 또 다른 사람들은 정의에 집중한다. 예배와 정의를 동시에 추구하는 사람은 매우 적다.
27) G. E. Ladd, *A Theology of the New Testament*(Grand Rapids: Eerdmans, 1974), p. 133. 마태복음 25장과 요한일서 3장 등을 그리스도인들로 국한시켜 적용해야 하는지의 여부에 대해서는 Stephen C. Mott, *Biblical Ethics and Social Change*(New York: Oxford Univ. Press, 1982), pp. 34-36에 나온 탁월한 토론을 보라. 「복음과 새로운 사회」(대장간).
28) 하나님은 부자들의 구원보다 가난한 자들의 구원을 더 바라시지는 않는다. 나는 다음과 같은 Gatti의 주장에 강력하게 반대한다. "가난하고 억눌린 자들은 [구원의] 그 말씀을 들을 수 있는 최고의 권리를 갖고 있는 자들이다. 가난하고 억눌린 자들은 복음을 받을 수 있는 특권을 가진 자들이다."(*Rich Church-Poor Church?* p. 43). 하나님은 모든 사람들(억압하는 자들과 억압당하는 자들이 동일하게)이 구원받기를 원하신다. 누구도 하나님의 말씀을 들을 '권리'를 갖고 있지 않다. 우리 모두는 죽어

마땅하다. 예수님과 바울이 가난한 자들에게 설교하기를 더 좋아한 것 같은 데 비해 그리스도인들이 빈민가보다 교외에서 설교하기를 더 좋아 하는 것은 단지 그리스도인들이 갖고 있는 잘못된 외고집 때문이다.
29) 6장을 보라.

4. 경제적 나눔과 경제 정의

1) 내 글 "Toward a Biblical Perspective on Equality", *Interpretation*, April, 1989, pp. 156-169에서 일부 내용을 뽑아 각색하였다.
2) Roland de Vaux, *Ancient Israel: Its Life and Institutions*, trans. John McHugh(London: Darton, Longman and Todd, 1961), I, 164를 보라.
3) H. Eberhard von Waldow, "Social Responsibility and Social Structure in Early Israel", CBQ32(1970), p. 195.
4) Albrecht Alt, "Micah 2. 1-5: Ges Anadasmos in Juda." *Kleine Schriften zur Geschichte des Volkes Israel*(Munich: C.H. Beck, 1959), III, 374.
5) Norman Gottward는 초기 이스라엘에 관한 연구에서 다음과 같이 결론지 었다. "이스라엘은 농경 · 목축 경제 기반을 토대로 한, 평등하며 확대 가 족으로 된, 구분된 종족 사회였다.···고대 근동의 주요한 문화적 · 정치적 중심지에서는 규범적인 사회계층화와 정치적 지배 형태에 대해서 완강히 반대하고 거부했다." *The Tribes of Yahweh: A Sociology of the Religion of Liberated Israel 1250-1050 BCE*(London: SCM Press, 1979), p. 10.
6) 레위기 25장에 관한 연구로는 R. Gnuse, "Jubilee Legislation in Leviticus: Israel's Vision of Social Reform", *Biblical Theology Bulletin 15*(1983), pp. 43-48를 보라.
7) 또 에스겔 47:14. Mott, *Biblical Ethics and Social Change*, pp. 65-66와 Stephen Charles Mott, "Egalitarian Aspects of the Biblical Theory of Justice", in the *American Society of Christian Ethics, Selected Papers 1978*, ed. Max Stackhouse (Newton, MA: American Society of Christian Ethics, 1978), pp. 8-26에 나온 토론과 인용된 문헌들을 보라.
8) Loren Wilkinson이 편집한 탁월한 책인 *Earthkeeping: Christian Stewardship of Natural Resources*, 2d ed. (Grand Rapids: Eerdmans,

1980), 특히 pp. 232-237를 보라.
9) 이와 관련하여 Paul G. Schrotenboer, "The Return of Jubilee", *International Reformed Bulletin*, Fall 1973, p. 19 이하(특히 pp. 23-24)를 보라.
10) 또 에베소서 2:13-18을 보라. Marc H. Tanenbaum은 "Holy Year 1975 and Its Origins in the Jewish Jubilee Year", *Jubilaeum*(1974), p. 64에서 속죄의 날의 의미를 지적한다.
11) 레위기 25:10에 나오는 **자유**라는 말의 의미를 알아보려면 Martin Noth, *Leviticus*(Philadelphia: Westminster, 1965), p. 187를 보라. "'해방'이라는 의미의 deror는…아카디아어 (*an*)*duraru*('무거운 짐에서 자유롭게 함')에서 유래한 봉건 시대의 말이다."
12) Roland de Vaux는 레위기 25장이 "공상적인 법이었으며 사문(死文)화 되다시피 했다"는 학자들의 일치된 의견을 나타낸다(*Ancient Israel*, 1:177). 다른 한편으로 Tanenbaum("Holy Year 1975", pp. 75-76)은 레위기 25장이 시행되었다고 생각한다. 특별히 안식년과 희년을 언급하고 있는 다른 성경 구절은 레위기 27:16-25과 민수기 36:4과 에스겔 46:17이다. 이사야 61:1-2(예수님은 누가복음 4:18-19에서 자신의 사명의 개요를 설명하기 위하여 이 말씀을 인용하셨다) 역시 희년을 언급하고 있음을 증명할 수 있다면 대단히 중요할 것이다. De Vaux는 이사야 61:1이 희년을 언급하는지 의심스럽게 생각한다(*Ancient Israel*, 1:176). 하지만 똑같은 단어가 이사야 61:1과 레위기 25:10에서 사용되고 있다. *Politics of Jesus* (Grand Rapids, Mich.: Eerdmans, 1972), pp. 64-77에 수록된 John H. Yoder의 논의를 보라(「예수의 정치학」, IVP). 또 Robert Sloan, *The Acceptable Year of the Lord*(Austin, Tex.: Scholar Press, 1977)와 Donald W. Blosser, "Jesus and the Jubilee"(Ph.D. diss., Univ. of St. Andrews, 1979)를 보라.
13) 이스라엘 자체에서 땅의 중요성을 인식했다는 나의 이해는, 대부분 Christopher J. H. Wright의 *An Eye for an Eye: The Place of Old Testament Ethics Today*(Downers Grove, IL: InterVarsity, 1983, 「현대를 위한 구약 윤리」, IVP), 특히 3-4장 덕분이다. Walter Brueggemann의

The Land (Philadelphia: Fortress Press, 1977) 또한 이 주제에 관한 특히 중요한 작품이다.
14) De Vaux, *Ancient Israel*, 1:173-175.
15) 레위기 25장은 매 50년 때만 노예를 해방하는 조치를 취하는 것 같다.
16) 이스라엘이 안식년에 휴경하라는 명령에 순종하지 못한 것에 대해 하나님이 진노를 내리신 일을 매혹적으로 설명한 것으로 예레미야 34장을 보라.
17) 어떤 현대 주석가들은 신명기 15:1-11이 대부금의 철저한 면제보다는 대부금 상환의 일년 유예를 규정하고 있다고 생각한다. 예를 들어, C. J. H. Wright, *God's People in God's Land*(Grand Rapids: Eerdmans, 1990), p. 148은 S. R. Driver, *Deuteronomy, International Critical Commentary*, 3d ed. (Edinburgh: T. and T. Clark, 1895), pp. 179-180를 보라. 그러나 Driver의 논지는 기본적으로 부채 면제가 실시되지 않았을 것이라는 것이다. Driver는 9절이 대부금의 면제를 가리키는 것 같다는 점은 받아들인다. Gerhard von Rad, *Deuteronomy* (Philadelphia: Westminster, 1966), p. 106도 그렇게 말한다.
18) 안식년법의 시행에 관해 토론한 것으로 de Vaux, A*ncient Israel*, 1:174-175를 보라. 헬라 시대에 안식년이 시행되었다는 분명한 증거가 있다.
19) 또 de Vaux, *Ancient Israel*, 1:171을 보라.
20) John Mason은 구약 성경에서 제안된 '복지 체계' 유형에 대한 괄목할 만한 연구를 했다: "Biblical Teaching and Assisting the Poor", *Transformation*, 4 (April-June, 1987), pp. 1-14와 그의 글 "Biblical Teaching and the Objectives of Welfare Policy in the United States", in Stanley W. Carlson-Thies and James W. Skillen, eds., *Welfare in America: Christian Perspectives on a Policy in Crisis* (Grand Rapids: Eerdmans, 1996), pp. 145-185를 보라.
21) 이것은 교회사 전체에 걸쳐 내내 논의된 극히 복잡한 문제다. '율법의 제3의 용도'에 대한 루터교도들 간의 오랜 논쟁이야말로 연중 끊이지 않는 이 논쟁의 한 예를 잘 보여 준다.
22) De Vaux, *Ancient Israel*, 1:171.

23) 앞의 책, p. 170; Taylor, *Enough Is Enough*, pp. 56-60.
24) Driver, *Deuteronomy*, p. 178.
25) 이 문제와 관련된 역사 전체를 매우 매혹적이고 학술적으로 설명한 책으로 Benjamin Nelson, *The Idea of Usury: From Tribal Brotherhood to Universal Otherhood*, 2d ed. (Chicago: Univ. of Chicago Press, 1969)를 보라.
26) Bob Goudzwaard, *Capitalism and Progress: A Diagnosis of Western Society*(Grand Rapids: Eerdmans, 1979)의 탁월한 토론을 보라.
27) 마태복음 4:23; 24:14; 마가복음 1:14-15; 누가복음 4:43; 16:16과 내 책 *God News and Good Works*, 3-4장에 나오는 하나님 나라의 복음과 예언자적 희망에 관한 긴 논의를 보라.
28) 이 주제에 대한 일반적인 해석을 살펴보려면 Batey, *Jesus and the Poor*, pp. 3, 9, 100, n.8과 J. A. Ziesler, *Christian Asceticism*(Grand Rapids: Eerdmans, 1973), p. 45와 *TDNT* 3:796과 *Interpreter's Bible*, 8:655, 690과 Carl Henry, "Christian Perspective on Private Property", in *God and the Good*, ed. C. Oriebeke and L. Smedes (Grand Rapids: Eerdmans, 1975), p. 98를 보라.
29) 또 Batey, *Jesus and the Poor*, p. 8를 보라.
30) Taylor, *Economics and the Gospel*, p. 21.
31) D. Guthrie et al., ed. *The New Bible Commentary Revised*(Grand Rapids: Eerdmans, 1970), p. 980과 Batey, *Jesus and the Poor*, p. 38를 보라.
32) *TDNT*, 3:796.
33) 주동사들은 *epipraskon*과 *diemerizon*(행 2:45)과 *epheron*(행 4:34)이다. *Interpreter's Bible*, 9:52와 Batey, *Jesus and the Poor*, pp. 33, 105, n.9를 보라.
34) Ziesler, *Christian Asceticism*, p. 110.
35) Batey, *Jesus and the Poor*, pp. 36, 96-97.
36) Keith F. Nickle, *The Collection: A Study of Paul's Strategy, Studies in Biblical Theology*, no. 48 (Naperville, IL.: Allenson, 1966), p. 29와

Interpreter's Bible, 9:153을 보라.
37) Diane MacDonald, "The Shared Life of the Acts Community", Post-American, July 1975, 28을 보라.
38) 이 이야기의 신빙성을 인정하는 이유들을 요약한 것으로 Interpreter's Bible, 9:150-152를 보라.
39) Nickle, The Collection, pp. 68-69를 보라.
40) TDNT, 3:804 이하를 보라.
41) 실제로 바울은 사도행전 11:27-30에 언급된 선물을 전달하기 위해 예루살렘에 있었을 것이다. Interpreter's Bible, 9:151을 보라.
42) TDNT, 3:807-808을 보라.
43) 빌레몬서 17-20절에서 koinonos가 인상적으로 사용된 것을 보라. 동료 그리스도인들로서, 노예 오네시모와 주인 빌레몬 그리고 바울은 모두 동반자들(koinonoi)이다. 이 공동의 교제는 바울이 빌레몬에게 오네시모가 진 빚을 자기에게 청구해 달라고 요청할 수 있음을 의미한다. 그러나 바울과 빌레몬은 또한 그리스도 안에서 동반자들이다. 게다가 빌레몬은 바울의 사역으로 구원을 받았다. 그러므로 바울은 누구라도 빌레몬에게 빚을 갚을 필요가 없다고 말한다. 그리스도 안에서 그들이 나누는 교제로 말미암아 오네시모가 진 빚이 취소되기 때문이다. TDNT, 3:807을 보라.
44) 예를 들어 잠언 6:6-11; 10:4-5. 나의 "Towards a Biblical Perspective on Equality", 특히 p. 164를 보라.
45) Hengel, Property and Riches in the Early Church, pp. 42-43에서 인용.
46) 앞의 책, pp. 42-44.
47) 앞의 책, p. 45에서 인용.
48) 1975년 12월 5일자 Wall Street Journal은 1971년 이후로 한 전문 고고학자가 아리조나 주 투산 지역에 버린 음식의 양을 측정했다고 보도했다. 그 고고학자는 평균 가정이 매년 100달러치의 음식을 버리는 것을 알게 되었다(여기에는 애완 동물들에게 먹인 음식이나 부엌 찌꺼기 분쇄 처리기로 가루가 된 음식은 계산되지 않았다). 가구당 평균 가족수를 다섯 명으로 가정할 때 2억 3,600만 명의 북미인들이 매년 47억 달러치의 음식을 버리는 셈이다. Roger D. Hansen, Agenda for Action, 1976 (New

York: Praeger, 1976), p. 146에 나온 일인당 GNP(1973년)에 이 수치를 연결해서, 나는 (1976년에) 1억 2천만 명의 아프리카 그리스도인들이 매년 25억 달러를 벌어들인 것으로 어림잡았다(나는 매년 150달러의 수입을 올리는 사람을 7,400만 명, 300달러를 벌어들이는 사람을 4,500만 명, 그리고 1,000달러를 벌어들이는 사람을 백만 명으로 추정했다).
49) C. H. Jacquet, Jr., ed., *Yearbook of American and Canadian Churches: 1991* (New York: National Council of Churches, 1991), p. 305.
50) Helmut Gollwitzer, *The Rich Christians and Poor Lazarus*, trans. David Cairns (New York: Macmillan, 1970), p. 5와 Arthur C. Cochrans, *Eating and Drinking with Jesus* (Philadelphia: Westminster Press, 1974)를 보라.

5. 재산과 소유에 대한 성경적 관점

1) *Discernment*, Spring, 1995, p. 3에 인용.
2) Carl F. H. Henry, "Christian Perspective on Private Property", p. 97: Hengel, *Property and Riches in the Early Church*, p. 15.
3) 추가로 Emil Brunner, *Justice and the Social Order*, trans. Mary Hottinger (London: Lutterworth Press, 1945), p. 42이하, 133이하; E. Clinton Gardner, *Biblical Faith and Social Ethics* (New York: Harper & Row, 1960), pp. 285-291를 보라.
4) Adam Smith, *The Wealth of Nations* (1776; reprint ed., New York: Modern Library, 1937).
5) 예를 들어 Gary North, "Free Market Capitalism", in *Wealth and Poverty: Four Christian Views of Economics*, ed. Robert G. Clouse (Downers Grove, IL.: InterVarsity Press, 1984)를 보라.
6) Goudzwaard, *Capitalism and Progress*를 보라.
7) Henry, "Christian Pespective on Private Property", p. 97.
8) Hengel, *Property and Riches in the Early Church*, p. 12.
9) Walther Eichrodt, "The Question of Property in the Light of the Old Testament", *Biblical Authority for Today*, ed. Alan Richardson and W. Schweitzer (London: SCM Press, 1951), p. 261.

10) 앞의 책, p. 271.
11) Dom Helder Câmara, *Revolution through Peace* (New York: Harper & Row, 1971), pp. 142-143.
12) *TDNT*, 6:271. Taylor(*Enough is Enough*, p.45)는 이 말이 '과다' 또는 '더욱더 원함'이라는 뜻을 가진다고 말한다.
13) 교회 치리에 대한 토론으로는, 내가 쓴 글 "Watching Over One Another in Love", *The Other Side XI*, no. 3 (May-June 1975): pp. 13-20, 58-60(특히 p. 59)를 보라.
14) 이 문제를 훌륭하게 토론한 글로 Ziesler, *Christian Asceticism*을 보라.
15) 전자에 대해서는 Sider, *Cry Justice*, pp. 175-187를 그리고 후자에 대해서는 pp. 148-153에 나오는 성경 본문들을 보라.
16) Gordon D. Fee, "The New Testament View of Wealth and Possessions", *New Oxford Review* (May 1981): p. 9를 보라. "사람이 풍요와 가족의 축복을 약속받는 것은 그 사람이 의로울 때, 즉 하나님의 율법을 따라 행할 때뿐이다. 그러나 의롭다는 것은 특히 사람이 가난한 자들과 억눌린 자들의 복지에 관심을 갖거나 변호하는 것을 의미했다."
17) Taylor, *Enough is Enough*, 3장.
18) 추가로 Batey, *Jesus and the Poor*, p. 92에 나오는 스무 개의 언급을 보라.
19) Ziesler, *Christian Asceticism*, p. 52. 추가로 내가 쓴 "An Evangelical Theology of Liberation", pp. 122-125를 보라.
20) 추가로 Gardner, *Biblical Faith and Social Ethics*, pp. 276-277를 보라. 또한 "Oxford Declaration on Christian Faith and Economics" in Herbert Schlossberg, Vinay Samuel, and Ronald J. Sider, eds., *Christianity and Economics in the Post-Cold War Era* (Grand Rapids: Eerdmans, 1994), pp. 11-32를 보라.
21) *Interpreter's Bible*, 7:320. 또 디모데전서 6:17-19을 보라.
22) A. W. Argyle, *Matthew, The Cambridge Bible Commentary* (Cambridge: Cambridge Univ. Press, 1963), p. 53. *Interpreter's Bible*, 7:318도 그렇다.

6. 사회악: 사회 구조 속에 심겨진 죄

1) Richard K. Taylor, *Economics and the Gospel*(Philadelphia: United Church Press, 1973), p. 45에 인용.
2) "Edison High School—A History of Benign and Malevolent Neglect", *Oakes Newsletter 5*, no. 4 (14 December 1973): pp. 1-4와 "Northeast High Took the Glory Away", *Sunday Bulletin*, 27 January 1974, sect. 1, p. 3.
3) Rodney Stark et al., "Sounds of Silence", *Psychology Today*, April 1970, pp. 38-41, 60-67.
4) Bright, *History of Israel*, p. 241, n. 84.
5) 이사야 3:13-17과 비교해 보라.
6) Schneider, *Godly Materialism*, p. 113.
7) Ronald J. Sider, "Racism", *United Evangelical Action*, Spring, 1977, p. 11.
8) Schneider, p. 114.
9) 앞의 책, p. 115.
10) 내 책 *Good News and Good Works*에서 "Jesus and Politics"(pp. 152-154)에 관한 논의를 보라.
11) 앞의 책.
12) 이 부분은 내 책 *Good News and Good Works*, pp. 150-151에서 가져온 것이다. 또한 pp. 146-154를 보라.
13) Mott, *Biblical Ethics and Social Change*, pp. 4-6를 보라. 구조악에 대한 탁월하고 확장된 논의는('정사와 권세'라는 바울의 개념에 관한 논의를 포함하여) Mott, *Biblical Ethics and Social Change*, 1장을 보라.
14) 앞의 책, p. 4; *TDNT*, III, 868.
15) Mott, *Biblical Ethics*, p. 6에 인용. 물론 때로는 '코스모스'가 단순히 하나님의 선한 피조물을 의미하기도 한다(예를 들어 요 1:9-10상). Richard Mouw의 *Called to Holy Worldliness*(Philadelphia: Fortress, 1980), p. 75에 나오는 흥미로운 구분을 보라.
16) Clinton E. Arnold, *Powers of Darkness: Principalities and Powers in Paul's Letters*(Downers Grove, IL: InterVarsity, 1992), p. 203.

17) 참고. Mott, Biblical Ethics, pp. 6-10; Arnold, *Powers of Darkness*, 특히 pp. 87-210; Fortress Press가 출간한 Walter Wink의 대규모의 세 권짜리 작품: *Naming the Powers* (1984); *Unmasking the Powers* (1986); *Engaging the Powers*(1992).
18) John Paul II, *Sollicitudo Rei Socialis*(Dec. 30, 1987), sect. 36. John Paul 은 우리가 '죄의 구조'에 대한 윤리적 구분을 하지 않는다면, 이 복잡한 세상에서 '직면하는 현실을 깊이 있게 이해할 수 없다'고 주장한다.
19) 내 책 *God News and Good Works*를 보라.

제3부 가난의 원인은 무엇인가?
1) 예를 들어, Ronald J. Sider and Heidi Rolland, "Correcting the Welfare Tragedy", in Stanley W. Carlson-Thies and James W. Skillen, eds., *Welfare in America*(Grand Rapids: Eerdmans, 1996), pp. 456-463에 나오는 바, 모든 복지 개혁 계획이 다루어야만 하는 미국의 장기적 가난의 원인에 대한 분석을 보라.

7. 빈곤의 복합적인 원인들
1) Lester C. Thurow, *The Future of Capitalism*(New York: Morrow, 1996), p. 15.
2) 죄의 보편성과 누구든지 복음을 들을 필요가 있음을 부인하는 것은 아니다. 기술 적용에서 문화적 가치관의 중요성을 못 본 체하는 것도 아니다.
3) BFWI, *Hunger* 1995, p. 22.
4) 앞의 책, p. 25.
5) Todaro, *Economic Development*, 1994, pp. 292-295.
6) 앞의 책, p. 608.
7) 앞의 책, pp. 296-297.
8) Adriane Gamble (2002), "The Marcos Legacy and the Phillipines Today" [online], http://www.stanford.edu/class/e297c/The%20Marcos%20legacy.htm.

9) BFWI, *Hunger* 1995, p. 22.
10) Michael P. Todaro and Stephen Smith, *Economic Development, Eighth Edition* (New York: Addison-Wesley, 2003), p. 27.
11) Paul Jeffery, "Let Them Eat Oil—State Robbery in Angola", *Christian Century*, March 22, 2003.
12) Oxfam, "Angola's Wealth: Stories of War and Neglect", Briefing Paper, http://www.oxfam.org.uk/what_we_go/issues/conflict_disasters/downloads/bp02_angola.
13) UNDP, *Human Development Report 1994*, p. 43.
14) Economic Policy Institute, "Minimum Wage: Facts at a Glance", http://www.epinet.org/content.cfm/issueguides_minwage_minwagefacts; Economic Policy Institute, "Frequently Asked Questions", http://www.epinet.org/content.cfm/issueguides_minwage_minwagefaq.
15) BWI, *Hunger 1995*, p. 23.
16) Robert Greenstein and Isaac Shapiro, "The New, Definitive CBO Data on Income and Tax Trends"(Washington, DC: Center on Budget and Policy Priorities, 2003), p. 2; Ron Sider, "Compassionate Conservatism or Blatant Injustice?" *PRISM*, March-April, 2003, p. 36.
17) World Bank, *World Development Indicator, 2003* (Washington, DC: World Bank, 2003), pp, 64-65.
18) 지니 지표는 완전 평등한 분배에서부터 소득 분배의 변화 양상을 측정한다. 0 = 완전 평등, 100 = 완전 불평등.
19) United Nations Development Programme, *Human Development Index 2004*, http://hdr.undp.org/reports/global/2004/pdf/hdr04_HDI.pdf.
20) *World Development Indicator, 2003*, pp. 64-65.
21) 거의 완성된 조약 사항의 요약으로는 S. P. Jagota, "Developments in the UN Conference on the Law of the Sea", *Third World Quarterly* 3, no. 2 (April 1981), pp. 286-319를 보라. 또한 "Sea-Law Conference Begins Final Phase", *UN Chronicle* 18 (May 1981)과 *Newsweek*, March 23, 1981를 보라.

22) 중국은 분명 방법을 알았지만, 그렇게 하지 않았다.
23) Mahbub ul Haq, *The Poverty Curtain* (New York: Columbia Univ. Press, 1976), p. 162. 제3세계에서의 식민주의의 영향에 대해서는 Walter Rodney, *How Europe Undeveloped Africa* (London: Bogle-L' Ouverture Pub., 1972)를 보라. Rodney는 유럽 국가들이 어떻게 문화적으로 세련된 아프리카 국가들을 발견하여 식민 통치 아래서 서서히 그들의 문화적·사회적·경제적 활력을 빼앗았는지 설명한다. 짧지만 간명한 사례 연구를 통해, Cristobal Kay는 유럽 국가들이 남미에 들어갔던 초기에 널리 퍼져 있는 불의를 꼬집는다["Comparative Development of the European Manorial System and the Latin American Hacienda System", *Journal of Peasant Studies* 2, no. 2 (January 1975)]. 물론 모든 역사를 계급 투쟁으로 설명하는 마르크스주의 학자들의 의견을 무비판적으로 수용하는 것은 어리석은 짓이다. 하지만 주요한 해석 요인으로서 역사의 중요성을 무시하는 데는 동일한 위험이 있다. 예를 들어 P. T. Bauer는 *Equality, the Third World, and Economic Delusion* (Cambridge, MA: Harvard Univ. Press, 1981)에서 역사를 무시하고, 대신 작금의 경제 불평등은 정치·경제력의 역사적 오용보다는 거의 전적으로 독창력, 노력, 자원 분배의 차이에 기인한다고 주장한다. 그러나 이 쪽에서의 Bauer의 극단론은 다른 쪽에서의 마르크스주의의 극단론처럼 잘못된 것이다. 다소 전통적인 경제학자가 Bauer에 대해 균형잡힌 비판을 한 것으로는 Amartya Sen, "Just Desserts", a review of Bauer's book in the *New York Review of Books*, 4 March 1982를 보라. 이전에 세계 은행에서 일했던 그리스도인 경제학자 David Beckmann은 제3세계의 가난은 대부분 식민주의와 그 밖의 착취에 의한 것이라고 말했다. *Where Faith and Economics Meet* (Minneapolis: Augsburg Press, 1981).
24) Gunnar Myrdal, *Asian Drama: An Inquiry into the Poverty of Nations*, 3 vols. (New York: Twentieth Century Fund, 1968) p. 5. 좀더 확장된 분석은 pp. 447-462를 보라.
25) 상업주의의 기원과 유효성에 대한 두 가지 다른 견해로는 William Cunningham, "Medieval and Modern Economic Ideas Contrasted",

Growth of English Industry and Commerce, 3 vols. (London: John Murray, 1910), 1:457-472; 와 G. Schmoller, *The Mercantile System and Its Historical Significance*(New York: Macmillan, 1895)를 보라.
26) James B. McGinnis, *Bread and Justice*(New York: Paulist Press, 1979), pp. 29-31.
27) June Kronholz, "Gabon's Been Working on Its New Railroad, but Pay Day is Far Off", *Wall Street Journal*, July 30, 1981, p. 1이하.
28) Joan Robinson은, 국제적 재무 구조는 물론 제3세계의 무역 구조와 토지와 노동 제도 모두가 어떻게 식민 지역의 토대에서 실제로 발달되었는지를 보여 준다. Robinson, *Aspects of Development and Underdevelopment* (Cambridge: University Press, 1979).

8. 오늘날의 구조적 불의

1) Mooneyham, *What Do You Say to a Hungry World*, pp. 117, 128.
2) 오늘날 다양한 경제 제도 유형에 대한 유용한 구분은 *Transformation* (July-September, 1995) p. 18를 보라.
3) 민주적 사회주의란, 정치적으로는 전체주의적 정치 체제가 아닌 민주주의지만 경제는 대부분 중앙에서 통제하고 국가가 소유한 사회를 가리킨다.
4) The Food and Agriculture Organization of the United Nations, *The State of Food Insecurity in the World 2003* (Rome: Food and Agriculture Organization, 2003), p. 31.
5) 이 위기의 원인에 대한 논의로는 Joseph Stiglitz, *Globalization and Its Discontents*(New York: Norton & Company, 2002), p. 95; "IMF-Supported Programs in Indonesia, Korea and Thailand: A Preliminary Assessment"(Washington, DC: IMF, 1999)를 보라.
6) World Bank, *Globalization, Growth and Poverty: Building an Inclusive World*(Washington, DC: World Bank and Oxford University Press, 2003), p. ix.
7) 앞의 책, p. 55.

8) 1991년부터 1994년 사이 개발 도상국에서의 373개 투자 관례 변화 가운데는, 다섯 경우를 제외하고 대부분 다국적 기업으로부터 나온 국제적 투자를 조장한다(Linwood T. Geiger로부터 얻은 사적 기록에서).
9) 경제학자 Linwood T. Geiger의 "Market Activity and the Poor", *Transformation* (July, 1995), p. 20를 보라. 이 글은 Third Oxford Conference on Christian Faith and Economics(Agra, 1995)를 위해 준비한 것이다.
10) World Bank, *World Development Report 2000/01: Attacking Poverty* (New York: World Bank and Oxford University Press, 2001), p. 63. 또한 http://siteresources.worldbank.org/INTPOVERTY/Resources/WDR/English-Full-Text-Report/ch4.pdf를 이용할 수 있다. 이는 한 나라가 시장을 시작할 때, 일부 국민들에게 해가 될 수 있는 지역적인 경제적 혼란이 있을 수 있음을 잊지 않으려는 것이다. Bread for the World Institute, *Hunger Report 2003: Agriculture in the Global Economy* (Washington, DC: BFWI, 2003), p. 22.
11) Ricardo Hausmann, Dani Rodrik, and Andres Velasco 2004, "Growth Diagnostics" [article online] http://ksghome.harvard.edu/~drodrik/barcelonasep20.pdf.
12) World Bank, *World Development Report 1995*, p. 5. 1970년부터 1990년까지를 총망라하는 한 연구는, 수출의 상대적인 중요성이 하락하는 37개국과 수출이 증가하는 32개국을 비교하였다. 수출이 증가하는 나라의 실질 임금은 매년 평균 3퍼센트 성장하였고, 수출의 중요성이 하락하는 나라에서는 줄어들었다. 수출 감소국의 경우 GNP에 대한 수출의 비율이 하락했고, 수출 증가국의 경우는 이 비율이 상승하였다.
13) 다른 부정적 요인 또한 발생할 가능성이 있다. 가난한 노동자들이 개발 도상국 연합을 만들지 못하도록 하는 세계적 기업에서 일하는 각 나라의 엘리트들은 상승 임금의 유익을 없애거나 낮춘다. 또 세계 전체에서 자원의 불필요한 운반은 환경적으로 볼 때 어리석은 일이다.
14) Paul Samuelson의 '요소 가격 평준화 법칙'은 수십 년 전에 나온 것으로, 거듭 확인되고 있다.

15) World Bank, *World Development Indicator, 2003* (Washington, DC: World Bank, 2003), pp, 312-313.
16) World Bank, *World Development Report 1995*, p. 104. 그러나 이 자료는 최종적인 것은 아니며 계속 논의 중이다. The United Nations의 *Human Development Report 1993*에서는 이렇게 말한다. "사하라 이남 아프리카 나라들 중 개혁한 나라의 4분의 3이 일인당 소득 감소로 고통당하고 있고, 라틴 아메리카에서는 그 감소가 심각했다"(p. 45). 우리는 좀더 광범위한 자료를 받아들일 자세를 가져야 한다. 분명 모든 종류의 사유화가 좋은 것만은 아니다. 앞의 책, pp. 49-51의 "Seven Sins of Privatization"을 보라.
17) United Nations Development Programme, *Human Development Report 2002*(New York: UNDP, 2002), p. 2.
18) 앞의 책.
19) Simon Kuznets는 먼저 '역전된 U'(Inverted U) 가설을 제안했다. Geiger, "Market Activity and Poverty", pp. 27-28를 보라.
20) 앞의 책.
21) Robert Greenstein and Isaac Shapiro, "The New, Definitive CBO Data on Income and Tax Trends"(Washington, DC: News release from the Center on Budget and Policy Priorities, 2003), p. 2.
22) Robert Frank and Philip J. Cook, *Winner Take All*(New York: Free Press, 1995).
23) Lester C. Thurow, *The Failure of Capitalism*(New York: Morrow, 1996), p. 73.
24) Corporate Predator.org, "Corporate Predator by Mokhiber and Weissman"(1999), http://www.corporatepredators.org/.
25) Korten, *When Corporations Rule the World*, p. 111. 1996년 5월 22일, 기업 감시 모임 'Press for Change'의 Jeff Ballinger와의 사적 대화. 18,000명의 근로자가 버는 돈(일당으로 약 2.5달러)은 인도네시아 평균 임금을 상회한다는 것 또한 사실이다.
26) *Time*, June 17, 1996, p. 30.

27) 문화적 변화가 다 나쁜 것은 아니다. 20개의 다른 언어를 사용하며 현대적 시간 개념이 없는 20개의 작은 부족으로 이루어진 작고 가난한 나라는 세계 경제에 참여할 수 없을 것이다. 분명 그들은 자신의 전통 문화를 고수하고자 한다. 그렇지만 그들은 자신의 나라가 가난한 것을 다른 나라의 탓으로 돌려서는 안 된다.
28) New York: Vintage, 1994.
29) Juliet B. Schor, *The Overworked American* (New York: Harper Collins, 1992), p. 120에서 인용.
30) George F. Will, "The Politics of Soulcraft", *Newsweek*, May 13, 1996, p. 82에서 인용.
31) TV Turnoff Network, "Facts and Figures"(Washington, DC: TV Turnoff Network, June 3, 2004), http://www.tvturnoff.org/images/facts&figs/factsheets/FactsFigs.pdf. 또한 2장 주 8을 보라.
32) Korten, *When Corporations Rule the World* (West Hartford: Kumarian Press Inc., 1996), p. 152.
33) 앞의 책, p. 158.
34) M. Douglas Meeks, *God the Economist* (Minneapolis: Fortress, 1989), p. 39.
35) 공산주의 사회가 더 낫다는 말이 아니다. 사실 구소련 진영의 환경 파괴는 서구보다 훨씬 심각하다.
36) UNDP, *Human Development Report 1993*, p. 37.
37) *Economist*, May 5, 2001, pp. 59-62를 보라.
38) Michael P. Todaro and Stephen C. Smith, *Economic Development*, 8th ed. (Boston: Addison Wesley, 2003), p. 544.
39) 요약은 Gheddo, *Why is the Third World Poor?*, pp. 69-100를 보라.
40) *World Development Indicator, 2003*, p. 329.
41) 앞의 책, p. 319.
42) The World Bank, *Agriculture, Trade, and The WTO: Creating a Trading Environment for Development* (Washington, DC: World Bank, 2003), p. ix.

43) Todaro and Smith, *Economic Development*(2003), p. 539.
44) 앞의 책, p. 649.
45) James P. Grant, "Can the Churches Promote Development?", *Ecumenical Review* 26 (January 1974), p. 26.
46) World Bank, *World Development Report 1995*, p. 57.
47) Todaro and Smith, *Economic Development*(2003), p. 539.
48) World Bank, *Global Economic Prospect 2004* (Washington, DC: World Bank, 2003), p. ix.
49) Todaro and Smith, *Economic Development*(2003), p. 539.
50) UNDP, *Human Development Report*, 2003, p. 155.
51) 앞의 책.
52) "Brazil vs. The U.S.", *New York Times*, January 7, 1968; "Brazil Agrees to Accept Terms", *Wall Street Journal*, February 20, 1968.
53) FAO, *The State of Food Insecurity in the World 2003* (Rome, Italy: Food and Agriculture Organization of the United Nations, 2003), p. 21. 많은 학자들이 부유한 국가에서의 농가 지원금 총액으로 매년 3천억 달러라는 좀더 높은 수치를 사용한다. Christina L. Davis, "International Institutions and Issue Linkage: Building Support of Agricultural Trade Liberalization", *American Political Science Review* (February 2004), p. 167.
54) 앞의 책.
55) "Oh Sweet Reason", *Economist*, April 15, 2004, p. 73.
56) *The State of Food Insecurity in the World 2003*, p. 21.
57) "Oh Sweet Reason", p. 73.
58) Dominick Salvatore, *International Economics* (Englewood Cliffs, NJ: Prentice Hall, 1995), p. 263.
59) Militades Chacholiades, *International Economics* (New York: McGraw Hill, 1990), p. 209.
60) Todaro and Smith, *Economic Development*(2003), p. 608.
61) Oxfam International Position Paper, *Multilateral Debt: The Human*

Costs, February, 1996, p. 10.
62) 앞의 책.
63) 앞의 책, p. 11.
64) 앞의 책, p. 10.
65) Todaro and Smith, Economic Development(2003), p. 617.
66) Linwood T. Gieger, "Debt Relief for the Poorest Countries, Jubilee 2000", Pennsylvania Episcopalian, October 2000.
67) 앞의 책.
68) Todaro and Smith, Economic Development(2003), pp. 608-619.
69) Andrew England in "Africa's poorest 'should refuse to repay debt'", Financial Times (London, July 6, 2004), http://www.jubileeresearch.org/worldnews/africa/ft070704.htm에서 인용.
70) 이 부분 그리고 11장의 이 부분과 병행하는 부분의 개정에 대해, 복음주의 환경 연합의 총재 Dr. James Ball에게 특별한 감사를 드린다.
71) IPCC의 보고서는 www.ipcc.ch에서 볼 수 있다.
72) Kevin A. Baumert and Nacy Kete, "The U.S., Developing Countries, and Climate Protection: Leadership or Stalemate?"(World Resources Institute, 2001), pp. 2-4, http://pdf.wri.org/usdcs.pdf.
73) 2003년 10월 WHO와 London School of Hygiene and Tropical Medicine 이 한 이 연구에 대한 뉴스 리포트는 http://www.enn.com/news/2003-10-01/s_8976.asp와 http://www.newscientist.com/hottopics/climate/climate.jsp?id=ns99994233을 보라. 또한 A. Haines and J. Patz, Health Effects of Climate Change(JAMA, 2004)를 보라.
74) IPCC, Climate Change 2001: Impacts, Adaptation, and Vulnerability, section 19.4.2, box 19-3, http://www.grida.no/climate/ipcc_tar/wg2/674.htm.
75) 앞의 글, section 7.2.2.2, http://www.grida.no/climate/ipcc_tar/wg2/310.htm#72214.
76) 앞의 글, section 19.4.2, box 19-4, http://www.grida.no/climate/ipcc_tar/wg2/674.htm.

77) 앞의 글, section 9.7.1.1, http://www.grida.no/climate/ipcc_tar/wg2/360.htm.
78) 앞의 글, section 19.4.2, box 19-4, http://www.grida.no/climate/ipcc_tar/wg2/674.htm.
79) Chris D. Thomas et al., "Extinction Risk from Climate Change", *Nature* 427(January 8, 2004), pp. 145-148.
80) 미국 에너지국의 이산화탄소 정보 분석 센터는 과거의 방출 정보는 물론 현재 방출량에 대한 최신 정보를 제공한다. http://cdiac.eds.ornl.gov 를 보라.
81) United Nations Environmental Programme, *Global Environmental Outlook 3*(Earthscan Publications, 2002), p. 180. http://www.unep.org/geo/geo3/english/pdfs/chapter2-6_marine.pdf.
82) GESAMP (IMO/FAO/UNESCO-IOC/WMO/WHO/IAEA/UN/UNED Joint Group of Experts on the Scientific Aspects of Marine Environmental Protection), *Protecting the Oceans from Land-Based Activities*(UNEP, 2001): 11, 1, http://gesamp.imo.org/no71/index.htm.
83) UNEP, *Global Environmental Outlook 3*, pp. 183-184.
84) Ransom A. Myers and Boris Worm, "Rapid Worldwide Depletion of Predatory Fish Communities", *Nature* 423(May 15, 2003), pp. 280-283.
85) UNEP, *Global Environmental Outlook 3*, p. 184.
86) 앞의 책, p. 181.
87) GESAMP, *Protecting the Oceans*, p. 42.
88) 앞의 책, p. 43.
89) UNEP, *Global Environmental Outlook 3*, p. 182.
90) GESAMP, *Protecting the Oceans*, p. 51.
91) 앞의 책, p. 52.
92) UNEP, *Global Environmental Outlook 3*, pp. 180-183; GESAMP, *Protecting the Oceans*, p. 15.
93) 앞의 책, p. 184.
94) IPCC, *Climate Change 2001: Impacts, Adaptation, and Vulnerability*,

section 6.4.3, http://www.grida.no/climate/ipcc_tar/wg2/294.htm.
95) 앞의 글, section 6.4.5, http://www.grida.no/climate/ipcc_tar/wg2/295.htm.
96) United States Coral Reef Task Force (CRTF), *The National Action Plan to Conserve Coral Reefs*(Washington, DC: CRTF, 2000), p. 2, http://208.139.192.240/CRTFAxnPlan9.PDF.
97) 앞의 책, p. 2.
98) IPCC, *Climate Change 2001: Impacts, Adaptation, and Vulnerability*, section 6.4.1, http://www.grida.no/climate/ipcc_tar/wg2/292.htm.
99) CRTF, *National Action Plan*, p. 3, http://coralreef.gov/CFTFAxnPlan9.pdf. 또한 http://coris.noaa.gov/about/hazards/hazards.html과 UNESCO, *Symposium on the Ocean in a High CO2 World*(May 2004), p. 23, http://ioc.unesco.org/iocweb/co2panel/HighCO2results/AbstractBook.pdf.
100) Rain Forest Action Network, Rates of Rainforest Loss(February, 1997), http://www.ran.org/ran/info-center/rates.html (October 5, 2004).
101) Food and Agriculture Organization of the United Nations, "Monitoring the State of World's Forests"(October, 1996), http://www.fao.org/unfao/FORES-E.HTM.
102) 앞의 책, Global Forest Resources Assessment: Main Findings (2002), http://www.fao.org/forestry/site/8948/en.
103) *New York Times*, August 4, 1996, p. 9.
104) Environmental Sciences Division, Oak Ridge National Laboratory, "Tropical Deforestation and Habitat Destruction(February, 1997), http://www.esd.ornl.gov/iab2-4.htm.
105) Rainforest Action Network, Species Extinction Rainforest Fact Sheet (1995-2004), http://www.ran.org/info_center/factsheets/03b.html.
106) Susan George, *A Fate Worse Than Debt*(New York: Grove Press, 1988), pp. 164-165에서 인용.
107) Peter Aldous, "Tropical Deforestation: Not Just a Problem in

Amazonia", *Science* 259, March 5, 1993, p. 1390.
108) United Nations Food and Agriculture Organization, *State of the World's Forests 2003*, http://www.fao.org/DOCREP/005/Y7581E/y7581e04. htm#P0_2.
109) Aldous, p. 1390.
110) Rainforest Action Network, "Rates of Rainforest Loss: Rainforest Fact Sheet"(San Francisco, CA: Rainforest Action Network, 1995-2004), http://www.ran.org/info_center/factsheets/04b.html.
111) Robert C. Williams, *Export Agriculture and the Crisis in Central America* (Chapel Hill: University of North Carolina Press, 1986), pp. 116-117.
112) Brown, *State of the World 1988*, p. 86.
113) Brown, *State of the World 1989*, pp. 31-32.
114) Central Intelligence Agency, *The World Factbook 2004*, "Haiti" (September 21, 2004), http://www.odci.gov/cia/publications/factbook/index.html.
115) "Haiti's deforestation allows flood water to run unchecked", *USA Today*(June 6, 2004), http://www.usatoday.com/weather/news/2004-06-03-haiti-trees_x.htm. Floresta로 불리는 한 기독교 기관이 아이티의 삼림 벌채를 막는 일을 돕고 있다. http://www.floresta.org를 보라.
116) *The Developing World: Danger Point for U.S. Security*, released on August 1, 1989, to the Arms Control and Foreign Policy Caucus in the U.S. Congress, p. 32.
117) Peter Raven, "Why It Matters"(reprint of article from *Our Planet*, vol. 6, no. 4, 1994), http://www.accessexcellence.org/RC/AB/IWT/Why_it_Matters.html.
118) Rainforest Action Network, http://www.ran.org/info_center/factsheets/04b.html.
119) UNEP, *Global Environmental Outlook 3*, p. 184.
120) 앞의 책, p. 93.

121) UN Food and Agriculture Organization, *State of the World's Forests 2003*, p. 6, ftp://ftp.fao.org/docrep/fao/005/y7581e/y7581e01.pdf.

122) United Nations Development Programme, United Nations Environment Programme, World Bank, World Resources Institute, *World Resources 2000-2001: people and Ecosystems: The Fraying Web of Life*(World Resources Institute, 2004), http://pubs.wri.org/pubs_content_text.cfm?ContentID=218.

123) 앞의 책.

124) "Food Production in Agroecosystems" in 앞의 책, http://pub.wri.org/pubs_content_text.cfm?ContentID=190.

125) Stanley Wood, Kate Sebastian, and Sara J. Scherr, WRI press release summary of *Agroecosystems: Pilot Analysis of Global Ecosystems* (International Food Policy Research Institute and World Resources Institute: Washington, DC, 2000), http://biodiv.wri.org/pubs_description.cfm?PubID=3053.

126) 앞의 책, p. 148.

127) BFWI, *Hunger 95*, p. 67에서 인용.

128) Jean Dreze and Amartya Sen, *Hunger and Public Action*(New York: Oxford Univ. Press, 1989), p. 90.

129) Dreze and Sen, *Hunger and Public Action*, p. 90에서 인용.

130) 앞의 책, p. 91.

131) *United Nations Handbook of International Trade and Development Statistics*, 1989, A8; 1994, A8을 보라.

132) 이 전 과정을 요약한 것으로 Frances Moore Lappe and Joseph Collins, *Food First*(Boston: Houghton Mifflin, 1977)의 3부를 보라.

133) Lappe and Collins, *Food First*, p. 77에서 인용.

134) J. Jeffrey Leonard, *Natural Resources and Economic Development in Central America: A Regional Environment Profile*(Washington, DC: International Institute for Environment and Development, 1987), pp. 179-180.

135) 이 문제를 주의 깊게 연구한 Robert G. Williams, *Export Agriculture and the Crisis in Central America*(Chapel Hill: University of North Carolina Press, 1986)를 보라.
136) 앞의 책, p. 170.
137) Beverly Keene, "Export Cropping in Central America", *BFW Background Paper, No. 43*(January. 1980).
138) Williams, *Export Agriculture*, p. 170.
139) 11장 주 8-11을 보라.
140) Williams, *Export Agriculture*, p. 160.
141) Todaro and Smith, *Economic Development*(2003), p. 230.
142) Ricki Ross, "Land and Hunger: Philippines", *BFW Background Paper 55*(July 1981).
143) 나의 *Non-violence: The Invincible Weapon?*(Dallas: Word, 1989), 제3장을 보라.
144) Todaro and Smith, *Economic Development*(2003), p. 635.
145) Dr. Lin Geiger의 수업에서.
146) Todaro and Smith, *Economic Development*(2003), pp. 639-640.
147) 앞의 책, p. 636.
148) Todaro, *Economic Development*(1994), pp. 529-530.
149) 앞의 책, p. 530.
150) Noreena Hertz, *The Silent Takeover: Global Capitalism and the Death of Democracy*(New York: HarperBusiness, 2003), p. 8.
151) 소수 독점은 소수의 회사가 주어진 상품이나 서비스에 한해 시장을 통제하는 상황이다.
152) Todaro, *Economic Development*(1989), p. 474.
153) [Donald Hay, "International Socio-Economic Political Order and Our Lifestyle", in Ronald J. Sider, ed. *Lifestyles in the Eighties*(Philadelphia: West-minster, 1982) p. 113에서 지적한 대로] Streeten and Lall은 다국적 기업들이 저개발국가들에 투자한 사례를 샘플 조사한 결과 신규 자본 투자의 12퍼센트만이 저개발국가의 외부에서 유입된 자본인 것을

발견했다. Hay가 더 최근에 다국적 기업에 대해 논의한 글로 *Economics Today*(1989), pp. 296-298를 보라. Todaro and Smith, *Economic Development* (2003), pp. 640-642에 나오는 비슷한 비평을 보라.

154) Todaro and Smith, *Economic Development*(2003), p. 641.
155) Hay, "International Socio-Economic Political Order", p. 84.
156) *New York Times*, "An Indonesian Asset is Also a Liability", March 16, 1996, p. B1, B36.
157) 앞의 글.
158) Korten, *When Corporations Rule the World*, p. 129.
159) Barnet, "Multinationals and Development", p. 224. 또 Hay, "International Socio-Economic Political Order", p. 113에서도 언급됨.
160) Korten, *When Corporations Rule the World*, p. 159.
161) Ivan Illich["Outwitting the 'Developed' Countries", *The Political Economy of Development and Underdevelopment*, ed. Charles K. Wilber (New York: Random House, 1979), pp. 436-444]는 저개발 국가에서 특히 청량 음료가 확산되는 현상에 화가 난 개발 윤리학자이다.
162) Danny Collum, "Nestle Boycott", *Sojourners*(October 1989), p. 8.
163) UNICEF, *The State of the World's Children 1990*, p. 26.
164) UNICEF, *The State of the World's Children 1995*, p. 20.
165) UNICEF, *The State of the World's Children 1982-1983*, pp. 3-4.
166) Yeong Joo Kean and Annelies, eds., *Breaking the Rules, Stretching the Rules* (Penang Malaysia: International Code Documentation Center, 2004). 법에 대해서는 pp. 7-9를 보라. 네슬레의 위반에 대해서는 pp. 53-67를 보라.
167) H. W. Walter, "Marketing in Developing Countries", *Columbia Journal of World Business*(Winter, 1974). Lappe and Collins, *Food First*, p. 309에서 인용.
168) Todaro, *Economic Development*(1977), p. 330. Todaro의 강조.
169) Todaro의 총체적인 평가는 *Economic Development*(1994), pp. 535,

537를 보라.
170) Todaro and Smith, *Economic Development*(2003), p. 644.
171) 예를 들어, 미국이 소유한 인도네시아의 금광에서 나와 바다에 쌓인 폐기물 때문에 생긴 비극적인 질병에 대한 이야기를 보라. Jane Perlez and Evelyn Rushi, "Spurred by Illness, Indonesians Lash Out at U.S. Mining Giant", *New York Times*, September 8, 2004, A1, A11.
172) Claudia Kennedy, "Light in the Midst of Darkness: Two Views of Global Poverty" [online], http://mediamavens.com/Speech_ GlobalPoverty.htm. 캐나다 월드 비전의 부총재 Linda Tripp는 비슷하게 추정했다. "A Voice for Women", *Transformation*, January-March 1992, p. 21.
173) Bread for the World Institute, *Agriculture in the Global Economy: Hunger Report 2003*(Washington, DC: Bread for the World Institute, 2003), p. 22.
174) Todaro, *Economic Development*(1994), p. 151.
175) UNDP, *Human Development Report 1995*, p. 35.
176) Todaro and Smith, *Economic Development*(2003), p. 231.
177) World Bank, *World Development Indicators 03*, p. 90.
178) UNDP, *Human Development Report 1995*, p. 38.
179) Monica Romano, "In China 30 Million Men May Stay Single for Life" (AsiaNews, July 14, 2004), http://www.asianews.it/view.php?1=en&art =1146.
180) UNDP, *Human Development Report 1995*, p. 35.
181) Donna M. Hughes, "Humanitarian Sexploitation: The World's Sex Slaves Need Liberation, Not Condoms", *Weekly Standard*, February 24, 2003. 또한 www.catwinternational.org and www.uri.edu/artssci/wms/hughes/hughes.htm을 보라.
182) Tripp, *Transformation*, January-March, 1992, p. 23.
183) World Bank, *South Africa Country Assistance Strategy: Building a Knowledge Partnership* (Washington, DC: World Bank 1999), p. 1,

http://www-wds.worldbank.org/servlet/WDSContentServer/WDSP/IB/1999/10/07/000094946_99092312090217/Rendered/PDF/multi_page.pdf.
184) UNDP, *Human Development Report 1993*, p. 18.
185) BFWI, *Hunger 1995: Causes of Hunger*, pp. 74-75.
186) Richard Wolffe, "On the Road to Nowhere", *Newsweek*, May 3, 2004, pp. 42-43.
187) BFWI, *Hunger 1996*, p. 95.
188) Bryant L. Myers, *Exploring World Missions: Context and Challenges* (Monrovia, California: World Vision International, 2003), p. 29.
189) UNDP, *The Human Development Report 2002* (New York: UNDP, 2002), p. 2.
190) 앞의 책, p. 16.
191) 앞의 책.
192) International Monetary Fund, "Kohler Wolfensohn Calls Attention to Imbalances in World Economy and Between Rich And Poor", *IMFSURVEY*(Volume 32, number 17, Fall 2003), p. 268.
193) Thom Shanker, "US and Russian Still Dominate Arms Market", *New York Times*, August 30, 2004, A6.
194) BFWI, *Hunger 1996*, p. 11.
195) Dag Hammarskjold, *Markings*(New York: Knopf, 1964), p. xxi.
196) "Bananas", *New Internationalist*, August 1975, p. 32를 보라.
197) 실제로 125만 달러만 지급되었다.
198) *Philadelphia Inquirer*, April 10, 1975, pp. 1-2.
199) "Action", *New Internationalist*, August 1975, p. 32.
200) Carl Oglesby and Richard Schaull, *Containment and Change* (NY: Macmillian, 1967), p. 104와 Stephen Schlesinger and Stephen Kinzer, *Bitter Fruit: The Untold Story of the American Coup in Guatemala* (Garden City, NY: Double-day. 1982).
201) 예를 들어, Schlesinger and Kinzer, *Bitter Fruit*를 보라.

202) "America's World Role: Should We Feel Guilty?" *Philadelphia Inquirer*, July 18, 1974, p. 7a.

203) 이 점에 대해 참고가 되는 의견으로 Patrick Kerans, *Sinful Social Structures*(New York: Paulist Press, 1974), pp. 47-51를 보라.

9. 더 검소한 삶을 위한 생활 방식

1) Ronald J. Sider, ed., *The Chicago Declaration*(Carol Stream, IL: Creation House, 1974), p. 2.
2) J. D. Douglas, ed., *Let the Earth Hear His Voice: International Congress on World Evangelization*, Lausanne, Switzerland (Minneapolis: World Wide Publ., 1975), p. 6, sect. 9.
3) "Creation, Technology, and Human Survival", *Plenary Address*, WCC's Fifth Assembly, 1 December 1975. 이것은 Elizabeth Seton의 진술("다른 사람들이 그저 살 수만 있도록 해주기 위하여 검소하게 살아라")을 최근에 번역한 것이다.
4) *New York Times*, June 14, 1973.
5) 이 설교는 초기 감리교도들의 표준 교리를 구성했던 설교 시리즈 가운데 하나였다. *The Works of John Wesley*, 14 vols. (1872; reprinted., Grand Rapids: Zondervan, n.d.), 5:361-377를 보라.
6) 앞의 책, pp. 365-368.
7) J. Wesley Bready, *England: Before and After Wesley*(London: Hodder and Stoughton, n.d.), p. 238.
8) "From Galloping Gourmet to Serving the Poor", in Sider, *Lifestyles in the Eighties*, pp. 174-182에 수록된 그의 감동적인 간증을 보라. 좀더 최근 것으로는 "The Graham Kerr Story: From Galloping Gourmet to Kingdom Cook", *PRISM*, September-October, 1996, pp. 16-19를 보라.
9) Gene M. Daffern, "One Man Can Make a Difference", *These Times*, September 1982, pp. 6-11를 보라.
10) Doris Longacre, *Living More with Less*(Scottdale, PA: Herald Press, 1980). 또 Ronald J. Sider, ed., *Living More Simply: Biblical Principles*

and *Practical Models* (Downers Grove, IL: InterVarsity, 1980), pp. 59-159에 수록된 개인 간증들을 보라.
11) Ginny Hearn and Walter Hearn, "The Price is Right", *Right On*, May 1973, pp. 1, 11.
12) U.S. Bureau of the Census, http://www.census.gov/hhes/poverty/thresh03.html.에서 최근 수치를 알 수 있을 것이다.
13) Michael Harper, *A New Way of Living* (Plainfield, NJ: Logos International, 1973), p. 93.
14) 이와 관련하여 "Living More Simply for Evangelism and Justice", in Sider, *Lifestyles in the Eighties*, pp. 32-35에 수록된 나의 제안을 보라.
15) John Schneider, Godly Materialism (Downers Grove, IL: InterVarsity, 1994)에서 이 구분을 비판한 것에 대한 내 응답은, "Rich Christians in an Age of Hunger—Revisited", *Christian Scholars' Review*, xxvi: 3 (Spring, 1997), p. 328를 보라.
16) 탁월한 예로, 내 책 *Cup of Water, Bread of Life* (Grand Rapids: Zondervan, 1994)와 *Good News and Good Works: A Theology For the Whole Gospel* (Grand Rapids: Baker, 1999)를 보라. 더욱이 *Transformation*과 *PRISM*은 정기적으로 전도와 사회적 관심에 관한 총체적 모델을 발표하고 있다.
17) Lester R. Brown with Erick P. Eckholm, *By Bread Alone* (New York: Praeger, 1974), p. 198.
18) 알코올 음료를 만드는 데 사용된 곡물의 수치는 미 농무성에서 얻었다. 곡물 한 톤이면 인도의 다섯 사람을 일 년 동안 먹일 수 있는 양이다.
19) 나는 이 같은 비판 기준을 개발하면서 John F. Alexander에게서 도움을 매우 많이 받았다.
20) 기준 a, c, d, f는 Edward R. Dayton, "Where to Go from Here", Fuller Seminary에서 발간하는 *Theology News and Notes*, October 1975, p. 19를 개작한 것이다.
21) John F. Alexander가 쓴 기금 모금용 글에서 인용. 1976년 John이 이 글을 쓴 이후, 라이베리아의 상황은 상당히 많이 변했다. 그러나 여전히 내

가 언급한 기준을 예증해 주고 있다.
22) 내 책 *Cup of Water, Bread of Life*(Grand Rapids: Zondervan, 1994), 7장과 Philippa Tyndale, *Don't Look Back: The David Bussau Story* (St. Leonards, New South Wales, Australia: Allen and Unwin, 2004)를 보라.
23) *Opportunity International Summary Report Quarterly 03* (Oak Brook, IL: Opportunity International Network), p. 1.
24) *Opportunity International and the Women's Opportunity Funds Annual Report 02*(Oak Brook, IL: Opportunity International Network), p. 1.
25) 이것은 대략적인 평가다. 우리가 이 비율만큼 소규모 기업 개발을 한다면 효율비(efficiency ratio)는 변할 것이다. 가난한 사람들 모두가 훌륭한 사업가는 아닐 것이다. 그러나 그 영향력은 엄청날 것이다. Opportunity International의 주소를 원한다면 부록 2를 보라.
26) *Impact*(a newsletter of Opportunity International), October 2003.
27) 11장을 보라.
28) Mary Naber, "Christ's Returns", *Christianity Today*, September 3, 2001, p. 79이하. 또한 The Social Investment Forum, http://www.socialinvest.org와 반년마다 나오는 *Socially Responsible Investing Trends in the United States*를 보라.
29) U.S. Census Bureau, *Charity Contributions-Average Dollar Amount and Percent of Household Income, 1991 to 1998 and by Age of Respondent and Household Income, 1998* (2001), http://www.census.gov/prod/2001pubs/statab/sec12.pdf.
30) John and Sylvia Ronsvalle, *The State of Church Giving Through 2001* (Champaign, IL: Empty Tomb, 2003). 이 표는 그들의 허락을 받아 사용한 것이다.
31) Empty Tomb, "State of Church Giving Through 2001 press release" (2003), http://www.emptytomb.org/PressRelSCG01.php.
32) 1997년 1월 31일, Sylvia Ronsvalle와의 개인적 대화. Ronsvalle 부부가 그들의 연구에서 언급한 대로(주 30을 보라) 교회 외적 헌금에 대한 정확한 수치는 쓸모가 없다.

33) Larry Minear, *New Hope for the Hungry* (New York: Friendship Press, 1975), p. 79.

10. 사랑 가운데 서로를 돌보기

1) 원래 라틴어로 *Extra ecclesiam, nulla salus* 라고 되어 있던 것을 번역한 것이다—편집자 주.
2) Dave Jackson and Neta Jackson, *Living Together in a World Falling Apart* (Carol Stream, IL: Creation House, 1974), p. 15.
3) '레바 플레이스'에 관한 논의로는 Jackson and Jackson, *Living Together in a World Falling Apart*, 특히 pp. 36-39, 230-233를 보라. 나는 '레바 플레이스'의 고참 장로 중 하나인 Virgil Vogt와의 개인적인 편지 왕래를 통해 좀더 최근의 정보를 얻었다.
4) 내 글 "Spare the Rod and Spoil the Church", *Eternity*, October, 1976를 보라.
5) 속회의 기원에 대한 John Wesley의 설명(1748년)에서(*The Works of John Wesley*, 8:269).
6) Peter Berger, *A Rumor of Angels* (Garden City, NY: Anchor Books, 1970), p. 34(또 pp. 6-37). 또 Peter Berger and Thomas Luckman, *The Social Construction of Reality* (Garden City, NY: Doubleday, 1956)를 보라.
7) Berger, *A Rumor of Angels*, p. 17. 지식 사회학은 냉혹하게 철저한 상대주의로 이끈다는 일반적인 생각을 Berger가 부인한 것에 대해 p. 41이하를 보라.
8) Floyd Filson, "The Significance of the Early House Churches", *Journal of Biblical Literature* 58 (1939): pp. 105-112를 보라.
9) 이것이 진짜 이름은 아니다. 이 모임(나는 거의 30년 전부터 이 모임을 알고 있다)은 과거 10년 동안 일종의 어려운 고투를 하고 있다. 그러나 그 문제들이 진정한 기독교 공동체를 향한 흥분된 탐험의 결과는 아니다.
10) 나는 주로 Gordon Cosby의 *Handbook for Mission Groups* (Waco, Tex.: Word, 1975)에 의존해 이 글을 썼다. 또 Church of the Savior에서의 경험에 근거한 Elizabeth O'Connor의 여러 책들을 보라. 대표적인 책들로

는 *Call to Commitment* (New York: Harper & Row, 1963), *Journey Inward, Journey Outward* (New York: Harper & Row, 1968)가 있다. 더 자세한 정보를 얻기 원하는 사람은 Church of the Savior, 2025 Massachusetts Ave., N.W., Washington, D.C. 20036으로 편지를 써라.
11) Cosby, *Handbook for Mission Groups*, p. 63.
12) 앞의 책, p. 140.
13) Howard A. Snyder, *The Problems of Wineskins: Church Structure in a Technological Age* (Downers Grove, IL: InterVarsity Press, 1975), pp. 140-142. 「새 포도주는 새 부대에」(생명의 말씀사). 또 Snyder가 더 최근에 쓴 책 *Liberating the Church: The Ecology of Church and Kingdom* (Downers Grove, IL: InterVarsity Press, 1983)을 보라. 「참으로 해방된 교회」(IVP).
14) Jackson and Jackson, *Living Together in a World Falling Apart*, 특히 pp. 36-39, 230-233를 보라.
15) 기독교 공동체에 대해 좋은 역사적 관점과 탁월한 도서 목록을 원하는 사람은 Donald G. Bloesch, *Wellsprings of Renewal: Promise in Christian Communal Life* (Grand Rapids: Eerdmans, 1974)를 보라. 한 가톨릭 오순절주의자가 쓴 지침서로 Stephen B. Clark, *Building Christian Communities* (Notre Dame, IN: Ave Maria Press, 1972)를 보라. 좀더 최근 자료로는 David Janzen, et al., *Fire, Salt and Peace: International Christian Communities Alive in North America* (1996)가 있다. David Janzen, 726 Seward, Evanston, IL 60602로 편지를 쓰라.
16) 나는 좋은 친구인 Malcom Street과의 생생한 대화로부터 이 아이디어를 얻었다. 그는 내가 가난한 이들을 위한 정부 프로그램 삭감에 저항하다가 워싱턴 시에서 체포된 이후, 왜 교회에서는 그렇게 강력하게 도전하지 않느냐는 제안을 했다.

11. 공평한 세상을 만들기 위하여

1) 나의 "Toward an Evangelical Political Philosophy", in David P. Gushee, ed., *Christians and Politics: Beyond the Culture Wars* (Grand Rapids,

Baker, 2000), pp. 79-96.
2) 의견이 일치하지 못하는 구체적인 이유들을 이해하고 관용할 것을 호소한 내 글 "A Plea for More Radical Conservatives and More Conserving Radicals", *Transformation*, January-March, 1987, pp. 11-16를 보라.
3) 나의 *Non-Violence: The Invincible Weapon?* (Dallas: Word, 1989)과 Richard K. Taylor와 함께 쓴 *Nuclear Holocaust and Christian Hope* (Downers Grove, IL: InterVarsity Press, 1982) 그리고 내가 예전에 쓴 *Christ and Violence*(Scottdale, PA: Herald Press, 1978)를 보라.
4) 예를 들어, 1장의 '불균등한 분배' 부분과 해당 주를 보라.
5) 예를 들어, Normal Faramelli, "Trade Barriers to Development Poor Nations", *The Causes of World Hunger*, ed. William Byron (New York: Paulist Press, 1982), 9장을 보라.
6) Ernest Levinsohn, "Getting Aid to the Poor", BFW Background Paper, no. 59(April 1982): p. 2에서 인용.
7) 올바른 대외 원조는 가난한 이들을 돕는 것이다. pp. 421-431를 보라.
8) 예를 들어, Ogelsby and Shaull, *Containment and Change*, pp. 72-111를 보라.
9) Amnesty International, *Report on Torture* (New York: Farrar, Straus, and Giroux, 1975), 특히 p. 243 이하에 나오는 칠레에 대한 특별 보고서를 보라. 또 Fred B. Morris, "Sustained by Faith under Brazilian Torture", *Christian Century*, January 22, 1975, pp. 56-60와 *Latin America and Empire Report 10*, no. 1, January 1976; BFWI, "Military Aid, the World's Poor and U.S. Security"를 보라. 조지아에 있는 아메리카스 군사 학교(SOA)는 여러 나라에서 온 군사 요원을 훈련시키고 있다. 졸업생 중 한 명인 Manuel Noriega는 현재 40년 동안 마약 밀매 분야에서 일하고 있다. 또한 1992년 콜럼비아의 국제 인권 법정에서는 인권 침해에 관련한 246명의 장교를 거명했는데 그 가운데 100명이 이 학교의 졸업생이었다. *At the Crossroads: The Future of Foreign Aid* (Silver Spring, MD: BFWI, 1995), p. 15.
10) "School of the Dictators", *New York Times*, September 28, 1996, p. 22.

11) Penny Lernoux, *Cry of the People*(New York : Penguin, 1982).
12) BFWI, *Hunger 1995*, p. 30.
13) William E. Spriggs and Robert E. Scott, "Economists' Views of Workers' Rights and U.S. Trade Policy", working paper for the U.S. Congress Joint Economic Committee, reprinted by the Center for International Business Education and Research(1996), p. 14, http://www.bmgt.umd. edu/Ciber/wp60.html. 이 자료는 이전의 학생 Fred Clark으로부터 얻은 것이다.
14) 앞의 책, p. 4.
15) 앞의 책.
16) Human Rights Watch, "Trading Away Rights : The Unfulfilled Promise of NAFTA's Labor Side Agreement", *Human Rights Watch* (April 2003), p. 1.
17) Todaro and Smith, *Economic Development*(2003), p. 637.
18) UNICEF, *The State of the World's Children 1982-1983*, pp. 3-4를 보라
19) "The Breast vs. the Bottle", *Newsweek*, June 1, 1981, p. 54.
20) 이것은 다국적 기업이 부정적인 영향만 끼친다고 주장하는 것은 아니다. 네슬레 불매 운동과 그것이 끼친 영향에 대한 정보를 원하는 사람은 Interfaith Centre on Corporate Responsibility (475 Riverside Drive, New York, NY 10115)와 http://www.iccr.org에 편지를 써라.
21) Robert E. Frykenberg, ed., *Land Tenure and the Peasant in South Asia : An Anthology of Recent Research* (Madison, WI : Land Tenure Center, 1976), p. 14.
22) 내 책 *Good News and Good Works*, pp. 113-118에 나오는 논의와 *Cup of Water, Bread of Life*에 나오는 이야기들을 보라.
23) 흥미 있는 인도의 사례 연구로, Saral K. Chatterji, *Religious Values and Economic Development : A Case Study*, Social Research Series, no. 5 (Bangalore : Christian Institute for the Study of Religion and Society, 1967)를 보라.
24) United Nations, Statistics Division, "Millennium Indicators Database"

(United Nations, May 6, 2004), http://millenniumindicators.un.org/unsd/mi/mi_goals.asp를 보라.
25) United Nations Office at Vienna, United Nations Information Service, "Reforms, External Support Needed Soon to Reach Millennium Goals, Secretary-General Tells High-Level Meeting"(United Nations, April 27, 2004), http://www.unis.unvienna.org/unis/pressrels/2004/sgsm9237.html.
26) 나는 대부분의 경제학자보다는 넓은 의미에서 **자본**이라는 단어를 사용하며, '생산 수단'을 의미하는 것으로 사용하였다.
27) The Simpler Way, "Global Economic Injustice: Basic Facts/Causes" (University of New South Wales), http://www.arts.unsw.edu.au/tsw/D37GlobalEcInjustice.html. 이 사이트는 오스트레일리아의 University of New South Wales의 School of Social Work과 Edward Trainer 교수가 운영한다. 이 사이트는 세계의 경제적 불균형에 대한 많은 자료를 제공한다. 자본의 분배와 소득의 분배는 동일한 것이 아니지만, 자본 분배의 엄청난 불균형이 소득 분배의 불균형에 많은 기여를 한다.
28) UNDP, *Human Development Report 1992*, p. 36. 부(富)는 각 국가의 재화 보유량(그러므로 지식과 같은 '인적 자본'은 포함하지 않는다)으로 규정된다. 실제 수치는 훨씬 더 심각하다. 이유가 뭘까? 이런 계산을 위해 UNDP는 각 국가의 평균 수치를 사용했기 때문이다. 우리가 만약 세계 전 지역의 가장 가난한 사람들의 경우를 사용한다면 수치는 더 심각해질 것이다. UN의 평가에 따르면 세계에서 가장 부유한 20퍼센트는 가장 가난한 20퍼센트보다 최소한 150배는 부유하다고 한다. UNDP, *Human Development Report 1992*, p. 3.
29) 흥미로운 예로는 Central Provident Fund in Singapore(*Economist*, January 13, 1996, p. 38를 보라)가 있다.
30) "Mothers vs. Mullahs", *Newsweek*, April 17, 1995, p. 56. 경고가 될 만한 중요한 점이 있다. 그라민 은행이 남편과 아내 모두와 가족 단위를 강화하는 데 충분한 주의를 기울였는지는 분명치 않다. 가정 생활을 파괴하면서 여성에게 권위를 부여하는 것은 진보가 아니다.

31) *Transformation*, July 1995, p. 8에서 인용. 이 진술은 2억 달러의 소규모 대부금이 조성될 때까지 효율비가 일정하리라는 가정에 기초한 것임을 주목하라. 실행 단계에서는 아마도 수치가 낮아질 것이다.
32) 특별한 단체들에게 호의적으로 되도록 고안된 관료 체제 또한 폐기되어야 한다. Hernando de Soto, *The Other Path: The Invisible Revolution in the Third World*(New York: Harper, 1989)를 보라.
33) EITC에 대해서는 나의 *Just Generosity: A New Vision For Overcoming Poverty in America*, (Grand Rapids: Baker, 1999), pp. 103-106.
34) 이것이 정확히 1860년대 미국 사회가 한 일이었다.
35) Todaro, *Economic Development*(1994), p. 590.
36) United Nations, *Human Development Report 1993*, p. 30.
37) 앞의 책, p. 38.
38) World Bank, *World Development Report 1991*, pp. 5-11. 시장 우호적인 정부 활동을 위한 기준 요약이 유용하다.
39) 7장 표 10을 보라. 또한 Jean Dreze and Amartya Sen, *Hunger and Public Action*(New York: Oxford Univ. Press, 1989), p. 13를 보라.
40) World Bank, *World Development 1991*, p. 6.
41) Washington: World Bank, 2003, p. 11, http:/econ.worldbank.org/wdr/wdr2004.
42) World Bank, *World Development Report 1991*, p. 9. Third Oxford Conference on Christian Faith and Economics의 위원회들 중 한 곳에서는 시장 활동의 강점과 약점을 탁월하게 요약하였다. "The Market Economy", *Transformation*, July 1995, p. 12의 3, 4항을 보라.
43) "If the GDP is Up Why is America Down?" *Atlantic Monthly*, October 1995, pp. 59-78를 보라. 2004년 개정: Jason Venetoulis and Cliff Cubb, *The Genuine Progress Indicator 1950-2002 (2004 update)* (Oakland: Redefining Progress, 2004)를 보라.
44) Redefining Progress, "Redefining Progress Media Release, http://www.redefiningprogress.org/media/releases/040311_gpi.html.
45) Lin Geiger 교수는 그들의 몇몇 전제에 대한 본질적인 유보 사항에 관해

나와 의견 교환을 하였다.
46) 예를 들어, UNDP Human Development Index는 인류 발전을 측정하는 수입은 물론 건강과 교육에 관한 통계도 사용한다. *Human Development Report 1992*, pp. 12-25를 보라.
47) 이 부분은 *PRISM*, January-February, 1996, p. 34에 실린 칼럼을 개정한 것이다.
48) Lester C. Thurow, *The Zero-Sum Society* (New York: Viking, 1981), pp. 103-107.
49) Richard A. Easterlin, "Does Money Buy Happiness?" *The Public Interest*, no. 3 (Winter 1973): 10. 또한 Martin Bolt and David G. Myers, "Why Do the Rich Feel So Poor?" in *The Human Connection* (Downers Grove, IL: InterVarsity, 1984)과 Paul L. Wachtel, *The Poverty of Affluence: A Psychological Portrait of the American Way of Life* (New York: Macmillan, 1983)과 David Meyers, "Money and Misery", in *The Consuming Passion: Christianity and the Consumer Culture* (Downers Grove, IL: InterVarsity, 1998).
50) Francis Fukuyama의 예언에 따르면, 민주적 소비 자본주의는 풍부한 재물을 통한 행복을 제안함으로써 어디에서나 널리 퍼질 것이고, 사람은 떡만으로 살 수 없다는 모든 주장을 압도해 버릴 것이라 한다. 그리스도인은 이에 대한 강력한 반증을 제시해야 한다. Francis Fukuyama, "The End of History", *The National Interest* (Summer, 1989), pp. 3-18를 보라.
51) Guy F. Erb, "U.S. Trade Policies toward Developing Areas", *Columbia Journal of World Business*, no. 3 (Fall 1973): p. 60; World Bank, *World Development Report 1987*, p. 150.
52) World Bank, *Global Economic Prospects 2004*, (Washington, DC: World Bank, 2003), p. ix.
53) 앞의 책, p. 48이하.
54) 앞의 책, p. 48.
55) *World Development Indicators 2003*, p. 336.
56) World Bank, *Global Economic Prospects 2004*, p. 48.

57) "Now Harvest It", *Economist*, August 7, 2004, pp. 59-60.
58) Brandt, *North-South*, p. 186. 직업 적응 지원의 몇 가지 대안들에 대해서는 *International Trade and Finance: Readings*, eds. Robert E. Baldwin and David J. Richardson, 2d ed. (Boston, Mass.: Little, Brown, 1981)의 11장에서 George R. Neumann이 쓴 글을 보라.
59) Donald Hay, *Economics Today*, p. 262.
60) 다음과 같은 자료에 주의를 집중케 해 준 Fred Clark에게 감사하고 싶다.
61) 노동 임금으로 인해 가난한 나라가 얻는 비교 우위가 부유한 나라보다 훨씬 낮다는 사실을 무시하거나 거부하는 것은 아니다. 이미 지적했듯이, 이러한 비교 우위를 이용하는 것은 더 큰 세계적 정의의 출현을 위한 길이다. 그러나 노동자가 국제 무역을 통한 이익금을 공정하게 분배받기 위해서 가난한 나라에는 노동법과 활발한 조합이 존재해야 한다는 것이 중요하다.
62) Spriggs and Scott, "Economists' Views of Workers' Rights and U.S. Trade Policy", p. 2.
63) 세계무역기구를 통한 경유 무역 제재 규약 같은 것을 말하는 것이다.
64) Interfaith Center on Corporate Responsibility, http://www.iccr.org (부록을 보라) http://www.equalexchange.com; http://www.nosweatapparel.com; http://www.fairtrade federation.org를 보라.
65) Ann Pettifor's "The World Will Never Be the Same Again", http://www.jubileeresearch.org/analysis/report/world_never_same_again/intro.htm 과 Linwood T. Geiger, "Debt Relief for the Poorest Countries, Jubilee 2000", *Pennsylvania Episcopalian*, October 2000을 보라.
66) Larry Nowels, "Debt Reduction—HIPC Initiative", US Congress Congressional Research Service, http://www.congress.gov/brbk/html/apfor11.html (accessed June 14, 2004).
67) "Debt Relief for the Poorest Countries"(DATA, 2003), http://www.data.org/archives/DATADebtAnalysis5-23-04.pdf.
68) Elena McCollin, "Is Debt Relief Making a Difference?" *Bread for the World Background Paper*, no. 156, October 2001, p. 1.

69) DATA, "Debt Relief for Poor Countries"(DATA, 2003), http://www.data.org/archives/DATADebtAnalysis5-23-04.pdf.
70) David Beckmann, "Jubilee Begins with Me", *Sojourners*, July-August 2000, p. 47.
71) World Bank, "World Progress Summary", Highly Indebted Countries Initiative (World Bank, 1999), http://www.worldbank.org/hipc/progress-to-date/May99v3/may99v3.htm; 또한 American Friends Service Committee, "Uganda and Debt: Life over Debt Campaign: Towards a New Africa"(American Friends Service Committee, 2004), http://www.afsc.org/africa-debt/uganda.htm을 보라.
72) Jubilee Research, "What Is the HIPC Initiative"? (Jubilee Plus, 2004), http://www.jubileeplus.org/.
73) 앞의 글.
74) Beckmann, "Jubilee Begins with Me", p. 1.
75) "What Would Jesus Drive?" 운동에 대한 정보는 http://www.whatwouldjesusdrive.org를 보라.
76) 미국의 전기 에너지 출처에 대한 최신 정보는 에너지청의 에너지 정보 관리국에서 제공한다. 인용된 2002년 수치는 http://www.eia.doe.gov/emeu/aer/pdf/pages/sec8_6.pdf를 보라.
77) Sayed El-Sayed and Gert L. Van Dijken, "The Southeastern Mediterranean Ecosystem Revisited", *Quarterdeck Online* 3.1 (College Station, TX: Texas A&M, 1995), http://www.ocean.tamu.edu/Quarterdeck/QD3.1/Elsayed/elsayed.html.
78) Janet L. Sawin, *Mainstreaming Renewable Energy in the 21st Century* (Worldwatch, 2004): p. 17. http://www.worldwatch.org/pubs/paper/169/.
79) 앞의 책, pp. 19, 13.
80) 앞의 책, pp. 22-23.
81) Brown, *State of the World 1996*, p. 155.
82) Sawin, *Mainstreaming Renewable Energy*, p. 14.

83) 앞의 책, pp. 16-17.
84) 앞의 책, p. 27.
85) 앞의 책, p. 30.
86) 앞의 책, p. 31.
87) Sawin, *Mainstreaming Renewable Energy*, p. 13.
88) 앞의 책, p. 16.
89) Environmental Protection Agency, *Inventory of U.S. Greenhouse Gas Emissions and Sinks, 1990-1998* (EPA, April 2000), pp. 2-8, http://yosemite.epa.org/oar/globalwarming.nsf/UniqueKeyLookup/SHSU5BPQZR/$File/energy.pdf.
90) United Nations Environment Programme, *North America's Environment: A Thirty-Year State of the Environment and Policy Retrospective* (UNEP, 2002), pp. 18-19, http://www.na.unep.net/publications/NA/NorthAmerica.pdf.
91) Environmental Protection Agency, *Control of Emissions of Hazardous Air Pollutants from Mobil Sources: Final Rule* (Federal Register, March 29, 2001), http://www.epa.gov/OMS/url-fr/fr29mr01.pdf; Environmental Protection Agency, *Health Assessment Document for Diesel Engine Exhaust* (May 2002), http://cfpub.epa.gov/ncea/cfm/recondisplay.cfm?deid=29060.
92) UNEP, *North America's Environment*, p. 18, http://www.na.unep.net/publications/NA/NorthAmerica.pdf.
93) Environmental Protection Agency, *Latest Findings on National Air Quality: 2001 Status and Trends* (EPA 2002), p. 4. http://www.epa.gov/oar/aqtrnd01/summary.pdf
94) Environmental Protection Agency, *Light-Duty Automotive Technology and Fuel Economy Trends: 1975 Through 2001* (EPA, September 2001), p. i, iii. http://www.epa.gov/otaq/cert/mpg/fetrends/s01001.pdf.
95) United Nations Environment Programme, *North America's Environment: A Thirty-Year State of the Environment and Policy Retrospective* (UNEP,

2002), pp. 21, http://www.na.unep.net/publications/NA/NorthAmerica.pdf.
96) Kelvin Pollard, "Going to Work: Americans' Commuting Patterns in 2000"(Population Reference Bureau, 2004), http://www.ameristat.org/Content/NavigationMenu/Ameristat/Topics1/2000Census1/Going_to_Work_Americans_Commuting_Patterns_in_2000.htm.
97) 교통 수단 선택에 대한 최근의 정보로는 www.whatwouldjesusdrive.org를 보라.
98) Recycling Trivia, http:bapco.bellsouth.com/html/trivia.html(September, 1996).
99) http://www.recyclingit.com/recyfact.htm.
100) PlanetENN, Recycling the Future, http://www.enn.com/planetenn/031896/index.html(Oct., 1996).
101) "7 Things You Can Do to Save the Rainforests" at http://www.ran.org/info_center/factsheets/01c.html을 보라.
102) American Farmland Trust, "Farming on the Edge", http://www.farmland.org/farmingontheedgs/major_findings.htm.
103) The Wilderness Society, http://www.wilderness.org/OurIssues/Forests/vision-achieving.cfm#management.
104) IPCC, "The Economics of Carbon Taxes"(October, 1996), http://www.evin.gov.au/portfolio/esd/climate/newsletter/ipcc_2.html.
105) 좋은 예로는 Bryan T. Johnson and Thomas P. Sheehy, *1996 Index of Economic Freedom* (Washington, D.C.: Heritage Foundation, 1996)과 the refutation in BFWI, *Hunger 1997*, pp. 83-84; Todaro and Smith, *Economic Development* (2003), pp. 659-660; Celia Dugger, "Word Bank Challenged: Are the Poor Really Helped?" *New York Times*, July 2004, A4; Bread for the World Institute's 2001 Report, *Foreign Aid to End Hunger*를 보라.
106) Ernest Loevinsohn, "Making Foreign Aid More Effective", *BFW Background Paper*, no. 49 (March 1981); BFWI, *At the Crossroads: The*

Future of Foreign Aid, May 1995, p. 47.
107) 다음 다섯 단락은 Bread for the World의 분석가 Jim McDonal의 도움을 받았다.
108) Loevinsohn, "Making Foreign Aid More Effective", p. 34.
109) Timothy King, ed., *Population Policies and Economic Development*, World Bank를 위해 발간됨(Baltimore: Johns Hopkins Univ. Press, 1974), p. 54. 또 William Rich, *Smaller Families Through Social and Economic Progress*, 연구 논문, no. 7(Washington, D.C.: Overseas Development Council, 1973), 특히 p. 76를 보라.
110) BFWI, *The Future of Foreign Aid*, p. 18.
111) Todaro and Smith, *Economic Development*(2003), p. 650.
112) 앞의 책, p. 650.
113) 앞의 책, p. 659.
114) Bread for the World Institute, *Foreign Aid to End Hunger: Hunger Report 2001*(Washington, DC: Bread for the World Institute), p. 41.
115) Hellinger, et. al., *Aid for Just Development*, p. 4를 보라.
116) UNICEF와 IFAD의 성공에 대한 요약은 *At the Crossroads*, pp. 62-63를 보라.
117) Anup Shah, "Sustainable Development: The US and Foreign Aid Assistance"(global issue.org 2004), http://www.globalissues.org/TradeRelated/Debt/USAid.asp.
118) BFWI, *The Future of Foreign Aid*, p. 18.
119) Denis Goulet, *Development Ethics*, p. 158.
120) BFWI, *The Future of Foreign Aid*, pp. 25-33.
121) Denis Goulet, *The Cruel Choice* (New York: Atheneum, 1971), pp. 123-152를 보라.
122) Paul Streeten, "A Basic-Needs Approach to Economic Development", *Directions in Economic Development*, ed. Kenneth P. Jameson and Charles K. Wilber (Notre Dame, IN: University of Notre Dame Press, 1979), p. 74.

123) Population Action International, "Closing the Gender Gap: Educating Girls", 1993.
124) 앞의 글.
125) BFWI, *Reality of Aid*, p. 201. 다른 여론 조사 역시 동일한 엄청난 오해를 보여 준다(e.g., *At the Crossroads: The Future of Foreign Aid*, p. 14).
126) Catholic Relief organization, "The Power of Perception"(Catholic Relief Organization, 2003), http://www.catholicrelief.org/get_involved/advocacy/grass_roots/handout%205.pdf.
127) Simon, *Bread for the World*, p. 113(Simon의 책에 나오는 수치는 1975년도 달러로 계산한 것들이다. 2003년 수치는 Economic History Service에서 계산한 소비자 가격 지수 인자에 근거하여 계산한 것이다); http://eh.net/hmit/compare/.
128) 2장의 표 19를 보라.
129) 2004년과 2005년의 개발 원조 예산은 실제로 1990년대보다 약간 상승했다. 하지만 GDP의 경우, 2004년 수치(.12퍼센트)는 1980년대(.20퍼센트)와 1990년대(.14퍼센트) 평균보다 낮다. 대외 원조에 대한 몇몇 좋은 책은 다음과 같다. Carol Lancaster, *Transforming Foreign Aid: United States Assistance in the 21st Century*(Washington, DC: Institute for International Economics, 2000); Steve Radelet, *Challenging Foreign Aid: A Policymaker's Guide to the Millenium Challenge Account* (Washington, DC: Center for Global Development, 2003); William Easterly, *The Elusive Quest for Growth: Economists' Adventures and Misadventures in the Tropics* (Cambridge, MA: MIT Press, 2001).
130) Stockholm International Peace Research Institute, http://www.defensejournal.com/2003/may/spiribok200-2.htm.
131) 앞의 글.
132) International Monetary Fund, "Kohler Wolfensohn Calls Attention to Imbalances in World Economy and Between Rich and Poor", *IMFSURVEY*(vol. 32, no. 17, Fall 2003), p. 268.
133) UNDP, *Human Development Report 1994*, p. 48.

134) Simon, *Bread for the World*, p. 170에서 인용.
135) Bread for the World, "Who We Are"(BFW, 2004), http://www.bread. org/whoweare/index.html.
136) 기부를 위해서는 PRISM at 10 Lancaster Ave. Wynnewood, PA 19096 에 편지를 쓰거나 그들의 웹사이트 http://www.eas-online.org/prism 에 가 보라. ESA의 격주간 웹진 *ePistle*은 동일한 주제를 다룬다.
137) "What Is DATA?"(DATA, 2004), http://www.data.org/whydata/; Angela Pancella, "The Nashville Summit: Behind the Scenes with Bono, DATA, and the Christian Music Industry"(July 28, 2003), http://www.atu2.com/news/article.src?ID = 3086; Cathleen Falsoni, "Bono;s American Prayer", *Christianity Today*, March 2003, p. 38 이하를 보라.
138) Micah Challenge, http://www.micahchallenge.org를 보라.
139) David M. Schilling, "Sneakers and Sweatshops: Holding Corporations Accountable", *Chritian Century*, October 9, 1996, pp. 932-936를 보라. 주소는 부록을 보라.

후기

1) Robert Bellah는 "한 문화의 질은 그 집단에 속한 사람들의 2퍼센트가 새로운 비전을 가질 때 변화될 수 있다"고 말한다("Civil Religion", *Psychology Today*, January 1976, p. 64).
2) 나의 "A Case for Easter", *HIS*, April 1972, pp. 27-31를 보라. 더 광범위한 토론으로, 역시 내가 쓴 글들인 "The Historian, the Miraculous and Post-Newtonian Man", *Scottish Journal of Theology* 25(1972): pp. 309-319와 "The Pauline Conception of the Resurrection Body in 1 Cor 15:35-54", *New Testament Studies* 21(1975): pp.428-439와 "St. Paul's Understanding of the Nature and Significance of the Resurrection in 1 Cor 15:1-19", *Novum Testamentum* 19(1977): pp. 1-18과 "Jesus' Resurrection and the Search for Peace and Justice", *Christian Century*, 3 November 1982, pp. 1103-1108를 보라.

인명 색인

Alexander, John F. 108, 465, 516
Annis, Sheldon 273
Aquino, Mrs. 223, 280

Bainum, Robert 317, 342
Beckmann, David 409, 438, 465, 500, 526
Berger, Peter 349, 350, 459, 518
Brown, Lester 73, 460, 476, 480, 485, 516
Bussau, David and Carol 15, 53, 76, 473, 516

Camara, Dom Helder 55
Cosby, Gordon 356, 358, 467, 518, 519
Cragg, Gordon 270

Dodd, C. H. 203
Dulles, John Foster 299

Easterlin, Richard 399, 524

Frank, Robert 243, 503
Frykenberg, Robert 380, 521

Greeley, Andrew M. 300

Hammarskjöld, Dag 297
Haq, Mahbub ul 375, 500
Hardin, Garrett 47, 72-74, 480, 485
Hatfield, Mark 51, 481
Hay, Donald 34, 283, 284, 405, 461, 476, 511, 512, 525
Hengel, Martin 98, 156, 486, 488, 494
Henry, Carl F. H. 165, 166, 451, 493, 495

Jackson, Dave and Neta 518, 519

Kerr, Graham and Treena 316, 317, 342, 465, 515
Kettering, Charles 245
Keynes, John Maynard 245
Kirk, Dr. Frank 363
Kronholz, June 230, 501

Ladd, George 114
Lavelle, Robert 335
Leach, William 245
Longacre, Doris 317, 465, 515
Lutzenberger, Jose 267

Marchard, Roland 245
Marcos, Ferdinand 223, 279, 280, 498
Marwieh, Augustus 331
McGinnis, James B. 230, 462, 466, 501
Mill, John Stuart 276
Mobutu, Sese Seko 224
Mooneyham, Stanley 234, 476, 477, 501
Myrdal, Gunnar 229, 462, 500

Newton, John 302, 303
Nixon, Richard 312

Pinnock, Clark 106, 489

Reagan, Ronald 299, 390
Ronsvalle, Sylvia 336, 466, 469

Samuel, Vinay and Colleen 14, 15, 469, 470
Schneider, John 199-201, 466, 488, 497, 516
Schuller, Robert 75, 486
Sen, Amartya 73, 460, 480, 500, 510, 523
Simon, Arthur 438, 463
Smith, Adam 164, 165, 495
Snyder, Howard A. 360, 519

Taylor, John V. 58, 180, 464, 482
Thurow, Lester 218, 398-400, 464, 498, 503, 524
Todaro, Michael 223, 477
Tripp, Linda 292, 513

Vogt, Virgil 345, 518

Walter, H. W. 288, 512
Watts, Richard G. 191
Wesley, John 312, 515, 518
Wilberforce, William 303, 450

주제 색인

3-5 계획(Triple Five Plan) 363-364

BFW(Bread for the World) 74, 221, 409, 429, 437
CDLF(Community Development Loan Funds) 334
CIA 299
DATA 41, 410, 440
ESA(Evangelicals for Social Action) 439
GNP(Gross Nation Product) 61-63, 70-71, 375
ICCR(Interfaith Centre on Corporate Responsibility) 440
IMF(International Monetary Fund) 227, 257, 436

가난(poverty)
  에 대한 통계(statistics) 23-24
  에서 벗어나기(escape from) 14
  의 원인(causes of) 215-232
  절대적(absolute) 21-23
  가난이 주는 질병과의 싸움에서 이룬 진보(progress, in combatting

poverty ills) 24, 42-45
가난한 나라로부터의 식량 수입(food exports from hungry nations) 274-280
가난한 이들에 대한 편애(bias toward the poor) 83-121
가난한 자(poor)
  를 뜻하는 히브리어(Hebrew words for) 83-84
  하나님과 가난한 자(God and the) 118
가난한 자들에 대한 대부(loans to poor)
  "소규모 기업"을 보라.
가난한 자들을 위한 자본(capital for poor) 385-390
가난한 자들에게 권한 주기 (empowering the poor) 49, 411
가정 교회(house churches) 348, 351-360
강변실명(river blindness) 43
'경건한 가난한 자들'(pious poor) 181-182
경제 성장(economic growth) 24, 27-

주제 색인 535

30, 237-243, 396-397
경제 이익의 불균형(disparity in economic benefit) 27-29, 62
경제적 코이노니아(Koinonia, economic) 149-158
고리대금(usury) 137, 223
곡물 소비(grain consumption) 274-275, 327
곡물 수확(grain harvest) 34
공급과 수요(supply and demand) 165, 241
공동체 생활(communal living) 146, 322-324
공산주의(communism) 11, 237, 242-244
관세, 비관세 장벽(tariffs and non-tariff barriers) 250-255
광고(advertising) 55-60
교회 건축(church construction) 75, 159, 362-363
구매력 평가(Purchasing Power Parity) 63-64
'구명 보트의 윤리'(Lifelboat ethics) 72, 428
구조적 변화(structural change) 369-374
구조적 불의(structural injustice) 193-208, 233-305
구호 기관 평가(relief organizations, evaluations of) 329-331
국가 입법 지원 위원회(Friends Committee on National Legislation) 441
국가별 소득 등급(income categories of nations) 26-27, 225-226
국제 노동 기구 협약(International Labor Organization) 407
국제 무역(international trade) 238-239. 249-255, 276-279, 402-407

국제 연합(United Nations) 41, 46-47, 50, 222, 241, 251, 256
군사비(military expenditures) 41, 71, 436
권력의 불균형(power, imbalance of) 221-226
그라민 은행(Grameen Bank) 387
그리스도인의 공동 생활체(Commune, Christian) 147, 322-324, 361
금욕주의(asceticism) 176
기독교 공동체(Christian community)
  의 새로운 유형(new patterns) 351-353
  의 중요성(importance of) 322-323, 348-349, 354, 358-359
기본적 필요(necessities, basic) 126, 156-157, 170, 240-241
기아(famine) 31-35, 148, 221, 274, 275, 294
기아에 대한 통계(starvation statistics) 23-25

남미(Latin America) 25, 28, 222, 228-230, 242, 290, 377
남북 긴장(North-South tension) 60-61
네슬레 사(Nestle Corporation) 286-288, 379
'네트워크'(network) 441
노동 조합(trade unions) 378, 406
농경 사회에서의 자본(agricultural society, capital in) 125-127
뇌손상(brain damage) 35, 38-39, 44
누진 십일조(graduated tithe) 318-322, 326, 329

다국적 기업(multinational companies, MNCs) 281-283, 296-297, 376-379
대외 원조(forenign aid) 69-72, 374-

380, 425-433, 435-437
대중 교통(public transportation) 327, 412, 419
땅(land)
  고대 이스라엘에서의(land in ancient Israel) 121-131, 167
  의 오용(misuse of) 271-274

레바 플레이스 공동체(Reba Place Fellowship) 323, 345, 360-361
로잔 언약(Lausanne Covenant) 311
리오 지구 정상 회의(Rio Earth Summit) 262

마낄라도라(maquiladoras) 285
마르크스주의(Marxism) 118, 184, 299-300, 441
마샬 플랜(Marshall Plan) 70, 436
무기 소비(arms expenditures) 70-71, 436
무역 장벽(trade barriers) 251-255, 402-404
문맹(illiteracy) 26, 35, 290-291
문화적 부패(cultural decay) 247-248, 286-289
물과 관련된 문제(water issues) 37, 258, 264
물질주의(materialism) 12, 183-188, 246
미국인들의 과체중(overweight Americans) 66
민간 자원 봉사 기관(private voluntary organizations) 429
민주주의적 자본주의(capitalism, democratic) 11

바다에 관한 법(Law of the Sea) 227
바울의 모금 활동(Paul's collection) 149-150

복음 전도(evangelism) 75, 145, 160, 326, 381, 439
부유한 엘리트(wealthy elites) 223, 275-280, 375-376
부채 탕감(debt relief) 408-411
부채 위기(debt crisis) 255-257
북미 자유 무역 협정(NAFTA) 378, 406
브라질(Brazil) 29, 223-226, 246, 253-254, 267-268
브리지 재단(Bridge Foundation) 14
빈부 격차(gap between rich and poor) 60-68, 224-225, 242-244

사유 재산(private property) 127-130, 145, 163-169
사하라 이남 아프리카(Sub-Saharan Africa) 25, 28, 46, 240, 256, 404, 408
사회 개발과 세계 평화 지부(Department of Social Development and World Peace) 441
사회적 죄(social sin) 194-208
산업화(industrialization) 49-50
삼림 벌채(deforestation) 266- 271
새로운 경제 질서(new economic order) 369-374
생활 방식(lifestyle)
  의 기준(lifestyle, criteria for) 77
  좀더 검소한(a more simple) 311-343, 398-401
성장의 한계(limits to growth) 49-50
성찬(eucharist) 151-152
세계 개발 보고서(World Development Report) 240, 392
세계 무역 기구(World Trade Organization) 252
세계 은행(World Bank) 23, 26, 32, 37, 62, 221, 228, 238-240, 250-252,

주제 색인 537

256, 268, 277, 392, 408
세계관과 가난(worldviews and poverty) 216-219, 380-381
세계의 경제력(global economic power) 12
세계적 불평등(global inequality) 229-230, 241-243
세이비어 교회(Church of the Savior) 356-359
소규모 기업(micro-enterprise) 386-387
소유(possessions) 163-189
  의 위험(danger of) 169-175
  의 선함(goodness of) 178-181
쇠고기 수입(beef imports) 268, 276-278
시장 경제(market economies) 11-12, 236-242, 296, 384-402
시카고 선언(Chicago Declaration, The) 311
식량 소비(food consumption) 65-67
식민주의(colonialism) 228-232, 249-250
식비 지출에 사용된 개인 소득(disposable personal income spent on food) 65-66
신념의 유지(beliefs, maintaining) 349
십일조(tithing) 135

아그라 협정(Agra Covenant) 334, 388
아시아에서의 경제 발전(Asia, economic development in) 24, 28, 237, 238
아시아의 용(Asian Tigers) 236-238, 391
아프리카(Africa) 25, 35, 46, 39-42, 50, 59, 230, 238, 242, 272, 275, 291-296, 377, 417
안식년(sabbatical year) 132-134
안식일과 생활 양식(sabbath, and lifestyles) 339-341
'어퍼튜너티 인터내셔널'(Opportunity International) 15, 332-333, 387
에너지 보존(energy conservation) 327, 414-420
에너지 사용(energy usage) 65, 414-417
여성과 가난(women and poverty) 74, 387, 433-434
영양 실조(malnutrition) 29-35, 38-39, 45
예방 접종(immunization) 42-45
오염(pollution)
  "환경 문제"를 보라.
오존층(Ozone layer) 247, 418
외교 정책(foreign policy) 377-382
우루과이 라운드(Uruguay Round) 251, 378
'우유로 키운 아기 질병'(Bottle Baby Disease) 287
원조(giving)
  돈 그 이상의 다른 것을 주기(other than money) 338
  에 관한 통계(giving statistics on) 336-337
  의 기준(criteria for) 154-155, 324-326
원조의 '사용 제한'(tied aid) 431
유아 사망률(infant mortality) 26, 31-32, 36, 434
의료 시설에 대한 혜택(health services access) 21, 36-37
의와 부(righteousness, and riches) 178-183
이삭 줍기(gleaning) 135-138
이스트민스터 장로교회(Eastminster Presbyterian Church) 362-363
이자(interest) 137-138
인간 개발 지표(HDI, Human Development Index) 64-65

인구의 폭발적 증가(population explosion) 46-50, 428
인도네시아(Indonesia) 24, 30, 244, 285
인종 차별(racism) 292-293
인종적 적대감(ethnic hostility) 292-296
읽고 쓰는 능력(literacy)
 "문맹"을 보라

자발적인 할당량(voluntary quotas) 252
자유 무역(free trade) 249, 402-406
 NAFTA도 보라.
자전거(bicycles) 327
재분배(redistribution) 241, 386, 389
재생 가능한 에너지(renewable energy) 414-417
재활용(recycling) 420-421
적응 지원(adjustment assistance) 404
전쟁(war) 294-296
정부의 개입(government intervention) 165, 384-393
정치 철학(political philosophy) 370-371
제3세계 엘리트(elites, Third World) 223-225, 275-280, 298-299
제3세계의 정의(Third World, definition of) 26
중산층의 가난한 사람들(middle class poor) 69
중앙 아메리카(Central America) 268, 277-280, 299-301, 358
지구 온난화(global warming) 247. 259-266
지속 가능한 개발(sustainable development) 393

차별(discrimination) 289-293, 441
천연 자원과 가난(natural resources and poverty) 257-280
초대교회의 경제적 관계(early church, economic relations in) 142-158
최저 임금(minimum wage) 225

칼로리 공급(calorie supply) 74, 66-67, 247-248
코이노니아 공동체(Koinonia Fellowship) 353-356

탄소 방출(carbon emissions) 259-262, 424
탄소세(carbon tax) 424
탄자니아(Tanzania) 32, 255-256
탐심(covetousness) 172-175
텔레비전과 소비(television, and consumption) 56-57, 245-246

풍요(affluence)
 의 측정(measured) 60-69
 의 합리화(rationalizations of) 53, 72-77
 한 그리스도인(affluent Christians) 77, 81, 107

하수구 시설(sanitation) 37
핵 공포(nuclear terrorism) 51, 74
환경 문제(environment problems) 49-50, 247-249, 257-274, 394-402, 411-425
회심(conversion) 301-304
희년(Jubilee year) 127, 138, 167, 276

저자 연보

1939 캐나다 온타리오 주 스티븐스빌에서 그리스도인 형제단 목사의 자녀로 출생하다.

1962 워털루 대학교를 유럽사 전공으로 졸업하다(B. A.).

1963 예일 대학교에서 역사학으로 석사 학위(M. A.)를 받다.

1968 필라델피아의 메시아 칼리지에서 가르치다.

1969 예일 대학교에서 역사학으로 박사 학위(Ph. D.)를 받다.

1973 사회적 불의에 대한 성경적 응답을 모색하는 복음주의자들의 모임 Thanksgiving Workshop on Evangelical Social Concern을 조직하다. '복음주의적 사회 참여를 위한 시카고 선언'(Chicago Declaration of Evangelical social Concern)을 발표하다.

1977 *Rich Christians in an Age of Hunger*를 출간하다. 「가난한 시대를 사는 부유한 그리스도인」(IVP 역간).

1978 Evangelical Social Action(ESA)을 창립하다.

1993 '시카고 선언 2'를 발표하다. National Religious Partnership for the Environment 창립 위원이 되다.

1994 *Cup of Water, Bread of Life*를 출간하다. 「물 한 모금, 생명의 떡」(IVP 역간).

1999 *Living Like Jesus*와 *Just Generosity*를 출간하다.

2002 *Churches That Make a Difference*를 공저하다.

2003 *Doing Evangelism Jesus' Way*를 출간하다.

2004 전쟁을 합리화하는 신학에 반대하는 선언문 Confessing Christ in a World of Violence 작성에 참여하고 서명하다.

2005 *The Scandal of Evangelical Conscience*를 출간하다. 「그리스도인의 양심 선언」(IVP 역간).

2008 *The Scandal of Evangelical Politics*와 *I Am Not Social Activist*를 출간하다. 종교 단체와 신자들에 가하는 폭력과 위협에 반대하는 *New York Times* 전면 광고에 서명하다.

옮긴이 **한화룡**은 경희대학교 경영학과를 졸업하고 IVP 간사를 역임했으며, 합동신학대학원대학교와 미국 필라델피아에 위치한 웨스트민스터 신학교, 풀러 신학교에서 수학했다. 현재 백석대학교 선교학 교수이며, 강변교회 교육 목사다. 저서로 「도시 선교」, 「4대 신화를 알면 북한이 보인다」(이상 IVP)가 있고, 역서로 「하나님의 선교」(공역), 「선교」, 「홍등가의 그리스도」, 「가난한 자들의 친구」(이상 IVP), 「도시 목회와 선교」(CLC), 「어반 헤일로」, 「길거리 복음으로 돌아가라」(이상 예수전도단) 등이 있다.

가난한 시대를 사는 부유한 그리스도인

초판 발행_ 1988년 1월 20일
초판 10쇄_ 2008년 4월 30일
개정판 발행_ 2009년 1월 17일
개정판 8쇄_ 2023년 9월 5일

지은이_ 로날드 사이더
옮긴이_ 한화룡
펴낸이_ 정모세

펴낸곳_ 한국기독학생회출판부
등록번호_ 제2001-000198호(1978.6.1)
주소_ 04031 서울시 마포구 동교로 156-10
대표 전화_ (02)337-2257 팩스_ (02)337-2258
영업 전화_ (02)338-2282 팩스_ 080-915-1515
홈페이지_ http://www.ivp.co.kr 이메일_ ivp@ivp.co.kr
ISBN 978-89-328-2181-8
ISBN 978-89-328-4044-4(세트)

ⓒ 한국기독학생회출판부 2009

책값은 뒤표지에 있습니다.
무단 전재와 복제를 금합니다.